首批国家级一流专业建设点“会计学”专业基础教材
国家级双语教学示范课程配套教材
北京市精品课程配套教材

21世纪会计系列规划教材 精要版

会计学原理

Fundamental Accounting Principles

第二版

马建威 主编

东北财经大学出版社
Dongbei University of Finance & Economics Press
大连

图书在版编目（CIP）数据

会计学原理 / 马建威主编. —2版. —大连：东北财经大学出版社，2021.11

（21世纪会计系列规划教材·精要版）

ISBN 978-7-5654-4310-7

Ⅰ.会…　Ⅱ.马…　Ⅲ.会计学-高等学校-教材　Ⅳ.F230

中国版本图书馆CIP数据核字（2021）第166658号

东北财经大学出版社出版

（大连市黑石礁尖山街217号　邮政编码　116025）

网　址：http：//www.dufep.cn

读者信箱：dufep@dufe.edu.cn

大连日升彩色印刷有限公司印刷　东北财经大学出版社发行

幅面尺寸：185mm×260mm　字数：526千字　印张：22.25　插页：1

2021年11月第2版　2021年11月第1次印刷

责任编辑：李智慧　李　栋　责任校对：冯志慧　徐　群

封面设计：冀贵收　版式设计：钟福建

定价：46.00元

教学支持　售后服务　联系电话：（0411）84710309

如有印装质量问题，请联系营销部：（0411）84710711

第二版前言

会计学原理，也称作“基础会计学”或“会计学基础”，是会计学专业的基石，是具有普遍意义的会计学基本的原理性的规律和道理，是从会计实践中总结归纳出来的具有共性的会计科学知识，而会计实践又验证并确定了其正确性。伴随着新时代经济社会的繁荣与进步，“双循环”及“大智移云”背景下的新发展格局对会计人才的要求越来越高。因此，会计学原理课程是会计学专业的敲门石，它不仅讲授会计学基础性专业知识，更重要的是传授会计学的基本原理和思维模式，让学生领悟会计学的精髓，对后续课程的学习至关重要。对会计学专业的学生来说，它是“启蒙”；对非会计学专业的学生来说，它是“助跑器”，助其理解和熟悉会计这种国际通用的商业语言，完善其知识结构。

本书坚持“理论+实务”的理念，基于会计学的“经济信息”功能和“受托管理”功能，以会计的确认、计量、记录和报告为主线，循序渐进、由浅入深，系统阐述会计学的基本理论、基本规则、基本程序和方法，结合现行企业会计准则及其他相关规范，强调知识结构的衔接性和内容框架的逻辑性。具体来说，本书具有以下较为鲜明的特点：

1.思政教育、融入教学

古人云：“为学须先立志。志既立，则学问可次第着力。立志不定，终不济事。”党和国家要求学校要从教师、教材等多方面加强思想政治教育，弘扬社会主义核心价值观。会计学原理课程是从专业视角进行思政教育的重要环节，本书在每章末增设了“思政园地”栏目，基于现行规范、鲜活的事例或党的优良传统等内容，将思政教育与会计学知识有机结合；同时，本书重点突出了会计工作组织、会计商业伦理、职业道德等具有思想品德教育特征的内容。

2.源于实践、成果丰硕

本书源自作者二十多年的教学和研究积累，体现了较深厚的会计理论功底和丰富的会计专业实践经验。本书是首批国家级一流专业建设点“会计学”专业的核心基础教材，是马建威教授主持的国家级双语教学示范课程“中级财务会计（全英语教学）”、主讲的国家级及北京市精品课程“中级财务会计”、主讲的北京市精品课程“会计学原理”的配套教材，也是其主持的兰州理工大学规划教材及示范性双语教学课程配套教材。

3.内容全面、体系完整

本书以会计信息系统为基础，以会计的产生和发展为起点，按照“信息生成原理—确认与计量—期末调整—凭证与账簿—信息生成—信息应用—会计延伸”的逻辑安排，展示了完整的会计体系及其时代发展。

4.结构严谨、设计合理

本书针对各章内容，以“章案例”作为切入话题，唤起思考与联想。以问题为导向，带着问题学习，有的放矢。各章附以大量例题，使学生掌握原理的同时加强实操，做到原理与业务的无缝对接。“章小结”与“学习目标”前后呼应，明确重点难点内容。“回顾与思考”，不仅有助于学生对知识的回忆和重温，更有助于引发其深度思考，做到预习、复习与拓展相结合。“章习题”的形式包括单选、多选、判断及业务题等，直接检验学生的学习效果，帮助学生查漏补缺，有针对性地掌握和运用所学知识。

5.拓展视野、全面研习

本书以二维码的形式引入“点阅读”，读者可以即时扫码阅读，方便快捷。“点阅读”提供针对性阅读材料，延展知识点视角，开拓会计视野，加深专业认知。每章章尾的“推荐阅读”栏目提供了较为典型的材料，供深度学习者自行收集、保存和研读。

6.立足国内、放眼世界

会计学，可以说是“国际化”的会计学，因为“各经济体施行的会计准则可比，才使得国际经济贸易交往可行”。本书在每章后设置了“国际视野”栏目，将相关内容进行国际拓展，扩大学生学习和观察会计相关问题的视角，体现会计学的国际化，体现企业会计准则的持续性、实质性国际趋同。在每章的“关键术语听与读”栏目中，编者列出了中文术语及英语释义，学生扫描二维码可以听到地道的英语朗读，通过各种方式的锻炼，综合提升学生专业英语水平及听、说、读、写、译等方面的应用能力。

7.适用广泛、读者多元

本书可以作为高等院校会计学、财务管理、审计学、资产评估、金融学等经济学类、管理学类专业的本、专科生教材，也可以作为MBA教育、职业教育和继续教育等领域的教材，还可以作为会计、审计、财务管理及证券等相关执业人员进行培训和自学的参考资料，也可供非专业人士了解会计学基础知识时使用。

8.教辅齐备、易于教学

本书遵循教与学的规律，充分体现了教材应具备的“易教易学”特点。根据教学大纲的安排，教学内容可以有所侧重，教师可选择合适的章节开展课堂教学活动，其他章节及“点阅读”“拓展推荐阅读”等材料，建议以小组讨论、课外作业、研究式学习等方式进行。教师还可以访问东北财经大学出版社网站（http：//www.dufep.cn）获取即时更新的PPT、习题答案、试题库及答案等资料，供教学使用。

本书由马建威教授担任主编，负责拟定提纲和全书统稿、总纂。编写本书的具体分工如下：第1、4、9、11、14章，由马建威编写；第2、13章，由赵晓菲、米万东编写；第3、5、16章，由杨文黎、丁凡茜编写；第6、7、8章由马建威、张保平编写；第10、12、15章由马建威、李晶晶编写；“关键术语听与读”栏目中的听力练习由Ms. Sekinah B. M.进行英语录音。在本书编写过程中，谢志华、杨肃昌、李宪琛、王翠琳、张宸、任静梅、张烜、朱泽钢、王雷、简冠群、孙蕊、王韬、段濛、李菲、张静楠、马冰妍、郝国敏、章媛涓、赵灵伟等，或给出了诸多意见和建议，或参与研讨及校对等。全书由全国会计领军人才、大信会计师事务所高级合伙人李宗义审校，书中英文部分由哈丽红审校。感谢东北财经大学出版社相关编校人员对本书出版工作的大力支持。此外，本书参考了有关资料并引用了有关学者的研究成果，在此一并致谢。

一本好教材就像一位好老师，能引导你走向成功的彼岸，这是编者在学与教过程中的深切体会。本书的出版，既是一个阶段工作的总结和汇报，也是一个新的起点，期盼各方的意见和建议，以期改进。

马建威

2021年7月

目 录

第一章

绪论

章案例

会计是做什么的?

“零星算之为计，总合算之为会”[①]，平时零星计算，年末汇总计算即为会计。马克思在《资本论》中指出，过程越是按社会的规模进行，越是失去纯粹个人的性质，作为对过程的控制和观念总结的簿记就越是必要，簿记对资本主义生产比对手工业和农业的分散生产更为必要，对公有生产比对资本主义生产更为必要。这段论述包含了两层意思：一是社会经济离不开会计，经济越发展会计越重要；二是会计的基本职能，是对再生产过程的控制和观念总结。现代生产过程中，核算即为总结的依据与方式，监督即为控制的手段与过程。

会计是干什么的？从古代的结绳记事者，到账房先生，再到现在的财务负责人，历经一千多年，会计的职能不断延伸，不只是简单、真实地记录经济活动过程，而是更具战略指导意义。目前，外界对会计工作的认知尚停留在简单的记账、收支上，然而，对于现代意义的企业而言，金钱是“血液”，会计部门是“心脏”，支撑着生产经营活动的全过程，从创办公司时的资金筹集，到经营公司时的投资决策，再到公司盈利之后的利润分配，最后到编制报表影响利益相关者的投资决策，这些都与会计职能相关。第一章我们将学习会计产生的原因、发展，以及现代会计的特征。

资料来源：编者根据相关资料整理。

学习目标

通过本章的学习，希望您能够：

- 了解会计核算基础的含义及运用
- 理解会计的基本职能及拓展职能
- 熟悉会计的总体目标及具体目标
- 掌握会计质量特征的含义及特点

---

① 出自：焦循. 孟子正义［M］. 北京：中华书局，2017.

第一节 会计的产生与发展

一、会计的产生

点阅读1-1

会计起源于人类的早期生产实践，是人类社会发展到一定阶段时，出于对生产剩余物及其经济管理的客观需要而产生，伴随着人类社会生产的发展而不断完善。物质资料的生产是人类社会赖以生存和发展的基础，也是会计产生的根本前提。人类进行生产活动，总是力求以尽可能少的劳动消耗（投入）获得尽可能多的劳动成果（产出）。为了有效管理生产，需要对劳动成果和劳动耗费进行记录、计量，并将取得的劳动成果与劳动耗费进行比较、分析，以便获得反映生产过程及其结果的经济信息，据以总结过去、把控现在和规划未来。由此，人类的会计思想和会计行为便应运而生。

二、会计的发展

早期的会计只是对财物的收支进行简单的计算和记录。随着社会生产的日益发展和科学技术水平的不断进步，会计经历了一个由简单到复杂、由低级到高级的漫长演进过程，会计从简单的计数发展为具有完备的理论基础与实践规范的现代会计。会计的演进过程主要分为三个阶段。

（一）古代会计

早在原始社会，随着社会生产力水平的提高，人们捕获的猎物及生产的谷物等便有了剩余，人们就要算计着食用或进行交换，这样就需要进行简单的记录和计算。但由于文字没有出现，只好“绘图记事”，后来发展到“结绳记事”“刻木记事”等方法，被称为会计发展史上的原始计量与记录时代。这些原始的简单记录，就是会计的萌芽。文字产生以后，会计就产生了。在我国，最早记载“会计”一词的是西周的《周礼天官》，当时国家设置了会计官员——司会，规定了会计报表的编报制度：零星算之为计，总和算之为会。随着生产的进一步发展，科技的进步，劳动消耗和劳动成果的种类不断增多，出现了大量的剩余产品，会计逐渐从生产职能中分离出来，成为特殊的、专门委托的当事人的独立的职能。据马克思的考证，在原始小规模的印度公社里已经有了一个记账员，登记农业项目并记录与此有关的一切事项，这便是古代会计。

（二）近代会计

在近代，会计方法从不完善向逐步完善发展。近代会计的基本特征表现为利用货币计量进行价值核算，从单式记账法过渡到复式记账法。一般认为，从单式记账法过渡到复式记账法，是近代会计的形成标志，15世纪末期，意大利数学家卢卡·帕乔利有关复式记账论著的问世，标志着近代会计的开端。

1.从12世纪到15世纪，地中海沿岸城市开始出现资本主义萌芽，热那亚、威尼斯等地的商业和金融业开始繁荣，商品经济的发展促进了经济核算方法的完善，复式记账法开始出现，其最先出现在银行的存款转账业务中，1494年，意大利数学家卢卡·帕乔利出版了《算术、几何、比及比例概要》（又称《数学大全》）一书，系统地介绍了威尼斯的复式记账法，并给予理论上的阐述。1543年，《数学大全》传遍了整个欧洲。15世纪末期，欧洲商业贸易从意大利转移到荷兰、西班牙、葡萄牙等地，随后又传入德、英、法等地，复式记账法在欧洲大陆快速传播。

2. 从15世纪到19世纪，会计的理论与方法都没有较大的发展，直到蒸汽技术的出现，人类进入工业社会，生产力空前增长，在经济管理需求的影响下，会计迅速发展。1854年苏格兰出现了会计职业团体——爱丁堡特许会计师协会，会计开始成为独立职业。在此阶段，股份有限公司陆续出现，会计实务中收入配比思想逐渐体现，利润表正式对外报出。随着重工业发展和生产规模的扩大，制造费用在生产成本中比重逐渐提高，成本分摊成为会计工作的重要内容。19世纪末，报表需要经职业会计师审查之后对外报出，报表审查制度自此建立。

3. 第一次世界大战后，美国取代了英国的地位，在生产和科学技术的发展上都处于领先地位，会计学的发展中心逐渐从英国转移到了美国。在20世纪二三十年代，美国对标准成本会计的研究有了显著的进展，会计方法比较完善，会计科学相对成熟。伴随着经济危机的爆发，各国先后制定了会计准则，会计理论和方法得到了空前的发展。

（三）现代会计

在经济活动更加复杂、生产日益社会化、人们的社会关系更加广泛的情况下，会计的地位和作用，会计的目标，会计的原则、方法和技术都在不断发展、变化并日趋完善，逐步形成自身的理论和方法体系。另外，科学技术水平的提高也对会计的发展起了很大的促进作用。现代数学、现代管理科学与现代会计的结合，特别是电子计算机在会计数据处理中的应用，使会计工作的效能发生了很大的变化，它扩大了会计信息的范围，提高了会计信息的精确性和及时性。

随着公司制的建立，经营权从所有权中脱离，大大促进资本市场的发展，企业会计逐步演化为两大分支：一是侧重于服务企业内部管理者，满足其决策需要的管理会计，或者称为对内报告会计；二是侧重于服务企业外部信息使用者，满足其决策需要的财务会计，或者称为对外报告会计。财务会计由于需要服务于外部信息使用者，在保护投资者及社会公众利益、维护市场经济秩序及其稳定方面扮演着越来越重要的角色，因此在社会经济生活中的地位日显突出，迫切需要一套社会公认的、统一的会计原则来规范其行为。在这种情况下，作为标准的企业会计准则应运而生，其核心是通过规范企业财务会计确认、计量和报告内容，提高会计信息质量，降低资金成本，提高资源配置效率。

（四）大数据会计

随着“大智移云”时代的到来，会计学作为应用型学科，逐步向智能化方向发展，大数据会计逐渐出现在企业日常经营活动中。世界正在进入财务自动化、智能化管理阶段，财务人员将基础财务数据处理工作交给网络或机器，利用财务机器人完成日常财务工作中的审单、发票识别、记录、上传数据、制作报表、数据分析等业务，从而简化基础的、重复的、共性的会计核算工作，减轻人力负担，减少人力成本。

传统的会计职能以核算和监督为主，利用财务信息生成财务报告传递给相关利益方，大数据会计不仅能为企业提供财务数据，而且可以提供非财务信息，可以更好地满足利益相关者的决策需要，有利于企业全面预测和筹划，科学合理配置企业各项财务资源和非财务信息，从而推动企业实现其战略目标。

会计因人类社会生产的发展和经济管理的需要而产生、发展并不断完善，逐步由简单的计量与记录行为发展成为以货币为单位综合反映、监督经济活动过程的一种经济管理活动，并在参与单位经营管理决策、提高资源配置效率、促进经济健康持续发展方面发挥积极作用。随着经济全球化和科技的进步，大数据在会计领域的应用将更加广泛，同时会计将面临更多的挑战。

第二节　会计的职能与目标

一、会计的含义

会计是以货币为主要计量单位，采用专门的方法和程序，对企业和行政事业单位的经济活动进行完整的、连续的、系统的核算和监督，以提供经济信息和反映受托责任履行情况为主要目的的经济管理活动。公司制企业中，会计主要反映企业的财务状况、经营成果和现金流量等信息，并对企业经营活动和财务收支进行监督。

二、会计的本质

我国对会计本质的认识主要有以下观点：

1.管理活动论

在20世纪80年代初，杨纪琬、阎达五等学者提出了管理活动论的观点。这一观点认为，会计属于管理范畴，其本质是人的一种管理活动，它是通过收集、处理和利用会计信息，对经济活动进行组织、控制、调节和指导，以期提高经济效益，是经济管理的重要组成部分。

2.信息系统论

同一时期，葛家澍等学者提出了信息系统论的观点。这一观点认为，会计首先是一个系统，会计的功能是将输入的数据转换为信息，这种信息是以货币为表现的财务信息。它通过客观而科学的信息，为管理提供咨询服务。会计部门是企业的一个服务部门，会计人员在企业中居于参谋、顾问的地位，他们为企业管理部门正确地进行最优管理、决策和有效经营提供所需的数据，但他们并不直接进行管理和决策。

3.综合论

两种观点并无绝对矛盾，只是看问题的角度不同。基于此，吴水澎等学者提出将“二论”合二为一的新观点，即“会计既是一个信息系统，又是一种管理活动”。现代会计由财务会计和管理会计两大分支构成，财务会计侧重于对外提供信息，管理会计侧重于为企业内部经营管理服务。两大会计系统的形成和发展，极大丰富了会计科学的内容，扩大了会计的传统职能，使会计的作用不再局限于对企业财务状况和经营成果进行历史性描述，而是进一步利用这些信息来把控当前经营状况、预测经济发展前景，以提高企业效益。

三、会计的基本职能

会计的职能如图1-1所示。

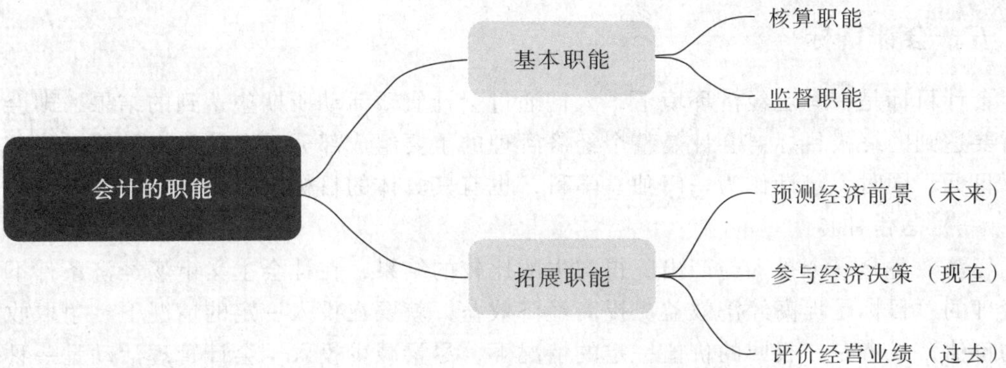

图1-1 会计的职能

1.核算职能

会计核算职能，又称会计反映职能，是指对企业已经发生的交易或者事项，主要以价值量的形式，进行确认、计量、记录和报告的功能，具有连续性、系统性、完整性。会计核算贯穿经济活动全过程，是会计的首要职能，也是全部会计管理工作的基础。

2.监督职能

会计监督职能，是会计的另一个基本职能，是指会计按照一定的目的和要求，主要利用会计核算所提供的信息，对企业的经济活动进行预测、决策、规划、控制、分析、考评和监督，促使经济活动按照规定的要求运行，使其达到预期目标的功能。会计监督是对单位经济活动全过程的监督，包括事前监督、事中监督及事后监督。会计核算是会计监督的前提，会计核算通过价值指标综合地反映经济活动的过程及结果，会计监督利用会计核算职能提供的价值指标进行价值管理。有时，为了便于监督，还需要事先制定一些可供检查、分析的价值指标，用来监督和控制有关经济活动，以避免出现偏差。经济活动的发生往往伴随着等量价值运动，会计监督通过价值指标可以全面、及时、有效地控制单位的经济活动。

四、会计的拓展职能

随着会计的发展，会计职能从两个基本职能的基础上，衍生出一些拓展职能。

1.预测经济前景

预测经济前景，是指根据财务报告等提供的信息，运用定量或者定性的方法判断和推测经济活动的发展变化规律，以指导和调节经济活动，提高经济效益。这种职能是对未来经济活动的一种预测。

2.参与经济决策

参与经济决策，是指根据财务报告等提供的信息，运用定量分析或定性分析的方法对备选方案进行经济可行性分析，为企业经营管理等提供与决策相关的信息。这种职能是参与当下经济活动。

3.评价经营业绩

评价经营业绩，是指利用财务报告等提供的信息，采用适当的评价方法，对企业一定经营期间的资产运营、经济效益等经营成果，对照相应的评价标准，进行定量及定性的对比分析，做出真实、客观、公正的综合评价。这种职能是对过去经济活动的一种评价。

五、会计目标

会计目标是在一定经济环境下，人们通过会计实践活动所期望达到的结果，即会计工作所要达到的终极目标。会计是整个经济管理的重要组成部分，会计目标从属于经济管理的总目标。同时，会计作为一门独立学科，也有其具体的目标。

（一）总体目标

经济效益是一个投入与产出、得与失的比较的结果，在社会主义市场经济条件下，经济管理的总目标是提高经济效益。提高经济效益，就要在投入一定的情况下，争取收回更多的价值；或者是在收回的价值一定的情况下，尽量减少投入。会计管理活动是一种价值管理，是对价值运动的管理。作为经济管理重要组成部分的会计工作，提高经济效益成为会计的最终目标。

（二）具体目标

会计的具体目标是向会计信息使用者提供与企业财务状况、经营成果和现金流量等有关的会计信息，反映企业管理层受托责任的履行情况，有助于会计信息使用者做出经济决策。

1.向会计信息使用者提供对决策有用的信息。企业进行会计工作的主要目标是满足会计信息使用者的信息需要，有助于会计信息使用者做出正确的经济决策。因此，向会计信息使用者提供对决策有用的信息是会计工作的基本目标。如果企业提供的财务会计报告对会计信息使用者的决策没有价值，则编制财务会计报告将失去意义。

2.反映企业管理层受托责任的履行情况。企业所有权和经营权相分离，所有者和经营者出现信息不对称。企业管理层受委托人委托经营管理企业及其各项资产，企业的所有者、债权人等为了及时掌握企业经营管理层保管、使用资产的情况，对企业管理层受托责任的履行和业绩水平进行有效评估，据此决定是否需要调整投资或信贷政策，是否需要加强企业内部控制和其他制度建设，是否需要更换管理层等。因此，会计目标的内容是反映企业管理层受托责任的履行情况，有助于评价企业的经营管理责任和资源使用的有效性。

点阅读1-2

现阶段，可以将会计目标表述为：会计目标是以提高企业资金利用效率为基础，实现企业利润最大化为根本目的，按照国家财经法规、会计准则和制度进行会计核算，实施会计管理，向会计主体内外部信息使用者提供有助于经济决策的信息。

第三节　会计假设

一、会计假设的含义

在复杂的外部环境变化中，为了保证会计工作正常进行和会计信息的质量，根据客观的、正常的情况或趋势提出一系列假设。会计假设是会计核算的基本前提，是企业会计确认、计量和报告的基础，是对会计核算所处时间、空间环境等所做的合理设定。会计假设包括会计主体、持续经营、会计分期和货币计量。

（一）会计主体

会计资料的取得不能是漫无边际的，它必须围绕一定的“主体”进行。**会计主体**，是企业会计确认、计量和报告的空间范围和界限，具体指运用会计方法体系进行会计反映和控制活动，具有独立的经济活动的资金，实行独立的财务会计报告的单位，也称会计实体。

作为会计主体，应该是一个独立的整体，其独立性表现在一个主体不仅要和其他主体相对立，还必须把企业的财务活动与企业的所有者及职工个人的财务活动划分开来。会计主体的整体性，表现为会计在核算和反映企业的经济活动时，必须从企业整体出发。因为企业内部各单位之间的资产转移，既不增加企业的收益或损失，也不增加企业的资产或负债，所以作为会计主体只有站在企业整体这个角度，才能正确核算经济活动所获得的收益或损失，正确反映资产和对外承担的债务，从而满足各方面对会计信息的需要。

会计主体不同于法人主体。一般来说，法人主体是会计主体，而会计主体不一定是法人主体。会计主体可以是一个有法人资格的企业（如企业、行政事业单位等），也可以是非法人（如合伙经营、由若干家企业组成的集团公司等）；可以是一个特定企业，也可以是企业的某一特定组成部分（如分公司、经营部等）。

会计主体和法人主体的关系有三种情况：

1.是会计主体同时又是法人主体。例如有限责任公司、股份有限公司等。

2.是会计主体但不是法人主体。例如个人独资企业、合伙企业、分公司等。

3.是法人主体但不一定是会计主体。例如企业集团下属子公司具备法人主体的条件，但在企业集团编制合并报表时，这些子公司就不是一个会计主体，只能把集团公司看作一个独立的整体，需要采用特定的方法，把集团公司内部企业之间的债权债务相互抵销，扣除由于内部企业之间销售活动而产生的利润等。

（二）持续经营

持续经营，是指在可以预见的将来，企业将会按当前的规模和状态无限期地继续经营下去，不会停业，也不会大规模削减业务。一个会计主体的生产经营过程是不断的再生产过程，所处的社会经济环境总是在变化，也会面临发生破产清算的可能。是否会破产清算以及何时破产清算是未知的，所以除非有充分的反证明，否则从会计的角度来看我们都认为它能持续地经营下去。为了建立会计反映和监督的正常秩序和方法，会计建立了“持续经营”的概念。

【例1-1】某企业购入一台设备，预计使用8年，考虑到该企业会持续经营下去，由此可以假设企业的资产会在持续的生产经营过程中长期发挥作用，即不断地为企业生产产品，直到设备使用寿命终了。为此，该设备损耗掉的价值逐渐地转移到预计使用寿命期间所生产的相关产品的成本中去。同时，其债务也将按发生时承诺的条件去清偿。

在持续经营假设下，会计的确认、计量、记录和报告应当以持续、正常的生产经营活动为前提，而不是考虑企业是否破产清算等。明确这一基本假设，就意味着会计主体将按照既定用途使用资产，按照既定的合约条件清偿债务，会计人员就可以在此基础上选择会计政策和会计估计方法，进行会计核算。在企业的经营过程中，若有证据说明某个会计主体早已因不能履行其所承担的义务而难以为继，这就意味着持续经营这一前提已不复存在，从而建立在这一基础之上的各种公认的会计处理方法都将不再适用，这时就应按资产评估结果或清算价格反映企业的资产、负债情况。

（三）会计分期

会计分期，是指将一家持续经营的企业的生产经营活动期间划分为若干连续的、长短相同的期间。从再生产的角度来看，企业各生产经营环节正常的经济活动在时间上是持续不断的，在空间上是并存的。一个会计主体的经营成果，从理论上讲只有到经营活动全部停止或企业单位破产清算时才能最终计算确定并提供财务报告，在现实中这个命题无法成立。为了及时向各方面提供有关财务状况、经营成果和现金流量等会计信息，对于那些引起企业资产、负债和所有者权益增减变化的经济活动，就必须设法定期地予以确认、计量、记录和报告。这种将企业的全部经营期间人为地划分为等间距的较短期间，就称为会计期间。

会计期间划分的长短会影响损益的确定。一般而言，会计期间划分得越短，反映经济活动的会计信息质量就越不可靠。但是，会计期间的划分也不能太长，否则影响会计信息使用者使用会计信息的及时性。我国是以公历年度作为会计年度，即每年的1月1日至12月31日为一个会计年度。会计期间分为年度、半年度、季度和月度，其中，半年度、季度和月度，均称为会计中期。

（四）货币计量

货币计量，是指会计主体在会计确认、计量、记录和报告时以货币为主要计量方式，反映会计主体的财务状况、经营成果和现金流量。

为了全面、综合地反映企业的生产经营活动，会计核算客观上需要一种统一的计量单位作为计量尺度。货币是商品的一般等价物，是衡量一般商品价值的共同尺度，具有价值尺度、流通手段、贮藏手段和支付手段等特点。在商品经济条件下，会计所使用的共同尺度只能是货币单位。唯有货币单位能为会计计量及会计记录的分类和总括反映，提供其他任何计量单位都无法提供的统一计量标准。而其他计量单位尺度，如长度、容积、重量等只能从一个侧面反映企业的生产经营情况，无法在量上进行汇总和比较，不便于会计计量和经营管理，只能作为会计核算的辅助计量单位，在核算中使用。统一采用货币计量也存在缺陷。例如，某些影响企业财务状况和经营成果的因素，如企业经营战略、研发能力、市场竞争力、客户资源等，往往无法用货币来计量，但这些信息对于使用者的决策也很重要。为此，企业可以在财务报告中补充披露有关非财务信息。

我国会计法规规定，企业会计核算应以人民币为记账本位币。有多种货币业务的企业需要确定某一种货币为记账本位币，并将其他货币折合为记账本位币进行会计记录和报告。

会计的四大假设之间有着密切的联系，会计主体假设规定了会计活动的空间范围，持续经营假设和会计分期假设界定了会计主体的核算期间，货币计量假设为会计活动提供了量度工具，它们共同构成了会计核算的基本前提。

点阅读1-3

第四节　会计核算基础

一、会计核算的含义

企业会计对企业生产经营过程及其结果的全面核算与控制，是以会计主体、持续经营、会计分期和货币计量等假设为前提条件的。企业开展生产经营活动，能够不断地获得收入，不断地发生费用。将企业实现的收入与其相关费用配比，就能计算、确定生产经营的成果。

二、会计核算基础

会计核算基础，也称会计确认基础，是指不同会计期间的收入与费用的确认标准，即一定会计期间的损益确认标准。在市场经济条件下，企业生产经营活动发生的收入或费用所体现的权利或责任，与其相关的货币资金的收入或支出行为并不能做到完全一致。尽管从一个较长时期来考察，两者终将会趋向一致，但在一个较短时期内，特别是在一个会计期间内很可能出现时间差。某一会计期间因生产经营活动所发生的收入与费用，可能在本期已收到、付出相关的货币资金，也可能在本期尚未收到、付出相关的货币资金；本期发生的费用，可能与本期获得的收入相关，也可能与本期获得的收入无关。所有这些经济业务的会计核算，均须以相应的会计处理基础为其基本依据。

从会计的产生与发展的历史过程来看，会计处理基础主要有两种：收付实现制与权责发生制。

（一）收付实现制

收付实现制，也称实收实付制或现金制，是指以款项的实际收到、付出作为本期收入和费用的确认标准。不考虑其相应的权利、责任是否归属于本期。

在收付实现制下，凡属本期收、支款项的收入和费用（无论其权利、责任是否归属于本期）均作为本期的收入和费用处理；反之，凡属本期未曾收、支款项的收入和费用，即使其权利、责任应该归属于本期，也不作为本期的收入和费用处理。款项的收付实际上是以货币资金的收付实现为依据的，故称实收实付制。

在采用收付实现制的情况下，当经济业务的发生或完成的时间与其相应的货币资金收付结算时间不一致时，会产生某一会计期间的收入、费用的确认与其对应的权利、责任相背离的现象。这种现象的出现主要是受具体的结算方式、结算时间、商业信用、往来款项等诸多因素的影响。在收付实现制下，由于计入本期损益的实际收入和费用，不一定完全属于本期，使得一定会计期间计算、确定的经营成果不一定完全真实可靠，不同时期的会计信息也缺乏相应的可比性。但是，采用收付实现制不考虑预计收入、预付费用、应计收入、应计费用等的存在，会计期末无需对账簿记录进行调整，核算手续较为简便，容易被一般人所接受，因此该种会计处理基础主要适用于经济业务内容简单且往来结算业务较少的非营利性的行政、事业、团体单位的损益确认。

（二）权责发生制

权责发生制，也称应收应付制或应计制，是指以经济业务的权益和责任的发生，即以应收应付作为确定本期收入和费用的标准。在权责发生制下，凡属于当期已经实现的收入和已经发生或应当负担的费用，无论其款项是否实际收付，均作为当期的收入和费用处理；反之，凡不属于当期的收入和费用，即使其款项已在当期实际收付，也不作为当期的收入和费用处理。

由于权责发生制的核心是按照权责关系的实际发生期间来确认收入和费用，而无论其款项是否实际收付，因此就形成一系列诸如“应收账款”“预收账款”“应付账款”“预付账款”“长期待摊费用”等临时账户进行记录，且必须在会计期末对相关账项进行必要的调整。由此可见，就会计处理手续而言，收付实现制比权责发生制简便，但就所确认的各会计期间的会计要素而言，权责发生制比收付实现制更为合理，能够更加准确地反映特定会计期间的财务状况和经营成果的实际情况。因此，世界上绝大多数国家的企业会计核算，均以权责发生制作为收入和费用确认的基础，我国《企业会计准则——基本准则》明确规定，企业的会计核算应当以权责发生制为基础。

点阅读 1-4

【例 1-2】东平公司在 20×1 年 1 月发生了两笔业务，第一笔是销售货物 10 000 元，尚未收到货款；第二笔是预收一笔销售货款 20 000 元，下个月发出货物。在权责发生制下，第一笔业务虽然未收到货款，但应该计入当期收入，第二笔业务收到货款，但属于发生在下个月的业务，所以计入预收账款，下个月发出货物后确认收入。在收付实现制下，第一笔业务未收到货款，计入预收账款，下个月发出货物后确认收入。第二笔业务收到货款，计入当期收入。

第五节 会计信息质量要求

一、中国对会计信息质量要求的研究

会计信息质量要求，也称会计信息质量特征或会计信息质量标准，是对企业财务报告中所提供会计信息质量的基本要求，是使财务报告中所提供会计信息对投资者等使用者决策有用应具备的基本特征。它要求会计人员在处理会计业务、提供会计信息时遵循这些质量要求，以更好地为企业各利益相关者提供经济决策服务。根据我国企业会计准则规定，会计信息质量必须遵循可靠性、相关性、可理解性、可比性、实质重于形式、重要性、谨慎性、及时性等一系列要求。中国会计信息质量特征如图 1-2 所示。

（一）可靠性

可靠性，也称真实性、客观性，是要求企业应当以实际发生的交易或者事项为依据进行确认、计量和报告，如实反映符合确认和计量要求的各项会计要素及其他相关信息，保证会计信息真实可靠、内容完整。

可靠性是对会计核算工作的基本要求。会计信息要有用，必须以可靠为基础，如果财务报告所提供的会计信息是不可靠的，就会给投资者的决策产生误导甚至损失。为了贯彻可靠性要求，企业应当做到：

1. 真实性。以实际发生的交易或事项为依据进行确认、计量、记录和报告，不得以虚假的交易或事项为依据进行会计确认、计量、记录和报告。

2. 可核性。信息可以反复核查和验证，独立的会计人员运用同一方法，分别对同一事项进行计量，能得出相同的结果。

3. 中立性。财务报告中的会计信息应当是中立的、无偏的，如果企业在报告中为了达到预先设定的结果，通过选择或列示有关会计信息以影响决策和判断，那么这样的财务报告信息就是虚构的、不可靠的，违背了《中华人民共和国会计法》（以下简称《会计法》）的规定。

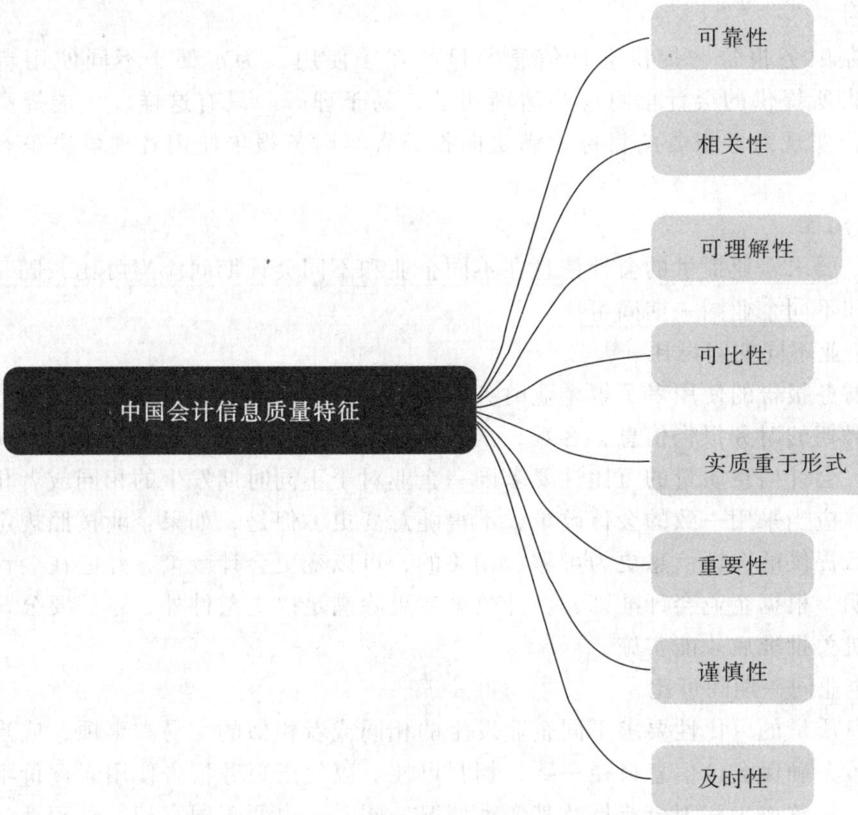

图1-2 中国会计信息质量特征

【例1-3】东平公司于20×0年年末发现公司销售萎缩，无法实现年初确定的销售收入目标，但考虑到在20×1年春节前后，公司销售可能会出现较大幅度的增长，公司为此提前预计库存商品销售，在20×0年年末制作了若干存货出库凭证，并确认销售收入。公司这种处理不是以其实际发生的交易事项为依据的，而是以虚构的交易事项为依据，违背了会计信息质量要求的可靠性原则，也违背了《中华人民共和国会计法》的规定。根据《中华人民共和国刑法修正案（六）》，提供虚假财会报告、不依法披露信息罪，是指依法负有信息披露义务的公司、企业向股东和社会公众提供虚假的或者隐瞒重要事实的财务会计报告，或者对依法应当披露的其他重要信息不按照规定披露，严重损害股东或者其他人利益，或者有其他严重情节的行为。

（二）相关性

相关性，也称有用性，要求企业提供的会计信息应当与财务报告使用者的经济决策需要相关，有助于财务报告使用者对企业过去、现在或者未来的情况做出评价或者预测。

会计信息是否具有价值，关键看其与使用者的决策是否相关，是否有助于使用者做出决策或者提高决策水平。会计信息质量的相关性要求，需要企业在确认、计量、记录和报告会计信息的过程中，充分考虑使用者的决策模式和信息需要。而相关性是以可靠性为基础的，二者并不矛盾，也就是说，会计信息在可靠性的前提下尽可能做到相关，以满足各种财务报告使用者的决策需要。

（三）可理解性

可理解性，也称明晰性，要求企业提供的会计信息应当清晰明了，便于财务报告使用者理解和使用。

企业编制财务报告、提供会计信息的目的在于使用，为了便于不同使用者有效利用，财务报告所提供的会计信息应当清晰明了，易于理解。只有这样，才能提高会计信息的有用性，实现财务报告的目标，满足向投资者等财务报告使用者提供决策有用信息的要求。

（四）可比性

可比性，要求企业提供的会计信息在不同企业和不同会计期间应当可比，同一企业不同期间可比和不同企业同一期间可比。

1.同一企业不同期间可比

为便于财务报告的使用者了解企业财务状况、经营成果和现金流量的变化趋势，比较企业在不同时期的财务报告信息，客观、全面地评价企业过去、预测企业未来，从而做出相应的决策。会计信息质量的可比性要求同一企业对于不同时期发生的相同或者相似的交易或者事项，应当采用一致的会计政策，不得随意变更。但是，如果企业按照规定或在会计政策变更后提供的会计信息更为可靠、相关的，可以变更会计政策，并应在会计报表附注中予以说明。根据企业会计准则，会计政策变更除满足以上条件外，还需要公司董事会或类似权力机关批准后才能实施。

2.不同企业同一期间可比

会计信息质量的可比性要求不同企业发生的相同或者相似的交易和事项，应当采用规定的会计政策，确保会计信息口径一致、相互可比。以便于财务报告使用者评价不同企业的财务状况、经营成果和现金流量及其变动情况。同时，也便于国家相关管理部门对各个企业提供的会计信息进行比较、分类和汇总，从而有利于国家的宏观管理和调控。

（五）实质重于形式

实质重于形式，要求企业应当按照交易或者事项的经济实质进行会计确认、计量和报告，不应仅仅以交易或事项的法律形式为依据。实质是指交易或事项的经济实质，形式是指会计核算依据的法律形式。

在大多数情况下，企业发生的交易或事项的经济实质和法律形式是一致的，企业为了便于实施，通常以交易或事项的法律形式进行会计信息确认。然而，这种一致并不是绝对的，当经济形式和法律实质出现不一致时，应当首先尊重经济实质，保证会计信息与客观经济事实相符。

以融资租赁方式租入的固定资产，从法律形式上来说企业只拥有使用权和控制权，但从实质上来说，租赁合同中规定的租赁期接近该资产的使用寿命，而且在租赁期内承租企业有权支配和使用该资产并从中受益，因此企业能够控制该资产创造的未来经济利益，在会计确认、计量和报告时就应当将以融资租入的资产视为企业的资产，列入企业的资产负债表中。

企业按照销售合同销售商品但又签订了售后回购协议，虽然从法律形式上实现了收入，但如果企业没有将商品所有权上的主要风险和报酬转移给购货方，没有满足收入确认的各项条件，那么即使签订了商品销售合同或者已将商品交付给购货方，也不应当确认销售收入。根据我国企业会计准则，这实际上是以商品为抵押的融资业务，因此收到的款项不能计入收入，而要计入借款。由此可见，会计信息要真实、可靠地反映企业的交易或事项，就必须根据交易或事项的实质进行判断。

（六）重要性

重要性，要求企业提供的会计信息应当反映与企业财务状况、经营成果和现金流量有关的所有重要交易或事项。

在会计实务中，如果会计信息的错报或漏报会影响投资者等财务报告使用者据此做出决策，那么该信息就具有重要性；如果一项交易或事项达到一定数量或比例从而可能对信息使用者的决策产生较大影响，那么该交易或事项就具有重要性。重要性的应用需要依赖职业判断，企业应当区别经济业务的重要程度，根据其所处的环境和实际情况，从其性质和金额大小两个方面加以判断，并采用不同的会计处理程序和方法。具体来说，对于重要的经济业务应单独核算、分项反映，力求准确，并在财务报告中做出重点说明，予以充分的披露；对于不重要的经济业务，在不影响会计信息真实性、可靠性和完整性的情况下，可以适当简化会计核算或合并反映。

（七）谨慎性

谨慎性又称稳健性，要求企业对交易或者事项进行会计确认、计量、记录和报告时应当保持应有的谨慎。

在当前的市场经济环境下，企业的生产经营活动面临着许多风险，例如，固定资产的使用寿命缩短、资产减值的可能性等。会计信息质量的谨慎性，需要企业在处理不确定性经济业务时，应保持应有的谨慎态度，运用职业判断充分估计各种风险和可能的损失，做到既不高估资产或者收益，也不低估负债或者费用；既不故意低估资产或者收益，也不故意高估负债或者费用。

（八）及时性

及时性，要求企业对于已经发生的交易或者事项，应当及时进行确认、计量和报告，不得提前或者延后。

会计信息的价值具有时效性。因此，对会计信息的核算也应及时进行，便于使用者及时利用，防止信息失效。具体来说，在当期发生的交易或事项应该在当期内进行会计处理，不得延至下期；财务会计报告应当在会计期间结束后的规定日期内编制并及时报出。信息如果不能被及时提供就失去了时效性。我国要求上市公司在按时公开披露年度财务报告的同时，按季度披露季度财务报告，这就是会计信息及时性的具体体现。

在上述八项会计信息质量要求中，可靠性、相关性、可理解性和可比性是会计信息的首要质量要求，是企业财务报告中所提供会计信息应具备的基本质量特征；实质重于形式、重要性、谨慎性和及时性是会计信息的次级质量要求，是对可靠性、相关性、可理解性和可比性首要质量要求的补充和完善。此外，及时性还是会计信息相关性和可靠性的制约因素。在实务中，常常需要会计信息提供者与使用者进行取舍，在各种信息质量要求之间取得一种平衡，以实现会计目标，满足会计信息使用者的需要。

◆思政园地

中国会计监管体系

我国的会计监督体系是由单位内部监督、政府监督和社会监督组成的。《中华人民共和国会计法》《财政部门实施会计监督办法》《会计基础工作规范》，以及财政部印发的《企业内部控制规范》等法律、行政法规、规章对单位内部会计监督以及会计工作政府监督和社会监督都做出了相应的规定。

单位内部会计监督是指为了保护单位资产的安全、完整，保证其经营活动符合国家法律、法规和内部有关管理制度，提高经营管理水平和效率，而在单位内部采取的一系列相互制约、相互监督的制度和方法，其本质是一种内部控制制度。因此，虽然单位内部会计监督的主体是会计机构和会计人员，但单位内部会计监督不仅仅是会计机构和会计人员的事，单位负责人应当支持和保障会计机构、会计人员行使好会计监督职权。单位负责人应当保证会计机构、会计人员依法履行职责，不得授意、指使、强令会计机构、会计人员违法办理会计事项。

会计工作的政府监督，主要是指财政部门代表国家对单位和单位中相关人员的会计行为实施的监督检查，以及对发现的违法会计行为实施的行政处罚，是一种外部监督。

会计工作的社会监督，主要是指由注册会计师及其所在的会计师事务所依法对受托单位的经济活动进行审计、鉴证的一种监督制度。其因特有的中介性和公正性而得到法律的认可，具有很强的权威性。

单位内部的会计监督、有关部门对单位实施的政府监督以及由注册会计师承办的社会监督构成了会计监督的整体，它们之间相辅相成，共同为社会经济服务。此外，单位和个人检举违反《会计法》和国家统一会计制度规定的行为，也属于会计监督的范畴。

资料来源：编者根据相关资料整理。

◆章小结

会计的产生、发展，有赖于会计环境。

会计职能分为基础职能和拓展职能，基础职能包括核算和监督，拓展职能包括预测经济前景、参与经济决策和评价经营业绩。

会计具有四个基本假设，或称为四个前提条件：会计主体、持续经营、会计分期和货币计量。

会计核算的两类核算基础：收付实现制和权责发生制。

会计信息质量须具备的一些质量特征：可靠性、相关性、可理解性、可比性、实质重于形式、重要性、谨慎性、及时性。

关键术语
听读1

◆关键术语听与读

◎Bookkeeper（记账员）: A bookkeeper refers to a person usually employed by a small to mid-size company or other organization to process and record the large volume of transactions involving sales, purchases, payroll, collection of accounts receivable, payment of bills, and more.

◎Single-entry System（单式记账）: The single-entry system or bookkeeping refers to a method of bookkeeping that recognizes only one side of a business transaction and usually consists only of a record of cash and personal accounts with debtors and creditors.

◎Ownership（所有权）: The ownership, also called the title, refers to the state, relation, or fact of being an owner, or a group or organization of owners.

◎Management Right（经管权）: The management right, also called the stewardship, is the office, duties, and obligations of an agent to conduct, supervise, or manage something especially the careful and responsible management of something entrusted to one's care.

◎Management Accounting（管理会计）: Management accounting, also called managerial accounting, are the field of study within accounting that is devoted to information needed by the management of the company, as opposed to financial accounting to external parties. Topics covered include cost behavior, product costing for manufacturers, budgeting, amounts needed for decision making, transfer pricing, capital budgeting, etc.

◎Financial Accounting（财务会计）: Financial accounting refers to the accounting associated with the preparation of the main financial statements, income statement, balance sheet, statement of cash flows, statement of retained earnings, statement of stockholders' equity.

◎Big Data（大数据）: Big data refers to an accumulation of data that is too large and complex for processing by traditional database management tools.

◎Fiduciary Duty（受托责任）: Fiduciary duty, also called the stewardship, is a duty obligating a fiduciary (as an agent or trustee) to act with loyalty and honesty and in a manner consistent with the best interests of the beneficiary of the fiduciary relationship as a principal or trust beneficiary.

◎Decision Usefulness（决策有用）: Decision usefulness is the overall qualitative characteristic to be used in judging the quality of accounting information, which is useful for the information users to make their decisions. For the purpose of evaluation, it can be separated into the primary qualities of relevance and reliability.

◎Accounting Assumptions（会计假设）: The accounting assumptions are the prerequisites for the organization of accounting and accounting work. They are the basis for establishing accounting principles and the necessary condition for conducting accounting practices.

◎Accounting Entity（会计主体）: The accounting entity assumption, also called the economic entity, is an accounting principle or guideline that allows the accountant to keep the business transactions separate from the owner's personal transactions.

◎Going Concern（持续经营）: The going concern assumption, also called the continuity assumption, is an accounting guideline which allows the readers of financial statements to assume that the company will continue on long enough to carry out its objectives and commitments. In other words, the accountants believe that the company will not liquidate in the near future. This assumption also provides some justification for accountants to follow the cost principle.

◎Accounting Period（会计分期）: The accounting period assumption, also known as the periodicity or time period assumption, is an accounting guideline that allows the accountant to divide up the complex, ongoing activities of a business into periods of a year, quarter, month, week, etc. The precise time period covered is included in the heading of the income statement, statement of cash flows, and the statement of stockholders' equity.

◎Monetary Unit（货币计量）: The monetary unit assumption refers to the accounting guideline where the currency is assumed to be constant (no change in purchasing power) over time.

◎Cash Basis（收付实现制）: The cash basis of accounting refers to the accounting method wherein revenues are recognized when cash is received and expenses are recognized when paid, which is usually followed by individuals and small companies, but is not in compliance with accounting's matching principle.

◎Accrual Basis（权责发生制）: The accrual basis of accounting is the accounting method wherein revenues are recognized when they are earned and expenses are matched to revenues or the accounting period when they are incurred.

◎Reliability（可靠性）: The reliability principle is a qualitative characteristic in accounting. It is achieved when information is verifiable, objective (not subjective) and you can depend on it.

◎Representational Faithfulness（如实反映）: Accounting information has representational faithfulness when there is a relationship between the reported accounting measurements or descriptions and the economic resources, the obligations, and the transactions and events causing changes in these items, which is defined as "validity" by social scientists.

◎Verifiability（可核性）: Accounting information is verifiable, sometimes called objective, when accountants can form a consensus that the selected method has been used without error or bias.

◎Neutrality（中立性）: Accounting information is neutral when there is an absence of bias intended to attain a predetermined result of influence behavior in a particular direction.

◎Relevance（相关性）: The relevance principle is a qualitative characteristic in accounting, which is associated with information that is timely, useful, has predictive value, and is going to make a difference to a decision maker.

◎Understandability（可理解性）: Accounting information should be understandable to users who have a reasonable knowledge of business and economic activities and who are willing to study the information with reasonable diligence.

◎ Comparability（可比性）: The comparability principle is a quality of accounting information that facilitates the comparison of financial reporting of one company to the financial reporting of another company.

◎Substance over Form（实质重于形式）: The substance over form principle requires the accountants, during the accounting process of identification, recording, measuring and reporting, consider the economic substance of a transaction or event rather than its legal form.

◎ Materiality（重要性）: Materiality principle refers to the magnitude of an omission or misstatement of accounting information that, considering the circumstances, makes it likely that the judgment of a reasonable person relying on the information would have been influenced by the omission or misstatement.

◎Conservatism（谨慎性）: Conservatism principle states that when alternative accounting valuations are equally possible, the accountant should select the one that is least likely to overstate assets and income in the current period.

◎Timeliness（及时性）: Accounting information is timely when it is available to decision makers before it loses its ability to influence decisions.

◆回顾与思考

1.提到会计的产生和发展，您脑海里会呈现出怎样的画面？

2.会计的两项基本职能是什么？怎么理解二者之间的关系？

3.会计假设是什么？怎么理解每一项假设？它们之间具有怎样的关系？

4.什么是谨慎性原则？它与客观性原则是否有冲突？怎么理解？

5.两种会计核算基础有什么异同？为什么会有两种核算基础？它们应当分别在什么环境下使用？

6.怎么理解会计质量特征的相关性和可靠性？

◆章习题

1.单项选择题

(1) 会计的主要计量单位是（　　）。

A.货币　　B.人民币　　C.美元　　D.资产

(2) 会计的基本职能是（　　）。

A.核算与监督　　B.核算与分析　　C.核算与预测　　D.核算与控制

(3) 要求会计信息必须是客观的和可验证的信息质量要求是（　　）。

A.可理解性　　B.相关性　　C.可靠性　　D.可比性

(4) 会计信息的内部使用者有（　　）。

A.股东　　B.首席执行官　　C.供应商　　D.政府机关

(5) 在整个社会环境中起一种基础性的决定作用的是（　　）。

A.政治环境 B.经济环境 C.法律环境 D.文化环境

(6) 明确会计工作为之服务的特定单位，规定会计核算范围的基本假设是（ ）假设。

A.会计主体 B.持续经营 C.会计分期 D.货币计量

(7) 我国企业进行会计确认、计量和报告的基础是（ ）。

A.收付实现制 B.集中核算制 C.分散核算制 D.权责发生制

(8) 下列各项中，不属于会计计量属性的是（ ）。

A.重置成本 B.历史成本 C.未来成本 D.可变现净值

(9) 下列各项中，体现谨慎性会计信息质量要求的是（ ）。

A.无形资产摊销 B.应收账款计提坏账准备

C.存货采用历史成本计价 D.当期销售收入与费用配比

(10) 要求信息在对用户失效之前就提供给用户的会计信息质量要求是（ ）。

A.可比性 B.明晰性 C.及时性 D.重要性

2.多项选择题

(1) 及时性要求包括（ ）。

A.及时收集会计信息 B.及时加工处理会计信息

C.及时传递会计信息 D.及时反馈会计信息

E.以上都有

(2) 会计信息外部使用者包括（ ）。

A.债权人 B.顾客 C.信用代理人

D.政府部门 E.竞争者

(3) 会计的基本假设包括（ ）。

A.会计主体 B.持续经营 C.历史成本

D.会计分期 E.货币计量

(4) 会计的职能包括（ ）。

A.核算 B.监督 C.预测经济前景

D.参与经济决策 E.评价经营业绩

(5) 会计质量信息包括（ ）。

A.可靠性 B.安全性 C.重要性

D.谨慎性 E.形式重于实质

3.判断题

(1) 会计主体一定是法律主体，法律主体也一定是会计主体。（ ）

(2) 一项信息是否可靠取决于三个因素，即真实性、可核性和中立性。（ ）

(3) 谨慎性允许企业计提秘密准备。（ ）

(4) 可理解性是指会计信息与信息使用者所要解决的问题相关联，即与使用者进行的决策相关，并具有影响决策的能力。（ ）

(5) 核算是监督的基础，监督是核算的保障。（ ）

4.业务题

请回答，在收付实现制和权责发生制下，以下业务该如何计量？

(1) 甲公司销售一批货物，售价1 000元，货物已发出，尚未收到货款。

(2) 甲公司收到上个月销售货物的货款1 000元。

(3) 甲公司预付下个月的房租10 000元。

◆国际视野

关于美国会计准则制定的理论逻辑起点

美国会计理论的研究成果在世界会计理论界占据着举足轻重的地位，其会计准则制定的逻辑起点经历了由假设起点到目标起点的转变，这一转变在世界会计理论界产生着深远的影响，通过对美国会计准则制定的逻辑起点的研究可以看到整个世界会计理论研究的动态与趋势。

(一) 假设起点论产生的背景

假设就是根据已知的、得到公认的科学规律对一定范围内的事物、现象的规律或本质的一种推测性的说明。莫茨和夏拉夫两位教授在《审计理论结构》中，深刻地描述了“假设”对“理论”或“科学”的重要性。会计学作为一门社会学科，其研究方法不能像自然科学那样通过科学实验的手段去对假说进行验证，因此会计假设只能来源于会计这一事物产生和发展的客观环境，只有按会计基本假设开展会计的理论研究尤其是对会计理论逻辑起点的研究，才能够反映会计学可研究对象，揭示出会计学的性质最终建立起一个首尾一贯、结构严密的逻辑化的理论体系。

(二) 假设起点论的产生与发展

1 会计假设理论研究的早期阶段（20世纪20年代初期—20世纪50年代末期）

会计假设这一概念最早是由美国著名会计学者W. A·佩顿（Paton）1922年在其所著《会计理论》中最早提出。此时人们对会计假设在会计理论体系中的逻辑地位还不明确。

1932年，G. O.梅在写给美国会计师协会的正与纽约交易所合作建立会计原则的委员会成员的一封信中，提到了三项会计假设：持续经营、货币计量、销售时点实现；1939年，G.史蒂芬 吉尔曼在《会计上的利润概念》中提到了四点惯例：会计主体惯例、会计期间惯例、资产计价惯例和借方贷方惯例；1940年，佩顿和利特尔顿合著出版的《公司会计准则导论》标志着假设起点论在会计理论体系的逻辑地位方面发生了质的变化。

2.会计假设起点论研究高速发展阶段（20世纪50年代末期—20世纪60年代末期）

1959年，美国注册会计师协会（AICPA）在成立会计原则委员会（APB）的同时，设立会计研究部（ARD）专门进行理论研究，把会计假设的研究列为最优先考虑的项目。在此背景下，会计研究部主任莫里斯。穆尼茨于1961年完成了第1号会计研究公告——《会计基本假设》，提出共14条会计基本假设并通过演绎的方法将假设分为三个层次。随后1962年APB发布了第3号会计研究公告——《暂行的企业广义会计原则》，基本上确立了会计假设作为会计理论逻辑起点的地位。1970年，APB发布第4号公告《企业财务报表所依据的基本概念和会计原则》，正式公布了第1号公告中的14条会计基本假设，但是未直接用“会计假设”一词，而改称其为“基本特征”。

3.会计假设起点论研究的停滞阶段（20世纪60年代末期至今）

1966年，美国会计学协会（AAA）发布《基本会计理论说明》(ASOBAT)，会计目标重要性凸现，会计假设在概念框架中已无一席之地。20世纪70年代美国财务会计准则委员会（FASB）取代美国会计原则委员会（APB）之后，会计理论界的研究重心开始向会计目标转移；20世纪70年代初期以后虽然仍有一些会计学者及会计准则制定机构的研究文献涉及会计基本假设，但是人们可以明显地意识到会计假设理论作为会计理论逻辑起点，在地位上慢慢处于弱势，而不像20世纪70年代以前那样对会计准则的制定起到重大的影响。

（三）假设起点论的弊端及面临的挑战

从1959年开始，美国注册会计师协会（AICPA）先后颁布了《会计的基本假设》和《试论广泛适用的企业会计原则》。其制定准则的立足点一直是会计假设，AICPA认为会计假设是客观环境见之于主观推理的最本质的东西，是现代会计存在的基础。因此，AICPA着眼于会计活动的环境和前提条件，强调会计假设、会计原则等理论范畴。但是，一方面由于受到实用主义的影响，会计假设及原则、观念、惯例等概念的混乱导致对会计假设的内容表述不一致；另一方面会计假设只能来自会计所处的客观社会经济环境，而社会经济十分复杂，如何形成会计假设，多少假设以及假设有多少层次，都受到主观和客观等因素的制约。

随着经济环境的变化，会计理论体系的每一个层次都发生了变革与创新。但是，会计假设仍然没有什么明显的创新与变革，这使得会计理论明显地落后于会计实务，特别是进入知识经济时代，这一现象日益明显，国际上公认的四项基本假设面临着巨大的挑战。

资料来源：张健. 美国会计准则制定的理论逻辑起点研究［J］. 财会学习，2009（7）.

◆推荐阅读

［1］课题组. 对我国会计目标定位的思考［J］. 会计研究，2005（8）.

［2］包守一. 会计历史资料的整理［J］. 财务与会计，1983（9）.

［3］陈国辉，杜孝森. 会计信息质量的“二分法”：一个规范性分析［J］. 审计与经济研究，2013（4）.

［4］陈美华，雷宇，陈建林. 革命根据地会计史与新中国会计发展研究［J］. 会计研究，2016（4）.

［5］付磊. 会计史研究三十年［J］. 会计研究，2008（12）.

［6］付磊，陈杰. 中国会计史研究现状与未来展望［J］. 商业会计，2020（8）.

［7］郭道扬. 中国会计史稿（上、下）［M］. 北京：中国财政经济出版社，1982.

［8］郭道扬. 会计史研究（第1、2、3卷）［M］. 北京：中国财政经济出版社，2004.

［9］陈信元，等. 中华人民共和国会计思想史［M］. 上海：上海财经大学出版社，1999.

［10］葛家澍. 关于财务会计目标的研究［J］. 上海立信会计学院学报，2007（3）.

［11］梁爽. 会计目标与会计环境逻辑关系剖析［J］. 会计研究，2005（1）.

[12] 马建威，谢萍，徐德健. 论中国会计目标的定位 [J]. 北京工商大学学报，2006（6）.

[13] 苏新龙. 会计假设理论与会计目标理论是会计理论体系中的起点理论 [J]. 会计研究，1996（11）.

[14] 田璧. 会计目标的发展和演变 [J]. 财务与会计，2012（9）.

[15] 王爱国，吴大新. 会计史研究：全球视野与现实观照 [J]. 商业会计，2018（5）.

[16] 王晨明. 论中国会计目标定位 [J]. 中央财经大学学报，2004（8）.

[17] 吴联生. 会计研究起点理论述评 [J]. 会计研究，1998（10）.

[18] 俞俊利. 会计史研究：基于国际文献的分析 [J]. 会计与经济研究，2019（6）.

[19] 谢志华. 财务会计目标：演变与动因 [J]. 北京工商大学学报，2014（1）.

[20] 张先治. 会计目标与管理会计报告系统创新 [J]. 上海立信会计学院学报，2008（3）.

第二章

会计要素与会计账户

点阅读 2-1

章案例

从三脚账到龙门账

我国古代记账方式从单式记账法发展到复式记账法经历了几个过程，在单式记账法中，从“三柱清册”到“四柱清册”主要是会计要素发生了变化。“三柱清册”的“三柱”指的是三个会计要素，即“入”“出”“余”。“入”为收入，“出”为支出，“余”为结余，结算时等式为“入-出=余”。利用三种会计要素进行核算和清算就是“三柱清册”的含义。发展到“四柱清册”后，会计要素变为四种：“旧管”“新收”“开除”“实在”。“旧管”为上期结余，“新收”为本期收入，“开除”为本期支出，“实在”为本期结余。结算等式为“旧管+新收-开除=实在”，即“上期结余+本期收入-本期支出=本期结余”。“四柱清册”相比于“三柱清册”多了“上期结余”这个会计要素，体现了古代的“持续经营”的思想。

“三脚账”标志着最早的复式记账的开始。复式记账法是指一笔业务同时在两个或两个以上的账户中进行记录。“三脚账”采用三个会计要素：“存”“该”“盈”。“存”指资产，“该”指负债和所有者权益，“盈”指利润，核算等式为“存-该=盈”，即“资产-（负债+所有者权益）=利润”。中国古代复式记账法的巅峰时期是“龙门账”和“四脚账”，它们有四个会计要素：“存”“该”“进”“缴”。“存”指资产，“该”指负债和所有者权益，“进”指收入，“缴”指支出，核算等式为“进-缴=存-该”。其在“三脚账”的基础上引入了“收入”和“支出”两个会计要素，核算利润时可以清晰地反映收入和支出对利润的影响。

资料来源：姜汝川.从三脚账到龙门账——中国传统复式记账方式的发展与完善［J］. 现代商业，2010（5）.

学习目标

通过本章的学习，希望您能够：

- 了解设置会计科目及会计账户的意义
- 理解会计科目的含义及分类方法
- 熟悉会计账户的意义及分类方法
- 掌握会计要素的含义、分类及运用

第一节　会计对象

一、会计对象的含义

会计对象，是指会计所核算和监督的内容，即会计工作的客体。由于会计需要以货币为主要计量单位，对一定会计主体的经济活动进行核算和监督，因此会计并不能核算和监督社会再生产过程中的所有经济活动，即凡是特定主体能够以货币表现的经济活动，都是会计核算和监督的内容，也就是会计的对象。以货币表现的经济活动通常又称为价值运动或资金运动。由于单位的组织形式和经济活动的内容不同，因此不同单位的会计对象均有不同的特点。

点阅读 2-2

二、会计对象的表现形式

（一）会计对象的抽象描述

会计对象的表现形式是指能用货币表现的经济活动，即价值运动或资金运动。资金是指能用货币表现的财产物资，它不是静止不变的，通过自身不断的运动而变化。资金运动主要有三种表现形式：

1.资金进入企业。企业通过吸收投资、银行借入、发行股票或债券来筹集资金。

2.资金在企业中的周转。企业用货币资金购买材料，形成储备资金；工人利用自己的生产技术，借助机器设备对材料进行加工，发生的耗费形成生产资金；产品完工后形成产成品；将产品销售，收回货款，得到新的货币资金。整个周转过程表现为：货币资金→储备资金→生产资金→成品资金→货币资金。

3.资金退出企业。企业偿还银行借款、上缴税金和分派股息或股利。

资金运动的一般形式如图2-1所示。

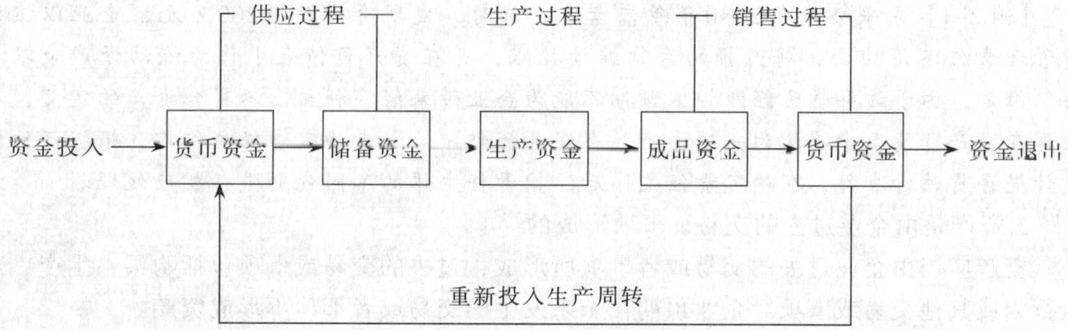

图2-1　资金运动的一般形式

（二）会计对象的具体描述

把会计的对象描述为资金运动，这是很抽象的。会计核算和监督的内容应该是详细具体的，这就要求必须把企业的资金运动进行若干次分类，使之具体化。对资金运动进行的分类就是会计要素；对会计要素进行的分类就是会计科目。

第二节 会计要素

根据我国会计准则的规定，我国企业的资金运动分为六大要素，即资产、负债、所有者权益、收入、费用和利润。会计核算的具体对象从总体上可分为两个方面：反映财务状况和反映经营成果。对反映财务状况来讲，可具体划分为资产、负债和所有者权益。对反映经营成果来讲，可具体划分为收入、费用和利润。

一、资产

（一）资产的含义

资产，是指企业过去的交易或事项形成的、由企业拥有或控制的、预期会给企业带来经济利益的资源。根据资产的定义，资产具有三个特征：

1.资产应为企业拥有或控制的资源

资产应为企业拥有或控制，企业享有某项资源的所有权，或者虽然不享有某项资源的所有权，但该资源能被企业所控制。在实务中，融资租入固定资产，企业虽然不拥有其所有权，但可以控制该资产的使用权及其所能带来的经济利益的大部分，符合会计上对资产的定义，也应当将其作为企业资产予以确认。

2.资产预期会给企业带来经济利益

资产预期会给企业带来经济利益，是指资产直接或间接导致现金和现金等价物流入企业的潜力，这种潜力可以来自企业日常的生产经营活动，也可以来自非日常活动；带来的经济利益可以是现金也可以是现金等价物，经济利益的形式是可以转化为现金或者现金等价物，或者可以减少现金或现金等价物的流出，即资产必须具有使用价值。没有使用价值的物品，未能或不再给企业带来未来经济效益的，则不作为资产予以确认。

【例2-1】东平公司在20×0年年末盘点存货时，发现存货毁损200万元，企业以该存货管理责任不清为由，将毁损的存货继续挂账，并在资产负债表中作为流动资产予以反映。但是，由于该存货已经毁损，预期不能为企业带来经济利益，不符合资产的定义，不应再在资产负债表中确认为一项资产。在实务操作中，在未确定责任主体前，根据评估情况计提存货跌价准备，在确定责任主体后，按责任主体的不同分别进行相应处理。

3.资产是由企业过去的交易、事项形成的

资产应当由企业过去的交易或者事项所形成，过去的交易或事项包括购买、生产、建造行为或其他交易或事项。企业预期在未来发生的交易或者事项不形成资产。

【例2-2】东平公司和某施工单位签订了一项厂房建造合同，建造合同尚未履行，即建造行为尚未发生，因此不符合资产的定义，东平公司不能因此而确认在建工程或固定资产。

（二）资产的分类

资产按其流动性不同，分为流动资产和非流动资产。

流动资产是指预计在一年内（含一年）或超过一年的一个营业周期内变现（出售或耗用），或者主要为交易目的而持有的资产，以及交换其他资产或清偿负债的能力不受限制的现金或现金等价物。流动资产主要包括库存现金、银行存款、其他货币资金、交易性金融资产、应收票据、应收账款、预付账款、应收股利、应收利息、其他应收款、原材料、库存商品、委托加工物资、周转材料等。

非流动资产是指除流动资产以外的资产，即不能在一年或者超过一年的一个营业周期内变现或者耗用的资产。非流动资产主要包括固定资产、在建工程、工程物资、无形资产、长期股权投资、投资性房地产、长期应收款、长期待摊费用、递延所得税资产等。

二、负债

（一）负债的含义与特征

负债，是指企业过去的交易或事项形成的、预期会导致经济利益流出企业的现时义务。根据负债的定义，负债具有以下特征：

1.负债必须是企业承担的现时义务，它是负债的一个基本特征。现时义务是指企业在现行条件下已承担的义务。未来发生的交易或事项形成的义务不属于现时义务，不应当确认为负债。

2.负债的清偿预期会导致经济利益流出企业，这是负债的一个本质特征。只有企业在履行义务时会导致经济利益流出企业，才符合负债的定义，如果不会导致企业经济利益流出，就不符合负债的定义。

3.负债是由企业过去的交易或事项形成的现实义务。只有过去的交易或事项才能形成负债，企业将在未来发生的承诺、签订的合同等交易或事项，不属于现时义务，不应当作为负债确认。

（二）负债的分类

负债按其流动性不同，分为流动负债和非流动负债。

流动负债是指预计在一年内（含一年）或超过一年的一个营业周期内清偿，或主要为交易目的而持有的负债。其主要包括短期借款、交易性金融负债、应付票据、应付账款、预收账款、应付职工薪酬、应交税费、应付股利、应付利息、其他应付款等。

非流动负债是指流动负债以外的负债。其主要包括长期借款、应付债券、长期应付款、专项应付款、递延所得税负债、预计负债等。

三、所有者权益

（一）所有者权益的含义

所有者权益，是指企业资产扣除负债后，由所有者享有的剩余权益。公司的所有者权益又称股东权益。其在金额上满足等式：所有者权益=资产-负债。

（二）所有者权益的来源构成

所有者权益按其来源划分，主要包括所有者投入的资本、直接计入所有者权益的利得或损失、留存收益等。通常由股本（或实收资本）、资本公积（含股本溢价或资本溢价、其他资本公积）、盈余公积和未分配利润构成。

所有者投入的资本，是指所有者直接投入企业的资本部分。

直接计入所有者权益的利得和损失，是指不应计入当期损益、会导致所有者权益发生增减变动的、与所有者投入资本或者向所有者分配利润无关的利得或者损失。

留存收益是企业历年实现的净利润留存于企业的部分，主要包括计提的盈余公积和未分配利润。

四、收入

（一）收入的含义

收入，是指企业在日常活动中形成的、会导致所有者权益增加的、与所有者投入资本无关的经济利益的总流入。根据收入的定义，其具有如下三个特征：

1.收入应当是企业在日常活动中形成的。其中，日常活动是指企业为完成其经营目标所从事的经常性活动以及与之相关的活动。例如，工业企业制造并销售产品、商业企业销售商品、咨询公司提供咨询服务等。

2.收入应当最终会导致所有者权益的增加，不会导致所有者权益增加的经济利益的流入不符合收入的定义，不应确认为收入。

3.与收入相关的经济利益的流入与所有者投入资本无关。与经营相关的经济流入，确认为收入；与所有者投入资本的增加相关的经济流入，确认为所有者权益。

（二）收入的主要内容

收入主要包括主营业务收入、其他业务收入。

主营业务收入，是指企业在其基本或主营业务活动中所获得的收入，如工商企业的商品销售收入、服务业的劳务收入等。

其他业务收入，是指企业在辅营业务中所取得的收入，如工业企业销售原材料收入，出租包装物、固定资产的收入、提供运输劳务的收入等。我们将主营业务收入和其他业务收入统称为“营业收入”。

五、费用

费用，是指企业在日常活动中发生的、会导致所有者权益减少的、与向所有者分配利润无关的经济利益的总流出。根据费用的定义，其具有以下三个特征：

1.费用应当是企业在日常活动中发生的经济利益流出，不是企业偶发交易或事项导致的利益流出。这些日常活动的界定与收入定义中涉及的日常活动的界定相一致。

2.与费用相关的经济利益的流出应当会导致所有者权益的减少，不会导致所有者权益减少的经济利益的流出不符合费用的定义，不应确认为费用。

【例2-3】阳光公司用银行存款100万元购买生产用原材料，尽管该购买行为使企业经济利益流出了100万元，但并不会导致企业所有者权益的减少，它使企业增加了另一项资产——存货，在这种情况下，就不应当将该经济利益的流出确认为费用。

3.费用是与向所有者分配利润无关的经济利益的总流出。

费用的发生应当会导致经济利益的流出，从而导致资产的减少或者负债的增加，最终也会导致资产的减少。其表现形式包括现金或现金等价物的流出，存货、固定资产和无形资产等的流出或者消耗。

六、利润

（一）利润的含义

利润，是指企业在一定会计期间的经营成果。它反映的是企业的经营业绩情况，是业绩考核的重要指标。通常情况下，如果企业产生了利润，表明企业的所有者权益将增加，业绩得到了提升；反之，如果企业发生了亏损，表明企业的所有者权益将减少，业绩有所下滑。因此，利润往往是评价企业管理层业绩的一项重要指标，也是投资者等财务报告使用者进行决策时的重要参考。根据其含义，利润具有以下两个特征：

1.利润既反映企业日常活动的经营业绩，又反映非日常活动的经营业绩。日常活动的经营业绩是指狭义的收入减去狭义的费用后的净额，称为营业利润。非日常活动的经营业绩是指利得减去损失后的收支净额。利润是一定会计期间收入与费用，利得与损失配比后的结果，反映会计期间的经营成果。

2.利润的实现，其结果是所有者权益的增加。该所有者权益的增加，与投资者投入无关。

（二）利得与损失

企业日常经营活动的成果形成利润，日常活动之外发生的会导致所有者权益增加的，与所有者投入资本无关的经济利益的流动形成利得和损失。

利得和损失的显著特征是：

1.是非日常活动发生或形成的。

2.直接记入当期利润或直接记入所有者权益。

收入与利得、费用与损失的比较，见表2-1。

表2-1　**收入与利得、费用与损失的比较**

名称	含义
收入	企业在日常活动中形成的、会导致所有者权益增加的、与所有者投入资本无关的经济利益的总流入
利得	由企业非日常活动所形成的、会导致所有者权益增加的、与所有者投入资本无关的经济利益的流入
费用	企业在日常活动中发生的、会导致所有者权益减少的、与向所有者分配利润无关的经济利益的总流出
损失	由企业非日常活动所发生的、会导致所有者权益减少的、与向所有者分配利润无关的经济利益的流出

（三）其他综合收益

其他综合收益，是指企业根据其他会计准则规定未在当期损益中确认的各项利得和损失。企业在计算利润表中的其他综合收益时，应当扣除所得税影响。按照我国企业会计准则的规定，企业利润表应当包括净利润和其他综合收益两部分。而国际会计准则已将利润表扩展为综合收益表，包括利润表和其他综合收益表两部分。

七、会计要素示例

【例2-4】小王在滨海市拥有三套房屋，市值合计748万元。一套房屋自住，两套房屋出租。在购买自住房屋时，小王向银行贷款170万元，尚未还清。出租房屋租金按年结算，年租金共12万元。小王作为房主负担房屋的日常维修及保养费用。20×1年，小王共承担房屋养护及修理费用3万元。会计要素分析表见表2-2。

表2-2　会计要素分析表

会计要素	案例中的具体表现
资产	小王拥有三套房屋，市值748万元
负债	购买自住房屋时向银行贷款170万元尚未还清
所有者权益	三套房屋市值减去向银行贷款的部分
收入	出租房屋年租金共12万元
费用	负担房屋养护及修理费用3万元
利润	出租房屋租金减去房屋养护及修理费部分

第三节　会计科目

一、会计科目的含义

会计科目，是指对会计要素具体内容进行科学分类的项目，是进行会计核算和提供会计信息的基本单元。

会计对象的内容表现为资产、负债、所有者权益、收入、费用和利润六大要素及其变动情况，而六大会计要素对于复杂的企业经济业务的反映又过于粗略，因为每个会计要素又包括若干具体项目，如资产包括库存现金、银行存款、原材料、库存商品、固定资产、无形资产等。为了连续、系统、全面地核算和监督经济活动所引起的会计要素的增减变动，以满足经营管理者及有关各方对会计信息的质量要求，有必要对会计要素的具体内容按其不同的特点和经济管理的要求进行科学的分类。

通过会计科目的设置，将会计要素的内容全面反映出来，形成完整的会计科目体系。每一会计科目都反映其特定的经济内容。在设置会计科目时，要将会计对象中具有相同特征和内容的要素归为一类，每一会计科目都应明确地反映相同的经济内容。例如，凡是企业应向职工发放的工资、奖金、津贴、补贴等，都通过“应付职工薪酬”科目核算。通过设置会计科目，可以将企业发生的各种纷繁复杂的经济业务进行科学的分类、整理和记录，使其成为有规律、易识别的会计信息，为会计信息使用者提供系统化的数据和资料；通过对会计要素的具体内容进行分类，还可以为会计信息使用者提供各种分类的核算指标，以满足不同会计信息使用者的需要。同时，会计科目的设置为编制会计凭证、设置账户和登记账簿提供了依据，使企业提供的会计信息具有可比性。

二、会计科目的分类

会计科目的分类如图2-2所示。

（一）按反映的经济内容分类

会计科目按其反映的经济内容不同，可分为资产类科目、负债类科目、共同类科目、所有者权益类科目、成本类科目和损益类科目。每一类会计科目可按一定标准再分为若干具体科目。企业常用的会计科目表见表2-3。

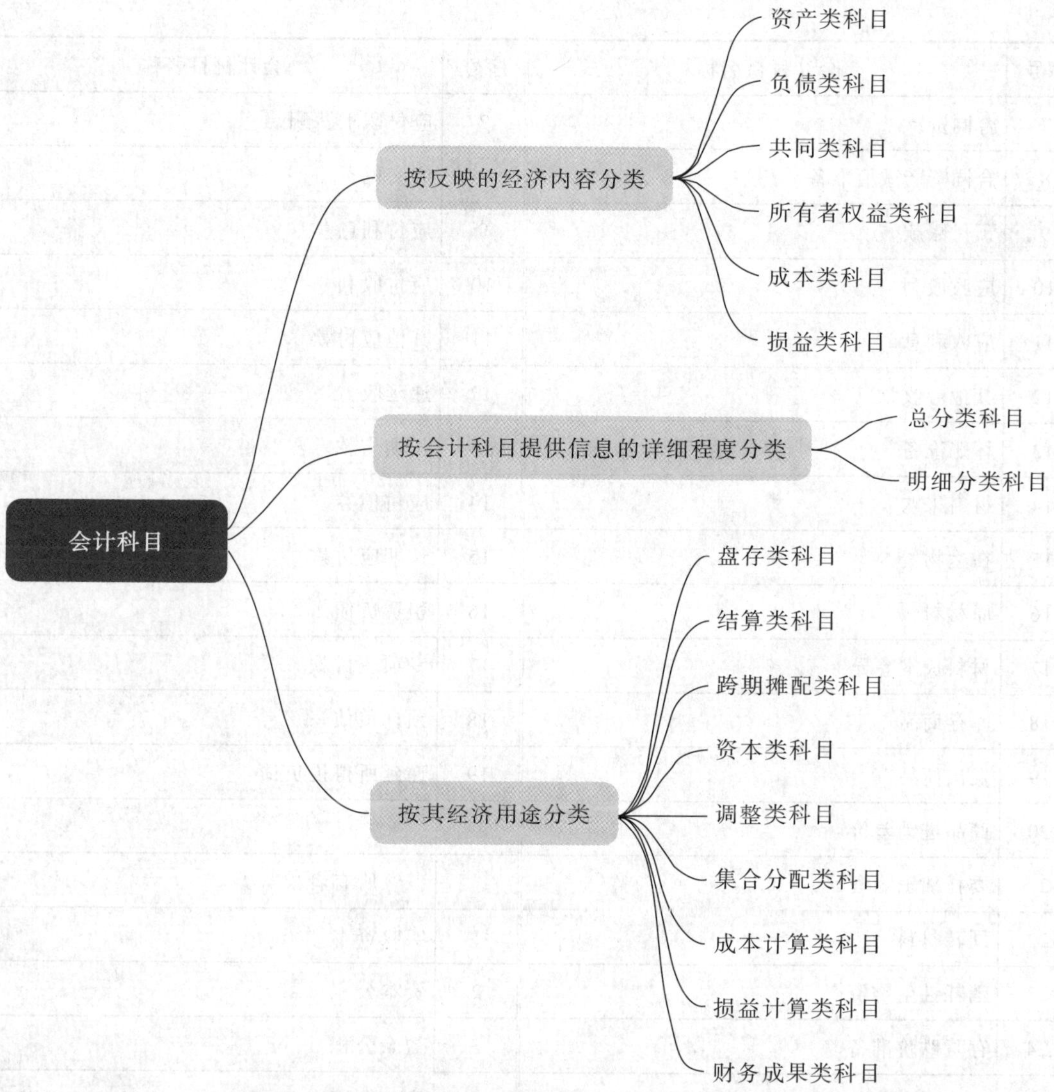

图2-2　会计科目的分类

表2-3

企业常用的会计科目表

序号	会计科目名称	序号	会计科目名称
	一、资产类		二、负债类
1	库存现金	1	短期借款
2	银行存款	2	交易性金融负债
3	其他货币资金	3	应付票据
4	交易性金融资产	4	应付账款
5	应收票据	5	预收账款
6	应收账款	6	合同负债

续表

序号	会计科目名称	序号	会计科目名称
7	合同资产	7	应付职工薪酬
8	合同资产减值准备	8	应交税费
9	预付账款	9	应付利息
10	应收股利	10	应付股利
11	应收利息	11	其他应付款
12	其他应收款	12	递延收益
13	坏账准备	13	长期借款
14	材料采购	14	应付债券
15	在途物资	15	长期应付款
16	原材料	16	租赁负债
17	材料成本差异	17	专项应付款
18	库存商品	18	预计负债
19	发出商品	19	递延所得税负债
20	商品进销差价		
21	委托加工物资		三、所有者权益类
22	周转材料	1	实收资本
23	消耗性生物资产	2	资本公积
24	存货跌价准备	3	盈余公积
25	合同履约成本	4	本年利润
26	合同履约成本减值准备	5	利润分配
27	合同取得成本	6	库存股
28	合同取得成本减值准备		
29	应收退货成本		四、成本类
30	债权投资	1	生产成本
31	债权投资减值准备	2	制造费用
32	其他债权投资	3	劳务成本
33	其他权益工具投资	4	研发支出
34	长期股权投资		

续表

序号	会计科目名称	序号	会计科目名称
35	长期股权投资减值准备		五、损益类
36	投资性房地产	1	主营业务收入
37	长期应收款	2	其他业务收入
38	固定资产	3	公允价值变动损益
39	累计折旧	4	投资收益
40	在建工程	5	资产处置损益
41	工程物资	6	营业外收入
42	固定资产清理	7	主营业务成本
43	生产性生物资产	8	其他业务成本
44	生产性生物资产累计折旧	9	税金及附加
45	无形资产	10	销售费用
46	累计摊销	11	管理费用
47	无形资产减值准备	12	财务费用
48	长期待摊费用	13	资产减值损失
49	递延所得税资产	14	信用减值损失
50	待处理财产损溢	15	营业外支出
51	使用权资产	16	所得税费用
52	使用权资产累计折旧	17	以前年度损益调整

（二）按会计科目提供信息的详细程度分类

1.总分类科目，也称一级科目或总账科目，它是对会计要素的具体内容进行总括分类的账户名称，是进行总分类核算的依据，其所提供的是总括指标。总分类科目原则上由国家财政部门统一制定，以会计核算制度的形式颁布实施。

2.明细分类科目，是对总分类科目所含内容再做详细分类的会计科目。它所提供的是更加详细、具体的指标。例如，在“应付账款”总分类科目下再按具体单位分设明细科目，具体反映应付哪个单位的多少货款。

为了适应管理上的需要，当总分类科目下设置的明细科目太多时，可在总分类科目与明细科目之间增设二级科目（也称子科目）。二级科目所提供指标的详细程度介于总分类科目与明细分类科目之间。例如，在“原材料”总分类科目下，可按材料的类别设置“原料及主要材料”“辅助材料”“燃料”等二级科目。

（三）按其经济用途分类

经济用途指的是会计科目能够提供什么经济指标。会计科目按照经济用途可分为盘存类科目、结算类科目、跨期摊配类科目、资本类科目、调整类科目、集合分配类科目、成本计算类科目、损益计算类科目和财务成果类科目等。

第四节 会计账户

一、会计账户的含义

账户是根据会计科目名称设置的，运用一定结构来分类、连续、系统地记录各项业务，核算会计要素增减变动情况及其结果的载体。会计科目仅仅是对会计要素的具体内容进行分类核算的项目，它不能反映交易或事项的发生所引起的会计要素各项目的增减变动情况和结果。各项核算指标的具体数据资料，只有通过账户记录才能取得。因此，在设置会计科目后，还必须根据会计科目开设相应的账户，以便对交易或事项进行系统、连续的记录，向有关各方提供有用的会计信息，同会计科目分类相对应。

账户具有一定的结构。由于经济业务的发生所引起的各项会计要素的变动，从数量上看不外乎增加和减少两种情况。因此，账户的结构相应地分为两个基本部分，即左右两方，分别用来记录会计要素的增加和减少。一方登记增加，另一方登记减少。至于账户左右两方的名称，用哪一方登记增加、哪一方登记减少，要取决于企业所采用的记账方法和该账户所记录的经济内容。账户的期初余额、期末余额、本期增加发生额、本期减少发生额统称为账户的四个金额要素。四个金额要素之间的关系如下列公式所示：

期末余额=期初余额+本期增加发生额-本期减少发生额

二、会计账户的设置原则

由于企业组织形式各不相同，业务性质各不一样，管理上的要求也不一致，账户的设置，必须考虑简明、适用、清晰、统一等原则。

简明，账户的名称必须简单、明了、易懂，而且容易记忆。

适用，账户是企业众多经济业务的缩影，因此账户的设置应该与企业业务的特点相适应，要能正确代表企业各项业务的内容，并且显示各项业务的特征。

清晰，某一个账户所要记载的事项必须是明晰的。也就是说，归属于甲账户记载的事项不能同时归属于乙账户。

统一，为了保证与同行业或企业本身前后各期的比较，企业设置的账户必须力求统一，这样才能达到帮助债权人、投资者等会计信息使用者进行决策分析的目的。

三、账户的结构及分类

任何一个账户都需要一个名称，账户的名称决定了账户所记录、反映的经济业务内容。由于经济业务所引起的资产、负债和所有者权益的变动不外乎增加和减少两种情况，因此用来登记经济业务的账户，就有必要相应地划分为两个部分，分别用以登记各会计要素增加和减少的金额。将每一个账户划分为左右两方，在借贷记账法下，账户的左方称为“借方”，右方称为“贷方”，这就形成了账户的基本结构。账户的基本格式如图 2-3 所示。

这种账户格式与英文字母“T”非常相似，所以一般被称为“丁字账”或“T型账”。在此处“借”、“贷”两字并无借入与贷出的意义，只是代表左与右的两个符号而已。

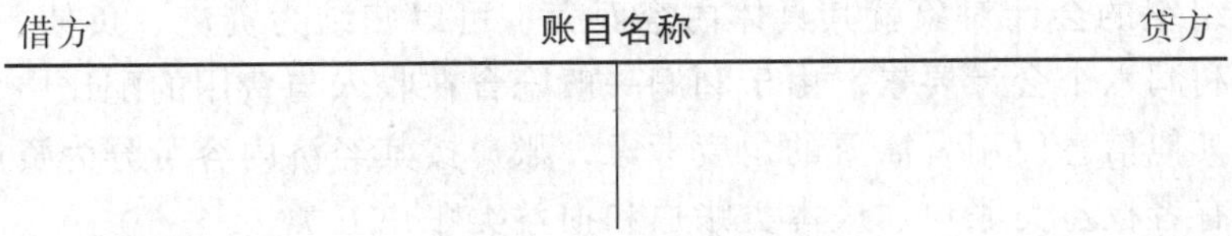

图 2-3　账户的基本格式

T型账分为借、贷两方，其中一方用来登记会计要素具体增加的金额，而另一方用来登记其减少的金额。不过究竟哪一方用来登记增加的金额，哪一方用来登记减少的金额，这需要根据各账户所反映的经济内容（即账户的性质）来确定。

会计账户的分类如图 2-4 所示。

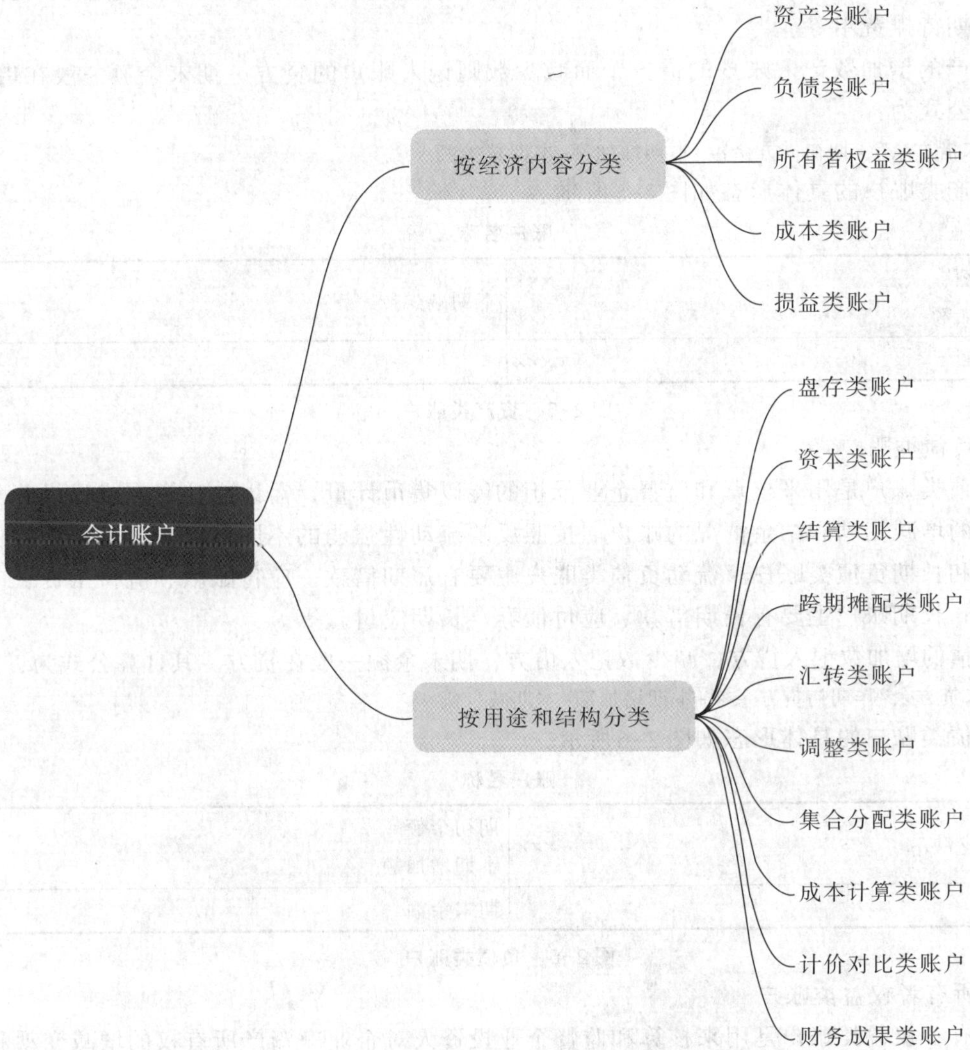

图 2-4　会计账户的分类

（一）按经济内容分类

账户按经济内容分类的实质是按照会计对象的具体内容进行的分类。账户按其经济内容分类是最基本的分类，是一切账户分类的基础。账户按经济内容的分类，直接反映了资金运动的静态和动态情况，完整地反映了资金运动的全貌，是企业编制财务会计报表的直接基础。经济组织的会计对象就其具体内容而言，可以归结为资产、负债、所有者权益、收入、费用和利润六个会计要素。由于利润一般隐含在收入与费用的配比中，因此从满足企业管理者和其他信息使用者需要的角度考虑，账户按其经济内容可分为资产类账户、负债类账户、所有者权益类账户、成本类账户和损益类账户五类。

1.资产类账户

资产类账户是用来核算和监督企业拥有或者控制的，能以货币计量的经济资源的增减变动及结余情况的账户。按照反映流动性快慢不同，资产类账户可以再分为流动资产类账户和非流动资产类账户。流动资产类账户主要有库存现金、银行存款、应收账款、原材料、库存商品等；非流动资产类账户主要有长期股权投资、固定资产、累计折旧、无形资产、长期待摊费用等。

资产的增加数记入账户的借方，而减少数则记入账户的贷方，期末余额一般在借方。其计算公式为：

期末借方余额=期初借方余额+本期增加额-本期减少额

资产类账户的具体形态如图2-5所示。

借方 **账户名称** 贷方

期初余额	×××	本期减少额	×××
本期增加额	×××		
期末余额	×××		

图2-5 资产类账户

2.负债类账户

负债类账户是用来核算和监督企业承担的能以货币计量，需以出让资产或提供劳务偿付债务的增减变动和结余情况的账户。按照反映流动性强弱的不同可以再分为流动性负债类账户和长期负债类账户。流动负债类账户主要有短期借款、应付账款、应付工资、应交税费等；长期账户主要有长期借款、应付债券、长期应付款等。

负债的增加数记入贷方，减少数记入借方，期末余额一般在贷方。其计算公式为：

期末贷方余额=期初贷方余额+本期增加额-本期减少额

负债类账户的具体形态如图2-6所示。

借方 **账户名称** 贷方

本期减少额	×××	期初余额	×××
		本期增加额	×××
		期末余额	×××

图2-6 负债类账户

3.所有者权益类账户

所有者权益类账户是用来核算和监督企业投资人对企业净资产所有权的增减变动和结余情况的账户。按照来源和构成的不同可以再分为投入资本类所有者权益账户和资本积累类所有者权益账户。投入资本类所有者权益账户主要有实收资本、资本公积等；资本积累类所有者权益账户主要有盈余公积、利润分配等。

所有者权益的增加数记入贷方，减少数记入借方，期末余额一般在贷方。其计算公式为：

期末贷方余额=期初贷方余额+本期增加额-本期减少额

所有者权益类账户的具体形态如图 2-7 所示。

借方	账户名称		贷方
本期减少额	×××	期初余额	×××
		本期增加额	×××
		期末余额	×××

图 2-7　所有者权益类账户

4.成本类账户

成本类账户是用来归集费用、计算成本的账户。按照是否需要分配可以再分为直接记入类成本账户和分配记入类成本账户。直接记入类成本账户主要有生产成本等，分配记入类成本账户主要有制造费用等。损益类账户按照性质和内容的不同可以再分为营业损益类账户和非营业损益类账户。按照生产经营过程的阶段可以划分为：

（1）供应过程中用来归集购入材料的买价和采购费用、计算材料采购成本的账户，如在途物资、材料采购等；

（2）生产过程中用来归集制造产品的生产费用、计算产品生产成本的账户，如制造费用、生产成本等；

（3）固定资产购建过程中用来归集购建过程中的费用支出、计算固定资产实际购建成本的账户，如在建工程等。

成本的增加数记入账户的借方，减少数记入账户的贷方。月末需结转，期末一般无余额。成本类账户的具体形态如图 2-8 所示。

借方	账户名称		贷方
本期增加额	×××	本期减少额	×××

图 2-8　成本类账户

5.损益类账户

损益类账户是指一定时期的发生额在当期期末结转到“本年利润”账户，用以计算确定一定时期内损益的账户。损益类账户分为营业损益类账户和非营业损益类账户。营业损益类账户主要有主营业务收入、主营业务成本、税金及附加、其他业务成本、其他业务收入、投资收益等；非营业损益类账户主要有销售费用、管理费用、财务费用、营业外收入、营业外支出、所得税费用等。

损益类账户按其与损益组成内容的关系可分为收入类账户和费用类账户。收入类账户包括主营业务收入、其他业务收入、投资收益等；损益类账户包括主营业务成本、其他业务成本、税金及附加、管理费用、销售费用、财务费用、营业外支出和所得税费用等。

收入的增加额记入账户的贷方，而减少额则记入账户的借方。期末，将本期收入增加额减去减少额后的差额，从收入账户转入利润账户的贷方。收入类账户期末一般无余额。收入类账户的具体形态如图 2-9 所示。

借方	账户名称		贷方
本期减少额	×××	本期增加额	×××

图 2-9　收入类账户

费用的增加额记入账户的借方，减少额记入账户的贷方。期末，将本期费用增加额减去减少额后的差额，从费用账户转入利润账户。费用类账户期末一般无余额。费用类账户的具体形态如图2-10所示。

借方	账户名称	贷方
本期增加额 ×××		本期减少额 ×××

图2-10 费用类账户

利润账户贷方的收入金额与借方的费用金额相抵后，若为贷方余额，则表示本期产生的利润；若为借方余额，则表示本期发生的亏损。

（二）按用途和结构分类

账户按其用途和结构分类，是账户在按经济内容分类后进一步的分类，是经济内容分类的补充，具体可分为盘存类账户、资本类账户、结算类账户、跨期摊配类账户、汇转类账户、调整类账户、集合分配类账户、成本计算类账户、计价对比类账户、财务成果类账户等。

1.盘存类账户是指可以通过实物盘点进行核算和监督的各种资产类账户。其主要有库存现金、银行存款、原材料、库存商品、固定资产等。盘存类账户的期初如果有余额则应在借方，本期发生额的增加额在借方，本期发生额的减少额在贷方，期末若有余额则应在借方。

2.资本类账户是指用来核算和监督经济组织从外部取得的或内部形成的资本金增减变动情况及其实有数的账户。其主要有实收资本（或股本）、资本公积、盈余公积、利润分配等。

3.结算类账户是指用来核算和监督一个经济组织与其他经济组织或个人以及经济组织内部各单位之间债权债务往来结算关系的账户。按照结算性质的不同，可分为债权结算账户、债务结算账户和债权债务结算账户等。

（1）债权结算账户主要有应收账款、应收票据、预付账款、其他应收款等，债权结算账户的基本格式及运用同盘存类账户。

（2）债务结算账户主要有应付账款、应付票据、预收账款、其他应付款、应交税费等。债务结算账户期初若有余额则应在贷方，本期发生额的增加额在贷方，本期发生额的减少额在借方，期末若有余额则应在贷方。

（3）债权债务结算账户是一类比较特殊的结算类账户，是对经济组织在与其他经济组织或个人之间同时具有债权和债权结算的情况下且需要在同一账户进行核算与监督而运用的一种账户。债权债务结算账户的期初余额可能在借方（表示债权大于债务的差额），也可能在贷方（表示债务大于债权的差额）；本期借方发生额表示债权的增加或债务的减少；本期贷方发生额表示债务的增加或债权的减少；期末若产生借方余额则表示债权大于债务的差额，若产生贷方余额则表示债务大于债权的差额。

4.跨期摊配类账户是指用来核算和监督应由若干会计期间共同负担而又在某个会计期间一次支付费用的账户。跨期摊配类账户是用来核算和监督某些已经发生或支付，但应由本期和以后各期分摊费用的账户，比如“长期待摊费用”账户。

5.汇转类账户是用来汇集经济组织在一定时期内发生的数额，而期末将其发生的净额全部转入有关账户。汇转类账户按其汇转的经济业务不同，可分为收入类汇转账户、费用类汇转账户和暂记类汇转账户。

（1）收入类汇转账户是用来汇集经济组织一定时期内经营过程所取得的收入，在期末将其全部收入净额转入“本年利润”账户。期末结转后该账户无余额。属于收入类汇转账户的有主营业务收入、其他业务收入、投资收益、营业外收入等。

（2）费用类汇转账户是用来汇集经济组织在一定的时期内所发生的费用。期末将其全部余额转入“本年利润”账户。该账户结转后无余额。属于费用类汇转账户的有主营业务成本、其他业务成本、销售费用、管理费用、财务费用、税金及附加、营业外支出、所得税费用等。

（3）暂记类汇转账户属于过渡类账户，它用来核算和监督经济组织中某些暂时不能确定如何处理的经济业务。常见的暂记类汇转账户是“待处理财产损溢”账户。

6.调整类账户是指用来调节和整理相关账户的账面金额并表示被调整账户的实际余额数的账户。调整类账户按照调整方式的不同可以分为备抵调整账户、附加调整账户和备抵附加调整账户三类。

（1）备抵调整账户是指用来抵减被调整账户余额，以取得被调整账户余额的账户。备抵调整账户按照被调整账户性质的不同又可分为资产类备抵调整账户和权益类备抵调整账户。资产类备抵调整账户与其被调整的资产类账户的运用方向相反，与负债类账户相同。

（2）附加调整账户是指用来增加被调整账户余额的账户。附加调整账户与其被调整的账户的运用方向相反。这类账户在实务中已经很少使用了。

（3）备抵附加调整账户是指既具有备抵功能又具有附加调整功能的账户。比较典型的备抵附加调整账户是“材料成本差异”账户。

7.集合分配类账户是指用来归集和分配经济组织经营过程中某个阶段所发生的相关费用的账户，比如“制造费用”账户。集合分配类账户的结构和运用方法基本等同于盘存类账户，其区别在于它所记录的费用属于当期的开支，应当在当期分配完毕，因此这类账户没有期末余额和期初余额。

8.成本计算类账户是指用来归集经营过程中某个阶段所发生的全部费用，并据以计算和确定出各个对象成本的账户，成本计算类账户主要有生产成本、物资采购、在建工程等。

9.计价对比类账户。该类账户是对某一要素的记录，按照两种不同的计价标准进行计价、对比，确定其经济业务成果的账户。例如，按计划成本对企业材料进行日常核算的企业设置的“材料采购”账户，借方为采购的实际成本，贷方为采购的计划成本，其差额表示节约额或超支额。在会计核算中，通过计价对比类账户来反映经营管理的结果，因此计价对比的结果在期末一般应从计价对比账户中形成差额的反方向转出。

10.财务成果类账户是指用来核算和监督经济组织在一定时期内财务成果的形成，并确定最终成果的账户。典型的财务成果类账户是“本年利润”账户。

◆思政园地

会计科目制度

会计科目制度是为了规范企业财务管理、健全企业财务制度而制定的。

1.本制度统一规定会计科目的编号，以便于编制会计凭证，登记账簿，查阅账目，实行会计电算化。企业不应当随意将其打乱重编。

2.企业应按本制度的规定，设置和使用会计科目。在不影响会计核算要求和会计报表指标汇总，以及对外提供统一的财务会计报告的前提下，可以根据实际情况自行增设、减少或合并某些会计科目。

3.对于会计科目名称，企业可以根据本企业的具体情况，在不违背会计科目使用原则的基础上，确定适合于本企业的会计科目名称。

4.企业在填制会计凭证、登记账簿时，应当填列会计科目的名称，或者同时填列会计科目的名称和编号，不应当只填科目编号，不填科目名称。

5.企业应按照《企业财务会计报告条例》的规定，根据本制度有关财务会计报告的编制基础、编制依据、编制原则和方法的要求，对外提供真实、完整的财务会计报告。企业不得违反规定，随意改变财务会计报告的编制基础、编制依据、编制原则和方法，不得随意改变本制度规定的财务会计报告有关数据的会计口径。

6.企业年度财务会计报告，至少应当包括本制度规定的会计报表、会计报表附注的内容，需要编制财务情况说明书的企业，还应当包括财务情况说明书。企业半年度财务会计报告，应当包括会计报表和会计报表附注中有关重大事项的说明，会计报表至少应当包括资产负债表、利润表。企业季度、月度财务会计报告通常仅指会计报表，会计报表至少应当包括资产负债表和利润表。法律、行政法规和国家统一的会计制度另有规定的，从其规定。企业年度和半年度财务会计报告至少应当反映两个年度或者相关两个期间的比较数据。

7.年度财务会计报告应当符合本制度的规定，做到内容真实完整，说明清晰，便于理解。半年度中期财务会计报告在不违背会计核算一般原则，不影响财务会计报告使用者正确理解和运用会计信息的前提下，可以适当简化。半年度中期财务会计报告批准报出前发生的资产负债表日后事项、或有事项等，除特别重大事项外，可不作调整或披露；月度、季度财务会计报告，除特别重大的事项外，可不提供会计报表附注。

8.编制及发布之前接受财务会计报告的单位，在企业财务会计报告未正式对外披露前，应当对其内容进行保密。

资料来源：于玉林.会计大百科词典［M］.上海：上海财经大学出版社，2010.

◆章小结

对于会计要素的分类，各国有所不同，我国将会计分为六个要素：资产、负债、所有者权益、收入、费用和利润，前三个要素反映了企业的财务状况，后三个要素反映了企业的经营成果。人们根据会计要素所代表的内容不同，设置了不同的会计科目和会计账户，会计科目是会计账户的名称，会计账户用来记账。而后，人们根据反映的经济内容，提供信息的详细程度和经济用途，将会计科目进行分类；根据经济内容及用途、结构，将会计账户进行分类。

◆关键术语听与读

关键术语听读2

◎Accounting Elements（会计要素）：The general items of financial reports，normally include assets，liabilities，owners' equity，revenues，expenses and net income.

◎Assets（资产）：Assets are resources owned by a company and which have future economic value that can be measured and can be expressed in dollars. Examples include cash，investments，accounts receivable，inventory，supplies，land，buildings，equipment，and vehicles.

◎Current Assets（流动资产）：Current assets refer to cash and other resources that are expected to turn to cash or to be used up within one year or an operating cycle，whichever is longer.

◎Noncurrent Assets（非流动资产）：Noncurrent assets refer to assets that are not intended to be turned into cash or be consumed within one year or an operating cycle，whichever is longer.

◎Liability（负债）：Liabilities refer to obligations of a company or organization，resulting from past transactions and events，including amounts received in advance for a future sale or for a future service to be performed，and to repay them will cause benefits flow out.

◎Current Liabilities（流动负债）：Current liabilities refer to obligations due within one year or an operating cycle，whichever is longer.

◎Noncurrent Liabilities（非流动负债）：Noncurrent liabilities refer to obligations of the enterprise that are not payable within one year or an operating cycle，whichever is longer.

◎Owners' Equity（所有者权益）：The owners' equity，also known as the owners' capital account，which is the residual claim of the owners after deducting the liabilities from the assets.

◎Capital Stock（股本）：Capital stock，also called paid-in or contributed capital，refers to the shares of ownership that have been issued by a corporation.

◎Revenues（收入）：Revenues，also called income，are fees earned from providing services and the amounts of merchandise sold.

◎Expenses（费用）：Expenses are costs that are matched with revenues on the income statement.

◎Net Income（利润）：Net income is the bottom line of the income statement，which is the mathematical result of revenues and gains minus the cost of goods sold and all expenses and losses. If the net amount is a negative amount，it is referred to as a net loss.

◎Accounting Titles（会计科目）：Accounting titles refer to the items under the accounting elements，which are categorized based on the contents.

◎Account（会计账户）：An account is a record in the general ledger that is used to collect and store similar information.

◎T Account（丁字账）：A T-account is a visual aid used to depict a general ledger account，whose account title is written above the horizontal part of the "T"，and on the left-side of the vertical line，the debit amounts are shown，and on the right-side the credit amounts are shown.

◆回顾与思考

1.我国会计要素包括哪些内容？怎么理解它们之间的关系？

2.对于会计要素，国际上主要有哪些分类方式？为什么？

3.会计科目是什么？为什么要设置会计科目？它有哪些分类方法？

4.会计账户是什么？为什么要设置会计账户？它有哪些分类方法？

5.既然有了会计科目，为什么还需要会计账户？二者之间有哪些异同？

6.企业设置会计科目应当遵循哪些原则？总分类账户和明细分类账户在使用过程中有哪些异同？

◆章习题

1.单项选择题

(1) 下列科目中，属于资产类科目的是（　　）。

A.预收账款　　B.预付账款　　C.资本公积　　D.本年利润

(2)"预收账款"科目按其所归属会计要素的不同，属于（　　）类科目。

A.资产　　B.负债　　C.所有者权益　　D.收入

(3) 会计科目和账户之间的区别在于（　　）。

A.记录资产和权益的增减变动情况不同　　B.记录资产和负债的结果不同

C.反映的经济内容不同　　D.账户有结构而会计科目无结构

(4) 资产类账户的期末余额一般应在（　　）。

A.账户的借方　　B.账户的贷方

C.有时在借方有时在贷方　　D.以上答案都对

(5) 下列各项属于负债类科目的是（　　）。

A.营业外支出　　B.实收资本　　C.应收账款　　D.应付账款

(6) 下列各项属于所有者权益类科目的是（　　）。

A.原材料　　B.无形资产　　C.实收资本　　D.制造费用

(7) 下列科目属于负债类科目的是（ ）。

A. 短期借款 B. 实收资本 C. 银行存款 D. 资本公积

(8) 负债类科目的期末余额一般在（ ）。

A. 借方 B. 贷方

C. 可能在借方也有可能在贷方 D. 以上都对

(9) 资产类科目的本期增加额度应记在（ ）。

A. 借方 B. 贷方

C. 可能在借方也有可能在贷方 D. 以上都对

(10) 所有者权益类科目的本期增加额应记在（ ）。

A. 借方 B. 贷方

C. 可能在借方也有可能在贷方 D. 以上都对

2. 多项选择题

(1) 下列科目中，属于资产类科目的有（ ）。

A. 库存现金 B. 银行存款 C. 其他货币资金 D. 实收资本

(2) 下列科目中，属于负债类科目的有（ ）。

A. 短期借款 B. 应付账款 C. 应收账款 D. 预收账款

(3) 下列科目中，属于所有者权益类科目的有（ ）。

A. 实收资本 B. 资本公积 C. 盈余公积 D. 本年利润

(4) 下列科目中，属于成本类科目的有（ ）。

A. 生产成本 B. 制造费用 C. 研发支出 D. 劳务成本

(5) 下列科目中，属于损益类科目的有（ ）。

A. 主营业务收入 B. 利息支出 C. 销售费用 D. 管理费用

3. 判断题

(1) 会计科目和会计账户都具有一定的格式和结构。（ ）

(2) 生产成本是成本类科目。（ ）

(3) 制造费用是成本类科目。（ ）

(4) 损益类科目期末无余额。（ ）

(5) 资产类科目期初余额在借方。（ ）

◆国际视野

会计要素划分的国际比较

会计要素，即会计核算对象要素，指对所确认的会计事项所做的项目归类。美国、英国、中国、澳大利亚等国和国际会计准则委员会（IASC）都已颁布了关于确认会计要素的公告或准则，但由于种种原因，各国对会计要素的划分还存在一定的分歧。

美国财务会计准则委员会（FASB）在1985年发表的第6号《财务会计概念公告》(SFAC6) 中，将会计要素划分为资产、负债、权益或净资产、业主投资、派给业主款、收入、费用、利润、损失、综合收益十大类；IASC在1989年发布的《关于编制和提供财务报表的框架》中，将会计要素划分为资产、负债、产权、收益、费用五大类；我国在1992年颁布并于次年施行的《企业会计准则》中，将会计要素划分为资产、负债、所有者权益、收入、费用、利润六大类。

1.三者在会计要素划分上的相同之处。(1) 三者都是关于资产负债表和利润表的要素，而没有现金流量表的要素。(2) 虽然三者对资产、负债两个静态要素定义有区别，但所包含的内容是相同的。第三个静态要素“权益”在名称和定义上虽存在一定的差别，但三者所确认的内容大致相同。(3) 利润表的动态要素大致相同或相近。

通过以上相同点可以看出，三者会计要素划分的基本思路、基本格局是相同的。都是按照“会计对象—会计事项—会计项目—会计要素”这样的路径进行归类的。

2.三者在会计要素划分上的不同之处。第一，关于权益要素。我国和IASC基本相同，只是在名称上稍有差别，我国称为“所有者权益”，IASC称为“产权”，但称“产权”容易造成误解，因为“产权”有广义和狭义之分，广义的“产权”包括“债权”等权益，狭义的“产权”才是“所有者权益”。FASB则把“权益”分成了三个要素，即“权益”“业主权益”“业主派得”，这主要是因为美国的所有者权益业务十分复杂，产权也比较分散，但这种划分容易混淆这三者的界限，有相互涵盖之嫌。第二，确定的利润表要素不完全相同。其主要表现在：(1) FASB把“利得”和“损失”确认为会计要素，而IASC和我国有关准则中都没有这两个要素。(2) 三者都有收入要素，但包含的内容不同。FASB称为“营业收入”，它包括通常认为的营业收入和投资收益；IASC称为“收益”，它的内容是在FASB“营业收入”的基础上加上“利得”；我国的“收入”只包括通常认为的营业收入。笔者认为，我国的收入要素名不符实，IASC的“收益”则过于笼统，不便于分析企业的盈利情况，只有FASB的“营业收入”内容划分得比较妥当。(3) 三者都有“费用”要素，但包括的内容不同。FASB“费用”的内容比我国“费用”的内容多出了投资损失这一部分，而IASC“费用”的内容是在FASB基础上再加上“营业外支出”。

资料来源：胡国强，周宇. 会计要素划分的国际比较 [J]. 财会月刊，2001 (2).

◆推荐阅读

[1] 常勋. 国际会计研究 [M]. 北京：中国金融出版社，2005.

[2] 陈今池. 现代会计理论 [M]. 上海：立信会计出版社，1998.

[3] 邓永勤，丁方飞. 论会计要素概念的拓展 [J]. 会计研究，2011 (6).

[4] 杜兴强. 关于会计要素几个问题的思考 [J]. 上海立信会计学院学报，2007 (4).

[5] 葛家澍，刘峰. 中国会计大典——会计理论 [M]. 北京：中国财政经济出版社，1998.

[6] 葛家澍. 会计的基本概念 [M]. 北京：经济科学出版社，1986.

[7] 郭道扬. 20世纪会计大事评说 [J]. 财会通讯，1999 (1).

[8] 金杰. 现代会计对象——基于资源会计观的新认识 [J]. 南京财经大学学报，2006 (1).

[9] 孔庆林，李孝林，向代蔷．新中国会计对象理论创新史研究［J］．北京工商大学学报，2007（4）．

［10］劳秦汉．会计对象要素问题刍论［J］．会计研究，1994（3）．

［11］李玉菊，张秋生．以企业资源为基础的会计要素研究［J］．会计研究，2006（1）．

［12］罗飞，唐国平．财务会计要素及其体系新论［J］．会计研究，2000（7）．

［13］汤云为，钱逢胜．会计理论［M］．上海：上海财经大学出版社，1997.

［14］曾勤，张程程．会计科目设置与应用［M］．北京：人民邮电出版社，2018.

［15］张新民．资产负债表：从要素到战略［J］．会计研究，2014（5）．

［16］赵家慧．关于会计账户分类及其结构的思考［J］．商业会计，2016（22）．

［17］赵士信．会计对象之探讨［J］．会计研究，1995（7）．

［18］周仁俊，曹志华．会计账户与复式记账法：生产会计信息的工具和方法［J］．财会月刊，2003（15）．

第三章

复式记账法

章案例

复试记账法的本质体现

“复式记账法”，又称“借贷记账法”，是目前世界大部分国家（包括中国）的通用记账方法。为什么要进行复式记账？经济社会环境下记账成为一种习惯，许多人甚至坚持用手机记账软件。比如：今天发了工资，记上；明天买本书，记上；后天买个手机，记上，月底再计算结余。这种记账的日常应用无可厚非，但最大的问题是：只设置了关于“钱”（存款、现金等）的“账”，至于用钱买了什么，买的东西值多少钱，以后会不会贬值等等，并没有设置“账”去记录。毕竟，作为普通消费者，只要东西买到手了，一般就不再关心这个物品的市场价是多少了。

但是，上述记账活动，并不能满足企业赚钱的需要。为什么？因为企业不仅关心今天账上剩多少存款，更关心昨天“进的货”是多少钱买的、能卖多少钱、卖了之后能赚多少。这就必须对“进的货”再设置一本账。在这本账上，不仅要记录“进的货”的规格、数量，更要记录“进的货”是多少钱买的。

那么，总结一下，现在“进货”这个事需要用两个账本了。第一个账本记录“钱”是怎么花出去的；第二个账本记录“货”是怎么买进来的。像这种一件事要登记在两个账本（甚至更多账本）上的记账方法被称为“复式记账法”。

换一种说法，企业的目的是营利，而企业的钱必须流动起来，形成循环才能营利。如果钱长期沉淀，比如“进的货”长期积压卖不出去，企业很快就会陷入困境。因此，必须用复式记账法，记清楚“钱”的来龙去脉，从而监督企业经营。

资料来源：编者根据相关资料整理。

学习目标

通过本章的学习，希望您能够：

- 了解复式记账法的含义和发展
- 熟悉借贷记账法的特点和分类
- 掌握借贷记账法的应用

第一节　记账法概述

一、记账方法

（一）记账方法的含义

记账方法，是指在经济业务发生以后，如何将其记录在账户中的方法，记账方法有两类，一类是单式记账法，另一类是复式记账法。

（二）记账方法的特点

在单式记账法下，企业对于发生的所有经济业务都只在一个账户中进行记录。这种记账方法下，资金的增减与实物的变动分离，账户记录之间没有相互联系，不能完整地反映经济业务的来龙去脉。例如，东平公司以银行存款10 000元购买企业办公用品，对于此项经济业务只在银行存款账户登记减少金额10 000元，而对于办公用品相关科目的增加额则不予反映。

复式记账法是相对于单式记账法而言的，任何一项经济业务的发生，都会引起相关会计要素之间或某项会计要素内部至少两个项目发生增减变化，而且金额相等。结合会计等式看，或者是会计等式两边的会计要素有关项目同增或同减，或者是资产、负债或所有者权益有关项目一增一减。如上述购买设备业务，一方面，收到设备，资产增加；另一方面，付出现金，资产减少，即资产项目一增一减。因此，为了全面、系统地反映会计要素有关具体项目的增减变动情况及其结果，对于任何一笔经济业务都要用相等的金额，在两个或两个以上的有关账户中作相互联系的登记，这种记账方法就是复式记账法，具有以下两个主要特点：

1.对每项经济业务都以相等的金额在两个或两个以上相互联系的账户中进行记录（作双重记录），这也是这一记账法被称为复式记账法的原因。各账户之间客观上存在对应关系，对账户记录的结果可以进行试算平衡。

2.复式记账法较好地体现了资金运动的内在规律，能够全面、系统地反映资金增减变动的来龙去脉以及经营成果，并有助于检查账户处理和保证账簿记录结果的正确性。正因为如此，复式记账法作为一种科学的记账方法，一直被广泛运用。目前，我国的企业和行政事业单位所采用的记账方法都属于复式记账法。

二、复式记账法的种类

我国曾经采用的复式记账法主要有借贷记账法、增减记账法和收付记账法等，如商业企业采用的增减记账法、行政事业单位采用收付记账法。

（一）增减记账法

增减记账法以“增”“减”为记账符号，以“资金占用=资金来源”为理论基础，是反映经济业务所引起的会计要素增减变化的一种复式记账方法。它是在我国会计实务中曾经实行的一种特有的记账方法，经过试行，于1964年开始，在我国商业系统全面推行，工业企业和其他行业均采用这种记账方法，1993年7月1日《企业会计准则》实施后，增减记账法改为借贷记账法。

点阅读3-1

（二）收付记账法

收付记账法是一种以预算资金的活动能力为记账主体，以“收”“付”作为记账符号来记录经济业务的一种复式记账法。我国从1966年开始在全国预算单位使用过这种记账方法，其具有以下四个特点：

1.以“收”“付”作为记账符号，对所发生的经济业务都以资金的收付决定记账方向。

2.账户分为资金来源、资金运用和资金结存三类。资金来源类账户反映资金的来源渠道，资金运用类账户反映资金的去向，资金结存类账户反映货币资金和财产物资的结余情况。

3.记账规则为“同收、同付、有收有付”。

4.试算平衡方法为发生额试算平衡和余额试算平衡两种。

（三）借贷记账法

借贷记账法是以“借”“贷”为记账符号，对企业经济活动进行核算的方法。借贷记账法是世界各国通用的记账方法，目前我国企业、行政事业单位都采用借贷记账法记账。

第二节 复式记账法

一、借贷记账法概述

点阅读 3-2

（一）借贷记账法的含义

借贷记账法是以“借”和“贷”作为记账符号，运用复式记账原理，记录反映资产、负债、所有者权益等会计要素的增减变化及其结果的一种记账方法。作为借贷记账法的一种记账术语，“借”和“贷”两字在此处并无借入和贷出的意义，只是分别代表账户左方和右方的两个记账符号而已，其意义视账户的性质而异。

（二）借贷记账法的特点

1.记账符号。以“借”和“贷”为记账符号。其中“借”表示账户的左边；“贷”表示账户的右边。“借”和“贷”与不同的账户相结合，可以表示不同的含义。

2.记账规则。借贷记账法的记账规则是指运用借贷记账法在账户上记录经济业务所引起的会计要素增减变化的规律。复式记账法要求任何经济业务都要以相等的金额在两个或两个以上的相互联系的账户中进行记录。在借贷记账法下，记账规则具体表现为：有借必有贷，借贷必相等，或进一步简单表述为：有借有贷，借贷相等。

借贷记账法对于每一笔发生的业务，要先确定它所涉及的账户并判定其性质，而后确定所发生业务对各有关账户金额的影响，最后根据账户结构确定记入的账户方向。会计中对于经济业务均使用资产、负债、所有者权益、收入、费用、利润等相关账户进行确认。由于收入类账户和利润类账户与所有者权益类账户性质相同，而费用是资产的转化形式，费用类账户自然与资产类账户性质相同。因此会计上划分经济业务性质时，往往将收入和利润归入所有者权益，将费用归入资产，这样经济业务无论怎样均可概括为以下四种类型：

（1）资产和权益同时增加。例如，阳光公司收到投资者投入资本金200万元，存入银行。在此业务中涉及“银行存款”和“实收资本”两个账户：一方面，银行存款账户为资产类账户，该账户增加200万元，记入借方；另一方面，实收资本为所有者权益类账户，该账户增加200万元，记入贷方。

（2）资产和权益同时减少。例如，阳光公司以银行存款80万元归还银行长期借款，这笔业务涉及“银行存款”和“长期借款”两个账户：一方面，银行存款账户为资产类账户，该账户减少80万元，记入贷方；另一方面，长期借款为负债类账户，该账户减少80万元，记入借方。

（3）资产内部有增有减。例如，阳光公司收回前期的销售欠款40万元，存入银行。这笔业务涉及“银行存款”和“应收账款”两个账户：一方面，银行存款账户为资产类账户，该账户增加40万元，记入借方；另一方面，应收账款为资产类账户，该账户减少80万元，记入贷方。

（4）权益内部有增有减。例如，阳光公司向银行借入30万元直接偿还所欠新远公司货款。这笔业务涉及“长期借款”和“应付账款”两个账户：一方面，长期借款账户为负债类账户，该账户增加30万元，记入贷方；另一方面，应付账款为负债类账户，该账户减少30万元，记入借方。

3.账户结构。将所有账户的左方定为“借”方，右方定为“贷”方，并用一方登记增加数，一方登记减少数。其中，资产类、成本类和损益支出类账户用借方登记增加数，贷方登记减少数，期末余额在借方；负债类、所有者权益类和损益收入类账户用贷方登记增加数，借方登记减少数，期末余额在贷方。

4.试算平衡。试算平衡是指根据借贷记账法的记账规则和资产与权益（负债和所有者权益）的恒等关系，通过对所有账户的发生额和余额的汇总计算和比较，来检查账户记录是否正确的一种方法。在借贷记账法下，进行试算平衡的方法是通过编制总分类账户余额试算平衡表或总分类账户本期发生额试算平衡表来实现的。

二、借贷记账法的理论基础

借贷记账法的理论基础是会计等式，它是所有经济业务处理时都应遵循的基本原则。**会计等式**，又称会计方程式或会计平衡式，是指利用数学等式，对会计要素或项目之间的内在经济联系所做出的概括和科学表达。在会计学中，基本的会计等式是：资产=负债+所有者权益，该等式又称会计恒等式。会计等式有以下九种具体表现形式：

1.资产内部一增一减，总量不变。

例如，东平公司从银行提取现金1 000元，记入“库存现金”账户。

2.资产增加，负债增加，总量增加。

例如，东平公司向银行借入长期借款50 000元，款项已存入公司开户行账户。

3.资产增加，所有者权益增加，总量增加。

例如，东平公司接受股东用机器设备追加投资，固定资产按评估价值600 000元入账。

4.资产减少，负债减少，总量减少。

例如，东平公司用银行存款偿付应付的货款7 000元。

5.负债增加，负债减少，总量不变。

例如，东平公司从银行借入一年期借款100 000元，直接用于偿还之前欠阳光公司的货款。

6.所有者权益增加，负债减少，总量不变。

例如，东平公司按规定将应付债券1 000 000元转换为实收资本，同时办理工商登记，增加了公司注册资本1 000 000元。

7.资产减少，所有者权益减少，总量减少。

例如，东平公司一位股东决定退出公司，经股东大会批准，公司以银行存款200 000元支付有关款项，减少公司注册资本200 000元。

8.负债增加，所有者权益减少，总量不变。

例如，经股东大会批准，东平公司将以盈余公积分派现金股利40 000元，现金股利尚未发放到股东账户。

9.负债减少，所有者权益增加，总量不变。

例如，经东平公司股东大会批准，将公司盈余公积200 000元转增实收资本，同时办理工商登记，增加了公司注册资本200 000元。

三、借贷记账法的应用

借贷记账法以“借”和“贷”二字作为记账符号，并不是纯粹的、抽象的记账符号，而是具有深刻经济内涵的科学的记账符号。从字面含义来看，“借”“贷”二字的确是历史的产物，其最初的含义同债权和债务有关。随着商品经济的发展，借贷记账法得到广泛的运用，记账对象不再局限于债权、债务关系，而是扩大到要记录财产物资增减变化和计算经营损益。原来仅限于记录债权、债务关系的“借”“贷”二字已不能概括经济活动的全部内容。它表示的内容应该包括全部经济活动、资金运动变化的来龙去脉，并在原来含义的基础上进一步升华。

（一）借贷记账法账务处理分类

企业经济活动的账务处理主要分为以下四种情况：

1.资金流入企业的业务。即资产与负债、所有者权益同时增加。资产增加记入有关账户的“借方”，负债和所有者权益增加记入有关账户的“贷方”。

2.资金在企业内部流动的业务。即资产、收入和费用之间或资产要素内部的增减。资产和费用的增加以及收入的减少记入相关账户的“借方”，收入增加以及资产和费用的减少记入相关账户的“贷方”。

3.权益转化的业务。即负债、所有者权益和利润三者之间或一个要素内部有增有减。负债、所有者权益和利润增加记入相关账户的“贷方”，减少则记入相关账户的“借方”。

4.资金退出企业的业务。即资产和负债、所有者权益同时减少。资产减少记入有关账户的“贷方”，负债及所有者权益的减少则记入有关账户的“借方”。

由此可以看出，每类业务都要同时记入有关账户的借方和其他相关账户的贷方，并且记入的金额相等。实际上，由于同一笔经济业务的内容分别记录在两个或者两个以上的账户中，而每一账户各为一页，当业务数量繁多时，记账时必定需要前后翻阅，容易发生漏记、重复记录等记账错误，事后检查也很不方便。为了保证账户记录的正确性，在把经济业务记入账户之前，先要编制会计分录。

会计分录是对每笔经济业务列示其应借记或贷记的账户名称及其金额的一种记录。会计分录是在经济业务发生的当时，根据原始凭证编制，是账户记录的依据。因此，会计分录的正确性至关重要。

（二）会计分录举例

1.就上述东平公司的九笔经济业务，编制会计分录如下：

（1）借：库存现金 1 000

贷：银行存款 1 000

（2）借：银行存款 50 000

贷：长期借款 50 000

（3）借：固定资产 600 000

贷：实收资本 600 000

（4）借：应付账款 7 000

贷：银行存款 7 000

（5）借：银行存款 100 000

贷：短期借款 100 000

借：应付账款 100 000

贷：银行存款 100 000

（6）借：短期借款 1 000 000

贷：实收资本 1 000 000

（7）借：实收资本 200 000

贷：银行存款 200 000

（8）借：利润分配 40 000

贷：应付股利 40 000

（9）借：盈余公积 200 000

贷：实收资本 200 000

2.备用金举例

为了提升大家对借贷记账法的理解，下面以备用金为例，做进一步诠释。

（1）备用金的含义。

备用金是企业拨付给企业内部用款单位或职工个人作为零星开支的备用款项。企业拨付的备用金，根据管理需要，可以采用一次性备用金或定额备用金制度，在“其他应收款——备用金”明细账户中进行核算。预算单位为办理日常零星开支，需要保持一定数量的库存备用金，一般不超过3～5天零星支付所需现金。各预算单位应根据本单位的业务量、规模大小及零星开支情况提出备用金额度申请，支付中心依据预算单位的申请及具体业务情况审定备用金额度，并签订备用金管理责任书。

（2）备用金的管理。

各预算单位领取的备用金应按国务院颁发的《现金管理暂行条例》进行管理，单位所发生的经济往来，除规定的范围可使用现金外，其他应通过银行进行转账结算。备用金管理包括借支管理和保管管理：①企业各部门填制“备用金借款单”，一方面财务部门核定其零星开支便于管理；另一方面，凭此单据支给现金。②各部门零星备用金，一般不得超过规定数额，若遇特殊需要应由企业部门经理核准。③借支各部门零星备用金时，应将取得的正式发票定期送到财务部门备用金管理人员（出纳员）手中，冲转借支款或补充备用金。④备用金收支应设置“备用金”账户，并编制“收支日报表”送经理。⑤会计人员根据取得的发票编制备用金支出一览表，及时反映备用金支出情况。⑥备用金账户应做到逐月结清。⑦出纳人员应妥善保管各种与备用金相关的票据。备用金的管理不论采用何种办法，都应严格履行备用金的预借、使用和报销等手续。

（3）备用金的账务处理。

【例 3-1】东平公司采用定额备用金制度。上月初，公司核定下属某部门的备用金额度为1 200元，作为日常开支。

（1）上月初，公司财务部开出现金支票一张，金额为1 200元，支付该部门定额备用金。

借：库存现金　　1 200
　贷：银行存款　　　1 200
借：其他应收款——备用金　　1 200
　贷：库存现金　　　1 200

（2）上月底，公司重新核定该部门的备用金额度，从本月起将其提高至2 000元。本月初，公司财务部开出现金支票一张，金额为800元，补足该部门定额备用金。

借：库存现金　　800
　贷：银行存款　　　800
借：其他应收款——备用金　　800
　贷：库存现金　　　800

（三）会计分录编制注意事项

编制会计分录时，应当注意以下事项：

（1）在确定了应借记和应贷记的会计科目后，具体的记录应先借后贷。借方记录即借项在上，贷方记录即贷项在下。

点阅读 3-3

（2）应先将所有借项记录完毕后，再记贷项。若借项不止一项，每项各占一行，上下对齐。记贷项时，须向右退一格或两格，即借、贷项必须错开位置，不能齐头并进。

（3）借方金额与贷方金额的书写也必须错开位置，不可以写在同一栏。但每一科目的金额，必须与该科目在同一行记录。

会计分录有简单会计分录和复合会计分录之分。简单会计分录是一个账户的借方与另一个账户的贷方相互结合的记录，即账户之间为一借一贷的对应关系。复合会计分录是账户之间为多借一贷、一借多贷、多借多贷的对应关系。一笔复合会计分录由几笔简单会计分录组成，是根据同一经济业务复合编制的会计分录。

【例 3-2】本月东平公司在运营中，支付房屋租金1 800元，员工工资5 600元，水电费370元，以及其他杂项费用230元，共计8 000元。此外，该公司本月耗用维修材料7 000元。

借：管理费用　　8 000
　贷：银行存款　　　8 000
借：管理费用　　7 000
　贷：原材料　　　7 000

可将上述分录合并，得到如下分录：

借：管理费用 15 000

　贷：银行存款 8 000

　　原材料 7 000

编制复合会计分录的目的是简化会计分录的编制，提高记账工作效率。但需指出的是，初学者宜在熟练掌握简单会计分录的基础上学习复合会计分录的编制。

◆思政园地

中国历代会计法规建设

周朝，中央政府设立了会计主管官员“司会”一职，其职责是利用账册、数字、公文、户籍、地图等文件中的副本，考核各级官吏的工作，并检查、听取他们的会计报告。

战国时期，李悝编纂《法经》，在中国历史上首次就会计账簿及安全受法律保护的问题做出了明文规定。

秦代，法律中涉及会计方面的规定就更加具体了。例如，在《效律》中就严格规定了会计人员必须廉洁奉公、账实相符、记载准确、计算无误等要求，同时对会计交接、财物损耗等问题进行了具体规定。

汉朝，对于会计账簿的设置与分类，会计簿籍的登记方法，会计计量单位与盈利的计算，会计凭证、会计报告、财物的保管与盘点等方面进行了规定，初步形成了一套较完备的制度。

唐宋时代产生了奠定当今账户结算余额原理的“四柱清册结算法”，在会计机构的设立上又设立了专司审计的机构——比部。在会计立法方面亦更趋完善，不仅规定对违反会计制度的人给予较严厉的处罚，而且限定凡属经济报告上隐漏重复，收支不实者均从严治罪，甚至在有关条文中还规定了会计报告的格式及誊写要求。

元明清时期，在当时的一些重要法典中，与会计制度相似的规定较之前朝更加具体与完善。

辛亥革命后，由于对外政治与经济交往范围的扩大，西方成功的会计理论与实务经验大量传入中国，推动了中国会计工作法制化的进程。1915年3月，北洋军阀政府参议院通过了中国历史上的第一部比较完善的《会计法》，被称为“民三会计法”。1935年，国民党政府也颁布了《会计法》，其内容详尽，分项说明具体，加上后来于1945年颁布的《会计师法》，对于当时规范会计工作起了重要作用。

中华人民共和国成立以后，财政部于1949年12月设置了管理全国会计工作的专门机构，会计立法工作逐步展开。在20世纪50年代到20世纪60年代早期，中国主要以财政部的名义颁发了一系列行业性的会计制度，形成了一套较为完善的会计操作法规体系。

20世纪80年代以来，改革开放加快了会计法制建设的步伐。1985年我国颁布《中华人民共和国会计法》（简称《会计法》），1993年12月29日中华人民共和国第八届全国人民代表大会常务委员会第五次会议通过《全国人民代表大会常务委员会关于修改〈中华人民共和国会计法〉的决定》。修改后的《会计法》，实施范围扩大，会计工作地位与作用突出，更适应我国会计自身改革及在具体事务处理上与国际通行惯例相接轨的需要，还在企业股份制改造，转换企业经营机制，转变政府职能，强化经济的宏观调控等方面充分发挥了会计的作用，提供了必要的法律保证。1999年、2017年国家连续修订《会计法》，使其具体条款的规定更加适合经济发展对会计改革的要求。

资料来源：佚名．中国历代会计法规建设［J］．中国农业会计，2005（06）．

◆章小结

记账方法可以分为单式记账法和复式记账法，后者被广泛使用；顾名思义，在单式记账法下，一笔交易或事项只在一个账户中登记，而在复式记账法下，一笔交易或事项须在两个或两个以上有关账户中登记。

◆关键术语听与读

关键术语听读3

◎Double-entry System（复式记账法）：The double-entry system of accounting means that for every business transaction，amounts must be recorded in a minimum of two accounts，which requires that for all transactions，the amounts entered as debits must be equal to the amounts entered as credits.

◎Debit and Credit Accounting（借贷记账法）：Debit and credit accounting is a term used in accounting and bookkeeping system，which is part of the double entry system which results in every business transaction affecting at least two accounts，wherein at least one of the accounts will receive a debit entry and at least one other account will receive a credit entry，and the amounts entered as debits must be equal to the amounts entered as credits.

◎Addition Subtraction Accounting（增减记账法）：Addition and subtraction accounting is the term used in accounting and bookkeeping system，which keep the accounting records by increase and decrease resulting from the transactions and events.

◎Receipt Payment Accounting（收付记账法）：Receipt payment accounting is the term used in accounting and bookkeeping system，which keep the accounting records by receipt and payment resulting from the transactions and events.

◎Accounting Equation（会计等式）：The accounting equation，also called the basic accounting equation，shows the relationship between the accounting elements，which is expressed in the financial statement known as the balance sheet，and which should be in balance at all times because of double-entry accounting. For a corporation the equation is Assets = Liabilities + Stockholders' Equity.

◎Debit（借方）：The debit is an accounting term that means an entry will be made on the left side of an account.

◎Credit（贷方）：The credit is an accounting term that means an entry will be made on the right side of an account.

◎Trial Balance（试算表）：A trial balance is a bookkeeping or accounting report that lists the balances in each of an organization's general ledger accounts，in which the debit balance amounts are listed in a column with the heading "debit balances" and the credit balance amounts are listed in another column with the heading "credit balances" and the total of each of these two columns should be identical.

◎Adjusting Entries（调整账户）：Adjusted entries are journal entries usually dated the last day of the accounting period to bring the balance sheet and income statement up to date on the accrual basis of accounting，which are made to report（1）revenues that have been earned but not yet entered into the accounting records，（2）expenses that have been incurred but have not yet been entered into the accounting records，（3）revenues already recorded that pertain to a future accounting period，or（4）expenses already recorded that pertain to a future accounting period.

◎Petty Cash（备用金）：A petty cash，also called change fund，is a current asset account that represents an amount of cash for making small disbursements for postage due，supplies，etc.

◆回顾与思考

1.从会计视角来看，企业发生的经济业务怎么分类？为什么？
2.复式记账法有哪几种类别？分别有什么特点？
3.为什么单式记账法已经不流行了？难道它真的没有可取之处吗？
4.什么是试算平衡？为什么要做试算平衡？
5.借贷记账法的内涵是什么？它有哪些表现形式？怎么理解它的理论基础？

◆章习题

1.单项选择题

（1）在借贷记账法下，负债类账户的借方表明（　　）。

A.企业债务的增加　　B.企业债务的减少
C.企业债权的增加　　D.企业债权的减少

（2）以银行存款的形式收回A公司所欠货款，这项经济业务使得（　　）。

A.资产项目增加，另一资产项目减少　　B.负债项目减少，资产项目减少
C.资金占用减少，资金来源增加　　D.负债项目增加，所有者权益项目减少

（3）下列账户中通常没有余额的是（　　）。

A.资产账户　　B.负债账户　　C.所有者权益账户　　D.损益账户

(4) 编制试算平衡表的目的是（　　）。

A.确保所有交易已被记录　　B.检查账户记录是否正确

C.加速从顾客处收取现金　　D.增加所有者权益

(5) 简单会计分录的特征是（　　）。

A.一借多贷　　B.一借一贷　　C.一贷多借　　D.多借多贷

2.多项选择题

(1) 借贷记账法的记账规律是（　　）。

A.以相等的金额同时在两个或两个以上的账户中登记

B.有借必有贷，借贷必相等

C.借方登记增加数，贷方登记减少数

D.借方登记减少数，贷方登记增加数

(2) 关于收入、收益账户，下列各种说法中正确的是（　　）。

A.借方登记增加数，贷方登记减少数　　B.借方登记减少数，贷方登记增加数

C.期末余额一般在借方　　D.期末余额一般在贷方

(3) 关于费用账户，下列各种说法中正确的是（　　）。

A.借方登记增加数，贷方登记减少数　　B.借方登记减少数，贷方登记增加数

C.期末余额一般在借方　　D.期末余额一般在贷方

(4) 下列各账户中，期末一般有借方余额的是（　　）。

A.应付账款　　B.应收账款　　C.实收资本　　D.预收账款

(5) 下列各项目中，正确的说法有（　　）。

A.从某个企业来看，全部借方余额账户与全部贷方余额账户之间互为对应账户

B.从某个会计分录来看，借方账户与贷方账户之间互为对应账户

C.进行试算平衡是为了验证借方金额合计是否等于全部账户的贷方余额合计

D.企业不得编制多借多贷的会计分录

3.判断题

(1) 复式记账法能够对每项经济业务在至少两个账户上进行双重记录，反映每项经济业务的来龙去脉。（　　）

(2) 从账户的基本性质来看，费用类账户与成本类账户是两种性质相同的账户。（　　）

(3) 任何一个账户的结构都必须分为借贷两方。（　　）

(4) 为了使对应关系清楚，在借贷记账法下，复合会计分录只能一借多贷或一贷多借，一般不能出现多借多贷的会计分录。（　　）

(5) 资产类账户的结构是借方登记减少额，贷方登记增加额，余额一般在借方。（　　）

(6) 每个账户的借方和贷方在一定时期内所登记的金额合计，称为本期发生额。（　　）

(7) 从数量上来看，资产与所有者权益总是相等的。（　　）

(8) 总分类科目和明细分类科目都是对会计要素所做的具体分类，但总分类科目所提

供的经济指标比明细分类科目所提供的经济指标更详细。 ( )

◆国际视野

复式记账法的起源

借贷记账法的起源可以追溯到13世纪的意大利北部城邦——佛罗伦萨。当时的佛罗伦萨商业十分发达，银钱借贷十分频繁，钱庄借贷主为了能够将账目记得清楚、明白，把整个账簿分为应收账款和应付账款，并且为每一个债权人和债务人开设了一个账户，即应收账款和应付账款。不过那时的记账方法还是单式记账，复式记账尚处于萌芽阶段，账户也只是叙述式的账户。后来这种记账方法传到了热那亚，热那亚人对该方法进行了改进，将每个账户都分为左右对照账户，并分别用借方和贷方表示。在保留债权、债务的基础上又加入了商品和现金账户，并且采用复式记账的办法，凡购买商品和收回现金都记于账户的借方，卖出商品或支付现金都记于账户的贷方。

之后该方法又传到意大利名城威尼斯，威尼斯商人在此基础上进行了改进，又加入了收入、费用等损益账户和资本（权益）账户，出售商品不再直接减少商品账户，而是先要记入收入账户的贷方，待月末再贷记商品账户，费用支出也不再直接减少利润，而是先记入费用的借方，月末也要从贷方一次性转入利润账户的借方，收入和成本、费用都具有归集、汇总和过渡的性质，被称为暂记性账户，最终结果都要转入利润账户，利润的贷方减去利润的借方就是经营所得。利润账户也具有汇总和过渡的性质，最终要归属于资本（权益）账户。增加了收入、成本、费用和资本账户后，复式记账法就完善起来了，从而适应了商人的需要，当时称该记账方法为意大利式借贷记账法，也称威尼斯记账法。

随着商品经济的发展，经济活动的内容日趋复杂，为了求得记账的一致，对于非货币资金借贷业务，也利用“借”“贷”两字说明经济业务的变化情况。因此，“借”“贷”两字逐渐失去了原本的字面含义，转化为记账符号。到15世纪，借贷记账法逐渐完善，被用来反映资本的存在形态和所有者权益的增减变化，与此同时，其理论基础记账规则等内容也日趋完善。

资料来源：姚秀琦，何生棠. 卢卡·帕乔利与近代会计［J］. 潍坊学院学报，2004（3）.

◆推荐阅读

［1］安亚人，宋英慧. 复式记账原理新论［J］. 会计之友，2014（1）.
［2］郭道扬. 会计史研究［M］. 北京：中国财政经济出版社，2008.
［3］韩东京. 我国古代复式记账思想的产生和发展［J］. 财会月刊，2005（18）.
［4］李伟民. 金融大辞典［M］. 哈尔滨：黑龙江人民出版社，2002.
［5］王春山. 复式记账逻辑的历史探讨［J］. 财会月刊，2011（35）.
［6］王利荣. 我国会计复式记账发展史评述［J］. 内蒙古师范大学学报，2018（5）.

[7] 王永生. 会计复式记账法未来将何去何从 [J]. 中国管理信息化（会计版），2007（7）.

[8] 徐文华. “同时期说”的考证——关于复式记账起源论 [J]. 财经问题研究，2001（8）.

[9] 张革，周凤丹. 论借贷记账法会计分录的变革：二维会计分录 [J]. 中国注册会计师，2016（8）.

[10] 张慧. 我国会计记账方法的演变 [J]. 财会研究，2013（4）.

[11] 张乃和. 西欧早期借贷记账法与财产权观念 [J]. 经济-社会史评论，2011（第四辑）.

[12] 张志萍. 借贷复式记账法应用问题探讨 [J]. 财会月刊，2012（7）.

[13] 周英虎. 借贷记账法悖论 [J]. 广西财经学院学报，2009（1）.

第四章

会计要素的确认和计量

章案例

如何界定固定资产？

公司购买1 000元以上的电脑硬盘，是计入固定资产还是进行费用化处理？

1.看分类。固定资产一般分为房屋及构筑物、专用设备、通用设备、文物和陈列品、图书档案、家具、用具、装具及动植物。从分类来看，电脑硬盘属于计算机中的存储设备，属于通用设备。

2.看价值。《事业单位财务规则》明确规定，固定资产单位价值需在1 000元以上，专用设备单位价值在1 500元以上。

3.看使用年限。相关政策规定，固定资产使用年限应超过1年（不含1年），电脑硬盘的理论寿命是3万小时以上，在一直开机工作的情况下，3年才会报废。

4.看形态。固定资产是指在被使用过程中基本保持原有物质形态的资产，硬盘不会随着使用而变形。

5.看使用用途。政策要求，固定资产的持有目的应是：生产商品、提供劳务、出租或经营管理。硬盘只是一个电脑的配件，和主机配套使用才能发挥价值，自己无法单独创造经济利润，所以硬盘更换只能算作电脑的维护维修费用，记入“管理费用”科目。

资料来源：编者根据相关资料整理。

学习目标

通过本章的学习，希望您能够：

- 了解会计循环的含义和内容
- 理解会计要素的含义以及各要素的主要属性
- 熟悉会计要素确认的含义和内容
- 掌握会计要素计量的基本方法

第一节 会计循环

一、会计循环的含义

会计循环是对企业财务信息按照既定的步骤进行数据收集、加工、整理等账务处理的会计程序。会计循环的具体流程需从两个方面进行分类：一是根据工作流程划分，会计循环由确认、计量、记录和报告四个环节构成；二是根据会计核算时的具体内容划分，会计循环由填制凭证、审核凭证、选择科目和账户、记账、登记账簿、财产清查和编制会计报表等环节构成。

二、会计循环的具体内容

（一）会计循环工作流程的基本内容

从工作流程的角度来看，会计循环由确认、计量、记录和报告四个环节构成，如图 4-1 所示。

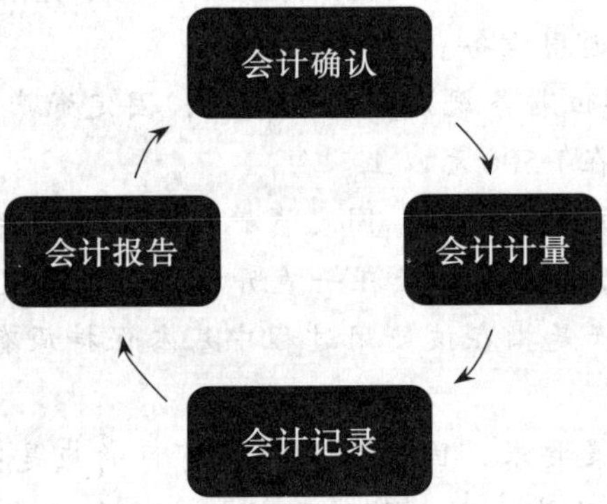

图 4-1 会计循环工作流程

（二）会计循环核算时的具体内容

会计循环核算的具体内容如图 4-2 所示。

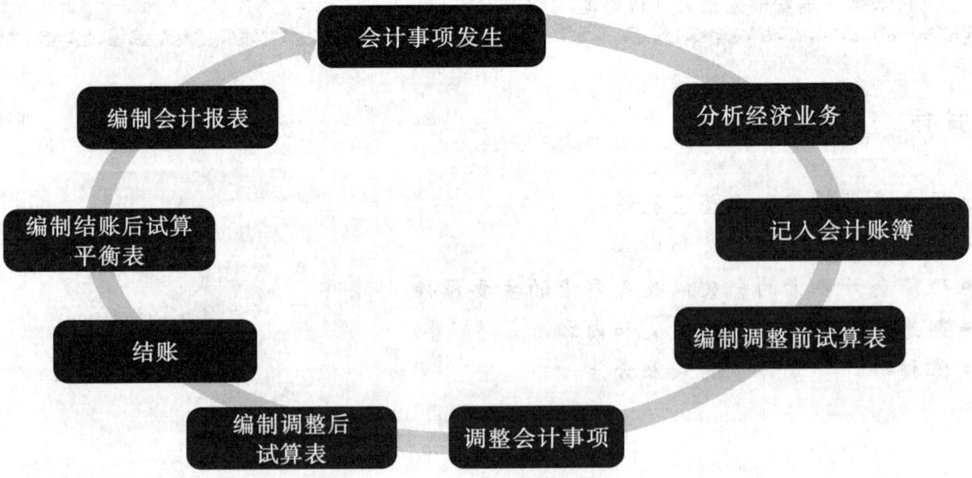

图 4-2 会计循环核算的具体内容

1. 会计事项的发生。会计主体在发生对内和对外经济业务时，不论是买卖、借贷或其他往来事项，只要经过双方同意，并议定公平价格或承诺的，即构成会计事项的发生。因此，会计事项必须是具有经济活动内容并可以计价结算的经济业务。

2.分析经济业务。根据交易发生时取得的各种合法原始凭证，按其经济业务内容经过分析、分类和整理后，确定借贷双方账户的名称和金额。

3.记入会计账簿。根据记账凭证分别记入有关账簿，对库存现金和银行存款等货币资产收付的业务要记入日记账。设有明细分类账户的，还要根据平行登记原理记入有关明细分类账户。

4.编制调整前试算表。通过编制调整前试算表，以验证分类账中借贷金额是否相等。

5.调整会计事项。按照权责发生制原则，在会计期末对某些应计项目和递延项目进行适当的会计处理，并登记入账。

6.编制调整后试算表，再次验证分类账中借贷金额是否相等。

7.结账。会计期间终了，按规定方法结计各账户本期发生额及余额，并将期末余额转入下一期，结账做平各类收入及费用类账户。

8.编制结账后试算平衡表。验证结账后分类账中借贷金额是否相等。

9.编制会计报表。包括资产负债表、利润表、现金流量表等。

第二节　会计要素的确认

一、会计要素的确认原则

确认，是指决定将交易或事项中的某一项目作为一项会计要素加以记录和列入财务报告的过程，是财务会计的一项重要程序。确认主要解决某一个项目应否确认、如何确认和何时确认三个问题，它包括在会计记录中的初始确认和在财务报表中的最终确认，我国《企业会计准则——基本准则》中规定了会计要素的确认条件。

（一）初始确认条件

会计要素的确认条件主要包括：

1.符合要素的定义。有关经济业务确认为一项要素，首先必须符合该要素的定义。

2.有关的经济利益很可能流入或流出企业。这里的“很可能”表示经济利益流入或流出的可能性在50%以上。

3.有关的价值以及流入或流出的经济利益能够可靠计量。如果不能可靠计量，确认就没有意义。

4.相关会计要素的权利、义务关系明确，且风险报酬、控制权已转移。

（二）在报表中列示的条件

经过确认、计量之后，会计要素应该在报表中列示。资产、负债、所有者权益在资产负债表中列示，而收入、费用、利润在利润表中列示。

相关会计准则规定，在报表中列示的条件是：符合要素定义和要素确认条件的项目，才能列示在报表中，仅仅符合要素定义而不符合要素确认条件的项目，不能在报表中列示。

点阅读 4-1

二、会计要素的确认条件

(一) 资产的确认条件

将一项资源确认为资产，需要符合资产的定义，还应同时满足以下两个条件：

1.与该资源有关的经济利益很可能流入企业。从资产的定义可以看出，能为企业带来经济利益是资产的一个本质特征，但在现实生活中，由于经济环境瞬息万变，与资源有关的经济利益能否流入企业或者能够流入多少，实际上带有不确定性。因此，资产的确认还应与对经济利益流入企业不确定性的判断结合起来。

2.该资源的成本或价值能够可靠地计量。只有当有关资源的成本或者价值能够可靠地计量时，资产才能予以确认。在实务中，企业取得的许多资产都需要付出成本。例如，企业购买或者生产的商品、企业购置的厂房或设备等，对于这些资产，只有实际发生的成本或生产成本能够可靠计量，才符合资产确认的可计量性条件。

【例4-1】阳光公司在期末盘点时发现，账面上5万元的存货出现损毁，无法继续使用，经过相关调查，主管人员发现是由于仓库管理员管理不善造成的，报经上级部门批准，由仓库管理员赔偿2万元。

该例中企业存货已经发生损毁，预期未来不能带来经济流入，因此不再作为企业资产进行确认，应减少资产5万元并确认赔偿2万元和损失3万元。其会计分录如下：

发现存货损毁时，将资产转出到"待处理财产损溢"账户。

借：待处理财产损溢	50 000	
贷：原材料		50 000

经批准处理时，确认赔偿和损失，损失计入营业外支出。

借：其他应收款	20 000	
营业外支出	30 000	
贷：待处理财产损溢		50 000

【例4-2】20×0年，阳光公司与A公司存在经济纠纷，20×0年12月31日，诉讼尚未判决，阳光公司预计获得200万元赔偿。

此案例中，200万元赔偿只是预计取得，尚不能可靠计量并确定会流入企业，不将其作为资产进行确认，只在资产负债表中进行相应的披露。

(二) 负债的确认条件

将一项现时义务确认为负债，需要符合负债的定义，还需要同时满足以下两个条件：

1.与该义务有关的经济利益很可能流出企业。从负债的定义可以看出，预期会导致经济利益流出企业是负债的一个本质特征。在实务中，企业履行义务所需流出的经济利益带有不确定性，尤其是与推定义务相关的经济利益通常需要依赖大量的估计。因此，负债的确认应当与经济利益流出企业的不确定性程度结合起来。

2.未来流出的经济利益的金额能够可靠地计量。负债的确认在考虑经济利益流出企业的同时，对于未来流出的经济利益的金额应当能够可靠计量。

(三) 所有者权益的确认条件

所有者权益体现的是企业中的剩余权益，因此所有者权益的确认和计量主要依赖于资产和负债的确认和计量。例如，企业接受投资者投入的资产，在该资产符合资产确认条件时，就相应地符合所有者权益的确认条件；当该资产的价值能够可靠计量时，所有者权益的金额也可以确定。

（四）收入的确认条件

企业收入的来源渠道较多，虽然不同收入来源的特征不同，但其收入的确认条件是相同的。当企业与客户之间的合同同时满足下列条件时，企业应当在客户取得相关商品控制权时确认收入。

1.合同各方已批准该合同并承诺将履行各自义务；

2.该合同明确了合同各方与所转让商品或提供劳务相关的权利和义务；

3.该合同有明确的与转让商品或提供劳务相关的支付条款；

4.该合同具有商业实质，即履行该合同将改变企业未来现金流量的风险、时间分布和金额；

5.企业因向客户转让商品或提供劳务而有权取得的对价很可能收回。

（五）费用的确认条件

费用的确认除了需要符合定义外，还至少应当符合这些条件：

1.与费用相关的经济利益很可能流出企业；

2.经济利益流出企业的结果会导致资产的减少或负债的增加；

3.经济利益的流出金额能够可靠地计量。

（六）利润的确认条件

利润=收入-费用。利润反映的是收入减去费用、利得减去损失后净额的概念。因此，利润的确认主要依赖于收入和费用，以及利得和损失的确认，其金额的确定也主要取决于收入、费用、利得和损失金额的计量。

第三节　会计要素的计量

一、会计要素计量属性

会计通常被认为是一个对会计要素进行确认、计量、记录和报告的过程，其中，会计要素计量在会计确认和报告之间起着十分重要的作用。

会计要素计量属性见表4-1。

五种计量属性比较表见表4-2。

点阅读4-2

历史成本反映的是资产或者负债过去的价值，而重置成本、可变现净值、现值以及公允价值反映的是资产或者负债的现时成本或者现时价值，是与历史成本相对应的计量属性。

点阅读4-3

二、会计要素确认与计量的原则

对会计要素进行确认与计量不仅要符合一定的条件，而且要在确认与计量过程中遵循以下原则：划分收益性支出与资本性支出、收入与费用配比、历史成本计量。

1.划分收益性支出与资本性支出

会计核算应当合理划分收益性支出与资本性支出。凡支出的效益仅与本会计年度相关的，应当作为收益性支出；凡支出的效益与几个会计年度相关的，应当作为资本性支出。

表4-1 会计要素计量属性

计量属性	内涵	关注事项
历史成本	采用历史成本计量时，资产按照购置时支付的现金或现金等价物的金额，或者按照购置资产时所付出的对价的公允价值计量。负债按照因承担现时义务而实际收到的款项或资产的金额，或者承担现时义务的合同金额，或者按照日常活动中为偿还负债预期需要支付的现金或现金等价物的金额计量	取得资产时是按取得的公允价值计量
重置成本	采用重置成本计量时，资产按照现在购买相同或相似资产所需支付的现金或者现金等价物的金额计量。负债按照现在偿付该项债务所需要支付的现金或者现金等价物的金额计量	盘盈的固定资产等实物资产用重置成本计量是指市场参与者在计量日发生的有序交易中，出售一项资产所能收到或者转移一项负债所需支付的价格
可变现净值	采用可变现净值计量时，资产按照其正常对外销售所能收到的现金或者现金等价物的金额扣减该资产至完工时估计将要发生的成本、估计的销售费用以及相关税费后的金额计量	存货期末按成本与可变现净值孰低计量
现值	采用现值计量时，资产按照预计从其持续使用和最终处置中所产生的未来现金净流量的折现金额计量。负债按照预计期限内需要偿还的未来现金净流量的折现金额计量	具有融资性质的分期付款购入资产、分期收款销售商品等，用现值计量
公允价值	采用公允价值计量时，资产和负债按照在公平交易中，熟悉情况的交易双方自愿进行资产交换或者债务清偿的金额计量	以公允价值计量且其变动计入当期损益的金融资产、以公允价值计量且其变动计入其他综合收益的金融资产、采用公允价值模式进行后续计量的投资性房地产以及现金结算的股份支付确认的应付职工薪酬等期末用公允价值计量

表4-2 五种计量属性比较表

计量属性	对资产的计量	对负债的计量
历史成本	按照购置时的金额计量	按照承担现时义务时的金额计量
重置成本	按照现在购买时的金额计量	按照现在偿还时的金额计量
公允价值	按照交易双方自愿进行资产交换的金额计量	按照交易双方自愿进行债务清偿的金额计量
可变现净值	按照现在销售时的金额计量	
现值	按照未来的金额折现计量	

2.收入与费用配比

正确确定一个会计期间的收入和与其相关的成本、费用，以便计算当期的损益，这是配比的要求。收入与费用配比包括两个方面的配比问题：一是收入和费用在因果联系上的配比，即取得一定的收入时发生了一定的支出，而发生这些支出的目的就是取得这些收入；二是收入和费用在时间意义上的配比，即一定会计期间的收入和费用的配比。

3.历史成本计量

历史成本计量，又称实际成本计量或原始成本计量，是指企业的各项财产物资应当按照取得或购建时发生的实际支出进行计价。物价变动时，除国家另有规定外，不得调整账面价值。

用历史成本计价比较客观，有原始凭证作证明，可以随时查证和防止随意更改。但是这样做是建立在币值稳定假设基础之上的，若发生物价变动导致币值出现不稳定，则需要研究，使用其他的计价基础，如现行成本计量、重置成本计量等。

◆思政园地

中国特色社会主义会计核算体系

从1983年中国会计学会年会明确提出建立具有中国特色的财务会计理论方法体系之后，理论界对有中国特色的会计问题进行了一系列有益的探索。相关研究要符合我国经济发展和经济体制改革的需要，能够回答理论和实践对会计所提出的问题。为了更好地反映现实经济，我国会计体系不断完善，形成中国特色社会主义会计体系。

现代会计体系中，会计核算是用来反映和监督会计对象的，会计对象的多样性和复杂性决定了用来对其进行反映和监督的会计核算方法不能采取单一的方法或形式，而应该采用方法体系的模式，因此现代会计核算方法由设置账户、复式记账、填制和审核凭证、登记账簿、成本计算、财产清查和编制财务报告等具体方法构成。这七种方法构成了一个完整的、科学的方法体系。

会计核算的各种方法是相互联系、密切配合的，现代会计只有综合运用这七种方法才能顺利进行。在实际的会计业务处理过程中，复式记账是处理经济业务的基本方法，设置账户和填制凭证是会计工作的开始，登记账簿是会计工作的中间过程，审核凭证、成本计算和财产清查是保证会计信息准确、正确的科学手段，而编制报表是一段会计期间工作的终结。根据会计对象的多样性来决定应该使用什么样的会计核算方法，是对会计人员很重要的考验。

资料来源：徐波．构建具有中国特色的会计理论体系［J］．中国管理信息化，2015（11）．

◆章小结

从会计的工作流程来看，会计循环可分为会计的确认、计量、记录和报告四个环节，每一个环节又可进一步分为具体的步骤。会计要素的初始确认，须满足一定的确认条件。会计计量属性包括：历史成本、重置成本、可变现净值、现值和公允价值。确认与计量均需要遵循一定的原则，包括划分收益性支出与资本性支出、收入与费用配比、历史成本计量等。

关键术语听读4

◆关键术语听与读

◎Accounting Cycle（会计循环）：The accounting cycle describes the steps when processing transactions in a manual accounting system including analyzing, journalizing, posting, preparing trial balances, adjusting, preparing financial statements.

◎Historical Cost（历史成本）：The historical cost is the original cost incurred to acquire an asset in the past transaction or event, as opposed to replacement cost, current cost, or cost adjusted by a general price index.

◎Replacement Cost（重置成本）：The replacement cost is the amount needed to replace an asset such as inventory, equipment, buildings, etc.

◎Net Realizable Value（可变现净值）：The net realizable value is the expected selling price in the ordinary course of business minus the costs of completion, disposal, and transportation.

◎Present Value（现值）：The present value is the future amounts that have been discounted to the present.

◎Fair Value（公允价值）：The fair value, also called fair market value, is the amount that would be agreed upon by two independent persons. The amount to be received in the ordinary course of business in an arm's length transaction.

◎Capital Expenditures（资本性支出）：The capital expenditures are the amounts spent for long-lived assets.

◎Revenue Expenditures（收益性支出）：The revenue expenditures are the amounts that are expensed immediately when they incurred.

◎Matching Principle（配比原则）：The matching principle requires a company to match expenses with related revenues in order to report a company's profitability during a specified time interval, which is ideally based on a cause-effect relationship.

◎Depreciation（折旧）：The depreciation is the systematic allocation of the cost of an asset from the balance sheet to depreciation expense on the income statement over the useful life of the asset, whose purpose is to allocate the cost to expense in order to comply with the matching principle, rather than to be a valuation process.

◆回顾与思考

1.怎么理解会计循环？会计循环怎么分类？您觉得有没有不同的分类方法？

2.会计确认与计量为什么重要？同一个经济交易或事项，其会计确认有没有可能出现不同？试举例说明。

3.请分别说说六个会计要素的确认条件是什么，你从中能总结出什么规律吗？

4.企业发生经济交易或事项，在什么时点进行初始确认，后续确认分别在什么时候？

5.怎么理解历史成本既作为计量属性又作为会计原则？它有哪些优缺点？

6.怎么理解会计计量属性？请分别举例说明。

7.为什么需要划分收益性支出和资本性支出，如果没有划分会出现什么后果？请举例说明。

8.什么是配比原则，它能发挥什么作用？请举例说明。

◆章习题

1.单项选择题

(1) 权责发生制的确立是以（　　）假设为直接依据的。

A.会计主体　　B.会计分期　　C.货币计量　　D.持续经营

(2) 下列属于非流动资产的是（　　）。

A.应收账款　　B.固定资产　　C.应收票据　　D.流动资产

(3) 企业为了交易目的而短期持有的股票应该被确认为（　　）。

A.股本　　B.长期股权投资

C.交易性金融资产　　D.应收股利

(4) 我国及国际会计惯例所公认的基本计量属性是（　　）。

A.重置成本　　B.现值　　C.现行市价　　D.历史成本

(5) 下列（　　）应作为费用计入当期损益。

A.支付下一年度报刊订阅费　　B.采购原材料时支付的运杂费

C.销售商品时支付的运杂费　　D.预付的货款

(6) 下列属于流动负债的是（　　）。

A.应付职工薪酬　　B.长期借款　　C.应付债券　　D.股本

(7) 下列应该确认为企业收入的是（　　）。

A.出售生产产品所用机器的所得　　B.出售专利权所得

C.其他单位捐赠的资产所得　　D.出租机器收到的租金

(8) 下列项目中，应确认为管理费用的有（　　）。

A.银行借款利息　　B.厂部管理人员工资

C.车间管理人员工资　　D.车间水电费

(9) 下列项目中，应确认为财务费用的是（　　）。

A.财务人员工资　　B.财务部门的折旧费
C.财务部门水电费　　D.银行手续费

2.多项选择题

(1) 下列属于会计确认基本标准的有（　　）。
A.可定义性　　B.可计量性　　C.相关性
D.可靠性　　E.可辨识性

(2) 下列属于会计基本假设内容的有（　　）。
A.会计主体假设　　B.会计分期假设　　C.货币计量假设
D.历史成本假设　　E.现时成本假设

(3) 从会计处理的技术层面来看，会计确认可以分为（　　）。
A.初始确认　　B.再确认　　C.后续确认
D.终止确认　　E.重复确认

(4) 下列可以作为会计实体的有（　　）。
A.有限责任公司　　B.子公司　　C.企业集团
D.分厂　　E.自然人

(5) 企业下列经济活动的原始数据能够纳入会计信息系统予以处理的是（　　）。
A.企业发行股票已筹集资金5 000万元
B.企业召开增产计划会议，拟于下一年度将产品产量增至20万台
C.企业以500万元的固定资产对外投资
D.企业接受客户发来的商品订单，客户拟订货100万元
E.企业总经理用工资购买一台电视机自用，价值6 000元

(6) 下列项目中，属于资产特征的有（　　）。
A.由已经发生的交易或事项形成　　B.企业拥有其法定所有权或能对其进行控制
C.能给企业带来预期的经济利益　　D.具有实物形态
E.能够定价

(7) 下列项目中，需要计入当期损益的有（　　）。
A.支付会议费10 000元　　B.支付生产车间本月电费5 000元
C.支付广告费20 000元　　D.支付环保罚款10 000元
E.支付工人工资200 000元

(8) 下列项目中，属于企业所有者权益内容的有（　　）。
A.企业当期实现的净利润　　B.企业以前各期形成的未分配利润
C.股东投入的资本　　D.企业实现的盈利积累
E.企业的负债

(9) 下列项目中，属于企业存货的有（　　）。
A.已经销售，购货方尚未提货的产品　　B.企业购入自用的商品房
C.汽车厂商生产的待售汽车　　D.汽车经销商持有待售的汽车
E.企业购入自用的汽车

3.判断题

(1) 法律主体与会计主体的含义是一样的。（　　）

(2) 根据权责发生制原则，企业发生支出，必然引起当期利润减少。 ( )
(3) 某项目只要严格符合某一会计要素的定义，就必须作为该要素进行确认。( )
(4) 在收付实现制下，会出现应收、应付、预收、预付等项目。 ( )
(5) 已经出售但尚未运离企业的商品仍然是企业的存货。 ( )
(6) 与流动负债相比，一般来说，长期负债的偿还期限较长，金额较大。 ( )
(7) 根据销售合同，预收客户的购货订金应被确认为收入。 ( )
(8) 企业委托其他单位进一步加工的物资仍然属于本企业的资产。 ( )
(9) 投资者投入资本时，应该与企业约定偿还期限，到期偿付。 ( )

◆国际视野

IASB、FASB对会计要素的划分与比较

国际会计准则理事会（IASB）、美国的财务会计准则委员会（FASB）对会计要素有着不同的划分。

一、对会计要素的划分

1.国际会计准则理事会，将会计要素划分为资产、负债、产权、收益和费用五大要素，而且明确指出：收益的定义包括了收入和利得；费用的定义包括了损失，也包括那些在企业日常活动中发生的费用。

2.美国财务会计准则委员会，将会计要素划分为资产、负债、权益、业主投资、派给业主款、总收益、营业收入、费用、利得、损失十大要素。

二、异同比较

1.相同点：(1) 运作机制相似。二者均为民间机构，由企业、专业团体资助，专门制定会计准则，不过FASB获得了美国证券交易监督委员会（SEC）的授权。(2) 制定准则程序相似，如前所述，二者制定的准则都经过了大量的调研、征求意见、投票批准等程序，且透明度非常高。(3) 准则内容相似。尽管FASB发布的会计准则数量多于IASB，但其对相同业务的会计处理原则、方法等基本相似。

2.不同点：(1) 出发点不同。IASB的出发点是制定全球通用的会计准则，FASB则主要根据美国国内经济活动的需要制定会计原则，主要适用于美国。(2) 基础不同。IASB发布的会计准则主要是原则导向的，目的是在基本原则一致的条件下，兼顾不同国家的具体情况，因而比较精练，比较粗线条，其核心思想是只要企业在编制会计报表时满足了财务会计概念框架的要求，那么报表就是真实、公允的，国际财务报告准则（IFRS）体系更加看重专业人员的内在以及主观判断；FASB发布的会计准则主要是规则导向的，其准则数量多，内容具体、细致，其核心思想是尽可能多地将规则细化，每一项业务都有具体的准则作为指引，只要企业在编制报表时完全满足了相关要求，那么报表就在整体上满足了一般公认会计原则（GAAP），因此这种依据一条一条的准则去检测企业是否规范操作的行为也被称为逐项核查。

资料来源：汪祥耀. 国际会计准则与财务报告准则［M］. 上海：立信会计出版社，2004.

◆推荐阅读

[1] 盖地，罗斌元. 会计确认的再认识及应用——基于事实判断和价值判断的认知论释义 [J]. 会计研究，2011（8）.

[2] 陆建桥. 关于会计计量的几个理论问题 [J]. 会计研究，2005（5）.

[3] 曲晓辉，丁庭选，肖虹. 后趋同时期会计确认与计量的理论发展 [J]. 会计研究，2011（5）.

[4] 邱宁. 出纳在会计循环中的地位与作用 [J]. 财会通讯，2007（7）.

[5] 万宇洵. 会计循环的再认识——会计学中一个基本概念的突破 [J]. 财经理论与实践，2004（4）.

[6] 王晓丽，刘赛红. 试论会计确认标准 [J]. 湖南商学院学报，2000（1）.

[7] 阎达五，陈亚民. 论会计管理循环 [J]. 财会通讯，1988（8）.

[8] 颜剩勇，陈威. 我国新收入准则对会计判断的影响研究 [J]. 湖南财政经济学院学报，2018.

[9] 岳彦芳. 网络时代会计确认与计量的改变 [J]. 中央财经大学学报，2000（11）.

[10] 张弛. 中西方会计循环差异性分析 [J]. 商业会计，2013（24）.

[11] 赵嘉禾，田琳. 会计计量概念和理论探讨——基于《财务报告概念框架（2018）》的思考 [J]. 中国注册会计师，2019（1）.

[12] 郑利霞. 会计思维：创业者、经营者和会计从业者必修的7堂经营课 [M]. 北京：人民邮电出版社，2015.

[13] 郑伟. 会计确认理论缺陷及其改进——基于确认维度拓展与多维确认观 [J]. 会计研究，2015（1）.

[14] 周华，戴德明. 会计确认概念再研究——对若干会计基本概念的反思 [J]. 会计研究，2015（7）.

第五章

主要经济业务的会计处理

章案例

共享财务：财务发展新趋势

众所周知，华为的财务部有两大特点：账务集中处理和财务共享中心。华为专门设有账务管理部，集中负责来自全球各地的会计账务处理。其财务体系被分为三大块：会计核算（账务）、财经管理（财经）和审计监控（内审）。审计负责监督审核会计核算，在保证会计核算准确无误的情况下，财经管理才能发挥其价值，据此做出的决策才值得信任。

目前华为在全球设有七大共享中心。共享中心的建立，一方面可以推动处理流程的标准化，提升财务管理的效率；另一方面也有利于加强公司总部对全球业务的财务控制。目前，华为的财务核算充分利用了其共享中心的时差优势，已经形成了全球7×24小时循环结账机制。

正是通过将业务与财务的高度结合，才有了华为如今完善的财务体系。由此可见，对经济业务的详尽反映是构建良好财务体系的重要基础。本章学习的重点就是主要经济业务的会计处理。

资料来源：编者根据相关资料整理。

学习目标

点阅读5-1

通过本章的学习，希望您能够：

- 理解企业利润的来源
- 掌握企业主要经济业务的会计核算
- 掌握期末账项调整

第一节　开办阶段的业务核算

丁某决定在居住地以3 000万元作为注册资本开办朔辰股份有限公司（简称“朔辰公司”，例题中简称“公司”），开办公司期间发生的开办费（也称组建成本）是为设立朔辰公司而发生的成本，包括法律费用、发起人费用以及取得证照的费用。朔辰公司会设立一个名为“开办费”的账户，将组建时发生的成本借记到这个账户，同时在这些成本发生时将其确认为费用。这样做是因为我们难以将这些费用带来的收益准确衡量，而且很难确认未来是否会带来收益。

一、开办费核算需要设置的基本账户

开办费核算需要设置的基本账户一般有管理费用、长期待摊费用等。

1.“管理费用”账户

管理费用是指企业行政管理部门为组织和管理生产经营活动而发生的各种费用。管理费用包括的具体项目有：企业董事会和行政管理部门在企业经营管理中发生的，或者应当由企业统一负担的公司经费、工会经费、待业保险费、劳动保险费、董事会费、聘请中介机构费、咨询费、诉讼费、业务招待费、办公费、差旅费、邮电费、绿化费、管理人员工资及福利费等。管理费用属于期间费用，在发生的当期就计入当期损失或是收益。企业应通过“管理费用”科目，核算管理费用的发生和结转情况。该科目借方登记企业发生的各项管理费用，贷方登记期末转入“本年利润”科目的管理费用，结转后该科目应无余额。该科目按管理费用的费用项目进行明细核算。

2.“长期待摊费用”账户

长期待摊费用账户是用于核算企业已经发生的支出，但摊销期限在1年以上（不含1年）的各项费用，包括固定资产修理支出、租入固定资产的改良支出以及摊销期限在1年以上的其他待摊费用。在“长期待摊费用”账户下，企业应按费用的种类设置明细账，进行明细核算，并在会计报表附注中以费用项目披露其摊余价值，摊销期限、摊销方式等。

二、开办费会计核算实务

1.开办费作为长期待摊费用的处理

将开办费作为长期待摊费用，自支出发生月的次月，以不低于3年的期限分期摊销。

【例5-1】朔辰公司20×1年2月份开始生产经营，1月份发生的开办费总额为600 000元，公司按照5年分期摊销，每月摊销金额为60万元÷5年÷12个月=10 000（元），2月份摊销时，会计分录如下：

借：管理费用——开办费摊销　　10 000

　贷：长期待摊费用——开办费　　10 000

2.开办费作为期间费用的处理

费用发生时，直接计入管理费用即可。

【例5-2】朔辰公司20×1年2月份开始生产经营，1月份发生的开办费总额为600 000元，以银行存款支付，将开办费直接计入管理费用。相关会计分录如下：

借：管理费用——开办费　　600 000

　贷：银行存款　　600 000

需要注意的是，筹建（开办）期间需要计入固定资产价值的借款费用，以及需要计入在建工程的材料费用都不能计入这个项目。

第二节　筹资业务的核算

资金是企业的血液，筹集资金是企业开展生产经营活动的首要环节。筹资来源一般为投资者投入和借入资金，前者形成所有者权益，后者形成负债。

1.投入资金。按照《中华人民共和国公司法》的规定，投入资本是企业得以成立的首要条件。投入资本按投资主体不同，可分为国家投入资本、法人投入资本、个人投入资本、外商投入资本等；按照投入资本的形态不同，可分为有形资产投资和无形资产投资。如货币资金、材料物资、固定资产等属于有形资产投资，而专利权、商标权、土地使用权、非专利技术等属于无形资产投资。

2.借入资金。企业经营所需资金如单纯依靠投资人投入资本，一方面资金有限不一定能满足生产经营所需，另一方面也难以产生杠杆效益，所以向银行和其他金融机构借入资金成为现代企业筹资过程中一项重要的业务内容。债务资金主要用来弥补投入资本的不足及扩大再生产的需要，企业向银行借入款项，必须按银行借款规定办理手续，支付利息，到期归还。

一、筹资过程核算需要设置的基本账户

筹资过程核算需要设置的基本账户一般有实收资本、资本公积、短期借款、长期借款等。

1.“实收资本”账户

“实收资本”属于所有者权益类账户，股份制企业开设“股本”账户，用来核算企业接受投资者投入企业注册资本份额的变动情况及其结果。当企业收到投资者作为资本投入的银行存款以及原材料、汽车、房屋或商标权时，借记“银行存款”“原材料”“固定资产”“无形资产”等账户，贷记“实收资本”账户；当投资者收回投资时，记入本账户的借方。本账户期末一般有贷方余额，反映企业收到的资本总额。一般情况下“实收资本”账户的数额不得随意变动，尤其是不得随意减少。该账户可按投资者（国家、法人和个人）设置明细账进行明细核算。企业收到投资者投入的资金，超过其在注册资本所占份额的部分，作为资本溢价或股本溢价在“资本公积”账户中核算，不记入本账户。该账户的贷方登记投资者投入企业资本的增加额（股份制企业的“股本”反映股票面值），借方登记投资人投资的减少额，期末余额在借方，反映投资者投入企业注册资本的实有数。

2.“资本公积”账户

“资本公积”账户属于所有者权益类账户，用来核算企业收到投资者出资超过其在注册资本或股本中所占份额的部分，即资本溢价或股本溢价。另外，直接计入所有者权益的利得和损失，也通过本账户核算。当企业接受投资者投入的资本等形成资本公积时，借记有关账户，贷记“实收资本”和本账户；当动用资本公积转增资本时，记入本账户的借方。该账户期末如有贷方余额，反映期末企业拥有资本公积的余额。该账户可按资本公积的来源设置明细账，进行明细核算。

3.“短期借款”账户

“短期借款”账户核算企业向银行或其他金融机构等借入的期限在一年以下（含一

年）的各种借款。当企业借入各种短期借款时，记入本账户的贷方；当企业归还借款时，记入本账户的借方。本账户期末如有贷方余额，反映企业尚未偿还的短期借款。

短期借款的核算主要包括三方面内容：第一，取得借款的核算；第二，借款利息的核算；第三，归还借款的核算。短期借款一般期限不长，通常在取得借款日，按取得的金额入账。短期借款利息支出，是企业财务活动中为筹集资金而发生的费用，应作为一项财务费用计入当期损益。

4.“长期借款”账户

“长期借款”账户核算企业向银行或其他金融机构借入的期限在一年以上（不含一年）的各项借款。当企业借入各种长期借款时，记入本账户的贷方；当企业归还借款时，记入本账户的借方。本账户期末如有贷方余额，反映企业尚未偿还的长期借款。该账户可按贷款单位和贷款类别进行明细核算。

此外，核算企业的筹资业务还应设置“库存现金”“银行存款”“原材料”“固定资产”等资产类账户。

二、筹资业务会计核算实务

1.接受投资者投资的账务处理

【例5-3】朔辰公司与投资人董某签订投资协议，董某以人民币50 000元取得朔辰公司30 000元的股份（每股面值1元），接到银行通知，该款已到账。

这笔经济业务中，一方面朔辰公司收到的投入资本金增加，应记入“实收资本”账户的贷方；另一方面新公司的银行存款增加，记入“银行存款”账户的借方。其会计分录如下：

借：银行存款　　50 000

　贷：实收资本——董某　　30 000

　　　资本公积——资本溢价　　20 000

【例5-4】朔辰公司收到段某的投资共60 000元，包括一台全新的价值30 000元的设备和一批价值30 000元的材料。

在这笔经济业务中，一方面朔辰公司收到的投入资本金增加，应记入“实收资本”账户的贷方；另一方面朔辰公司的设备和材料增加，应记入“固定资产”账户和“原材料”账户的借方。其会计分录如下：

借：固定资产　　30 000

　　原材料　　30 000

　贷：实收资本——段某　　60 000

2.向债权人借入资金的账务处理

借入资金按偿还期不同，分为短期借款和长期借款，分别通过“短期借款”和“长期借款”两个负债类账户进行核算。

【例5-5】朔辰公司因流动资金不足，从建设银行取得为期8个月的借款70 000元，已存入银行账户。这笔经济业务，一方面朔辰公司的短期借款增加，记入“短期借款”账户的贷方；另一方面朔辰公司的银行存款增加，记入“银行存款”账户的借方。其会计分录如下：

借：银行存款　　70 000

　贷：短期借款　　70 000

【例 5-6】朔辰公司为建设一条新的生产线向工商银行贷款 200 000 元，期限为 3 年，款项已经存入银行。在经济业务中，一方面朔辰公司的长期借款增加，记入"长期借款"账户的贷方；另一方面朔辰公司的银行存款增加，记入"银行存款"账户的借方。其会计分录如下：

借：银行存款　　200 000

　贷：长期借款　　200 000

【例 5-7】朔辰公司于 20×1 年 1 月 1 日从工商银行借入 8 000 000 元，借款期限为 3 年，年利率 6%，利息按年在年末支付。根据上述经济业务，编制相关的会计分录：

（1）20×1 年 1 月 1 日借入款项时，会计分录如下：

借：银行存款　　8 000 000

　贷：长期借款——本金　　8 000 000

（2）20×1 年 12 月末支付利息时，会计分录如下：

借：财务费用　　480 000

　贷：银行存款　　480 000

（3）20×2 年 12 月末支付利息时，会计分录如下：

借：财务费用　　480 000

　贷：银行存款　　480 000

（4）20×3 年 12 月末还本付息时，会计分录如下：

借：长期借款——本金　　8 000 000

　　财务费用　　480 000

　贷：银行存款　　8 480 000

第三节　经营业务的核算

一、供应过程的核算

（一）供应过程

朔辰公司在开办初期就收到了来自东平公司、天马公司以及利群公司的购货订单，并向冰阳公司及爱民公司订购了大批原材料。

供应过程是生产的准备阶段，在这个阶段，企业以货币资金购买或赊购各种材料物资，形成材料储备。企业一方面要根据生产经营活动的需要采购材料物资，及时验收入库，保证生产经营的需要；另一方面，要与供应单位进行货款和各种采购费用的结算。

材料供应过程的主要经济业务有：与材料供应单位及其他有关单位如运输部门办理货款、增值税、运输费、装卸费、保险费等款项的结算；仓储保管部门办理材料验收入库手续。

在材料供应过程中将可能发生的材料买价、运杂费（包括运输费、装卸费、保险费等）、运输途中的合理损耗、入库前的挑选整理费以及进口材料的关税等支出，它们构成了物资的采购成本。至于采购人员的差旅费、专设采购机构的经费、市内零星运杂费等，一般不记入采购成本，而作为企业的管理费用处理。

（二）供应过程核算设置的基本账户

供应过程核算需要设置的基本账户一般有材料采购、原材料、应付账款、应付票据、预付账款、应交税费。

1.“材料采购”账户

“材料采购”（或“在途物资”）账户属于资产类账户，它能够反映材料的采购过程，是用来具体核算材料的采购成本和入库成本的手段。“材料采购”（或“在途物资”）账户借方登记材料采购成本的金额，贷方登记转入“原材料”账户的金额。月末该账户余额一般在借方，表示在途材料的采购成本。该账户可按供应单位和材料品种设置明细账户。

2.“原材料”账户

“原材料”账户属于资产类账户，用来核算企业库存各种材料的收入、发出和结存情况。其借方登记已经验收入库的各种材料的成本，贷方登记各种材料发出或减少的数额，月末为借方余额表示库存材料的成本。该账户应按照材料的保管地点（仓库）、材料的类别、品种和规格设置明细分类账。

3.“应付账款”账户

“应付账款”账户属于负债类账户，用来核算企业因购买材料、商品和接受劳务等经营活动应支付的款项。“应付账款”账户贷方登记应付而未付给供应单位的材料、商品款等以及增值税进项税额，借方登记已经偿还给供应单位的货款及增值税进项税额，月末贷方余额代表尚欠供应单位的款项。该账户一般按供应单位名称设置明细账户。

4.“应付票据”账户

“应付票据”账户属于负债类账户，是指企业在商品购销活动和对工程价款进行结算因采用商业汇票结算方式而发生的，由出票人出票，委托付款人在指定日期无条件支付确定的金额给收款人或者票据的持票人，它包括商业承兑汇票和银行承兑汇票。在我国，商业汇票的付款期限最长为6个月，因而应付票据即短期应付票据。

5.“预付账款”账户

“预付账款”账户属于资产类账户，是指企业按照购货合同规定预付给供应单位的款项。预付账款按实际付出的金额入账，比如预付的材料、商品采购货款、必须预先发放的在以后收回的农副产品定金等。

“预付账款”账户借方登记企业向供货商预付的货款，贷方登记企业收到所购物品应结转的预付货款，期末借方余额反映企业向供货单位预付而尚未发出货物的预付货款。本账户期初为借方余额，反映企业预付的款项；期末为贷方余额，反映企业尚未补付的款项。

预付账款属于会计要素中的资产要素，通俗的说法是预付账款就是本企业暂存在其他企业那里的钱，如果还未成功购买其他企业的商品，那这笔钱就还是本企业的，所以算作本企业资产的一部分。

6.“应交税费——应交增值税（进项税额）”账户

“应交税费——应交增值税（进项税额）”账户属于负债类账户，用来核算企业增值税的应交及实际交纳情况。增值税一般纳税人应向税务部门交纳的增值税为销项税额减去进项税额之后的余额。其中，销项税额是指纳税人销售货物或提供应税劳务按销售额或取得的劳务收入和相应的税率计算，并向购货方、接受劳务方收取的增值税税额。进项税额是指纳税人购进货物或接受应税劳务而支付给销货方的增值税额，数额为对方提供的“增值税专用发票”中列明的增值税税额。此账户借方一般登记企业购进材料等货物支付的进项税额和实际已经交纳的增值税，贷方一般登记企业销售货物应收取的销项税额。纳税人从销项税中抵扣进项税后，剩余部分即为向税务部门应交纳的增值税。该账户期末一般为贷方余额，表示该企业应交纳而未交纳的增值税。

（三）供应过程的账务处理

下面以朔辰公司（例题中简称“公司”）20×1年4月份发生的有关经济业务为例进行讲解。

【例5-8】4月3日，朔辰公司从冰阳公司购进A材料5 000千克，增值税专用发票上所列单价为8元，买价共计40 000元，进项税额为5 200元，供货方代垫运杂费3 200元，款项以支票支付，材料尚未运到。另外，之前因购入沙发尚欠冰阳公司货款（应付账款）4 600元，现以一张为期2个月的无息商业承兑汇票付款。

这笔经济业务中，一方面，A材料的买价共计40 000元，运杂费等采购费用共计3 200元，则采购成本共计43 200元，记入“材料采购”账户的借方；发票注明增值税为5 200元，应记入“应交税费——应交增值税（进项税额）”账户的借方。同时，由于款项已经以支票支付，应记入“银行存款”账户的贷方。其会计分录如下：

借：材料采购——A材料　　43 200
　　应交税费——应交增值税（进项税额）　　5 200
　贷：银行存款　　48 400

另一方面，之前从冰阳公司购入沙发余留应付款项4 600元，开出商业承兑汇票，应当借记“应付账款”账户，贷记“应付票据”账户。该商业承兑汇票2个月后到期后，向冰阳公司还款，根据付款凭证，借记“应收票据”账户，贷记“银行存款”账户。

（1）开出无息商业承兑汇票时：

借：应付账款　　4 600
　贷：应付票据　　4 600

（2）应付票据到期时：

借：应付票据　　4 600
　贷：银行存款　　4 600

以上业务按照平行登记要求，要在“材料采购”、“银行存款”、“应交税费”、“应付账款”和“应付票据”等总分类账户中进行登记，同时还要登记“材料采购——A材料”明细账、“应交税费——应交增值税（进项税额）”明细账和“应付账款——冰阳公司”明细账等。

【例5-9】4月7日，朔辰公司从冰阳公司购入的A材料运到，经验收入库，按其实际成本入账。

这笔业务根据“材料采购——A材料”明细分类账户记录，该批材料的采购成本为43 200元，应从“材料采购——A材料”账户的贷方转入“原材料——A材料”账户的借方。其会计分录为：

借：原材料——A材料　　43 200

　贷：材料采购——A材料　　43 200

以上业务除在“原材料”和“材料采购”总分类账户登记，还要在其所属的明细分类账中进行平行登记。

【例5-10】4月9日，朔辰公司从爱民公司购进A材料6 000千克，单价为7.5元，B材料25 000千克，单价为6元，增值税专用发票所列增值税金额为25 350元，款项共计220 350元，尚未支付。

这笔经济业务使A材料采购成本增加45 000元，B材料采购成本增加150 000元，增值税进项税额增加25 350元，同时应付账款增加220 350元。其会计分录为：

借：材料采购——A材料　　45 000

　　　　　——B材料　　150 000

　应交税费——应交增值税（进项税额）　　25 350

　贷：应付账款——爱民公司　　220 350

以上业务除在有关总分类账中登记外，还需在相关明细分类账中登记。

【例5-11】4月13日，朔辰公司以银行存款支付9日购进A、B材料的运杂费共15 500元（该运杂费按照A、B两种材料的重量进行分配）。

当一批购入的材料品种在两种以上时，对所发生的共同性采购费用，应选择恰当的分配标准在该批材料的各品种之间进行合理分摊，以便确定各种材料的实际采购成本。

适当标准，是指能够表明各种材料对共同采购费用的合理分担的某一指标。如重量、体积、件数、价值等。实际工作中可以根据具体情况进行选择（本例题以重量作为分配标准）。

分摊时可先计算分配率，然后根据分配率计算各种材料应分摊的采购费用。其具体计算过程如下：

分配率=运杂费/各种材料分配标准之和=15 500÷（6 000+25 000）=0.5（元/千克）

A材料应分摊的运杂费=0.5×6 000=3 000（元）

B材料应分摊的运杂费=0.5×25 000=12 500（元）

这笔业务的发生，使A材料的采购成本增加3 000元，B材料的采购成本增加12 500元，银行存款减少15 500元。其会计分录如下：

借：材料采购——A材料　　3 000

　　　　　——B材料　　12 500

　贷：银行存款　　15 500

以上业务除了要登记各有关总分类账户之外，还要在材料采购明细账中进行登记。

【例5-12】4月14日，上述9日的A材料和B材料到货，企业验收入库，结转其实际采购成本。

各种材料的实际采购成本，根据“材料采购”明细分类账户的资料计算求得。

从明细账可见：A材料6 000千克，其实际成本48 000元，包括买价45 000元和运杂费3 000元，单位成本为8元；B材料25 000千克，其实际成本为162 500元，包括买价150 000元和运杂费12 500元，单位成本为6.5元。其会计分录如下：

借：原材料——A材料　　48 000

　　　　——B材料　　162 500

　贷：材料采购——A材料　　48 000

　　　　　　——B材料　　162 500

以上业务除了应记入“原材料”和“材料采购”两个总分类账户之外，还应登记“原材料”和“材料采购”账户的明细账。月末还应编制材料采购月平均成本计算表，以反映4月份A材料和B材料的平均成本，其计算的结果分别为8元和6.5元。

【例5-13】4月15日，朔辰公司开出支票一张，以银行存款支付前欠爱民公司货款和进项税款220 350元。这笔业务一方面使应付账款减少，另一方面也使银行存款减少，应分别记入“应付账款”账户的借方和“银行存款”账户的贷方。其会计分录如下：

借：应付账款　　220 350

　贷：银行存款　　220 350

以上业务除了应记入“应付账款”和“银行存款”两个总分类账户之外，还应登记“应付账款——爱民公司”明细账。

二、生产过程的核算

（一）生产过程

生产过程是工业企业生产经营过程的第二个阶段，即产品生产阶段。在生产过程，企业的资金形态是由储备资金形态转变为生产资金，最后形成成品资金的过程。

在生产过程中，企业通过对材料进行生产加工制造出产品，在此过程中耗费大量人力资本和材料，包括直接材料费、支付给直接参加产品生产的工人工资以及按生产工人工资总额和规定的比例计算提取的职工福利费、企业生产车间等生产单位为组织和管理生产而发生的各项间接费用，即制造费用。通过对生产费用的归集和分配，计算出产品成本。所以对生产费用的归集和分配便成了生产过程的主要经济业务。

生产过程核算的主要内容是：生产耗用材料的核算、生产过程人工费用的核算、固定资产的折旧与修理费用的核算；其他生产费用的核算；制造费用的归集与分配；生产成本的计算与结转。

（二）生产过程需要设置的基本账户

生产过程核算是以产品生产的费用和成本核算为中心的，所以需要设置与之相应的账户进行反映与控制。生产过程核算需要设置的基本账户一般是：“生产成本”（或“基本生产成本”“辅助生产成本”）和“制造费用”。相应的账户一般有：“原材料”“应付职工薪酬”“累计折旧”“库存商品”等，还有在生产费用核算时涉及的“管理费用”。

1.“生产成本”账户

“生产成本”账户属于资产类账户（一般的划分是成本类），用来核算生产过程发生的各项生产成本。企业发生的直接材料、直接人工和其他直接费用直接记入本账户的借方，贷记“原材料”、“应付职工薪酬”和其他相关账户。发生间接费用，先在“制造费用”账户归集，月末分配转入本账户的借方，贷记“制造费用”账户。完工并验收入库的产品成本，借记“库存商品”账户，贷记本账户（即将完工并验收入库的产品成本从贷方转出）。期末余额在借方，反映尚未生产完成的在产品成本。

该账户可按成本核算对象开设明细账，账内按成本项目（如直接材料、直接人工、其他直接费用、制造费用）设专栏进行明细核算。实际工作中，由于生产成本账户一个月内登记贷方的次数非常有限（一般只登记一次），为简化账簿登记工作，节约记账成本，可以不设“贷方”栏，贷方发生额可在借方有关栏目内用红字或负数登记，表示从借方转出的发生额。

2.“制造费用”账户

“制造费用”账户属于成本费用类账户，用来核算生产车间（或分厂）为生产产品和提供劳务而发生的各项间接费用。该账户的借方归集本月内发生的一切间接费用；贷方登记月末分配转入“生产成本”账户借方的全部间接费用；月末该账户无余额。该账户可按不同的生产车间、部门和费用项目设置明细账户进行明细核算。

3.“应付职工薪酬”账户

“应付职工薪酬”账户属于负债类账户，用来核算企业应付给职工的各种薪酬，包括在职期间和离职后提供给职工的全部货币性薪酬和非货币性福利。该账户的贷方登记应付薪酬数额，借方登记薪酬发放数额。期末余额在贷方，表示应付而未付的薪酬数额。该账户可设置“工资”“职工福利”“社会保险费”“住房公积金”“工会经费”“职工教育经费”“非货币性福利”“辞退福利”“股份支付”等明细账户。

4.“累计折旧”账户

“累计折旧”账户属于资产类账户的抵减账户，用来核算企业固定资产由于使用、磨损而减少的价值，即累计折旧额。为了企业重置固定资产的需要，必须将固定资产的取得成本在固定资产使用期限内按期计提折旧，记入生产经营费用中形成折旧费，以便在销售产品、提供劳务取得收入后进行补偿，以积累重置或更新固定资产所需要的资金。为此，企业需设置“累计折旧”账户，以专门核算固定资产折旧的提取情况。该账户贷方登记提取的折旧数，借方登记由于出售、报废、对外投资等原因减少固定资产而注销的已提折旧数。期末余额在贷方，表示企业现有固定资产累计已提折旧数。该账户一般不设置明细账户。

5.“库存商品”账户

“库存商品”账户属于资产类账户，用来核算企业库存的各种商品的实际成本（或计划成本）。该账户借方登记完工验收入库产品的成本和外购直销商品的采购成本；贷方登记发出产品的成本；期末余额在借方，表示企业库存商品的成本。该账户可按库存商品的种类、品种和规格等设置明细账户。

6.“管理费用”账户

“管理费用”账户属于费用类账户，用来核算企业为组织和管理企业生产经营所发生的管理费用，包括行政管理部门职工的工资及福利费、职工待业保险费、业务招待费、工会经费、董事会费等。该账户借方登记实际发生的管理费用；贷方登记期末结转到“本年利润”账户的数额；结转后期末应无余额。该账户可按管理部门设置明细账户，按费用项目设专栏，以反映各部门、各项目管理费用发生的情况。

（三）生产过程的账务处理

下面以朔辰公司（例题中简称“公司”）20×1年4月份发生的有关经济业务为例进行讲解。

【例5-14】4月9日，公司开出支票预付下季度财产保险费6 000元。

虽然预付财产保险费属于下季度的费用，但是根据重要性原则，因其金额较小，所以可简化核算，直接记入“管理费用”账户的借方，不再分月摊销。其会计分录为：

借：管理费用——保险费　　6 000

　贷：银行存款　　6 000

此经济业务除了要登记有关总账之外，有关明细账也需登记（后面的例题也同此）。

【例5-15】4月11日，公司以现金5 000元购办公用品，其中车间用品1 200元，厂部管理部门用品3 800元。

办公用品属于日常消耗，由于其金额一般不大，为简化核算，购入时可直接作为费用处理，不再分期摊销。记入费用账户时，要依据领用办公用品的职能部门，分别记入“制造费用”账户和“管理费用”账户的借方，同时记入“库存现金”账户的贷方。其会计分录为：

借：制造费用——办公费　　1 200

　　管理费用——办公费　　3 800

　贷：库存现金　　5 000

【例5-16】4月15日，公司厂部行政人员马明出差，预借差旅费3 500元，以现金支付。

企业工作人员出差，一般可先借款，回来后再实报实销，多退少补。此笔业务属于预借差旅费，企业一方面现金减少，记入“库存现金”账户的贷方；另一方面由于马明是预借现金，因此企业的债权“其他应收款”增加，记入“其他应收款”账户的借方。其会计分录为：

借：其他应收款——马明　　3 500

　贷：库存现金　　3 500

【例5-17】4月22日，马明出差归来，报销差旅费3 300元，交回剩余现金200元。

这属于报销差旅费的业务。马明预借了3 500元，出差实际花销3 300元，退回现金200元。企业现金增加200元，记入“库存现金”账户的借方；由于马明属于行政人员，发生的出差费用3 300元属于企业“管理费用”增加，记入“管理费用”账户的借方；同时，应冲销企业对马明的债权3 500元，记入“其他应收款”账户的贷方。其会计分录为：

借：库存现金　　200

　　管理费用——差旅费　　3 300

　贷：其他应收款——马明　　3 500

【例5-18】4月30日，材料仓库根据当月领料凭证，编制发出材料汇总表，其信息显示如下：

制造产品领用：

甲产品用　A材料　8 000千克×8.29元/千克　合计 66 320元

　　　　　B材料　10 000千克×6.50元/千克　合计 65 000元

　共计　131 320元

乙产品用　A材料　1 000千克×8.29元/千克　合计 8 290元

　　　　　B材料　8 000千克×6.50元/千克　合计 52 000元

　共计　60 290元

车间领用：

B材料　2 000千克×6.50元/千克　　合计 13 000元

共计　13 000元

管理部门领用：

A材料　1 000千克×8.29元/千克　　合计 8 290元

共计　8 290元

总计　212 900元

其中：A材料　82 900元

B材料　130 000元

此经济业务的发生，一方面使库存材料减少，记入“原材料”账户的贷方；另一方面使成本费用增加，记入“生产成本”“制造费用”“管理费用”账户的借方。其会计分录为：

借：生产成本——甲产品	131 320	
——乙产品	60 290	
制造费用——物料消耗	13 000	
管理费用——物料消耗	8 290	
贷：原材料——A材料		82 900
——B材料		130 000

【例5-19】4月30日，公司结算本月应付职工工资68 000元，其中生产甲产品的一线工人工资30 000元，生产乙产品的一线工人工资20 000元，车间管理人员工资8 000元，厂部管理人员工资10 000元。

此经济业务，一方面企业应付给职工当月工资68 000元，在发钱之前，形成企业对职工的负债，记入“应付职工薪酬”账户的贷方；另一方面企业的人工费用增加68 000元，其中，生产一线工人工资属于直接费用，记入“生产成本”账户的借方，车间管理人员工资属于间接费用，记入“制造费用”账户的借方（待分配时再转入“生产成本”账户的借方）；厂部管理人员工资属于期间费用，记入“管理费用”账户的借方。其会计分录为：

借：生产成本——甲产品	30 000	
——乙产品	20 000	
制造费用——职工薪酬	8 000	
管理费用——职工薪酬	10 000	
贷：应付职工薪酬		68 000

【例5-20】8月31日，公司按本月职工工资总额的14%计提职工福利费9 520元。

职工福利费直接与工资额有关，因为它是以工资额的一定百分比提取形成的。同时，职工福利费和工资一样也属于企业的人工费用，其核算与工资的核算类似。所以此业务一方面记入“应付职工薪酬”账户的贷方，另一方面则记入“生产成本”“制造费用”“管理费用”等成本费用账户的借方。其会计分录为：

借：生产成本——甲产品（直接人工）	4 200
——乙产品（直接人工）	2 800
制造费用——职工薪酬	1 120
管理费用——职工薪酬	1 400

贷：应付职工薪酬 9 520

本月应计提职工福利费计算如下：

甲产品成本的福利费=30 000×14%=4 200（元）

乙产品成本的福利费=20 000×14%=2 800（元）

制造费用的福利费=8 000×14%=1 120（元）

管理费用的福利费=10 000×14%=1 400（元）

【例5-21】8月31日，公司计提本月固定资产折旧费28 000元，其中生产车间用固定资产折旧20 000元，行政管理部门用固定资产折旧8 000元。

固定资产折旧费是为企业生产经营而发生的固定资产的价值损耗。车间用固定资产的折旧费记入“制造费用”账户的借方；企业行政管理部门用固定资产的折旧费记入“管理费用”账户的借方；同时，固定资产折旧增加则记入“累计折旧”账户的贷方。其会计分录为：

借：制造费用——折旧费 20 000

管理费用——折旧费 8 000

贷：累计折旧 28 000

【例5-22】8月31日，公司将本月“制造费用”账户汇集的制造费用43 320元，按照一线生产工人工资比例分配转入甲、乙两种产品的生产成本。

制造费用是产品生产成本的组成部分，平时发生逐笔归集，月末分配全部转出。制造费用在月末分配转入各产品生产成本时，应按一定的分配标准在各产品之间进行分配。分配标准应能比较合理地表明各产品在生产的共同耗费中受益的比例关系，即受益多的产品多分摊，受益小的产品少分摊。分配制造费用的标准有很多，如生产工人工资、生产工人工时、机动工时（机器开动的工作时间）等。本例采用生产工人工资作为分配标准，假定各产品所发生的生产工人工资能相对地表明各产品对制造费用的受益比例关系。

分摊时可先计算分配率，然后根据分配率计算各产品应分摊的制造费用。其具体计算为：

分配率=0.8664

甲产品应分摊的制造费用=甲产品生产工人工资×分配率=30 000×0.8664=25 992（元）

乙产品应分摊的制造费用=乙产品生产工人工资×分配率=20 000×0.8664=17 328（元）

制造费用根据上述计算结果在两种产品之间分配，从“制造费用”账户转入“生产成本”账户。其会计分录为：

借：生产成本——甲产品（制造费用） 25 992

——乙产品（制造费用） 17 328

贷：制造费用 43 320

【例5-23】8月31日，公司根据生产成本明细账的记录计算本月生产成本，编制本月产品生产成本计算表，结转本月完工入库产品的生产成本。

根据生产报告和产品入库单，已知甲、乙两种产品均无期初在产品，本月投产各200件，甲产品200件本月全部完工；乙产品200件本月完工100件，期末在产品100件（完工程度50%——非一次性投料）。

计算本月产品生产成本时，本月全部完工的甲产品“生产成本”明细账归集的全部生产成本为191 512元，即200件完工产品的生产成本总额，其单位成本为957.56元。

本月只完工一半的乙产品的总成本为100 418元，其完工100件的完工产品成本和在产品100件的在产品成本计算如下：

单位产品成本=669.45（元/件）

（全部产品生产成本=月初在产品生产成本＋本月发生的生产成本）

完工产品成本=产成品量×单位产品成本

=100×669.45

=66 945（元）

在产品成本=期末在产品约当量×单位产品成本

=50×669.45

≈33 473（元）

或：在产品成本=月初在产品成本＋本月发生成本−完工产品成本

=0＋100 418−66 945

=33 473（元）

从本月产品生产成本的计算过程中可知，完工甲产品的单位成本为957.56元，总成本为191 512元，乙产品的单位成本为669.45元，完工产品总成本为66 945元，根据产成品入库单将它们从“生产成本”账户转入“库存产品”账户。其会计分录为：

借：库存产品——甲产品	191 512	
——乙产品	66 945	
贷：生产成本——甲产品		191 512
——乙产品		66 945

三、销售过程的核算

（一）销售过程

销售过程是企业经营过程的最后阶段，企业为取得一定数量的销售收入，必须付出相应数量的产品。为制造这些产品而耗费的材料费、人工费等，称为产品的生产成本。企业为销售产品还要承担一些包装费、运输费、广告费等。这些耗费与产品营销有关，构成销售费用。销售费用要由本期的销售收入补偿。此外，企业取得销售收入以后，还必须按照国家税法的规定计算并交纳增值税。销售过程的主要业务是发出产品并支付包装、运输、广告等费用；结算销售货款；计算增值税销项税金。销售过程是工业企业生产经营过程的第三个阶段。其主要经济业务是：销售产品，结算销售产品的货款，依法计算交纳增值税销项税额，支付广告费等销售费用。

销售收入的确认时间：

1.采用托收承付方式的，在办妥托收手续时确认。

2.采取预收款方式的，在发出商品时确认。

3.商品需要安装和检验的，分以下两种情况处理：（1）一般情况下，在购买方接受商品并安装和检验完毕后确认；（2）安装程序比较简单的，发出商品时确认。

4.采用支付手续费方式委托代销的，在收到代销清单时确认。

5.采用分期收款方式的，按照合同约定的收款日期确认。

6.采取产品分成方式取得收入的，按照企业分得产品的日期确认。

（二）销售过程需要设置的基本账户

销售过程核算需要设置的基本账户一般有："主营业务收入""主营业务成本""销售费用""应交税费""应收账款""预收账款""应收票据""合同资产""合同负债"等账户。

1.“主营业务收入”账户

“主营业务收入”账户属于收入类账户，用来核算企业确认销售产品，提供劳务等主营业务所获取的收入。该账户贷方一般记录企业实现的主营业务收入，借方一般记录期末转入“本年利润”的收入数，结转后该账户应无余额。该账户可按照主营业务的种类设置明细账户进行明细核算。

2.“主营业务成本”账户

“主营业务成本”账户属于费用类账户，用来核算企业在确认因销售商品、提供劳务等而产生的主营业务收入时应结转的成本。该账户借方一般登记已售出商品或已提供劳务的实际成本，贷方一般登记期末转入“本年利润”的数额，结转后该账户应无余额。该账户可以按主营业务的种类设置明细账户进行明细核算。

3.“销售费用”账户

“销售费用”账户属于费用类账户，用于核算企业销售商品和材料、提供劳务时发生的运杂费、包装费、保险费、广告费等费用，借方登记已经发生的费用，贷方登记期末转入“本年利润”的销售费用，结转后该账户应无余额。

4.“应交税费”账户

“应交税费”账户属于负债类账户，用来核算企业按照税法应缴纳的各种税费，如应交增值税和所得税费用等。企业的纳税义务一般随其经营活动的进行而产生，但企业向纳税机关缴纳税款则定期集中进行，由于纳税义务产生时间与交纳税款的时间不一致，一定时期内企业应交未交的各项税费，形成了企业的一项负债，会计上称为应交税费。企业在当期按规定计算应交纳的各种税费，记入本账户的贷方，实际交纳时记入本账户的借方，期末余额一般在贷方，反映企业应交未交的各项税费。

5.“应收账款”账户

“应收账款”账户属于资产类账户，用于核算企业因销售商品、提供劳务等经营活动应向购货方或接受劳务单位收取的款项。该账户借方登记应向购货单位（或接受劳务单位）收取的货款以及为购货单位垫付的运杂费等，贷方登记已经收回的货款及代垫运杂费等，期末一般为借方余额，表示购货单位暂欠的货款或代垫的运杂费等。该账户应按购货单位设置明细分类账户，进行明细分类核算。

6.“预收账款”账户

“预收账款”账户属于负债类账户，是指企业向购货方预收的购货订金或部分货款。企业预收的货款待实际出售商品、产品或者提供劳务时再行冲减。预收账款是以买卖双方协议或合同为依据，由购货方预先支付一部分（或全部）货款给供应方而发生的一项负债，这项负债要用以后的商品或劳务来偿付。

7.“应收票据”账户

“应收票据”账户属于资产类账户，用于核算企业因销售商品、提供劳务等而收到的商业汇票，包括银行承兑汇票和商业承兑汇票。该账户借方登记销售商品或提供劳务收到的商业汇票额，贷方登记收到的购货方支付的票据款或向银行办理贴现的应收票据额，账户余额在借方，表示未到期的应收票据额。

（三）销售过程的账务处理

下面以某公司20×1年4月发生的有关经济业务为例进行讲解。

【例5-24】4月9日，某公司销售给东平公司甲产品200件，每件单价1 500元，共计300 000元，增值税专用发票中列示的增值税为39 000元，该款项企业已全部收到并存入银行。

该经济业务表明，销售产品主营业务收入增加记入“主营业务收入”账户的贷方，发生增值税（销项税额），记入“应交税费”账户的贷方，同时收到全部款项存入银行记入“银行存款”账户的借方。其会计分录为：

借：银行存款　　339 000

　贷：主营业务收入——甲产品　　300 000

　　　应交税费——应交增值税（销项税额）　　39 000

【例5-25】4月12日，某公司开出支票，支付广告费5 000元。

支付广告费使销售费用增加，记入“销售费用”账户的借方，同时银行存款减少，记入“银行存款”账户的贷方。其会计分录为：

借：销售费用　　5 000

　贷：银行存款　　5 000

【例5-26】4月18日，某公司销售甲产品给天马公司160件，单价为1 500元，共计240 000元，增值税税额为31 200元，之前已预付货款40 000元，商品已经发出，剩余货款尚未收到。

这是一笔赊销的经济业务，商品已经发出，主营业务收入和应交增值税都已确认，分别记入“主营业务收入”账户的贷方和“应交税费”账户的贷方，由于部分货款尚未收到，应将剩余款项记入“应收账款”账户的借方，表示债权的增加。之前已经收到的预付货款，在收到时分别记入“银行存款”的借方和“预收账款”的贷方，待开出销售发票时分别记入“预收账款”的借方、“主营业务收入”账户的贷方和“应交税费”账户的贷方。其会计分录为：

（1）收到对方预付款项时：

借：银行存款　　40 000

　贷：预收账款　　40 000

（2）开出销售发票时：

借：应收账款——天马公司　　231 200

　　预收账款——天马公司　　40 000

　贷：主营业务收入　　240 000

　　　应交税费——应交增值税（销项税额）　　31 200

【例5-27】4月20日，某公司销售给冰阳公司乙产品100件，单价为1 000元，共计100 000元，增值税税额为13 000元，收到该公司一张期限为3个月、面额为113 000元的不带息商业汇票。

这是一笔收到商业汇票的销售业务，应记入“应收票据”账户的借方，同时记入“主营业务收入”和“应交税费”账户的贷方。其会计分录为：

借：应收票据 113 000

　贷：主营业务收入 100 000

　　应交税费——应交增值税（销项税额） 13 000

【例5-28】4月25日，某公司收到天马公司前欠货款231 200元，存入银行。

对于这笔经济业务，一方面应记入“银行存款”账户的借方，另一方面应记入“应收账款”账户的贷方，表示对天马公司债权的冲销。其会计分录为：

借：银行存款 231 200

　贷：应收账款——天马公司 231 200

【例5-29】4月30日，某公司结转本月已售产品的生产成本，其中甲产品360件，单位成本为900元，共计324 000元，乙产品100件，单位成本500元，共计50 000元。

已售产品成本结转的意义在于：一方面售出产品使得库存产品减少，另一方面售出产品的生产成本是当期的主营业务成本，应抵销收入以形成利润。其会计分录为：

借：主营业务成本——甲产品 324 000

　　　　　　　——乙产品 50 000

　贷：库存商品——甲产品 324 000

　　　　　　——乙产品 50 000

【例5-30】4月30日，某公司本月销项税额为83 200元，进项税额为30 550元，确定本月应交增值税52 650元，按照应交增值税的7%计算应交城市维护建设税，按3%计算应交教育费附加。

应交城市维护建设税=52 650×7%=3 685.5（元）

应交教育费附加=52 650×3%=1 579.5（元）

本月应交城市维护建设税和教育费附加，应记入“税金及附加”账户的借方，由于还未交纳，应记入“应交税费”账户的贷方。其会计分录为：

借：税金及附加 5 265

　贷：应交税费——应交城市维护建设税 3 685.5

　　　　　　——应交教育费附加 1 579.5

税法知识　　增值税

根据新修订的《中华人民共和国增值税暂行条例》（以下简称《增值税暂行条例》）规定，在中华人民共和国境内销售货物或者加工、修理修配劳务（以下简称劳务），销售服务、无形资产、不动产以及进口货物的单位和个人，为增值税的纳税人，应当依照《增值税暂行条例》缴纳增值税。所谓增值税，是就纳税人实现的增值额征收的一个税种。按照经营规模的大小和会计核算健全与否等标准，增值税纳税人可分为一般纳税人和小规模纳税人。

一般纳税人使用一般计税方法，其应纳税额为当期销项税额抵扣当期进项税额后的余额。纳税人当期销项税额小于当期进项税额不足以抵扣时，其不足部分可以结转到下期继续抵扣。一般情况下，一般纳税人应当使用增值税专用发票。其应纳税额计算公式为：应纳税额=当期销项税额-当期进项税额。企业销售或者进口货物、提供加工、修理修配劳务，以及有形动产租赁服务业务，增值税税率为13%；提供交通运输业服务、邮政服务、基础电信服务、不动产租赁、工程建筑等服务，增值税税率为9%；研发和技术、文化创意、鉴证咨询、广播影视、商务辅助、文化体育、教育医疗、旅游娱乐、餐饮住宿、居民日常服务等，增值税税率为6%。

小规模纳税人实行简易计税，即按照销售额和增值税征收率计算增值税额，不得抵扣进项税额。一般情况下，小规模纳税人使用增值税普通发票。其应纳税额计算公式为：应纳税额=不含税销售额×征收率。纳税人提供的适用简易计税方法计税的应税服务，因服务中止或者折让而退还给接受方的销售额，应当从当期销售额中扣减。扣减当期销售额后仍有余额造成多缴税款的，可以从以后的应纳税额中扣减。小规模纳税人销售货物或者加工、修理修配劳务，销售应税服务、无形资产等业务，增值税税率为3%；销售不动产、经营租赁等业务，增值税税率为5%；销售旧货、销售自己使用过的固定资产等业务，增值税税率为3%（减按2%征收）。

四、投资过程的核算

（一）投资过程

投资过程是企业经营过程的必要阶段，企业为取得一定数量的投资收益，进行对外投资。所谓企业对外投资，就是企业在其本身经营的主要业务以外，以库存现金、实物、无形资产等方式，或者以购买股票、债券等有价证券的方式向境内外的其他单位进行投资，以期在未来获得投资收益的经济行为。对外投资是相对于对内投资而言的，对外投资收益是企业总收益的组成部分。在市场经济特别是发展横向经济联合的条件下，企业对外投资已成为企业财务活动的重要内容。

（二）投资过程需要设置的基本账户

投资过程核算需要设置的基本账户一般包括“交易性金融资产”“投资收益”“公允价值变动损益”“应计利息”“利息调整”“长期股权投资”“资本公积”“其他债权投资”“其他股权投资”“债权投资”等。

1.“交易性金融资产”账户

“交易性金融资产”，即以公允价值计量且其变动计入当期损益的金融资产，是指企业通过积极管理和交易以获取利润的债权证券和权益证券。企业通常会通过频繁买卖这类证券，希望在短期价格变化中获取收益。“交易性金融资产”账户可按照交易性金融资产的种类设置明细账户进行明细核算。

2.“投资收益”账户

“投资收益”是指企业对外投资所得的收入（所发生的损失为负数），如企业对外投资取得股利收入、债券利息收入以及与其他单位联营所分得的利润等。

3.“公允价值变动损益”账户

“公允价值变动损益”是指企业以交易性金融资产的公允价值变动形成的应计入当期损益的利得或损失，即公允价值与账面价值之间的差额，反映了资产在持有期间因公允价值变动而产生的损益。资产负债表日，按交易性金融资产的公允价值高于其账面余额的差额，借记该账户；按交易性金融资产的公允价值低于其账面余额的差额，贷记该账户。

4.“应计利息”账户

“应计利息”是债券自上一次付息后累计未付的利息。在债券买卖时，债券卖出的结算价格应是债券的市场价格加上应计利息，即买方应向卖方支付债券市场价格加应计利息。但是，由于债券有一次终值付息和加息票分次付息两种形式，因此上述结算价格只有在加息票分次付息债券的交易中才会发生。同时，应注意收益债券也是例外情况，因为收益债券只有在盈利时才付利息。

5.“利息调整”账户

其他债权投资的“利息调整”子账户就是对取得时的价值与票面价值之间的溢价或折价额在持有期间内进行合理调整时的账户。取得其他债权投资时所付的价款在很多的情况下会高于或是低于票面面值，形成溢价或折价。然而，债权投资具有收回期限固定，收回金额固定的特点，即每期应收到的利息收入是固定的，这样一来，在按债券的面值和面值利率来确定投资收益时，就不能真实地反映实际收益，会造成会计信息的失真。因为有溢价或折价，实际的收益理当高于或低于以票面面值和票面利率计算的利息收入，所以要将这部分溢价或者折价按照一个合理的方法进行调整，使每一期的收益都能真实地反映实际的收益。

6.“长期股权投资”账户

“长期股权投资”是指通过投资取得被投资单位的股份。企业对其他单位的股权投资，通常被视为长期持有，以实现其投资目标：（1）通过股权投资达到控制被投资单位，或对被投资单位施加重大影响的目的；（2）通过股权投资与被投资单位建立密切关系以分散经营风险等。

7.“资本公积”账户

“资本公积”是指企业在经营过程中由于接受捐赠、股本溢价以及法定财产重估增值等原因所形成的公积金。资本公积是与企业收益无关而与资本相关的款项，是投资者或者他人投入到企业，所有权归属于投资者并且投入金额超过法定资本部分的资本。

（三）投资过程的账务处理

1.交易性金融资产

（1）确认条件。

根据新修订的金融工具准则，金融资产分类的判断依据是以企业持有金融资产的“业务模式”和“金融资产合同现金流量特征”，据此金融资产可以分为以摊余成本计量的金融资产、以公允价值计量且其变动计入其他综合收益的金融资产以及以公允价值计量且其变动计入当期损益的金融资产三类。其中，以摊余成本计量的金融资产、以公允价值计量且其变动计入其他综合收益的金融资产须通过合同现金流量测试；无法通过合同现金流量测试，或即使通过合同现金流量测试但不满足后续归类条件的，应归为以公允价值计量且其变动计入当期损益的金融资产。

合同现金流量，是指合同约定的、反映相关金融资产经济特征的现金流量属性，企业分类为以摊余成本计量的金融资产和以公允价值计量且其变动计入其他综合收益的金融资产，其合同现金流量特征应当与基本接待安排相一致。合同现金流量特征测试主要看交易合同当中产生的现金流量是否仅仅是本金加利息的付款额。

（2）特点。

交易性金融资产具有如下特点：①企业在初次确认时即确定其持有目的是短期获利。此处所说的短期应该是不超过一年（含一年）；②该资产具有活跃市场，公允价值能够通过活跃市场获取；③交易性金融资产持有期间不计提资产减值损失。

（3）账务处理。

①交易性金融资产的取得。

【例5-31】A公司以银行转账方式取得B公司债券10 000元，计划近期获利售出。其会计分录如下：

借：交易性金融资产　　10 000

　贷：银行存款　　10 000

【例5-32】A公司按每股6.5元的价格从二级市场购入B公司每股面值为1元的股票50 000股并分类为以公允价值计量且其变动计入当期损益的金融资产，支付交易费用1 200元。其会计分录如下：

借：交易性金融资产——B公司　　325 000

　　投资收益　　1 200

　贷：银行存款　　326 200

②资产负债表日。

资产负债表日，按交易性金融资产的公允价值高于或低于其账面价值的差额，借记或贷记"公允价值变动损益"账户。

【例5-33】接上例，A公司期末持有B公司的交易性金融资产公允价值为260 000元。其会计处理如下：

借：公允价值变动损益　　65 000

　贷：交易性金融资产——B公司　　65 000

③交易性金融资产的处置。

企业处置交易性金融资产时，将处置时的该交易性金融资产的公允价值与初始入账金额之间的差额确认为投资收益，同时调整公允价值变动损益。

【例5-34】接上例，A公司将所持有的B公司股票出售，实际收到价款266 000元，B公司股票账面价值260 000元，其中成本325 000元，公允价值变动65 000元。其会计分录如下：

按销售价格与账面余额的差额，确认投资收益：

借：银行存款　　266 000

　　交易性金融资产——公允价值变动　　65 000

　贷：交易性金融资产——成本　　325 000

　　　投资收益　　6 000

按初始成本与账面余额的差额，确认投资收益（损失）：

借：投资收益　　65 000

　贷：公允价值变动损益　　65 000

2.长期股权投资

（1）长期股权投资的分类。

按照投资企业在被投资单位的股权占比，以及实际影响力、控制力等，可以分为控制，重大影响，共同控制，无控制、无共同控制且无重大影响四种类型。

①控制，是指有权决定一家企业的财务和经营政策，并能据以从该企业的经营活动中获取利益。企业能够对被投资单位实施控制的，被投资单位为本企业的子公司。通常，当

投资企业直接拥有被投资单位50%以上的表决权资本，或虽然直接拥有被投资单位50%或以下的表决权资本，但具有实质控制权时，也说明投资企业能够控制被投资单位。

②重大影响，是指对一家企业的财务和经营政策有参与决策的权力，但并不能决定这些政策。企业能够对被投资单位施加重大影响的，被投资单位为本企业的联营企业。当投资企业直接拥有或通过子公司间接拥有被投资单位20%以上但低于50%的表决权股份时，一般认为企业对被投资单位具有重大影响。

③共同控制，是指按合同约定对某项经济活动所共有的控制，共同控制仅在与该项经济活动相关的重要财务和经营决策需要分享控制权的投资方一致同意时存在。投资企业与其他方对被投资单位实施共同控制的，被投资单位为本企业的合营企业。由此可见，共同控制的实质是通过合同约定建立起来的、合营各方对合营企业共有的控制。合营与联营企业等投资方式不同的特点在于，合营企业的合营各方均受到合营合同的限制和约束。一般在合营企业设立时，合营各方在投资合同或协议中约定在所设立合营企业的重要财务和生产经营决策制定过程中，必须由合营各方全部同意才能通过。

④无控制、无共同控制且无重大影响具体表现为：A.投资企业直接拥有被投资单位20%以下的表决权资本，同时不存在其他实施重大影响的途径；B.投资企业直接拥有被投资单位20%或以上的表决权资本，但实质上对被投资单位不具有控制、共同控制和重大影响。

(2) 长期股权投资的核算方法。

长期股权投资的核算方法有成本法和权益法两种。长期股权投资在满足一定的条件时，其核算方法可以转换。

企业能够对被投资单位实施控制的长期股权投资，即企业对子公司的长期股权投资，或者企业对被投资单位不具有控制、共同控制或重大影响，且在活跃市场中没有报价、公允价值不能可靠计量的长期股权投资，应当选用成本法进行核算。采用成本法时，除追加或收回投资外，长期股权投资的账面价值一般应保持不变。投资单位取得长期股权投资后，当被投资单位实现净利润时不作账务处理。对于被投资单位宣告分派的利润或现金股利，企业应确认为当期投资收益，不管净利润是在被投资单位接受投资前还是接受投资后实现的。投资企业确认投资收益，仅限于所获得的被投资单位在接受投资后产生的累计净利润的分配额，所获得的被投资单位宣告分派的利润或现金股利超过上述数额的部分，作为初始投资成本的收回，冲减投资的账面价值。

企业对被投资单位具有共同控制的长期股权投资，即企业对其合营企业的长期股权投资，或者企业对被投资单位具有重大影响（占股权的20%~50%）的长期股权投资，即企业对其联营企业的长期股权投资，应当选用权益法进行核算。采用权益法时，投资单位取得投资时应该将成本（取得长期股权投资的成本）与所享份额（按持股比例享有被投资单位所有者权益公允价值的份额）进行比较，如果前者大于后者，则不调整长期股权投资的初始账面价值（即以取得的成本作为初始账面价值），如果前者小于后者，则要调整长期股权投资的初始账面价值（即以所享份额的公允价值作为它的初始价值，将二者的差额计入营业外收入）投资企业应在取得股权投资后，按应享有或应分担的被投资单位当年实现的净利润或发生的净亏损的份额（法规或公司章程规定不属于投资企业的净利润除外），调整投资的账面价值，并确认为当期投资损益。投资企业按被投资单位宣告分派的利润或现金股利计算应分得的部分，相应减少投资的账面价值。

企业应当定期对长期股权投资的账面价值逐项进行检查，至少于每年年末检查一次。如果由于市价持续下跌或被投资单位经营状况变化等原因导致其可收回金额低于投资的账面价值，那么企业应将可收回金额低于长期股权投资账面价值的差额确认为当期投资损失。

（3）账务处理。

①采用成本法核算的账务处理。

A.取得长期股权投资时：

【例5-35】冰阳公司以6 280万元的价款（包含已宣告但尚未发放的现金股利250万元），取得A公司普通股股票2 500万股，占A公司普通股股份的60%，形成非同一控制下的企业合并，冰阳公司将其划分为长期股权投资并采用成本法核算。其会计分录如下：

借：长期股权投资——A公司	60 300 000	
应收股利	2 500 000	
贷：银行存款		62 800 000

B.处置长期股权投资时：

【例5-36】冰阳公司以7 850万元取得B公司普通股股票2 000万股，占B公司普通股股份的60%，形成非同一控制下的企业合并，冰阳公司将其划分为长期股权投资并采用成本法核算。20×1年10月31日，为该项资产计提减值准备1 950万元，20×1年11月将其出售，实际收到转让款6 000万元。其会计分录如下：

借：银行存款	60 000 000	
长期股权投资——减值准备	19 500 000	
贷：长期股权投资——B公司		78 500 000
投资收益		1 000 000

注：在成本法下，被投资单位实现盈利或发生亏损时，投资企业对长期股权投资不做账务处理。

②采用权益法核算的账务处理。

A.取得长期股权投资时：

【例5-37】A公司购入B公司股票1 600万股，实际支付购买款2 450万元（包括交易税费），占B公司25%的股份，能够对B公司实施重大影响，A公司采用权益法核算。

长期股权投资的“初始投资成本大于投资时应享有被投资单位可辨认净资产公允价值份额”时，不调整已确认的初始投资成本。

借：长期股权投资——成本（B公司）	24 500 000	
贷：银行存款		24 500 000

B.处置长期股权投资时：

【例5-38】冰阳公司对D公司的股份采用权益法核算。20×1年年末将其出售，收到价款3 500万元。转让日，该项长期股权投资账面余额为3 300万元。其中，投资成本2 500万元，损益调整（借方）500万元，其他综合收益（借方）200万元，其他权益变动（借方）100万元。

借：银行存款　35 000 000
　贷：长期股权投资——成本　25 000 000
　　　　　　　　——损益调整　5 000 000
　　　　　　　　——其他综合收益　2 000 000
　　　　　　　　——其他权益变动　1 000 000
　　　投资收益　2 000 000

同时：

借：其他综合收益　2 000 000
　贷：投资收益　2 000 000

借：资本公积——其他资本公积　1 000 000
　贷：投资收益　1 000 000

第四节　利润业务的核算

根据新修订的企业会计准则，利润表的内容包含净利润、其他综合收益的税后净额、综合收益总额。其中，综合收益总额=净利润+其他综合收益的税后净额。综合收益、其他综合收益在《中级财务会计》教材中详细讲解，此处仅讲解利润的形成和分配。

一、利润的形成和分配

（一）利润的形成

利润是企业在一定期间的经营成果（也称财务成果）。企业利润包括两部分，一部分是企业日常经营活动所产生的收入减去费用后的净额，另一部分是企业非经营活动产生的直接计入当期利润的利得和损失，反映的是企业非经营活动的业绩。当期利润总额扣除所得税费用即当期的净利润。企业对当年实现的净利润，应按规定进行分配，包括提取盈余公积，并按出资比例向股东分配现金股利等。

1.利润

利润的计算公式为：利润（或亏损）总额=营业利润+营业外收入-营业外支出。

其中，营业利润是企业利润的主要来源，营业利润这一指标能够比较恰当地反映企业管理者的经营业绩。

2.营业利润

营业利润是企业利润的主要来源，它主要由主营业务活动、其他业务活动和投资活动三个方面实现的利润构成。营业收入包括企业经营活动中主要经营业务所产生的收入和其他业务活动所实现的收入两部分。其计算公式为：

营业收入=主营业务收入+其他业务收入

营业成本是企业经营活动中主要经营业务所发生的成本和其他营业活动所发生的成本。其计算公式为：

营业成本=主营业务成本+其他业务成本

投资净收益是企业对外投资业务取得的收入减去投资损失后的净额。其计算公式为：

投资净收益=投资收入-投资损失

由于在营业利润的形成过程中发生了税费和期间费用，因此计算企业当期营业利润时，用营业收入减去营业成本，还要减去税金及附加和管理费用、销售费用、研发费用、财务费用，再加上投资净收益。营业利润的计算公式为：

营业利润=营业收入-营业成本-税金及附加-管理费用-销售费用-研发费用-财务费用+其他收益+投资收益（-投资损失）+净敞口套期收益（-净敞口套期损失）+公允价值变动收益（-公允价值变动损失）-信用减值损失-资产减值损失+资产处置收益（-资产处置损失）

3.营业外收入

营业外收入是指与企业生产经营活动没有直接关系的各项收入。企业的营业外收入一般包括：由于债权人的原因确实无法支付的应付款项、处理固定资产的净收益、罚款的净收入等。

4.营业外支出

营业外支出是指不属于企业生产经营费用，与企业生产经营活动没有直接关系，但按照有关规定应从企业实现的利润总额中扣除的支出。营业外支出一般包括：固定资产盘亏、处理固定资产净损失、非常损失等。营业外收入与营业外支出虽然与生产经营活动没有直接关系，但从企业整体来考虑，同样会形成企业的收入或支出，对企业利润总额产生影响。所以，利润总额是由营业利润、营业外收入和营业外支出三部分构成的。其计算公式为：

利润总额=营业利润+营业外收入-营业外支出

按税法规定，企业获取利润后，应按一定比例缴纳所得税，因此企业的所得税费用应作为企业的费用列支。其计算公式为：

所得税费用=利润总额×所得税税率

利润总额扣除所得税费用后的余额，即为企业净利润。其计算公式为：

净利润=利润总额-所得税费用

点阅读5-2

（二）利润的分配

企业实现的净利润，应按照国家的规定和投资者的决议进行合理分配。根据《公司法》等有关法规，企业当年实现的净利润，首先应弥补以前年度尚未弥补的亏损，对于剩余部分，应按照下列顺序进行分配：第一步是提取法定盈余公积金（简称盈余公积）留存于企业，盈余公积具体分为法定盈余公积和任意盈余公积，企业应按照本年实现净利润的一定比例提取，公司制企业按净利润的10%提取，其他企业可以根据需要确定提取比例，但不得低于10%。企业提取的盈余公积累计超过注册资本50%以上的，可以不再提取。第二步是向投资者分配净利润，企业实现的净利润在扣除上述项目后，再加上年初未分配利润和其他转入数（公积金弥补的亏损等），形成可供投资者分配的利润。

（三）未分配利润

可供投资者分配的利润经过上述分配以后，剩余部分为企业的未分配利润（或未弥补亏损）。未分配利润，即净利润扣除利润分配数额后的余额，是企业留到以后年度进行分配的利润或等待分配的利润，它是所有者权益的一个重要组成部分，相对于所有者权益的其他部分来说，企业对于未分配利润的使用有较大的自主权。

二、利润的形成和分配的基本账户及核算

利润的形成和分配，涉及损益类账户中全部账户及所有者权益类账户中的“本年利润”和“利润分配”账户。

（一）“本年利润”账户

“本年利润”账户属于所有者权益类账户，用来核算企业当期实现的净利润（或发生的净亏损）。该账户贷方登记期末各收入账户转入数，借方登记期末各费用账户转入数，期末该账户若为贷方余额，表示本年累计的利润总额；若为借方余额，则表示本年累计的亏损总额。年度终了，企业应将本年收入和费用相抵后结出的本年实现的利润总额（或亏损总额）全部转入“利润分配——未分配利润”账户的贷方（或借方），结转后“本年利润”账户应无余额。

（二）“所得税费用”账户

“所得税费用”账户属于损益类账户，用来核算企业确认的应当从当期利润总额中扣除的所得税费用。该账户借方登记按利润总额一定比例计算的应缴纳的所得税费用，贷方登记期末转入“本年利润”账户的所得税费用，期末结转后账户应无余额。

（三）“利润分配”账户

“利润分配”账户属于所有者权益类账户，是用来核算企业利润的分配（或亏损的弥补）和历年分配（或弥补）后的结余数额。该账户一般应设置“提取法定盈余公积”“提取任意盈余公积”“应付现金股利或利润”“未分配利润”等明细账户，前三个明细账户的结构相同，借方登记当期提取的盈余公积，计算应付给投资者的利润，贷方登记年末结转“未分配利润”明细账户的数额，平时前三个明细账户借方余额分别表示年初至本期的累计利润分配数，年终结转后应无余额。

“未分配利润”明细账户的贷方登记年末转入的全年实现的净利润数，借方登记年末转入的全年利润分配数，年终余额一般在贷方，表示本年累计未分配利润数。

（四）“财务费用”账户

“财务费用”账户属于损益类账户，是用来核算企业为筹集和使用资金而发生的费用，这些费用一般包括：

1.贷款、贴现和发行债券的利息支出及其手续费。

2.财务费用的减项（记入贷方）内容：银行存款的利息收入、汇兑损益和现金折扣等。

该账户借方登记各项财务费用的发生额，贷方登记减项内容和期末结转到“本年利润”账户的数额，期末结转后账户无余额。

（五）“盈余公积”账户

“盈余公积”账户属于所有者权益类账户，用来核算企业从净利润中提取的盈余公积。其贷方登记企业按规定提取的盈余公积，借方登记经股东大会或类似机构决议，用盈余公积弥补亏损或转增资本等的金额，该账户期末余额一般在贷方，反映企业的盈余公积。

（六）“应付股利”账户

“应付股利”账户属于负债类账户，用来核算企业股东大会或类似机构已决定向投资者分配而尚未支付的现金股利或利润。该账户贷方登记应付而未付的现金股利或利润，借

方登记已经支付的现金股利或利润，期末余额一般在贷方，表示尚未支付的现金股利或利润。

（七）“投资收益”账户

“投资收益”账户属于损益类账户，用于核算企业对外投资取得的收益和发生的损失。取得各项投资收益时，记入贷方；发生各项投资损失时，记入借方；本账户借贷方的差额应于月末结转至“本年利润”账户，结转后无余额。该账户可按投资种类设置明细账户。

（八）“其他业务收入”账户

“其他业务收入”账户属于损益类账户，用于核算企业从事其他业务经营所获得的收入。取得各项收入时，记入贷方；月末转入“本年利润”账户时，记入借方；结转后账户无余额。该账户可按收入种类设置明细账户。

（九）“其他业务成本”账户

“其他业务成本”账户属于损益类账户，用于核算企业为取得其他业务收入而发生的相应支出。发生各项支出时，记入借方；月末转入“本年利润”账户时，记入贷方；结转后账户无余额。该账户可按支出项目设置明细账户。

（十）“营业外收入”账户

“营业外收入”账户属于损益类账户，用于核算企业发生的与经营业务无关的各项收入。取得各项收益时，记入贷方；月末转入“本年利润”账户时，记入借方；结转后账户无余额。该账户可按营业外收入的内容设置明细账户。

（十一）“营业外支出”账户

“营业外支出”账户属于损益类账户，用于核算企业发生的与经营业务无关的各项支出。发生各项支出时，记入借方；月末转入“本年利润”账户时，记入贷方；结转后账户无余额。该账户可按营业外支出的内容设置明细账户。

三、利润的形成和分配的账务处理

（一）利润形成的账务处理

下面以朔辰公司（例题中简称“公司”）20×1年4月份发生的有关经济业务为例进行讲解。

【例5-39】4月30日，公司将本月各收入账户的发生额转入“本年利润”账户。其中，主营业务收入640 000元，其他业务收入27 000元，营业外收入36 000元。

将所有收入账户的贷方发生额转入“本年利润”账户的贷方。其会计分录如下：

借：主营业务收入	640 000	
其他业务收入	27 000	
营业外收入	36 000	
贷：本年利润		703 000

【例5-40】4月30日，公司将本月各费用账户的发生额转入“本年利润”账户。其中，主营业务成本374 000元，税金及附加6 885元，其他业务成本1 475元，管理费用37 290元，销售费用5 000元，财务费用1 350元，营业外支出10 000元。

将所有费用账户的借方发生额转入“本年利润”账户的借方。其会计分录如下：

借：本年利润 436 000

贷：主营业务成本 374 000

税金及附加 6 885

其他业务成本 1 475

管理费用 37 290

销售费用 5 000

财务费用 1 350

营业外支出 10 000

【例 5-41】假设公司适用的所得税税率为25%，4月30日，按本期实现的利润总额267 000元计算本月应交所得税。

本月应交所得税=267 000×25%=66 750（元）

[提示：本期实现的利润总额是收入账户和费用账户结清转入“本年利润”后，“本年利润”账户的贷方余额。]

所得税是企业的一项费用支出，一方面记入“所得税费用”账户的借方，另一方面记入“应交税费”账户的贷方。其会计分录如下：

借：所得税费用 66 750

贷：应交税费——应交所得税 66 750

【例 5-42】4月30日，公司将本月的所得税费用转入“本年利润”账户。

由于所得税也是企业的一项费用支出，因此期末应将其转入“本年利润”账户的借方，以结算当月净利润。其会计分录如下：

借：本年利润 66 750

贷：所得税费用 66 750

通过上述转账结算我们可以看到，利润形成过程的会计核算以“本年利润”账户为核心账户的具体步骤如下：

1.结转各收入账户；

2.结转各费用账户；

3.根据本期实现的利润总额计算应交纳的所得税，并作出“所得税费用”与“应交税费——应交所得税”的账务处理；

4.将所得税费用转入本年利润。

以上为利润形成过程的账务处理。公司于每年年末分配利润，该公司12月末的利润分配账务处理示例如下。

（二）利润分配的账务处理

【例 5-43】12月31日，公司将全年实现的净利润1 020 000元（即“本年利润”账户年末——此时的贷方余额），结转到“利润分配”账户。

年度终了，企业应将全年实现的净利润，通过“本年利润”账户的借方转入“利润分配——未分配利润”账户的贷方，结清“本年利润”账户。其会计分录如下：

借：本年利润 1 020 000

贷：利润分配——未分配利润 1 020 000

【例 5-44】12月31日，公司从本年实现的净利润中按10%提取法定盈余公积金，按

5%提取任意盈余公积金。

法定盈余公积金=1 020 000×10%=102 000（元）

任意盈余公积金=1 020 000×5%=51 000（元）

提取的法定盈余公积金和任意盈余公积金均记入“利润分配”账户的借方，表示利润分配的去向；记入“盈余公积”账户的贷方，表示盈余公积金的形成。其会计分录如下：

借：利润分配——提取法定盈余公积 102 000

——提取任意盈余公积 51 000

贷：盈余公积——法定盈余公积 102 000

——任意盈余公积 51 000

【例5-45】12月31日，公司根据决议按本年实现净利润的50%，计算结转应付给投资者的（现金）利润。

应付投资者的利润=1 020 000×50%=510 000（元）

向投资人分配现金利润，一方面记入“应付股利”账户的贷方，形成企业的负债；另一方面记入“利润分配”账户的借方，表示分给投资者的利润（即利润分配的去向）。其会计分录如下：

借：利润分配——应付股利 510 000

贷：应付股利——（各股东或各类股东） 510 000

提示：如果以股票的形式分给投资者利润，则企业在会计分录中应写明“借：利润分配——分给投资者利润”，“贷：股本——（各股东或各类股东）”

【例5-46】12月31日，公司将“利润分配”账户所属的“提取法定盈余公积”、“提取任意盈余公积”和“应付股利”明细账户的数额102 000元、51 000元和510 000元都转入其“未分配利润”明细账户。

该业务属“利润分配”账户的所属明细分类账户之间的相互结转，将具体分配的三个明细账转入“未分配利润”明细账户中。因此，将“利润分配”所属的“提取法定盈余公积”、“提取任意盈余公积”和“分给投资者利润”三个明细账户的借方数额，通过其贷方转入“利润分配——未分配利润”明细账户的借方，结转后“未分配利润”明细账户的余额即为当期未分配利润。其会计分录如下：

借：利润分配——未分配利润 663 000

贷：利润分配——提取法定盈余公积 102 000

——提取任意盈余公积 51 000

——应付股利 510 000

登记“利润分配”账户所属三个明细账户后我们就会发现，“利润分配”总账与“利润分配——未分配利润”明细账登记的内容一样，期末余额也一样，都为当年的未分配利润。

通过上述转账结算我们可以看到，利润形成过程的会计核算以“利润分配”账户为核心账户的具体步骤如下：

（1）将本年利润转入“利润分配”账户；

（2）计算提取的法定盈余公积金和任意盈余公积金并转账；

(3) 根据董事会的决议计算应付股东红利并转账;

(4) 将利润分配的其他明细账户的数额转入"未分配利润"明细账户。

第五节 期末业务的核算

一、期末账项调整

期末账项调整是会计期末结账前,为比较真实地反映企业的经营成果和财务状况,按照权责发生制要求,对有关会计事项进行调整的会计行为。

(一) 期末账项调整的意义

在持续经营假设下,为了准确、及时地提供会计信息,需要将持续不断的生产经营活动划分为一定的会计期间,按照权责发生制来划分收入和费用的归属期。由于日常账簿记录仅根据有关原始凭证反映的交易或事项来记录收入和费用,而有些交易事项虽然在本期没有收到或支付款项,没有取得原始凭证,但根据权责发生制应在本期确认收入或费用的原则,需要在期末结账前,按照权责发生制要求对日常的账簿记录进行调整,从而为决策者提供真实、可靠的信息,便于管理者做出正确的经营决策。

(二) 期末账项调整的内容

期末结账前,应予调整的账项一般可分为三大类:(1) 应计账项,包括应计收入、应计费用等;(2) 递延账项,包括预收收入的分配、预付费用的摊销等;(3) 应提账项,包括固定资产折旧的计提、各种资产减值的计提等。

(三) 期末账项的调整

1.应计账项的调整

应计账项主要包括应计收入和应计费用。应计账项调整与否,直接关系到收入、费用能否合理配比,进而影响到能否正确、合理地反映企业本期的经营成果。

(1) 应计收入。

应计收入是本期收入已经发生,应入账而未入账的收入。如应入账的营业收入、应收的租金收入、应收的银行存款利息等。应计收入的调整一方面增加收入,另一方面增加资产。

【例5-47】20×1年1月末、2月末、3月末,公司根据在银行的存款余额和存款利率计算,各月应计银行存款利息收入分别为4 000元、3 000元、1 800元;4月3日银行已将利息8 800元转入公司存款账户。

提示:银行对企业的存款通常按季结息,但根据权责发生制的要求,企业在每个月月末应确认利息收入;确认的利息收入应冲减财务费用。

其会计分录如下:

(1) 1月末计提银行存款利息的会计处理为:

借:应收利息	4 000	
贷:财务费用		4 000

(2) 2月末计提银行存款利息的会计处理为:

借:应收利息	3 000	
贷:财务费用		3 000

（3）3月末计提银行存款利息的会计处理为：

借：应收利息　　1 800

　贷：财务费用　　1 800

（4）3日收到银行利息的会计处理为：

借：银行存款　　8 800

　贷：应收利息　　8 800

【例5-48】上月发给某公司商品，价款为50 000元（增值税税率13%；成本38 000元），本期得到对方承诺付款，符合确认收入条件，公司期末进行如下账务处理。

（1）确认收入的会计处理为：

借：应收账款　　56 500

　贷：主营业务收入　　50 000

　　　应交税费——应交增值税（进项税额）　　6 500

（2）结转发出商品成本：

借：主营业务成本　　38 000

　贷：库存商品　　38 000

（2）应计费用。

应计费用是本期费用已经发生，应入账而未入账的费用，如借款利息、租用的房租等。应计费用的调整一方面确认费用，另一方面也会增加负债。

【例5-49】月初，公司向冰阳租赁公司租赁一台设备（当即投入使用），租期半年，每月租金1 000元（约定租赁期满后将租金一次付清）。

公司月末应进行如下处理：

借：制造费用——租赁费　　1 000

　贷：其他应付款——固定资产租金　　1 000

2.递延账项的调整

在产品供不应求的情况下，企业会得到购买方预付的货款。虽然收到货款，但尚未交付产品或提供服务。按照权责发生制原则，预收收入不能作为企业已经实现的收入，只有在以后交付产品或提供劳务后，才可以转作收入。因此，每期的会计期末，企业应将已经实现的部分转入本期的收入账户，未实现部分递延到以后的会计期间。预收收入于现金收取时记为负债，如预收货款、预收利息、预收房租等。随着产品的交付、劳务的提供，企业应当将已经实现的部分从负债账户调整到收入账户。发生的预收收入在“预收账款”账户中反映。预先收到款项时，借记“银行存款”账户，贷记“预收账款”账户；等到义务实际履行后，再相应地冲减“预收账款”账户。

【例5-50】年初公司出租房屋，租期为1年，收到1年的租金72 000元（每月6 000元）。年初收到租金时，其会计分录如下：

借：银行存款　　72 000

　贷：预收账款　　72 000

1—11月，各月的月末都应进行预收租金的期末账项调整，其会计分录如下：

借：预收款项　　6 000

　贷：其他业务收入——租金收入　　6 000

3.应计提账项的调整

这些账项与前述账项调整的不同之处在于调整的金额具有不确定性，如应收款项坏账准备的提取、固定资产折旧的计提、各种资产减值的计提等。

【例 5-51】应收账款余额为 80 000 元，估计大约有 3% 无法收回（即提取损失和准备的比例），其会计分录如下：

借：资产减值损失　　2 400

　贷：坏账准备　　2 400

结账时，企业应将资产减值损失转入本期利润账户（如“本年利润”账户）计算盈亏；当应收账款确定无法收回时，可借记“坏账准备”账户，贷记“应收款账”账户。

点阅读 5-3

◆思政园地

业财融合提升财务管理价值

“十四五”时期，高质量发展成为公立医院的发展主题，这也带来了运营压力。中国医学科学院肿瘤医院（以下简称肿瘤医院）总会计师徐元元在国家卫生健康委员会能力建设和继续教育中心（以下简称中心）的专访中，一针见血地指出了医院在高质量发展前景下亟待解决的问题，而这也为医院财务管理提出了新的挑战。

“财务与业务活动的有机融合是核算型会计向价值创造型管理会计转型的关键。”徐元元指出，推动业财融合，财务人员应该从财务中来，到业务中去，会根据医院发展规划，协同业务部门及相关职能部门，对医院各项工作提供服务、保障、管理及支撑作用。如果财务不懂业务，只能提供低价值的会计服务。正如华为创始人任正非对华为财务人员的谆谆告诫一样，财务人员一定要快速地融入业务，才能更大地提升财务人员的价值。

如何切实做到业财融合？徐元元认为有几个关键点。第一，要理解并把握政策，充分运用政策，走进业务的前端。财务人员走出财务办公室，走进临床、走进流程、走进数据、走进系统，结合当下形势，将政策、业务、财务工作三者相结合，是业财融合成功的关键。第二，参与医院运营全过程。通过战略财务，财务部门参与到医院的未来规划和战略决策，按照战略规划编制医院预算；通过业务财务，财务部门主动介入业务的事前、事中和事后全过程管理，实现财务部门从原先的事后被动式反应的工作模式向全过程管理工作模式的转变；通过共享财务，把分布在各业务单元的财务共性业务以信息化手段进行流程规范、流程优化，集中实现会计信息的高效、快速处理，更多地进行分析、管理等管理会计方面的工作。第三，要学会拓展视野，即财务人认知的领域要拓展，不单要熟悉会计，还要熟悉业务和技术。第四，财务要融入技术，要通过信息化手段提高工作效率。第五，要学会沟通，让业务部门明白财务数据的含义。

徐元元认为，在人才培养方面，重点是实现财务工作人员的转型，思维上由核算型会计向管理型、战略型会计转型，在强化基础管理、过程控制的前提下，重点向成果提交的方向迈进。

资料来源：徐元元. 业财融合提升财务管理价值［EB/OL］.［2021-07-07］. http://www.chinacpd.cn/htm/12253/174278.html.

◆章小结

一般情况下，企业遵循一定的生命周期规律；公司筹建阶段的会计核算主要体现在对“开办费”的处理上；筹资业务分为权益筹资和债券筹资，而债券筹资又分为短期筹资和长期筹资；经营业务主要分为供应阶段、生产阶段、销售阶段，三个阶段主要涉及采购与付款、加工与存货、销售与收款等内容；投资业务包括股权投资和债权投资，分为交易性金融资产、债权投资和长期股权投资等；利润形成及分配业务主要是利润的形成与分配，利润的形成主要涉及收入与成本费用的配比，利润的分配是针对净利润在股利和留存收益之间的分配；期末业务，主要涉及相关账项的调整。

◆关键术语听与读

关键术语听读5

◎Raw Materials（原材料）：The raw materials，also called direct materials inventory，are the components of a product that has not yet been placed into the product or into work-in-process inventory.

◎Account Receivable（应收账款）：An account receivable is a current asset resulting from selling goods or services on credit account.

◎Note Receivable（应收票据）：A note receivable is an asset of a company，bank or other organization that holds a written promissory note from another party.

◎Unearned Revenue（预收账款）：The unearned revenue is a liability account that reports amounts received in advance of providing goods or services，whose balance is decreased and a revenue account is increased.

◎Value-added Tax（增值税）：The value-added tax is an incremental excise that is levied on the value added at each stage of the processing of a raw material or the production and distribution of a commodity and that typically has the impact of a sales tax on the ultimate consumer.

◎Manufacturing Overhead（制造费用）：Manufacturing overhead is the manufacturing cost other than direct materials and direct labor.

◎Administrative Expenses（管理费用）：The administrative expenses，also called general and administrative expenses，are part of the operating expenses including expenses associated with the general administration of the business.

◎Selling Expenses（销售费用）：The selling expenses are part of the operating expenses，along with administrative expenses，incurred during the selling operation.

◎ Finance Expenses （财务费用）：The finance expenses are part of the operating expenses， along with administrative and selling expenses， incurred for the debt financing activities.

◎Note Payable（应付票据）：A note payable is the amount of principal due on a formal written promise to pay. Loans from banks are included in this account.

◎Account Payable（应付账款）：An account payable，as a current liability account，will show the amount a company owes for items or services purchased on credit and for which there was not a promissory note，which is often referred to as trade payables，as opposed to notes payable，interest payable，etc.

◎Cost of goods sold（销售成本）：Cost of goods sold is usually the largest expense on the income statement of a company selling products or goods. Cost of goods sold is a general ledger account under the perpetual inventory system.

◎Pretax Income（税前利润）：The pretax income refers to the net income in which only the income tax expense has not yet been deducted.

◎Income Tax Expense（所得税费用）：The income tax expense is the amount of income tax that is associated with or matches the net income reported on the company's income statement，which will likely be different than the income taxes actually payable，since some of the revenues and expenses reported on the tax return will be different from the amounts on the income statement.

◆回顾与思考

1.企业的生命周期具体由哪几个阶段组成？生命周期不同的阶段分别有什么特点？

2.企业筹建期间，一般会发生哪些经济交易或事项？应该怎么处理？

3.企业的筹资业务、投资业务如何分类？请举例说明。

4.企业的经营业务一般分为供应、生产和销售阶段，各阶段分别有哪些特点？请分别举例说明。

5.企业进行期末账项调整，调整的是哪些内容？如果不调整会怎样？

6.利润是如何形成的？应当如何分配？

◆章习题

1.某企业6月份发生经济业务如下：

（1）出纳员从银行提取现金30 000元，准备发放工资。

（2）以现金发放本月工资30 000元。

（3）购入材料一批，金额3 000元，材料已验收入库，货款尚未支付。

（4）购买汽车一辆，买价为60 000元，款项已通过银行存款支付。

(5) 向银行申请2年期借款100 000元，借款已划入企业银行存款账户。

要求：不考虑增值税等因素，根据上述资料，编制相关会计分录。

2.某企业12月份发生下列有关存货的经济业务：

(1) 12月1日，购入A材料50千克，每千克100元，计价款5 000元，增值税进项税额650元，均已用银行存款支付，材料尚未到达。

(2) 12月5日，购入B材料200千克，每千克400元，计价款80 000元，增值税进项税额10 400元，款项未付，材料已验收入库。

(3) 12月6日，上月购入的C材料200千克（每千克200元）被运到企业并验收入库。

(4) 12月12日，销售给红光厂甲产品100千克，每千克2 000元，增值税销项税额26 000元，款项尚未收到。

(5) 12月17日，收到红光厂转来的货款226 000元，存入银行。

要求：根据上述资料，编制相关会计分录。

3.某企业为增值税一般纳税人，适用的增值税税率为13%，12月份发生下列业务：

(1) 用银行存款支付公司下一年度的报刊订阅费1 200元；

(2) 从市场上购入一台设备，价值100 000元，设备已收到并投入使用，款项已用银行存款支付；

(3) 经计算本月应提固定资产折旧20 000元，其中，厂部使用的固定资产应提折旧8 000元，车间使用的固定资产应提折旧12 000元；

(4) 用银行存款240 000元从其他单位购入一项专利权；

(5) 采购原材料，价款20 000元，款项通过银行转账的方式支付，材料尚未验收入库。

要求：根据上述资料，编制相关会计分录。

4.资料一：假定a、b、c三家公司共同投资组成ABC有限责任公司（以下简称ABC公司）。按照ABC公司的章程，该公司的注册资本为900万元，a、b、c三方各占该公司1/3的股份。假定a公司以厂房投资，该厂房原值为500万元，已提折旧300万元，投资各方确认的价值为300万元（与其公允价值相同）；b公司以价值200万元的一套新设备和价值100万元的一项专利权投资，其价值已被投资各方确认，并已向ABC公司移交了专利证书等有关凭证；c公司以货币资金300万元投资，已存入ABC公司的开户银行。

资料二：假定d公司和e公司有意投资ABC公司，经与a、b、c三家公司协商，将ABC公司的名称变更为ABCDE公司，注册资本增加到1 500万元，a、b、e、d、e五方各占该公司1/5的股权。d公司需以货币资金出资400万元，以取得20%的股份；e公司以价值400万元的一项土地使用权出资，其价值已被投资各方确认，取得20%的股份。协议签订后，原ABC公司的章程修改为新的ABCDE公司的章程，有关出资及变更登记手续已办理完毕。

要求：根据资料一，编制（1）（2）（3）项会计分录。根据资料二，编制（4）（5）项会计分录。

(1) 在ABC公司实际收到a公司投资时的会计分录。

(2) 在ABC公司实际收到b公司投资时的会计分录。

(3) 在ABC公司实际收到c公司投资时的会计分录。

(4) ABCDE公司实际收到d公司投资时的会计分录。

(5) ABCDE公司实际收到e公司投资时的会计分录。

5.某企业根据“工资结算汇总表”列示，当月应付工资总额为680 000元，扣除企业已为职工代垫的医药费2 000元和受房管部门委托代扣的职工房租26 000元，实发工资总额为652 000元。上述工资总额中，根据“工资费用分配表”列示产品生产人员工资为560 000元，车间管理人员工资为50 000元，企业行政管理人员工资为70 000元。

要求：(1) 编制向银行提取现金的会计分录。

(2) 编制发放工资的会计分录。

(3) 编制代扣款项的会计分录。

(4) 编制将有关工资费用结转至生产成本的会计分录。

(5) 编制将有关工资费用结转至制造费用的会计分录。

◆国际视野

美国会计报告制度

1.基本会计概念

美国会计报告的基本概念组成部分包括：会计目标、质量特征、会计要素、确认计量、财务报表、收益、现金流量和偿债能力。企业财务报告的目标为：(1) 提供对做出经营和经济决策有用的信息；(2) 提供可以帮助投资者和债权人在预测公司未来现金流量的可理解性信息；(3) 提供关于公司的经济资源、对这些经济资源的请求权以及改变这二者的交易事项和环境的影像信息。会计信息的质量特征包括相关性、可靠性、可验证性、谨慎性、约束性、重要性和信息相关成本效益原则。

2.计价原则

收入和利得一般在实现和赚取时确认。也就是说，这时商品和劳务已交换，且已取得了现金的请求权，而且公司实质上已经完成了有权获得代表收入得到利益所需的活动。收入根据涉及资产或负债的交换价值来计量，费用或损失在公司的经济利益完结或在完结以前确认的资产预期带来较少的利益或不带来收益时进行计量。一般来说，资产负债最初都以历史成本来计量。只有在某些特定条件下（GAAP（一般公认会计原则）确认的特定环境下)，这些资产才可以下调至市场价值或现行可实现净值。不要求在物价水平变动时对资产负债的历史成本进行调整，在20世纪70年代的高通货膨胀时期，美国曾规定采用新的方法对物价水平变动做补充披露，从1986年起，对物价水平变动的披露自愿进行。

3.报表格式和内容

GAAP要求公司提供的基本报表包括资产负债表、利润表、股东权益变动表、现金流量表及财务报表附注。资产负债表的格式有账户式（水平式）和报告式（垂直式）两种。在资产负债表项目的排列上也有两种处理方式：(1) 按照资产负债的流动性强弱由强到弱排列，称为“流动列前"。这是一种传统的处理方式，应用较广。(2) 把非流动项目排在前面，称为“固定列前”，主要适用于公用事业等固定资产占重要地位的行业。收益表有单步式和多步式两种。

资料来源：阎勇. 美国会计制度［J］. 现代企业，2008（10）.

◆推荐阅读

［1］陈勇强，胡祖莉. 企业筹资渠道和筹资方式选择的影响因素及策略分析［J］. 湖南财政经济学院学报，2015（3）.

［2］孔艳茹. 图解法及T型账户法在债权投资核算中的应用［J］. 商业会计，2020（12）.

［3］李佳蔓. 关于我国会计制度和会计准则的制定问题［J］. 企业改革与管理，2017（20）.

［4］刘万富. 筹建期会计核算的探讨［J］. 中国总会计师，2013（5）.

［5］马建威. 透过五谷道场的生命轨迹看企业资金链［J］. 商业会计，2011（1）.

［6］唐来全. 未分配利润核算方法改进研究［J］. 财会月刊，2011（34）.

［7］吴荷青. 其他债权投资核算业务探讨［J］. 财务与会计，2020（5）.

［8］韦芳，陈丽. 企业利润核算及分配存在的问题分析［J］. 中国管理信息化，2015（5）.

［9］谢萍，马建威. 两种会计制度对利税影响的比较分析［J］. 北京工商大学学报，2006（1）.

［10］邢国平. 筹建期业务招待费的两种处理方法［J］. 注册税务师，2017（4）.

［11］钟斌辉. 关于中国会计准则国际化发展的策略研究. 中国国际财经，2017（24）.

第六章

会计凭证

章案例

会计凭证造假创造的丹东神话

丹东欣某股份有限公司（以下简称欣某公司）是一家民营企业，拥有资产总额近2亿元，员工560余人。2014年1月27日，欣某公司二度闯关IPO成功，顺利登陆创业板市场，发行价为16.31元/股，成为丹东市第二家上市公司。但是好景不长，2015年5月，中国证券监督管理委员会在对欣某公司进行现场检查时，发现其涉嫌伪造财务数据，虚增经营活动现金流，随后对该公司立案调查。2016年7月5日，证监会开出A股市场有史以来对欺诈发行的最重罚单，对欣某公司及其17名董事、监事、高管及相关人员进行行政处罚，并对公司实际控制人、董事长温某和财务总监刘某采取终身证券市场禁入惩罚措施，欣某公司被启动强制退市程序，保荐机构兴业证券被罚款5 700万元。3天后，证监会宣布启动欣某公司退市程序，且暂停上市后不得恢复上市，退市后不得重新上市。一时间，消息引发金融市场高度关注，欣某公司的股价从最高点至处罚发布后3周下跌了92.2%，使投资者蒙受了巨额损失。

在检察机关和公安机关的共同努力下，欣某公司欺诈上市案件的来龙去脉逐渐浮出了水面：在第一次申请上市被证监会否决后，2011年公司决定再次申请上市。但前几年公司迫于经营压力，放宽了对客户的把关，很多卖出去的产品收不回货款，现金流一度成为负数，达不到申请上市条件。为了粉饰资金状况达到上市标准，温某和刘某合谋通过财务造假的方式来虚减“应收账款”等账户的数额。初期，该公司通过向其他单位借款或开汇票的方式自掏腰包，帮助客户还款，完成走账。待到报告期过后，再由该公司将资金转给之前借款的第三方公司。由此，资金实现了原路转回。后期，因为借款需要支付利息，为降低造假成本，该公司干脆直接伪造记账凭证进行财务造假。就这样，从2011年到2014年，该公司在6期的财务报告中每期均虚构收回应收账款，虚构金额从7 000多万元到近2亿元不等，最终骗取了证监会的上市核准，达到了其登陆创业板的目的。

资料来源：张馨月. 会计凭证造假创造的丹东神话［N］. 央视财经，2020-11-06.

学习目标

通过本章的学习，希望您能够：

- 了解原始凭证的含义、传递及保管
- 理解记账凭证的含义、传递及保管
- 熟悉会计凭证的分类及其依据
- 掌握原始凭证和记账凭证的填制要求及审核要点

第一节 会计凭证的内容及分类

一、会计凭证的含义

点阅读6-1

会计凭证是记录经济业务、明确经济责任的书面证明，也是登记账簿的依据，是会计核算的客观依据。会计记录须有真凭实据，使会计核算资料具有客观性，这是会计核算必须遵循的一条原则，也是会计核算的一个重要特征。任何一个会计主体，即企业、事业、机关、团体等单位，每发生一项经济业务，都必须取得能够证明该项经济业务已经发生、执行或完成的书面凭证（原始凭证），然后再据以做出反映该项经济业务的会计分录（记账凭证），作为会计记账和算账的依据。

会计凭证的填制与取得，对于完成会计核算任务，发挥会计的监督作用具有重要意义。从会计核算的角度来看，凭证的填制与取得，是会计核算的第一步，起着入账资格认定的作用，保证了会计核算资料的客观性。从会计监督的角度来看，通过会计凭证的填制与取得，可以监督、检查经济业务的真实性、正确性、合理性和合法性，据以评价有关部门和有关人员的工作业绩等，同时记账、算账本身也受到会计凭证的制约，防止了会计人员记账、算账的随意性，保证了会计核算资料的准确性。

二、会计凭证的基本分类

企业发生的经济业务内容非常复杂，用以记录、监督经济业务的会计凭证也必然是种类繁多。为了具体地认识、掌握和运用会计凭证，首先要对会计凭证加以分类，按照填制程序和用途，会计凭证一般可以分为原始凭证和记账凭证两类。

（一）原始凭证

原始凭证也称单据，是记录经济业务已经发生、执行或完成，用以明确经济责任，作为记账依据的最初书面证明文件，如出差乘坐车船的车船票、采购材料的发货票、到仓库领料的领料单等，都是原始凭证。原始凭证是在经济业务发生的过程中直接产生的，是经济业务发生的最初证明，在法律上具有证明效力，所以也可称为“证明凭证”。

原始凭证可以按不同的标准进行分类。

1.按来源不同划分

原始凭证按照凭证是否从企业外部获得可分为外来原始凭证和自制原始凭证。

(1) 外来原始凭证。它是指在同外单位发生经济往来关系时，从外单位取得的凭证。外来原始凭证一般是一次凭证。例如，企业购买材料、商品时，从供货单位取得的购货发票、用以抵扣销项税额的进项税额发票等都是从外单位所取得的原始凭证。增值税专用发票如图6-1所示。

（全国统一发票监制章）

增值税专用发票

××年××月××日

客　　　户：××

纳税人识别号：321100823273578003

开户银行及账号：农行新华办60003344452219　　编号：531446

品名规格	单位	数量	单价	金额	税率	税额	合计
管钳	件	50	5.81	290.5	13%	37.8	328.3

价税合计（大写）：人民币叁佰贰拾捌元叁角整

企业（盖章）：实达公司　　备注：

纳税人识别号：3211019712345600 3X

开户银行及账号：工行金星分行9190040000739　　经手人：张三

图6-1　增值税专用发票

（2）自制原始凭证。自制原始凭证是指在经济业务发生、执行或完成时，由本单位的经办人员自行填制的原始凭证，如收料单、领料单（如图6-2所示）、产品入库单（如图6-3所示）、职工差旅费报销单等。

（企 业 名 称）

领　料　单

领料单位：二车间　　编　　号：02576

用　　途：生产领用　　××年11月10日　　发料仓库：第二号仓库

材料编号	材料类别	名称	规格	计量单位	数量		金额	
					请领	实发	单价	金额
2-4-18	黑色金属	圆钢	10毫米	千克	1 000	1 000	0.96	960
备注：		合	计		1 000	1 000		

主管：　记账：　领料单位负人：　领料人：　发料人：

图6-2　领料单

产 品 入 库 单　　年　月　日

品名	型号	包装规格	数量	生产日期	批号	检验单号

入库人：　　复核人：　　仓管员：

注：一式三联，第一联为成品库存根，第二联交生产部，第三联交财务部核算。

图6-3　产品入库单

2.按用途不同划分

原始凭证按用途不同可分为通知凭证、执行凭证和计算凭证。

（1）通知凭证是指企业根据相关部门的要求、指示或命令进行某项经济业务的原始凭证，如罚款通知书（如图6-4所示）、银行对账单等。

罚款通知书

钢筋 班组：

你班组因违反贵州省冶金建设公司怀仁市金竹格林项目部制定的《施工现场安全管理处罚条例》规章制度________，根据规定，项目部将对你班组进行罚款处分，罚款金额______元，并希望班组以此为鉴。

技术负责人：

经办人：

贵州省冶金建设公司

怀仁市金竹金竹格林项目部（章）

图6-4 罚款通知书

（2）执行凭证是用来证明某项经济业务已经完成的原始凭证，如购货发票，销售发票等。销售发票如图6-5所示。

甘肃增值税电子普通发票

全国统一发票监制章 国家税务总局 甘肃省税务局

机器编号：661823737731

发票代码：062001900111

发票号码：05799605

开票日期：2021 年04 月04日

校 验 码：61046 38015 29814 27042

购买方	名　　称：张先生 纳税人识别号： 地 址、电 话： 开户行及账号：	密码区	9-/9444*74567>392*4<5-<>481 3<0>7-*15*6+600/4--85/28>74 6310//+>3/+48<5-7>-<5/52188 /4852*>>7-*15*6+600/4--<*+6

货物或应税劳务、服务名称	规格型号	单位	数量	单价	金额	税率	税额
*电子计算机*HUAWEI MateBook 14 KLVL-WFE9(AMD R7 16GB+512GB)触屏深空灰	KLVL-WFE9	件	1	5043.36	5043.36	13%	655.64
合　计					¥5043.36		¥655.64
价税合计（大写）	⊗伍仟陆佰玖拾玖圆整				（小写）¥5699.00		

销售方	名　　称：甘肃苏宁易购商贸有限公司 纳税人识别号：91620000767739601T 地 址、电 话：兰州市城关区庆阳路215号金运大厦1-5层 0931-8486666 开户行及账号：交通银行兰州城关支行 621060106018010004929	备注	DA1157266；8828；7360；00228993781601；2021-04-04 11:47:34

收款人：王正玲　　复核：刘鑫　　开票人：杨雯琳　　销售方：（章）

甘肃苏宁易购商贸有限公司 91620000767739601T 发票专用章

图6-5 销售发票

（3）计算凭证是对已经完成的经济业务进行计算而编制的原始凭证，如工资计算表。工资计算表如图6-6所示。

3.按填制方法不同划分

原始凭证按照填制方法的不同可以分为一次凭证、累计凭证和汇总凭证。

（1）一次凭证。一次凭证是指只反映一项经济业务，或者同时反映若干项同类性质的经济业务，其填制手续是一次完成的会计凭证。如企业购进材料验收入库，由仓库保管员填制的“收料单”，车间或班组向仓库领用材料时填制的“领料单”，以及报销人员填制的、出纳人员据以付款的“报销凭单”等，都是一次凭证。

工资计算表

部门	加工类型	底薪	生产奖金	全勤奖金	加班津贴	应发工资	福利金	伙食费	保险费	所得税	借支	实发工资
合计												

总经理　　　　主管　　　　会计　　　　制表

图6-6　工资计算表

（2）累计凭证。累计凭证是指在一定期间内，连续多次记载若干不断重复发生的同类经济业务，直到期末，凭证填制手续才算完成，以期末累计数作为记账依据的原始凭证，如工业企业常用的限额领料单（如图6-7所示）等。使用累计凭证，可以简化核算手续，能对材料消耗、成本管理起事先控制作用，是企业进行计划管理的手段之一。

限额领料单

领料部门：　　　　　　　　　　　　　　单　　号：

用　　途：　　　　　　　　　　　　　　发料仓库：

材料编号	材料名称及规格	计量单位	计划产量	单位消耗定额	领用限额	实发																		
						数量	单价									金额								
							百	十	万	千	百	十	元	角	分	百	十	万	千	百	十	元	角	分

领用				退料			限额结余数量
日期	数量	领料人	发料人	数量	退料人	收料人	

图6-7　限额领料单

（3）汇总凭证。汇总凭证是指在会计核算工作中为简化记账凭证的编制工作，将一定时期内若干份记录同类经济业务的原始凭证按照一定的管理要求汇总编制一张汇总凭证，用以集中反映某项经济业务总括发生情况的会计凭证，如发料凭证汇总表、收料凭证汇总表、领料凭证汇总表（如图6-8所示）、现金收入汇总表等。

（企 业 名 称）

领料凭证汇总表

××年××月　　单位：元

应借科目	应贷科目			
	原材料			
	原料及主要材料	辅助材料	燃料	合计
生产成本——基本生产				
1日至15日	32 000.00	4 000.00	1 500.00	37 500.00
16日至31日	27 000.00	5 000.00	1 700.00	33 700.00
合计	59 000.00	9 000.00	3 200.00	71 200.00
生产成本——辅助生产				
1日至15日		1 000.00	4 300.00	5 300.00
16日至31日		1 500.00	4 200.00	5 700.00
合计		2 500.00	8 500.00	11 000.00
制造费用				
1日至15日		2 600.00	200	2 800.00
16日至31日		2 000.00	100.00	2 100.00
合计		4 600.00	300.00	4 900.00
管理费用				
1日至15日		800.00	240.00	1 040.00
16日至31日	1 000.00	450.00	260.00	1 710.00
合计	1 000.00	1 250.00	500.00	2 750.00
总计	60 000.00	17 350.00	12 500.00	89 850.00
备注：				

图6-8　领料凭证汇总表

汇总原始凭证只能将同类内容的经济业务汇总填列在一张汇总凭证中，在一张汇总凭证中，不能将两类或两类以上的经济业务汇总填列。汇总原始凭证在大中型企业中使用得非常广泛，因为它可以简化核算手续，提高核算工作效率，使核算资料更为系统化、核算过程更为条理化，能够直接为管理提供某些综合指标。

（二）记账凭证

记账凭证是会计人员根据审核无误的原始凭证或汇总原始凭证，为了确定经济业务应借、应贷的会计科目和金额而填制的，记载了经济业务主要内容，作为登记账簿直接依据的会计凭证。

原始凭证来自不同的单位，种类繁多、数量庞大、格式不一，不能清楚地表明应记入的会计科目的名称和方向。为了便于登记账簿，需要根据原始凭证反映的不同经济业务，对其加以归类和整理，填制具有统一格式的记账凭证，确定会计分录，并将相关的原始凭证附在后面。这样不仅可以简化记账工作、减少差错，而且有利于原始凭证的保管，便于对账和查账，提高会计工作质量。另外，有些会计事项，如更正错账、期末结账等，无法取得原始凭证，也可由会计人员根据账簿资料编制记账凭证。

记账凭证可以按照经济业务的内容、记账凭证的用途及填制方法的不同进行分类。

1.按照记账凭证的用途不同分类

记账凭证按照其用途的不同，可以分为专用记账凭证和通用记账凭证。

专用记账凭证是指分类反映不同经济业务的记账凭证，适用于按照某一类会计交易或事项而进行编制的记账凭证。按照其反映的不同经济业务内容，专用记账凭证又可以进一步划分为收款凭证、付款凭证和转账凭证。在会计实务中，收款凭证为红色字，付款凭证为黑色字，转账凭证为绿色字。

（1）收款凭证。收款凭证是用来记录现金和银行存款等货币资金收款业务的凭证，它是根据现金和银行存款收款业务的原始凭证填制的，其格式如图6-9所示。

收 款 凭 证

借方科目　　　　　　　　　　　　年　月　日　　　　　　　　　　字第　　号

摘要	贷方总账科目	明细科目	记账符号	金额									
				千	百	十	万	千	百	十	元	角	分
合计													

附单据　张

会计主管　　　　记账　　　　出纳　　　　审核　　　　制单

图6-9　收款凭证

（2）付款凭证。付款凭证是用来记录现金和银行存款等货币资金付款业务的凭证，它是根据现金和银行存款付款业务的原始凭证填制的，其格式如图6-10所示。

收款凭证和付款凭证是用来记录货币收付业务的凭证，既是登记库存现金日记账、银行存款日记账、明细分类账及总分类账等账簿的依据，也是出纳人员收、付款项的依据。出纳人员不能依据现金、银行存款收付业务的原始凭证收付款项，必须根据会计主管人员或指定人员审核批准的收款凭证和付款凭证收付款项，以加强对货币资金的管理，有效地监督货币资金的使用。

付款凭证

贷方科目　　　　　　　　　　　　年　月　日　　　　　　　　　　　　字第　号

摘要	借方总账科目	明细科目	记账符号	金额									
				千	百	十	万	千	百	十	元	角	分
合计													

附单据　张

会计主管　　　　记账　　　　出纳　　　　审核　　　　制单

图6-10　付款凭证

（3）转账凭证。转账凭证是用来记录与现金、银行存款等货币资金收付款业务无关的转账业务（即在经济业务发生时不需要收付现金和银行存款的各项业务）的凭证，是根据有关转账业务的原始凭证填制的。转账凭证是登记总分类账及有关明细分类账的依据，其格式如图6-11所示。

转账凭证

年　月　日　　　　　　　　　　　　字第　号

摘要	总账科目	明细科目	记账符号	借方金额										记账符号	贷方金额									
				千	百	十	万	千	百	十	元	角	分		千	百	十	万	千	百	十	元	角	分
合计																								

附单据　张

会计主管　　　　记账　　　　出纳　　　　审核　　　　制单

图6-11　转账凭证

通用记账凭证的格式不再分为收款凭证、付款凭证和转账凭证，而是以一种格式记录全部经济业务。在经济业务比较简单的经济单位，为了简化记账过程可以使用通用记账凭证记录所发生的各种经济业务。

2.按照记账凭证包括的会计科目是否单一分类

记账凭证按照其包括的会计科目是否单一，可分为复式记账凭证和单式记账凭证。

(1) 复式记账凭证又称多科目记账凭证，要求将某项经济业务所涉及的全部会计科目集中填列在一张记账凭证上。复式记账凭证可以集中反映账户的对应关系，因而便于了解经济业务的全貌，了解资金的来龙去脉，便于查账，同时可以减少填制记账凭证的工作量，减少记账凭证的数量，但是不便于汇总计算每一会计科目的发生额，不便于分工记账。上述收款凭证、付款凭证和转账凭证的格式都是复式记账凭证的格式。

(2) 单式记账凭证又称单科目记账凭证，要求将某项经济业务所涉及的每个会计科目，分别填制记账凭证，每张记账凭证只填列一个会计科目，其对方科目只供参考，不据以记账。也就是说，对于某一项经济业务的会计分录，按其所涉及的会计科目，分散填制两张或两张以上的记账凭证。单式记账凭证便于汇总计算每一个会计科目的发生额，便于分工记账，但是填制记账凭证的工作量变大了，而且一旦出现差错不易查找。例如，通用的借项记账凭证（如图6-12所示）便是一种单式记账凭证。

借项记账凭证

年　月　日　　　　凭证编号：

摘　要	一级科目	明细科目	账页	金额
对应一级科目：	合　计			

会计主管　　记账　　出纳　　审核　　制单

图6-12　借项记账凭证

3.按照记账凭证是否经过汇总分类

记账凭证按照是否经过汇总分类，可以分为汇总记账凭证和非汇总记账凭证。

(1) 汇总记账凭证，是根据非汇总记账凭证按一定的方法汇总填制的记账凭证。汇总记账凭证按汇总方法不同，可分为分类汇总凭证和全部汇总凭证。

分类汇总凭证是根据一定期间的记账凭证按其种类分别汇总填制的，如根据收款凭证汇总填制的“现金汇总收款凭证”和“银行存款汇总收款凭证”，根据付款凭证填制的“现金汇总付款凭证”和“银行存款汇总付款凭证”，根据转账凭证汇总填制的“汇总转账凭证”都是分类汇总凭证。全部汇总凭证是根据一定期间的记账凭证全部汇总填制的，如“科目汇总表”。

(2) 非汇总记账凭证，是没有经过汇总的记账凭证，前面介绍的收款凭证、付款凭证和转账凭证以及通用记账凭证都是非汇总记账凭证。

原始凭证与记账凭证之间存在密切的联系。原始凭证是记账凭证的基础，记账凭证是根据原始凭证编制的。在实际工作中，原始凭证附在记账凭证后面，作为记账凭证的附件；记账凭证是对原始凭证内容的概括和说明，原始凭证有时也是登记明细账户的依据。

综上所述，会计凭证的分类归纳如图6-13所示。

- 会计凭证
  - 原始凭证
    - 按来源分类
      - 外来原始凭证
      - 自制原始凭证
    - 按用途分类
      - 通知凭证
      - 执行凭证
      - 计算凭证
    - 按填制方法分类
      - 一次凭证
      - 累计凭证
      - 汇总凭证
  - 记账凭证
    - 按用途分类
      - 专用记账凭证
        - 收款凭证
        - 付款凭证
        - 转账凭证
      - 通用记账凭证
    - 按会计科目是否单一分类
      - 单式记账凭证
      - 复式记账凭证
    - 按是否汇总分类
      - 汇总凭证
      - 非汇总凭证

图6-13　会计凭证的分类

第二节　原始凭证的填制和审核

一、原始凭证的基本内容

由于各项经济业务的内容和经济管理的要求不同，各个原始凭证的名称、格式和内容也是多种多样的。但是，原始凭证（自制凭证和外来凭证）作为经济业务的原始证据，必须详细载明有关经济业务的发生或完成情况，必须明确经办单位和人员的经济责任。因此，各种原始凭证都应具备一些共同的基本内容。原始凭证所包括的基本内容，通常称为凭证要素，主要有：

1.填制单位的名称。如“××公司”“××学院”“××商场”等。

2.原始凭证的名称。如“收料单”“领料单”“发票”等。

3.填制凭证的日期。如在领料单上要写明填制领料单的日期，以备查考。

4.对外凭证要有接受单位的名称，又称抬头。如发票上要写明购货单位的名称，单位名称一般要写全称，不得省略。

5.经济业务的内容摘要。如在领料单上要有领用材料的用途、名称、规格等。

6.经济业务所涉及的财物数量、单价和金额。如领料单上要有计量单位、数量、单价和金额等，这不仅是记账必需的资料，也是检查业务的真实性、合理性和合法性所必需的。

7.经办人员的签名或盖章。如领料单上，应有主管人员、记账人员、领料单位负责人、领料人和发料人的签名或盖章。

此外，有些原始凭证所包括的内容，不仅要满足财务、会计工作的需要，还要满足其他方面的需要。因此，可以根据某些经济业务的特点，结合各方面工作的需要，补充一些必须具备的内容。例如，有些一式多联的原始凭证，要在每联凭证上注明“第×联”及本联用途；有些原始凭证需要预先印定编号，以防任意撕毁；有些原始凭证为了满足计划、统计或其他业务方面的工作需要，需要列入有关计划任务、合同号码和预算项目等。在各企业、机关、事业等单位中发生的某些经济业务有时又往往同许多其他单位有经济上的联系，为了使原始凭证的内容协调一致，满足核算和经济管理上的需要，主管部门可以为同类经济业务制定统一的凭证格式。例如，由中国人民银行统一印制的托收承付结算凭证，由铁道部门统一印制的铁路运单，都是在有关单位广泛使用的原始凭证格式。

原始凭证既是具有法律效力的书面证明，又是进行会计处理的基础。为了保证会计核算工作的质量，填制原始凭证必须严格遵守以下要求：

1.真实可靠。凭证上所反映的经济业务，必须与实际情况完全相符，绝对不许有任何歪曲或弄虚作假。对于实物的数量、单价和金额数字的计算等，都要进行严格的检验和复核，并由经办人员在凭证上签章。这是填制原始凭证的最基本的要求。

2.内容完整。按照规定的凭证格式和内容逐项填写，不得省略和遗漏。一般情况下，合法的凭证上必须盖公章（但也有例外，比如铁路客运车票无公章）。项目填写不全的原始凭证，不能作为经济业务的合法证明，也不能作为有效的会计凭证。

3.填制及时。根据经济业务的执行和完成情况及时填制原始凭证，并按规定程序及时送交财会部门和其他有关部门，这对于保证正确、完整地反映经济业务内容极为重要。

4.书写清楚。凭证上的文字和数字，在填写时要严肃认真、填写清楚、易于辨认。一旦出现书写错误，必须按规定办法更正。有关货币资金收付的原始凭证，如果填写错误，不允许在凭证上进行更正，只能加盖“作废”戳记，重新填写，以防止错收、错付。

此外，在填制原始凭证时，还应当遵守以下技术要求：

阿拉伯数字应逐个书写清楚，不可连笔书写。阿拉伯数字金额的最高位前面应写人民币符号“￥”，在人民币符号“￥”与阿拉伯数字之间，不得留有空白。汉字大写金额数字，应使用：壹、贰、叁、肆、伍、陆、柒、捌、玖、拾、佰、仟、万、亿、元、角、分、零、整等。大写金额前应有“人民币”字样，“人民币”字样与大写金额之间不得留有空白。小写金额与大写金额应该一致，否则原始凭证视为无效凭证，应重新填写。

5. 手续完备。为了明确各负责人的经济责任，经办人及相关单位、人员的签名以及盖章要做到手续完备，如果凭证缺少有关项目和内容，不能作为有效的会计凭证。

6. 连续编号。为了便于核查各种原始凭证，原始凭证应该连续编号，一式几联的原始凭证必须标明各联用途，且只能以一联作为报销凭证。

7. 规范更改。原始凭证所记载的各项内容均不得随意更改，原始凭证有错误，应当由出具单位重开或更正，更正处要加盖出具单位的印章。原始凭证金额有错误的，应该由出具单位重开，不得在原始凭证上更正。

二、原始凭证的审核

（一）原始凭证的审核依据

原始凭证的审核是会计核算工作中非常重要的一步，原始凭证是记账凭证、单位财务管理工作的基础，因此原始凭证的审核必须依照相关法律法规的要求进行。

（二）原始凭证的审核

审核原始凭证，一般要从以下方面进行：

1.审核原始凭证的真实性。判断经济业务是否真实，涉及业务发生的日期、计量单位、经办人员、数量和单价、业务经手人等。总之，需要查看发生的经济业务是否在本单位生产经营范围以内，是否在正常情况下发生。

2.审核原始凭证的合法性。审核经济业务内容是否符合有关法规、政策、法令、制度、计划、预算和合同的规定，是否符合审批权限和手续；审查经济业务是否符合节约原则，有无不讲经济效益、铺张浪费，甚至贪污、舞弊、盗窃企业资财的不法行为。

3.审核原始凭证的完整性。在对原始凭证所反映的经济内容进行实质性的审查后，需要进一步检查原始凭证的基本内容，如各项内容是否填写齐全、手续是否完备、文字和数字是否填写清楚等。

4.审核原始凭证的正确性。审核原始凭证的摘要和数字是否填写清楚、正确，数量、单价、金额的计算有无差错，大写和小写金额是否相符等，检查凭证有无刮擦、挖补、涂改和伪造等情况。

原始凭证审核结果的处理，应根据不同情况，区分问题的性质，采取不同的处理方法。对于符合要求的原始凭证，应按照规定及时办理会计手续，编制记账凭证，并将原始凭证作为记账凭证的附件加以保存。对于业务真实，只是内容不全、手续不完备或数字、文字有差错的原始凭证，应退回至有关部门或人员，请其补办手续或进行更正。对于违反国家规定的不合法的原始凭证，会计人员应拒绝接受，不予报销和付款。对于伪造或涂改凭证、虚报冒领款项等严重违法行为，应及时向领导和总会计师提出书面报告。

第三节　记账凭证的填制和审核

一、记账凭证的内容

如前所述，原始凭证种类繁多、数量庞大、格式不一，不便于直接作为记账依据，一般需要根据各种原始凭证另行填制记账凭证。这样，可以简化记账工作，减少记账差错。

虽然记账凭证种类不一，但其主要作用在于对原始凭证进行归类、整理，确定会计科目，编制会计分录，据以记账。因此，各种记账凭证一般应当具备以下基本内容：

1.填制单位的名称。

2.记账凭证的名称。

3.凭证的填制日期和编号。

4.经济业务的内容摘要。

5.应借、应贷的账户名称、记账方向和金额（包括一级账户或二级明细账户等）。

6.记账备注（不一定是必要内容）。

7.所附原始凭证的张数。

8.会计主管、复核、记账、制证人员的签名或盖章，收付款凭证还要有出纳人员的签名或盖章。

二、记账凭证填制的要求

记账凭证的填制，除应严格遵守前述填制原始凭证所要求的真实可靠、内容完整、填制及时、书写清楚等条件外，还必须注意以下几点：

1.摘要精简。“摘要”栏应简单明了地填写经济业务内容的要点，文字说明应准确、简练、概括。

2.准确运用科目。会计科目使用正确，账户对应关系清楚。

3.编号连续。各种记账凭证必须每月连续编号。编号时，既可按收款凭证、付款凭证和转账凭证分别从第1号起连续编号，例如，收字第10号、付字第12号、转字第18号等；也可将收款凭证和付款凭证再划分为现收第×号、银收第×号、现付第×号、银付第×号进行编号。有时也可不区分收款凭证、付款凭证和转账凭证，而按经济业务发生的先后顺序统一编号。如果一项经济业务需要填制多张记账凭证的，可采用“分数编号法”，即每一项经济业务编一总号，再按凭证张数编几个分号，例如，前述单式记账凭证的填制。记账凭证一般每月更换一次编号，从第1号开始编号，并始终遵循一定的规律，做到不重号、不漏号。

4.附件齐全。每张记账凭证都要注明所附原始凭证或原始凭证汇总表（附件）的张数，以便查对。有重要资料或原始凭证数量过多需要单独保管的，要在记账凭证的“摘要”栏中加以说明，并注明保管地点及编号。记账凭证填写完毕，并与有关原始凭证核对后，要由有关人员签名或盖章。

三、记账凭证的填制方法

（一）专用记账凭证的填制方法

1.收款凭证的填制

收款凭证是根据现金或银行存款收款业务的原始凭证填制的。收款凭证的上方，一律填写借方账户，即“库存现金”或“银行存款”账户，这应根据收到的款项是现金或银行存款的具体情况填列。收款凭证中的“贷方账户”栏则应填列与收入现金和银行存款相对应的账户，应分别按一级账户和二级明细账户填制。“金额”栏的合计数表示借贷双方的记账金额。“摘要”栏应填制经济业务内容的简要说明。“记账”栏由记账员根据记账凭证记账后，作“√”记号或记入现金或银行存款日记账及有关分类账的页数，以表示该笔金额已记入有关账户，避免漏记或重记，并便于日后查对账目。在凭证上还要填列凭证编号，注明所附原始凭证（即附件）的张数，防止凭证散失。另外，还要由有关人员签名或盖章。

【例6-1】冰阳公司于20×1年1月19日向东平公司销售甲产品一批，价款为50 000元，增值税销项税额为6 500元，并收到东平公司开出的转账支票一张，款项存入银行，需填制银行存款收款凭证（如图6-14所示）。

收款凭证

借方科目 银行存款　　20×1年1月19日　　字第 号

摘要	贷方总账科目	明细科目	记账符号	金额									
				千	百	十	万	千	百	十	元	角	分
销售商品	主营业务收入					¥	5	0	0	0	0	0	0
	应交税费——应交增值税	销项税额					¥	6	5	0	0	0	0
合计						¥	5	6	5	0	0	0	0

附单据 张

会计主管　　记账　　出纳　　审核　　制单

图6-14 收款凭证

2.付款凭证的填制

付款凭证是根据有关现金或银行存款的付款业务的原始凭证填制的。付款凭证的填制方法与收款凭证基本相同，不同的只是“借方账户”同“贷方账户”互换了位置，即在付款凭证的左上方是贷方账户（“库存现金”或“银行存款”账户），证明付出的款项是现金或银行存款，在付款凭证的“借方账户”栏，应填列与付出现金或银行存款相对应的账户。

【例6-2】冰阳公司的员工小刘于20×1年1月15日向公司财务处预借8 000元的差旅费，财务工作人员需要根据差旅费借款单编制库存现金付款凭证（如图6-15所示）。

付款凭证

贷方科目 库存现金　　20×1年1月15日　　字第 号

摘要	借方总账科目	明细科目	记账符号	金额									
				千	百	十	万	千	百	十	元	角	分
差旅费	其他应收款	小刘					¥	8	0	0	0	0	0
合计							¥	8	0	0	0	0	0

附单据 张

会计主管　　记账　　出纳　　审核　　制单

图6-15 付款凭证

另外，对于只涉及“库存现金”和“银行存款”两个账户的业务只编制付款凭证，不编制收款凭证，以避免重复记账，如将现金存入银行时，只填制现金付款凭证，从银行提取现金时，只填制银行存款付款凭证，然后据以登记对应账户。

3.转账凭证的填制

转账凭证是根据有关转账业务的原始凭证填制的。转账凭证中的第一栏是“摘要”栏。第二、三栏是“账户”栏，反映借、贷双方的一级账户和二级明细账户。“金额”栏应按借、贷双方金额分别反映。这样将“账户”栏同“金额”栏结合起来看，就可以了解借、贷双方的账户和金额。

【例6-3】20×1年1月18日，冰阳公司从东平公司购买的20 000元甲材料到货入库，会计人员根据材料入库单填制转账凭证（如图6-16所示）。

转账凭证

20×1年1月18日　　　　字第　号

摘要	总账科目	明细科目	记账符号	借方金额										记账符号	贷方金额									
				千	百	十	万	千	百	十	元	角	分		千	百	十	万	千	百	十	元	角	分
到货	在途物资	甲材料				¥	2	0	0	0	0	0	0											
	原材料	甲材料															¥	2	0	0	0	0	0	0
合计						¥	2	0	0	0	0	0	0				¥	2	0	0	0	0	0	0

附单据　张

会计主管　　记账　　出纳　　审核　　制单

图6-16　转账凭证

收、付款凭证和转账凭证通常用不同颜色印刷，以示区别，便于会计操作。另外，实际工作中还可根据出纳分工的不同，编制现金、银行和转账凭证。现金、银行凭证下再分收款和付款凭证。

（二）通用记账凭证的填制方法

通用记账凭证的填制是由出纳员或会计人员根据审核无误的原始凭证填制的，与转账凭证的填制方法基本相同。其中，上述收款凭证中的借方账户和付款凭证中的贷方账户均应纳入通用记账凭证之中。不难看出，采用收款凭证和付款凭证，可以省略部分金额填写工作。

利用专用凭证，人们能将收、付款和转账业务分开，便于会计人员分类和记账，能减少部分金额的填写工作。通用凭证能简化凭证的编制，例如对于既涉及收（或付）款又涉及转账的经济业务，根据经济业务发生时所取得的原始凭证只要编制一张记账凭证即可，采用专用凭证则要根据现收和银收分别编制两张记账凭证，但专用凭证便于业务分类和会计人员分工。所以，一般大中型企业采用专用凭证，小型企业采用通用凭证。

（三）复式记账凭证和单式记账凭证的填制方法

记账凭证按其填制方式的不同，可分为复式（多项）记账凭证和单式（单项）记账凭证。

复式记账凭证，是指在一张记账凭证上反映一笔完整的经济业务。同一笔经济业务所涉及的会计科目不论有几个，都集中填制在一张记账凭证上。复式记账凭证可以集中反映账户的对应关系，因而便于了解经济业务的全貌和资金的来龙去脉，便于查账；同时，可以减少填制记账凭证的工作量。以上所述收款凭证、付款凭证、转账凭证和通用记账凭证的格式，均属于复式记账凭证的格式。

单式记账凭证，要求就某项经济业务所涉及的每个会计科目，分别填制记账凭证，每张记账凭证只填列一个会计科目，其对方科目只供参考，不据以记账。也就是说，针对某一项经济业务的会计分录，按所涉及的会计科目，分别填制两张或两张以上的记账凭证。单式记账凭证便于汇总计算每一个会计科目的发生额，便于分工记账，但是填制记账凭证的工作量变大，而且出现差错不易查找。单式记账凭证包括借项凭证和贷项凭证，二者可用不同颜色表示，以示区别。

四、记账凭证的审核

为了保证记账凭证的正确性，必须加强记账凭证的审核，其审核的主要内容如下：

1.附件是否齐全。记账凭证是否附有原始凭证或原始凭证汇总表，所附原始凭证的张数、经济内容、金额合计等是否与记账凭证一致且合法。没有附原始凭证的记账凭证是否属于调账、结账和更正错账类业务，收、付款凭证后所附原始凭证是否加盖“收讫”“付讫”章。

2.相关内容是否正确，经济业务是否正常。应借、应贷账户的名称和金额是否正确，账户对应关系是否清晰，所用账户的名称是否符合会计制度的规定。

3.内容是否完整。记账凭证中有关项目是否填写齐全，有关人员是否签名或盖章。在审核过程中，如果发现记账凭证的记录有错误，则应查明原因，及时更正。

第四节　会计凭证的管理

一、会计凭证的传递与保管

（一）会计凭证的传递

会计凭证的传递是指从会计凭证的取得或填制时起至归档保管为止，在单位内部有关部门和人员之间的传送程序。会计凭证的传递，是会计制度的重要组成部分，应当在会计制度中做出明确的规定，它一般包括传递程序和传递时间两个方面，要求能够满足内部控制的需要，使传递程序合理有效，同时尽量节约传递时间、减少传递的工作量。

点阅读6-2

会计凭证的传递程序，实际上是反映了有关业务的办理程序，确定了有关部门和人员应负的责任。因此，会计凭证的传递办法是经营管理制度的重要内容，应由会计部门同有关部门共同制定，明确规定凭证的传递路线、时间和衔接手续，以及各个环节的处理内容，使凭证传递工作有规律地进行。

（二）会计凭证的保管

会计凭证是进行会计核算工作的基础，是重要的经济档案和历史资料。各单位对会计凭证必须妥善保管，不得丢失或任意销毁。

会计凭证的保管方法和要求如下：

1.每月记账完毕，要将本月的记账凭证按编号顺序整理，检查有无缺号，检查附件是否齐全，然后加上封面、封底，装订成册，以防散失。为了防止任意拆装，在装订处要贴上封签，加盖印章。最后，要将凭证按封面大小折叠整齐，在封面上写明年度、月份、册数和每册的起讫号数，以备日后查阅。会计凭证的封面格式如图6-17所示。

单位名称							
凭证类别	□______收款凭证　□______转账凭证　□付款凭证　□通用凭证						
起止日期	自　　年　　月　　日至　　年　　月　　日						
凭证册数	本月共　　册　　本册是第　　册						
凭证号数	本月共　　号　　本册自第　　号至第　　号						
全宗号		目录号		案卷号		保管号	

财务主管　　　　经办会计　　　　装订人　　　　保管年限　　　　年

图6-17　会计凭证封面

2. 某些原始凭证数量过多，体积过大，可以另行装订或单独保管。

3. 装订成册的会计凭证，应集中保管，由指定的会计人员专门负责。年度终了，送交会计档案室或企业单位综合档案室归档。如需查阅，则应按一定的手续制度进行，一般不得出借。

4. 遇有特殊情况，如发生贪污盗窃等经济犯罪案件，需要某项凭证作证时，应予复制，避免抽出原始凭证，致使原册残缺。

5. 会计凭证的保管期限，必须严格执行会计法规的有关规定，一般会计凭证至少保管10年，重要凭证应长期保存，涉外经济业务的凭证应永久保存。未到期限，任何人不得随意销毁凭证，保存期满之后，也必须按规定报经批准，方能销毁。

点阅读6-3

◆思政园地

中华苏维埃政府时期的税票

会计伴随着生产的发展而不断完善，作为反映会计最终成果的物质载体——会计账簿也在不断变化。通过不同时期的会计凭证，我们可以了解到当时经济的发展状况。江西宜春万载县苏维埃政府农业累进税征收券，是一件特殊的革命文物，一张特殊的税票。

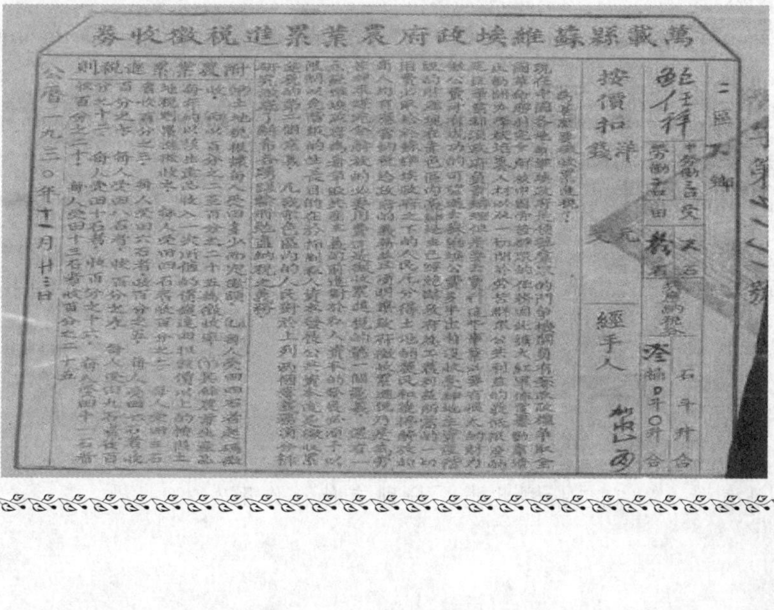

这张税票特别大，票幅为303毫米×275毫米。除了有税收名称、纳税人地址和姓名、纳税数量、收税负责人、纳税时间以及纳税标准以外，还有较大篇幅的“为什么要征收农业累进税”的内容，税票内容渐趋完备。

资料来源：刘洪. 一份伙食账簿和一张税票［N］. 中国文物报，2021-03-10.

◆章小结

会计的基本职能是核算和监督，会计凭证具体体现了核算和监督职能；会计凭证分为原始凭证和记账凭证；原始凭证可进一步细分为外来原始凭证和自制原始凭证；记账凭证可分为收款凭证、付款凭证和转账凭证；原始凭证和记账凭证的填写和审核须遵循一定的规范和标准；会计凭证成为会计档案的重要组成部分，其传递与保管也有专门的规章可循。

◆关键术语听与读

关键术语听读6

◎Accounting Document（会计凭证）：The accounting document, also called accounting voucher, is the document to prove the transaction or event, or to be used for the supporting of recording.

◎Source Document（原始凭证）：A source document is an original record containing the details to substantiate a transaction entered in an accounting system.

◎External Source Document（外来原始凭证）：An external source document is original witness from outside of the business, containing the details to substantiate a transaction or event entered in an accounting system.

◎Internal Source Document（自制原始凭证）：An internal source document is original witness from inside of the business, containing the details to substantiate an event entered in an accounting system.

◎Single-record Voucher（一次凭证）：A single-record voucher is a document which only could be used once.

◎Cumulative Voucher（累计凭证）：A cumulative voucher is a document in which the relevant documents are cumulated.

◎Summary Voucher（汇总凭证）：A summary voucher is a document in which a series of documents are summarized.

◎The Voucher（记账凭证）：The voucher is the document to be used for the supporting of recording.

◆回顾与思考

1. 会计凭证是什么？它包括哪几类，分别有什么作用？

2.原始凭证的内容包括哪些？填制原始凭证时应遵循哪些原则？

3.记账凭证的内容包括哪些？如何填制和审核记账凭证？

4.收付转记账凭证分别填制哪些经济业务？当同一笔交易出现收款和付款的情况时，应当怎么处理？

5.会计档案的传递与保管应当遵循哪些要求？

◆章习题

1.单项选择题

(1) 以下各种选项中，不属于原始凭证的是（　　）。

A.发货票　B.付款凭据　C.商品订货单　D.车船票

(2) 企业凭证是（　　）的依据。

A.业务活动　B.编制报表　C.登记账簿　D.原始凭证

(3) 公司差旅费报销单属于（　　）。

A.记账凭证　B.累计凭证　C.自制原始凭证　D.外来原始凭证

(4) 记账凭证可以不附原始凭证的情形有（　　）。

A.一张原始凭证涉及几张记账凭证时　B.更正错误时

C.期末结账时　D.一张原始凭证需要几个单位共同使用时

(5) 从银行提取现金，应编制的记账凭证是（　　）。

A.现金付款凭证　B.现金收款凭证

C.银行存款收款凭证　D.银行存款付款凭证

(6) 下列业务应编制转账凭证的是（　　）。

A.支付购买材料价款　B.支付材料运杂费

C.收回应收账款　D.原材料入库

(7) 下列各项中，属于原始凭证的是（　　）。

A.银行结算凭证　B.银行对账单　C.科目汇总表　D.购销合同

(8) 下列凭证中，应在其左上方填写贷方科目的是（　　）。

A.原始凭证　B.收款凭证　C.付款凭证　D.转账凭证

(9) 限额领料单是一种（　　）。

A.单式记账凭证　B.复式记账凭证　C.累计原始凭证　D.一次原始凭证

(10) 在审核原始凭证时，对于内容不完整、填制有错误或手续不完备的，应该（　　）。

A.拒绝办理，并向本单位负责人报告

B.予以抵制，对经办人员进行批评

C.由会计人员重新填制或予以更正

D.予以退回，要求更正、补充，以至重新填制

2.多项选择题

(1) 下列会计凭证中，属于自制原始凭证的有（　　）。

A.购销合同　B.限额领料单　C.工资结算单

D.发出材料汇总表　E.银行对账单

(2) 在下列科目中，可能成为付款凭证借方科目的有（　　）。

A.库存现金　B.银行存款　C.应付账款

D.应交税费　E.在建工程

(3) 原始凭证的内容有（　　）。

A.凭证的名称、日期、编号　B.接受凭证的单位名称

C.会计科目　D.数量、单价、金额　E.领导签字

(4) 以下各项中属于一次凭证的有（　　）。

A.收料单　B.销货发票　C.购货发票

D.领料汇总表　E.限额领料单

3. 判断题

(1) 一次凭证是指只能反映一项经济业务的凭证，如“领料单”。（　　）

(2) 转账凭证属于复式记账凭证。（　　）

(3) 记账凭证不可能有接收单位的名称。（　　）

(4) 凭证如果已有预先编号的，在写错作废时，应加盖“作废”戳记，连同存根一起保存，不得撕毁。（　　）

(5) 付款凭证属于通用记账凭证。（　　）

(6) 库存现金和银行存款之间的收付业务只编制付款凭证。（　　）

(7) 制造费用分配表是记账凭证。（　　）

(8) 每月记账完毕，应清理各种记账凭证，检查各类凭证的编号，确定有无重号或漏号的现象，然后分类并按顺序排列整齐，以备装订。（　　）

(9) 调阅归档的会计凭证，为了方便起见，可以随意抽走其中的附件。（　　）

4.业务题

资料：冰阳公司20×1年1月份发生了如下经济业务：

(1) 1日，收到出差职工张元的报销单，通过支付现金的方式向其报销差旅费。

(2) 3日，收到东平公司拖欠的货款80 000元，存入银行。

(3) 5日，通过银行付款方式购买原材料50 000元。

(4) 10日，原材料到货入库，并以现金向司机支付运输费3 000元。

(5) 15日，生产车间领用原材料30 000元投入生产中。

(6) 25日，通过银行转账的方式支付员工薪酬共计30 000元。

要求：(1) 根据上述业务，确定应编制的凭证类型。

(2) 根据上述业务，编制记账凭证。

◆国际视野

中外ERP系统中会计凭证的生成与管理的差异

尽管企业的资源有多种形式，经营模式多样，但是最终都需要采用一些量化的数据来呈现经营结果。ERP系统的一个重要的功能就是将大量的企业经营方面的财务数据，

通过软件实现了系统的归集与核算。因此，财务的功能通常通过ERP系统的运作完整体现出来。

（一）中国传统的记账凭证

在中国，一般来说记账凭证的类别有：收款凭证、付款凭证、转账凭证。收款凭证一般与企业的银行收款或现金收款相关，是一种业务凭证；付款凭证是与核算企业的银行存款付款或库存现金付款相关的业务凭证；转账凭证则是与库存现金或银行存款业务无直接关系的业务核算凭证，如销售赊销、采购赊账、固定资产折旧、成本分摊等。这些凭证根据业务发生量的大小按月分类汇总打印，装订成册。我们都习惯于这种凭证分类装订的模式，它的好处在于非常清晰，尽管会计年度是12个月，但是通常来说，财务人员根据管理的需要以及税务部门的需要，还是会编制月度财务报告。

这种凭证的分类方式已根植于财务人心中，即使在手工记账的年代也被广泛应用于各种规模的企业，所以当ERP系统替代手工记账之后，人们依然采用传统的方法管理会计凭证。

（二）国外ERP系统记账凭证的模块设置

在ERP系统记账凭证的模块设置方面，国外比较有代表性的是Oracle，它以模块来定义凭证类别：客户（销售及收款）、供应商（采购及付款）、生产、员工（报销及付款）、总账。Oracle是一款来自加拿大的适用于中等规模或小型企业的管理软件，其设计思路和SAP Oracle等来自欧美的ERP系统基本相同。这类系统在会计凭证的类别设置上，无法参考国内的收款凭证、付款凭证、转账凭证等分类。大多数情况下，收款凭证来自应收账款模块，付款凭证来自应付账款模块或人力资源及薪金模块（处理员工薪金及员工费用报销），转账凭证来自存货、生产制造资产等相关模块。当然，国内的ERP系统在功能方面应该和国外的ERP系统类似，毕竟国内外企业管理所需要掌握的数据和信息是基本相同的。Oracle软件对收款凭证按客户编码分类，将每一个客户的销售发票、发货记录、销售订单、银行收款流水单等放入同一档案，并按照年度分类整理成册。

……

年度终了，财务人员打印全年的交易记录作为凭证订于封面。同样的思路也可以被应用在应付账款模块、员工的费用报销模块等，即为每一个供应商或每一个员工设置一个编码，根据发生的交易金额，按照每一个年度建立档案册。

资料来源：张晓群．中外ERP系统比较研究［J］．合作经济与科技，2019（24）．

◆推荐阅读

［1］黄世忠，刘维．提高会计信息质量的重大举措——感悟《企业会计制度》［J］．会计研究，2001（2）．

［2］李赫．会计凭证电子化是未来发展的必然趋势［J］．计算机与网络，2020（8）．

［3］李胜利，林芮毅．股东对公司原始会计凭证查阅权法律思考［J］．济宁学院学报，2020（3）．

[4] 李薇. 论会计凭证的填制与审核 [J]. 中国商论, 2018 (34).

[5] 李心合. 会计制度的信誉基础 [J]. 会计研究, 2002 (4).

[6] 李玉环. 改革开放以来我国会计制度改革的回顾与评价 [J]. 会计研究, 2001 (9).

第七章

会计账簿

章案例

买卖不成账簿须在

M公司是一家商贸公司，成立于2019年，注册资本1 000万元。但是由于种种原因，公司成立至今并无实际业务发生，也未设置相应财务账簿。公司财务人员认为，因为公司没有业务所以也没必要设置账簿。没有账簿，也就没有贴印花税的条件。负责检查M公司财务情况的检查组内部也出现了三种声音：第一种观点认为，可以根据《中华人民共和国税收征收管理法实施细则》第二十二条和《中华人民共和国税收征收管理法》第六十条对M公司未建账的行为进行处罚；第二种观点认为，应当根据《国家税务总局关于资金账簿印花税问题的通知》和《中华人民共和国税收征收管理法》第六十四条对M公司资金账簿未贴印花税票的行为进行处罚；第三种观点认为，应当同时进行处罚。

案情分析：《中华人民共和国行政处罚法》规定，对当事人的同一个违法行为，不得给予两次以上罚款的行政处罚。一事不再罚是行政处罚的重要原则之一。该规定在防止处罚机关滥用职权、保障处于被管理地位的相对人法定的合法权益，使其不受违法的行政侵犯等方面有积极的作用。这就排除了对企业未建账同时未贴印花税票同时进行处罚的可能。但是，一事不再罚原则对适用法规时可能出现的法规冲突没有提供适用规则。在冲突规则适用方面，我国刑法学理论研究相对成熟，由于行政处罚与刑事处罚有诸多相近之处，这时可以借鉴刑法上的法条竞合原则。由于《中华人民共和国税收征收管理法实施细则》的法律地位高于《国家税务总局关于资金账簿印花税问题的通知》，适用上位法条优于下位法条原则，且该公司未设置财务账簿的行为，导致了该公司无法在资金账簿上贴印花税票，是前一事实导致后一事实无法完成。处理结果为：检查组只针对该公司未设置财务账簿的行为处以罚款2 000元。

资料来源：编者根据相关资料整理。

学习目标

通过本章的学习，希望您能够：

- 理解会计账簿的含义及分类

- 熟悉各种账簿的设置与登记
- 熟悉账簿登记的规则和方法
- 掌握错账更正的方法

第一节 会计账簿的概念及分类

在会计核算中，对每一项经济业务，企业都必须取得并填制会计凭证。但是，会计凭证数量很多，又很分散，只能分散地反映个别经济业务的内容，不能全面、连续、系统地反映和监督一个经济单位在一定时期内经济业务的变化情况，而且不便于日后查阅。因此，为了给人们的经济管理活动提供系统的核算资料，就要运用登记账簿的方法，把大量分散的会计凭证核算资料加以集中并归类整理，登记到账簿中去。

一、会计账簿概述

（一）会计账簿的含义

会计账簿又称账本，是指由一定格式的账页组成，以会计凭证为依据，全面、系统、连续地记录各项经济业务的簿籍。通过账簿可以全面反映会计主体在一定时期内所发生的各项资金运动，储存所需要的会计信息，是会计主体期末编制会计报告的基础和依据。

（二）会计账簿的组成

会计账簿一般由封面、封底、扉页和账页组成。封面、封底对扉页和账页起保护的作用，扉页一般载明登记账簿须知，用于填写账簿启用及交接记录等，账页是账簿的构成主体，也是专门用以记录交易或事项内容的载体。在手工记账条件下，账户设置是指在账簿中设立账户。账簿中可以设置一个账户也可以设置多个账户。若设置一个账户，则账户名称可以印制或填写在封面上；若设置多个账户，则应该填写账户目录表，标明各个账户所在的页码，便于查找或登记。

（三）会计账簿设置的意义

设置和登记账簿，是对经济信息进行加工整理的一种专门方法，也是会计核算的中心环节。账簿的作用可以概括如下：

1.账簿可以为企业经营管理提供系统、完整的会计核算资料。

通过设置和登记账簿，可以把会计凭证提供的大量分散的核算资料加以归类整理，以全面、连续、系统地反映企业的经济活动情况，这对于加强经济核算，提高企业经营管理水平具有重要的作用。

2.账簿可以为编制会计报表提供数据资料。

企业定期编制会计报表的主要依据是账簿记录，账簿又是进行会计分析和会计检查的必要依据。因此，账簿的记录和设置是否完整、正确，直接影响财务报告的质量。

3.账簿是考核企业经营业绩、加强经济核算、分析经济活动的重要依据。

账簿既提供了总括的核算资料，又提供了明细的核算资料，还提供了成本、费用、收入和财务成果的会计信息。管理者可以结合有关资料，分析企业经营过程中存在的问题，及时总结经验，以便加强企业管理。另外，也可以将其与事先制订的计划或财务预算进行比较，从而将计划或预算与实际结果进行比较，比较的结果也可以用于评价企业经营成果的变化幅度等。

二、会计账簿的分类

会计核算中应用的账簿很多，不同的账簿，其形式、用途、内容和登记方法各不相同。因此，为了更好地了解和使用各种账簿，必须对账簿进行必要的分类。会计账簿可以根据用途、外表形式、账页格式的不同进行具体的划分。

（一）按用途不同划分

会计账簿按照用途不同可以划分为序时账簿、分类账簿和备查账簿。

1.序时账簿，也称日记账，是按照经济业务发生时间的先后顺序，逐日连续登记的账簿，序时账簿按其记录的内容不同又可以分为普通日记账和特种日记账。

普通日记账，是用来登记各企业全部经济业务的日记账。在账簿中，按照每日发生的经济业务的先后顺序，逐项编制会计分录，因而这种日记账又称通用日记账、分录日记账或分录簿。设置普通日记账的单位，一般不再单设特种日记账，以免重复。

特种日记账，是用来登记某一类经济业务发生情况的日记账。如库存现金日记账、银行存款日记账等。在账簿中，按发生的先后顺序将该类经济业务记入账簿中，反映其详细情况。

2.分类账簿，是对各项经济业务按照账户进行分类登记的账簿，简称分类账。按账簿反映内容详细程度的不同，分类账簿又分为总分类账（简称总账）和明细分类账（简称明细账）。总分类账是根据一级账户设置的，它是用来核算经济业务的总括内容的。明细分类账是根据二级明细账户设置的，它是用来核算经济业务的明细内容的。在分类账簿中反映了资产、负债、所有者权益、费用和收入等增减变化的情况。总分类账簿的金额与其所属的明细分类账簿的金额之和相等。明细分类账是对总账的补充和具体化，并受总分类账户的控制和统驭。

3.备查账簿，也称辅助账簿，是对某些在日记账簿和分类账簿中未能记载或记载不全的事项进行补充登记的账簿。它可以为某些经济业务的内容提供必要的参考资料，例如，会计人员可以通过查询备查账簿了解某项经济业务更为详细的内容。

（二）按其外表形式不同划分

会计账簿按其外表形式不同可以分为订本式账簿、活页式账簿和卡片式账簿。

1.订本式账簿，是指把许多账页装订成册的账簿。这种账簿的账页固定，既可避免账页散失，又可防止账页被抽换，比较安全。但是订本式账簿也存在缺点，同一本账簿在同一时间内只能由一人登记，不能分工记账。当账页总数和账簿中各账户预留账页数同实际需要量不一致时，会造成账页不足，影响账户连续记录，或账页过多造成浪费等问题。因此，这种账簿一般适用于重要的具有统驭性的总分类账、库存现金日记账和银行存款日记账等。

2.活页式账簿，是把分散的账页装在活页夹内，并可以随时取放（增减）账页的账簿。账页可根据需求确定，登记方便，可同时由数人分工记账，但是这种账簿的账页容易散失，也容易被抽换。因此，在使用活页式账簿时空白账页必须连续编号，并在账页上加盖有关人员图章，以防出现问题，会计年度终了，将其装订成册。活页式账簿一般适用于明细分类账。

3.卡片式账簿，是将一定数量的卡片式账页装存于专设的卡片箱中，账页可以根据需求随时增添的账簿。这种账簿的优缺点与活页式账簿相同，在实际使用时，卡片上应连续编号并加盖有关人员图章，卡片箱应由专人负责保管。卡片式账簿一般适用于固定资产的明细核算。

（三）按账页格式不同划分

会计账簿按照账页格式的不同，可分为三栏式账簿、多栏式账簿和数量金额式账簿。

1.三栏式账簿

三栏式账簿是指账页设有借方、贷方和余额三个栏目的账簿。三栏式账簿体现了账户的基本结构，它主要适用于只有金额而没有实物量的经济业务，作为账页格式中最基本的结构，三栏式账簿被大多数企事业单位所应用，其格式如图7-1所示。

库存现金日记账

单位：元

2020年		凭证		对方科目	摘要	借方	贷方	余额
月	日	字	号		月初余额			800
1	2							
1	5	银付	1	银行存款	提取现金	600		
1	8	现付	1	管理费用	购买打印纸		150	
⋮	⋮	⋮	⋮	⋮	⋮	⋮	⋮	⋮
1	31				本月合计	380 000	240 000	140 000

图7-1 库存现金日记账（三栏式）

2.多栏式账簿

多栏式账簿是指根据经济业务的特点和管理要求，在借方或者贷方科目下设置若干明细科目的专栏的账簿。根据多栏式账簿的内容，可进一步划分为借方多栏式账簿、贷方多栏式账簿和借贷方多栏式账簿三种格式。多栏式账簿主要适用于各会计要素的明细核算。借方多栏式账簿如图7-2所示。

管理费用明细账

单位：元

2020年		凭证		摘要	借方	贷方	余额	（借方）			
月	日	字	号		金额	金额	3 000	办公费	招待费	咨询费	其他
1	2	银付	1	购买电脑	80 000			80 000			
1	5	银付	2	支付招待费	600				600		
1	8	现付	1	购买打印纸	150						150
⋮	⋮	⋮	⋮	⋮	⋮	⋮	⋮	⋮	⋮	⋮	⋮
1	31			本月合计	380 000			260 000	60 000	20 000	40 000

图7-2 管理费用明细账（借方多栏式）

3.数量金额式账簿

数量金额式账簿是指在账页的借方、贷方和余额下分别设置数量、单价、金额三个栏目，用来反映实物数量和金额的账簿。数量金额式账簿是制造业企业最常用的账簿形式之一。比如，原材料、库存商品、自制半成品等的明细账一般采用数量金额式账簿，其格式如图7-3所示。

原材料明细账

总第　页

分第　页

一级科目：原材料　　　　金额单位：元

二级科目：乙材料　　　　计量单位：千克

2021年		凭证		摘要	借方			贷方			余额		
月	日	字	号		数量	单价	金额	数量	单价	金额	数量	单价	金额
2	1			期初余额							60	20	1 200
2	3	转		车间领用				15	20	300			
⋮	⋮	⋮	⋮	⋮	⋮	⋮	⋮	⋮	⋮	⋮	⋮	⋮	⋮
2	28			本月合计	900	20	18 000	1 000	20	20 000	155	20	3 100

图7-3　原材料明细账（数量金额式）

第二节　账簿登记与错账更正方法

一、会计账簿的登记

各个账簿的格式差异较大，对于不同种类的会计账簿，特别是日记账和分类账，在具体的设置和登记方面有着不同的要求。

（一）日记账的登记

日记账主要用于逐日核对和监督库存现金、银行存款的收入、支出和结余情况。库存现金日记账和银行存款日记账必须采用订本式账簿。

1.库存现金日记账

库存现金日记账是用来核算和监督库存现金每日的收入、支出和结存情况的账簿，其格式有三栏式和多栏式两种。无论采用三栏式还是多栏式库存现金日记账，都必须使用订本账，三栏式库存现金日记账格式如图7-4所示。

库存现金日记账　　　　第　页

2021年		记账凭证种类及号数	摘 要	对方科目	收 入	支 出	结 存
月	日						

图7-4　三栏式库存现金日记账

库存现金日记账的登记方法为：库存现金日记账由出纳人员根据同现金收付有关的记账凭证，按时间顺序逐日、逐笔进行登记，并根据“上日余额+本日收入-本日支出=本日余额”的公式，逐日结出现金余额，与库存现金实存数核对，以检查每日现金收付是否有误。

2.银行存款日记账

银行存款日记账是用来核算和监督银行存款每日的收入、支出和结余情况的账簿。银行存款日记账应按企业在银行开立的账户和币种分别设置，每个银行账户设置一本日记账。银行存款日记账的格式和登记方法与库存现金日记账相同。多栏式银行存款日记账格式如图7-5所示。

银行存款日记账　　第　页

年		记账凭证		摘要	收入						支出						结存
月	日	种类	号数		应贷科目					合计	应借科目					合计	

图7-5 多栏式银行存款日记账

【例7-1】冰阳公司于20×1年1月库存现金的期末余额为3 000.10元，2月份发生如下经济业务：

点阅读7-1

（1）2月1日，从银行提取备用金1 000元。

（2）2月2日，支付员工差旅费1 500元。

（3）2月4日，购买办公用品打印纸800元。

以上业务均取得了合法凭证，会计人员根据原始凭证填制了相关记账凭证，根据记账凭证登记库存现金日记账，如图7-6所示。

库存现金日记账　　单位：元

20×1年		记账凭证种类及号数	摘要	对方科目	收入	支出	结存
月	日						
2	1		月初余额				3 000.10
2	1	银付	提取备用金	银行存款	1 000.00		
2	2	现付	差旅费	其他应收款		1 500.00	
2	4	现付	购买打印纸	管理费用		800.00	
			本月合计				

图7-6 库存现金日记账

(二)分类账簿的登记

1.总分类账簿的登记

总分类账是按照总分类账户分类登记以提供总括会计信息的账簿。它是按一级科目开设,用以反映和监督各项资产、负债、所有者权益、成本和收入以及经营成果的总括核算资料的账簿。总分类账最常用的格式为三栏式,设置借方、贷方和余额三个基本金额栏目,总分类账(三栏式)格式如图7-7所示。

会计科目: 总分类账 第 页

年		凭证		摘要	借方										贷方										借或贷	余额									
月	日	字	号		千	百	十	万	千	百	十	元	角	分	千	百	十	万	千	百	十	元	角	分		千	百	十	万	千	百	十	元	角	分

图7-7 总分类账(三栏式)

总分类账的登记方法。总分类账可以根据记账凭证逐笔登记,即根据专用记账凭证或者通用记账凭证,按照交易或事项发生的时间顺序进行逐笔登记;也可以根据经过汇总的科目汇总表或汇总记账凭证等登记。

2.明细分类账的登记

明细分类账的格式。明细分类账是根据二级账户或明细账户开设账页,分类、连续地登记经济业务以提供明细核算资料的账簿,其格式有三栏式、多栏式、数量金额式和横线登记式(或称平行式)等多种。

(1)三栏式明细分类账。三栏式明细分类账是设有借方、贷方和余额三个栏目,用以分类核算各项经济业务,提供详细核算资料的账簿,其格式与三栏式总账格式相同,不同的是总账的外表形式为订本式,而明细账多为活页式,适用于只进行金额核算的账户,其格式如图7-8所示。

库存现金日记账

年		凭证		对方科目	摘要	借方	贷方	余额
月	日	字	号					

图7-8 库存现金日记账(三栏式)

（2）多栏式明细分类账。多栏式明细分类账将属于同一个总账科目的各个明细科目合并在一张账页上进行登记，适用于成本费用类科目的明细核算。

（3）数量金额式明细分类账。数量金额式明细分类账的借方（收入）、贷方（发出）和余额（结存）分别设有数量、单价和金额三个专栏，适用于既要进行金额核算又要进行数量核算的账户，其格式如图7-9所示。

原材料明细账

总账科目：　　　　材料规格：

明细科目：　　　　计量单位：

年		凭证		摘要	收入			发出			结余		
月	日	字	号		数量	单价	金额	数量	单价	金额	数量	单价	金额

图7-9 原材料明细账（数量金额式）

（4）横线登记式明细分类账。横线登记式明细分类账是采用横线登记，即将每一相关的业务登记在一行，从而可依据每一行各个栏目的登记是否齐全来判断该项业务的进展情况。该明细分类账适用于登记材料采购业务、应收票据和一次性备用金业务。

明细分类账的登记方法。不同类型经济业务的明细分类账可根据管理需要，依据记账凭证、原始凭证或汇总原始凭证逐日逐笔或定期汇总登记。固定资产、债权、债务等明细账应逐日逐笔登记，库存商品、原材料、产成品收发明细账以及收入、费用明细账可以逐笔登记，也可定期汇总登记。

3. 总分类账与明细账平行登记

总分类账和明细账是因对同一经济业务分层次核算而设置的。总分类账提供的是总括指标，对所属的明细账起着控制的作用。明细账提供的是某一类经济业务的详细指标，是某一类总分类账的从属账户，对总分类账起着补充和说明的作用。总分类账与明细账所提供的核算资料互相补充，二者结合才能既详细又总括地反映某一项经济业务，因此二者应当采用平行登记的方法进行记录。

平行登记是指经济业务发生后，根据审核无误的会计凭证，一方面登记有关的总分类账，另一方面同时登记总分类账所属的明细分类账。二者平行登记时需要注意：

（1）同依据，即二者都是根据相同的经济业务，按照不同的账务处理程序，既登记总分类账簿又登记所属明细分类账簿。

（2）同期间，对发生的同一笔经济业务，总分类账和所属明细分类账必须在同一会计期间全部登记入账。

（3）同方向，在某一总分类账簿和所属明细分类账簿中登记同一笔经济业务内容时，方向必须相同，即在总分类账户中登记的是借方，在明细账户中登记的也是借方。

（4）同金额，即总分类账簿和明细分类账簿登记同一项经济业务时，其发生的金额必须相同。

（三）账簿登记规范

1.登记账簿时，应当将会计凭证日期、编号、业务内容摘要，金额和其他有关资料逐项记入账内，同时记账人员要在记账凭证上签名或盖章，并注明已经登账的符号（如打"√"），防止漏记、重记和错记等情况的发生。

2.各种账簿要按账页顺序连续登记，不得跳行、隔页。如果发生跳行、隔页，应对空行、空页进行划线注销，或注明"此行空白"或"此页空白"字样，并由记账人员签名或盖章。

3.登记账簿时，要用蓝黑墨水或者碳素墨水书写。不得用圆珠笔（银行的复写账簿除外）或者铅笔书写。红色墨水只能用于制度规定的按红字冲账的记账凭证、在不设减少"金额"栏的多栏式账页中登记减少数，在三栏式账户的"余额"栏前，如未印明余额方向的，在"余额"栏内登记负数金额等情况。

4.记账要规范。记账要保持清晰、整洁，记账文字和数字要端正、清楚、书写规范，一般应占账簿格距的1/2，以便留有改错的空间。

5.定期结出余额。库存现金日记账和银行存款日记账必须每天结出余额，结出余额后，应在"借或贷"栏内写明"借"或"贷"的字样。没有余额的账户，应在该栏内写"平"字并在"余额"栏"元"位上用"0"表示。

6.每登记满一张账页结转下页时，应当结出本页合计数和余额，写在本页最后一行和下页第一行有关栏内，并在本页的"摘要"栏内注明"转后页"字样，在次页的"摘要"栏内注明"承前页"字样。

二、错账更正方法

（一）产生错账的两种情况

1.影响借贷平衡的错账。它通常有倒码、错位、反向等错误。倒码就是相邻数字颠倒，如将58错记为85；错位就是多记或少记位数，如将300错记为3 000，或将5 000错记为500；反向就是记错借贷方向，如将借方发生额错记到贷方，出现一方重记，而另一方未记，借贷两方一方记账，另一方漏账的问题。以上错账在试算平衡时能够被发现。

2.不影响借贷平衡的错账。它主要有重记整笔业务、漏记整笔业务、窜账（即把甲账户发生额错记到乙账户中）等错误，几种错误交织，差数抵销。以上错账在试算平衡时不易发现。

（二）错账查找方法

1.全面检查法。这种方法是指对整个会计工作进行全面检查，即把一定时期内的所有账目进行逐笔核对的检查方法。实际工作中，错账往往不止一笔，特别是在久未对账时，账目不平常常是由于很多错误造成的。在这种情况下，可采用全面查账法查找错账。全面查账法有以下几种：

（1）正查法。正查法是指按照记账工作的顺序检查账簿，从原始凭证逐笔查到试算平衡表的方法。先检查记账凭证是否和原始凭证一致，然后检查记账凭证是否和账簿记录完全一致，再看各个账户结账的计算是否准确，最后检查结账的发生额和余额是否被准确抄入试算表，以及试算表本身借、贷方合计数有无错误。

（2）逆查法。逆查法是指逆着记账工作的顺序检查账簿，它与顺查法的查找顺序正好相反。在实际工作中，逆查法用得比正查法多，因为错误在后期工作中容易出现，所以它比正查法更容易发现问题，从而有利于查找，节省时间和精力。

2.个别检查法

个别检查法，针对的是记账人员的偶然疏忽造成的错误，出错较少时使用个别检查法更有效率。个别检查法，有很多种具体方法，常用的主要包括差额法、除二法、除九法等。

（1）差额法。这是直接从账账之间的差额数字来查找错误的方法。例如，库存现金日记账余额为3 560元，总账中现金账户的余额为3 500元，相差60元，可直接根据账面数（库存现金日记账余额）与核对数（总账中现金账户的余额）的差额来查找。

（2）除二法。这是将账账之间差额数字除以二，按商数来查找差错的方法，这种方法适用于查找将经济业务记反方向形成的错误。例如，原有原材料库存6 000元，又入库1 000元，应在“原材料”账户借方登记1 000元，期末余额应是7 000元，结果会计人员将1 000元错记在了“原材料”账户的贷方，致使期末余额只有5 000元，相差2 000元。用这个差额2 000元除以2，商数是1 000元，便是该错数。查找时应注意有无1 000元的业务记反了方向。

（3）除九法。除九法是指用差数除以9来查找错账的方法。此法适用于查找数字错位和邻数倒置所引起的差错。在登记入账过程中，会计人员可能会把数字的位数搞错。例如，十位数记成百位数，而百位数记成千位数或者把千位数记成百位数，如果出现这种情况，差数均可被9整除，其商数就是要查找的差错数。

（三）错账更正方法

账簿记录应做到整洁，记账应力求正确，如果账簿记录发生错误，则应按规定的方法进行更正。更正错账的方法有划线更正法、红字冲销法、补充登记法。

1.划线更正法

在结账以前，如果发现账簿记录有错误而记账凭证没有错误，仅属于记账时文字或数字上的笔误，则应采用划线更正法。更正的方法是：先将错误的文字或数字用一条红色横线划去，表示注销，再在划线的上方用蓝色笔写上正确的文字或数字，并在划线处加盖更正人的章印，以明确责任。但是，要注意在划掉错误数字时应将整笔数字划掉（不能只划掉其中一个或几个写错的数字），并保持被划去的字迹仍可清晰辨认；对于文字错误，可只划去错误的部分。

2.红字更正法

红字更正法是指由于记账凭证错误而使账簿记录发生错误，而用红字冲销原记账凭证，以更正账簿记录的一种方法。红字更正法适用于以下两种情况：

（1）记账以后，如果发现账簿记录的错误是因记账凭证中的应借、应贷会计科目或记账方向有错误而引起的，则应用红字更正法进行更正。更正的方法是：先用红字金额填写一张会计科目与原错误记账凭证完全相同的记账凭证，在“摘要”栏中写明“冲销错账”以及错误凭证的号数和日期，并据以用红字登记入账，以冲销原来错误的账簿记录。然后，用蓝字或黑字填写一张正确的记账凭证，在“摘要”栏中写明“更正错账”以及冲销凭证的号数和日期，并据以用蓝字或黑字登记入账。

【例 7-2】冰阳公司购入行政管理部门用办公用品1 500元，货款用银行存款支付。在填制记账凭证时，误记入“库存现金”账户，并已据以登记入账，其错误记账凭证所反映的会计分录是：

借：管理费用　1 500

　贷：库存现金　1 500

该项业务的会计分录应贷记“银行存款”账户。在更正时，应用红字填制一张记账凭证冲销原会计分录，并据以登记入账，冲销原错误的账簿记录。

借：管理费用　[1 500]

　贷：库存现金　[1 500]

然后，用蓝字或黑字填制一张正确的记账凭证，并据以登记入账。

借：管理费用　1 500

　贷：银行存款　1 500

（2）记账以后，如果发现记账凭证和账簿记录的金额有错误（所记金额大于应记的正确金额），而应借、应贷的会计科目没有错误，则应用红字更正法进行更正。更正的方法是：按照多记的金额用红字填制一张记账凭证，应借记、应贷记的会计科目与原错误记账凭证相同，在“摘要”栏写明“冲销多记金额”以及原错误记账凭证的号数和日期，并据以登记入账，以冲销多记的金额。

【例 7-3】冰阳公司生产车间领用一批工具，价值900元。在填制记账凭证时，误记金额为9 000元，但会计科目、借贷方向均没有错误，并已据以登记入账。其错误记账凭证所反映的会计分录是：

借：制造费用　9 000

　贷：低值易耗品　9 000

更正时，应按照多记的金额8 100元用红字编制如下的记账凭证，并登记入账。

借：制造费用　[8 100]

　贷：低值易耗品　[8 100]

3.补充登记法

记账后，如果发现记账凭证和账簿记录的金额有错误（所记金额小于应记的正确金额），而应借、应贷的会计科目没有错误，则应用补充登记法进行更正。更正的方法是：将少记的金额用蓝字或黑字填制一张应借会计科目、应贷会计科目与原错误记账凭证相同的记账凭证，在“摘要”栏中写明“补充少记金额”以及原错误记账凭证的号数和日期，并据以登记入账。

【例 7-4】冰阳公司生产部门领用一般耗材7 000元，应记入“制造费用”账户，编制记账凭证时，会计人员误将金额写成了700元并已登记入账。

借：制造费用　700

　贷：原材料　700

为了更正上述错误，会计人员应该填写一张蓝字的记账凭证，金额是少记金额。其相关会计分录为：

借：制造费用　6 300

　贷：原材料　6 300

第三节 对账、结账与更换

一、对账

对账是指在本期内对账簿记录进行核对。对账包括账证核对、账账核对、账实核对。

1.账证核对。它是指将各种账簿的记录与有关会计凭证进行核对，有助于发现对账中可能存在的错误。

2.账账核对。它是指对各种账簿之间的有关数字进行核对。账账核对的内容主要包括：

（1）检查总分类账各账户本月借方发生额合计数与贷方发生额合计数是否相等；检查期末借方余额合计数与贷方余额合计数是否相等，以检查总分类账户的登记是否正确。

（2）将各明细分类账的本期借、贷方发生额合计数及期末余额合计数与总分类账分别进行核对，以检查各明细分类账的登记是否正确。

（3）将库存现金日记账和银行存款日记账的本期借、贷方发生额合计数及期末余额合计数与总分类账分别进行核对，以检查日记账的登记是否正确。

（4）会计部门有关财产物资的明细分类账中的结存数，应该与财产物资保管或使用部门的有关保管账中的账存数核对相符，以检查双方记录是否正确。

3.账实核对。它是指将各种财产物资的账面余额与实存数额相核对，一般是通过财产清查进行的。账实核对的具体内容包括：

（1）将库存现金日记账账面余额与实地盘点的库存现金实有数相核对。

（2）将银行存款日记账账面余额与开户银行账目（银行对账单）相核对。

（3）将各种财产物资明细分类账账面余额与其清查盘点后的实存数相核对。

（4）将各种应收、应付款明细分类账账面余额与有关债务、债权单位的账目相核对。

二、结账

（一）结账的含义

结账是指在将本期内所发生的经济业务全部登记入账的基础上，于会计期末按照规定的方法结算账目，包括结算出本期发生额和期末余额。另外，企业因联营、股份制改革、与外商合资、单位撤销或兼并等原因，需要办理账务交接时，也需要进行结账。

（二）结账的类型

计算登记各种账簿本期发生额和期末余额的工作，一般按月进行，称为月结；有的账目还应按季结算，称为季结；年度终了，还应进行年终结账，称为年结。期末结账主要采用划线结账法。也就是说，期末结出各账户的本期发生额和期末余额后，加以划线标记，将期末余额结转至下期。结账时，不同的账户应分别采用不同的方法：

1.月结。每月结账时，应在各账户本月份最后一笔记录下面画一条通栏红线，表示本月结束；然后，在红线下面结出本月发生额和月末余额，如果没有余额，则在“余额”栏内写上“平”或“0”符号。同时，在“摘要”栏内注明“本月合计”或“×月份发生额及余额”字样，最后，在下面画一条通栏红线，表示完成月结工作。

2.季结。季结的结账方法与月结基本相同，但要在“摘要”栏内注明“本季合计”或“第×季度发生额及余额”字样。

3.年结。办理年结时，应在12月份月结下面（需办理季结的，应在第4季度的季结下面）结算填列全年12个月的月结发生额和年末余额，如果没有余额，则应在“余额”栏内写上“平”或“0”符号，并在“摘要”栏内注明“本年合计”或“年度发生额及余额”字样。然后，将年初借（贷）方余额抄列于下一行的借（贷）方栏内，并在“摘要”栏内注明“年初余额”字样，同时将年末借（贷）方余额再列入下一行的贷（借）方栏内，在“摘要”栏内注明“结转下年”字样。最后，分别加计借贷方合计数，并在合计数下面划通栏双红线表示封账，年结工作就完成了。需要更换新账的，应在新账有关账户的第一行“摘要”栏内注明“上年结转”或“年初余额”字样，并将上年的年末余额以相同方向记入新账中的“余额”栏内。

点阅读7-2

三、更换

会计账簿的更换是指在会计年度终了时，将上年旧账更换为次年新账，在新的会计年度建账。但是，并不是所有账簿都要更换为新账，一般来说，库存现金日记账、银行存款日记账、总分类账、大多数明细分类账应每年更换一次。更换新账工作量较大时，账簿也可以跨年度使用，固定资产等明细账，一年内变化不大，可以连续使用，各种备查账簿也可以连续使用。

更换新账的程序是：年度终了，在本年有余额的账户“摘要”栏内注明“结转下年”字样。在更换新账时，注明各账户的年份，在第一行“日期”栏内写明1月1日，“凭证字号”栏空置不填，在新账“摘要”栏内注明“上年结转”字样，将各账户的年末余额直接抄入新账“余额”栏内，并注明余额的借贷方向。对于过入新账的有关账簿余额的结转事项不需要编制记账凭证。

点阅读7-3

◆思政园地

土地革命战争时期的账簿

中华苏维埃政府是中国共产党人创建人民革命政权的宝贵探索与尝试。虽然是工农联合建立的政权，但已具备基本的管理思维，簿记已经在各领域得到应用。

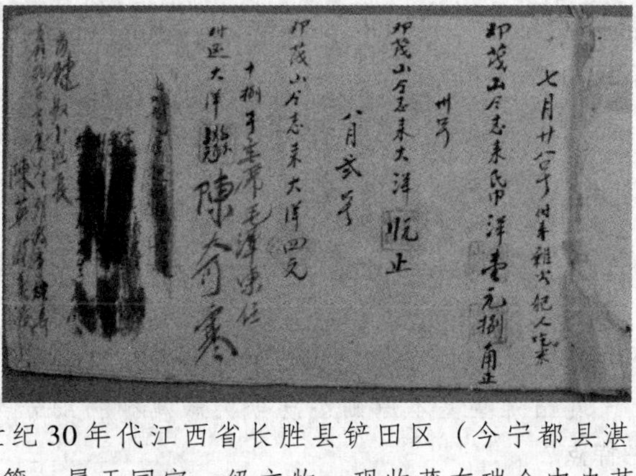

上图中是20世纪30年代江西省长胜县铲田区（今宁都县湛田乡）苏维埃政府自制的一份伙食账簿，属于国家一级文物，现收藏在瑞金中央革命根据地纪念馆。

资料来源：刘洪. 一份伙食账簿和一张税票［N］. 中国文物报，2021-03-10.

◆章小结

企业的交易或事项，是通过账簿记载的；会计账簿也称账本，有专门的格式，是以会计凭证为依据的；会计账簿根据不同的标准有不同的分类，可以分为序时账簿（或日记账）、分类账簿和备查账簿，订本式账簿、活页式账簿和卡片式账簿，三栏式账簿、多栏式账簿和数量金额式账簿；日记账主要包括库存现金日记账、银行存款日记账；分类账主要包括总分类账簿和明细分类账簿，总账和明细账之间平行登记；各类账簿的登记须遵循一定的规范和要求；在填制凭证或登记账簿的过程中，有可能出现不同种类的错账，错账的更正方法主要包括划线更正法、红字更正法和补充登记法；期末，对账和结账十分必要；将旧账簿更换为新账簿，也是会计人员期末终了一项不可或缺的工作。

◆关键术语听与读

关键术语听读7

◎Account Book（会计账簿）：An account book，normally known as a ledger，is a book used in accounting in which the relevant accounts are kept.

◎Chronological Account Book（序时账簿）：A chronological account book is an accounting recording register，in which all the records are put in the order of the time on which the transaction or event occurs.

◎Journal（日记账）：A journal is the record of journal entries appearing in order by date，some of which refer to the journal as the book of original entry since the entries are first recorded in a journal.

◎General Ledger（总分类账簿）：The general ledger，often referred to as the control account，is the part of the accounting system which contains the balance sheet and income statement accounts used for recording transactions.

◎Subsidiary Ledger（明细分类账簿）：The subsidiary ledger，also called the affiliated ledger，is a record of the details to support a general ledger account.

◎Parallel Recording（平行登记）：The parallel recording refers to the recording of general ledgers equaling that of subsidiary ledgers.

◆回顾与思考

1.什么是会计账簿？会计账簿各组成部分的作用是什么？设置会计账簿有什么重要意义？

2.会计账簿如何分类？各有什么特点？分别如何使用？

3.设置会计账簿应该遵循哪些基本原则？总分类账簿和明细分类账簿的格式有什么不同？它们的登记有哪些特点？

4.一般情况下，会出现哪些错账？错账更正有哪些方法？分别适用于什么情况？

5.为什么要对账？对账包括哪些内容？

6.为什么要结账？结账包括哪些方法？

◆章习题

1.单项选择题

(1) 按照经济业务发生或完成时间的先后顺序逐日、逐笔连续登记的账簿是（　　）。

A.明细账　　B.总账　　C.日记账　　D.备查账

(2)“应付账款”明细账一般采用（　　）账页。

A.三栏式　　B.二栏式　　C.多栏式　　D.数量金额式

(3) 下列账簿中，可采用卡片式账簿的是（　　）。

A.固定资产总账　　B.银行存款日记账　　C.固定资产明细账　　D.日记总账

(4) 将现金存入银行，登记银行存款日记账的依据是（　　）。

A.现金收款凭证　　B.银行存款收款凭证

C.银行存款付款凭证　　D.库存现金付款凭证

(5) 记账后，如果发现记账错误是由记账凭证所列科目或金额错误引起的，那么应当采取（　　）。

A.划线更正法　　B.红字更正法　　C.补充更正法　　D.以上均可

(6) 企业结账的时间应为（　　）。

A.每项交易或事项办理完毕时　　B.每个工作日终了时

C.一定时期终了时　　D.会计报表编制完成时

(7) 将总账与明细账进行平行登记的原因是（　　）。

A.便于备查　　B.格式相同

C.反映经济业务的内容相同　　D.提供信息的详细程度相同

2.多项选择题

(1) 会计账簿按照用途可分为（　　）。

A.日记账　　B.分类账　　C.备查账

D.总账　　E.明细账

(2) 登记账簿的要求有（　　）。

A.书写的文字和数字一般占行高的一半

B.按页次顺序登记，不得跳行、隔页

C.登记不得用铅笔

D.登记后应在记账凭证上签字或盖章，并注明已登账的符号

E.登记的地点应相同

(3) 会计上允许的错账更正方法有（　　）。

A.红字更正法　　B.差数核对法　　C.划线更正法

D.补充登记法　　E.两两冲销法

(4) 总账和明细账之间登记应该做到（　　）。

A.金额相同　　B.方向相同　　C.登记人相同

D.时点相同　　E.地点相同

3.业务题

资料：20×1年1月30日冰阳公司银行存款日记账余额为30 000元，库存现金日记账余额为3 000元，20×1年2月上旬发生如下经济业务：

（1）1日，收到投资者投入资金60 000元，存入银行（银收01号）。

（2）2日，以银行存款偿还短期借款10 000元（银付01号）。

（3）2日，以银行存款支付货款8 000元（银付02号）。

（4）3日，以银行存款提取备用金3 000元（银付03号）。

（5）4日，用现金支付员工差旅费800元（现付01号）。

（6）6日，收到货款20 000元，存入银行（银收02号）。

（7）7日，收到员工退回的差旅费200元（现收01号）。

（8）8日，以银行存款支付水电费3 000元（银付04号）。

（9）11日，销售产品，收到货款12 000元（其中销项税额为1 744元），存入银行（银收03号）。

（10）13日，用现金支付销售货物时的车辆运输费2 000元（现付02号）。

要求：根据以上业务登记库存现金日记账和银行存款日记账，结出2月1日—15日的累计余额。

◆国际视野

论股东会计账簿查阅权的监督功能

2020年4月，在美国纳斯达克上市的瑞幸咖啡被曝光会计账簿造假，引发了社会的高度关注，也给我国企业的国际形象带来了巨大的负面影响。事实上，近年来我国资本市场中上市公司财务文件频频出现问题，如何保障上市公司会计账簿符合法律规定已经不仅仅是一个法律问题，甚至成了一个社会问题。

我国对于公司的会计账簿等财务文件也多有限制。在国家制定的相关制度中，股东会计账簿查阅请求权作为一项重要的制度，其本身所具有的由股东对会计账簿进行监督的机能并未得到充分重视。当然，这一方面与我国在理论与实践中对于股东会计账簿查阅请求权的属性界定以及基本定位并不清晰有密切的关系；另一方面，随着我国经济迅猛发展与股东权利意识的增强，事实上近年来围绕股东查阅公司会计账簿的纠纷多有发生。

在2017年最高人民法院颁布了《最高人民法院关于适用〈中华人民共和国公司法〉若干问题的规定（四）》（以下简称《公司法解释四》）之后，案件数量不降反升。相比于案件的数量，更值得关注的是大量的司法裁判对于股东是否具有查阅资格、股东行使权利的目的、股东查阅的范围、股东提起诉讼的前置程序等几乎都存在不同甚至完全对立的认识。由此来看，股东会计账簿查阅请求权的制度设计本身显然存在全面检讨的必要性。《中华人民共和国公司法》（以下简称《公司法》）第三十三条规定了股东的会计账簿查阅请求权。所谓股东的会计账簿查阅请求权，是指有限责任公司的股东有权向公司请求查阅公司的会计账簿，如果公司对股东的请求加以拒绝，那么被拒绝的股东可以向法院提出请求，要求查阅公司的会计账簿。《公司法》中仅规定了有限责任公司的股东才享有该权利，而股份有限公司的股东并无此权利。这样的制度设计不仅在合理性上存疑，而且导致股东会计账簿查阅请求权制度本身所具有的由股东监督公司的重要功能受到了巨大的制约。事实上，股东会计账簿查阅请求权在《公司法》规定的所有股东权利中是一项极为特别的权利，其特殊之处在于查阅公司会计账簿本身通常并不是最终目的，而是为了行使其他股东权利。因此，可以说股东会计账簿查阅请求权是一项为了保证其他股东权利实现的权利。正因如此，一方面，我们容易忽视查阅行为本身对于保障会计账簿适法性所具有的功能；另一方面，股东会计账簿查阅请求权相比于其他股东权利，其属性与结构天然地存在特殊性。

由于在股东会计账簿查阅请求权背后可以容纳其他目的，这个目的可能是股东追究董事责任保护公司利益，也可能是行使利润分配请求权，或者是在股权交易中确定股权价格并了解公司财务情况，甚至可能是股东之间蓄意报复等。这个目的的范围极为广泛，而《公司法》规定的股东会计账簿查阅请求权制度究竟应当容纳哪些目的，是一个事关权利属性的根本问题。但遗憾的是，无论《公司法》还是《公司法解释四》对此都没有给予清晰的答案。

资料来源：朱大明．论股东会计账簿查阅权的监督功能［J］．北方法学，2021（1）．

◆推荐阅读

［1］郭现亮．错账更正法之划线更正法［N］．中国会计报，2013-11-08．

［2］孔亚平．会计电算化环境中的错账更正法［J］．财会月刊，2014（1）．

［3］李美云．有限责任公司股东会计账簿查阅权问题研究［J］．中国政法大学学报，2013（4）．

［4］李敏．会计账簿规范与记账技术［M］．上海：上海财经大学出版社，2001．

［5］李孝林．古代会计账簿史比较［J］．四川会计，1994（10）．

［6］刘江燕．单位银行对账存在的主要问题与改进对策［J］．审计与理财，2020（7）．

［7］潘云波，俞巍．股东查阅公司会计账簿的正当目的及实现方式［J］．人民司法，2011（9）．

［8］亓凤华．错账更正法之我见［J］．财会月刊，2013（17）．

［9］荣树新．错账更正存在的问题与改进［J］．财会月刊，2012（10）．

［10］施维刚．企业会计账簿设置的缺失［J］．中国审计，2007（19）．

［11］王强．错账更正之“三问”小技巧［J］．财会月刊，2013（19）．

［12］王葵花．商品流通企业库存管理实务及对账要点［J］．财会学习，2020（8）．

［13］王业可，朱义龙．审计视角的会计账簿查阅权问题研究——基于王某诉某汽车泵制造有限公司案例［J］．中国注册会计师，2017（8）．

［14］张冬梅，肖调生．手工会计与电算化会计错账更正方法比较［J］．商业会计，2016（12）．

［15］周嵘．会计结账前的准备与结账方法［J］．农村财务会计，2016（1）．

第八章

财产清查

章案例

财产清查迫使扇贝“出走”

6年间，獐子岛以“扇贝游走了”“扇贝饿死了”“扇贝死而复生了”等话题先后占据舆论头条，虽质疑声不断，但因其行业特殊，证据不足，“戏精”獐子岛才能以“扇贝跑路”为由掩盖真相。直到2020年9月11日，证监会发布公告称，根据《行政执法机关移送涉嫌犯罪案件的规定》(国务院令第310号)，证监会决定将獐子岛及相关人员涉嫌证券犯罪案件依法移送公安机关追究刑事责任。几年间，獐子岛将公司业绩盈亏全部寄托于“长脚”的扇贝上，拙劣的演技引来了深交所和证监会的密切关注，獐子岛的骗局随着调查的深入被一步步揭开，“背锅侠”扇贝也终于沉冤得雪。

2020年6月15日，证监会对獐子岛及相关人员做出行政处罚和市场禁入决定，认定獐子岛在2014年、2015年连续两年亏损的情况下，利用海底存货难以盘点的特点，2016年通过虚减营业成本、营业外支出等手段虚增利润1.31亿元，占当期披露利润总额的158.15%；2017年通过虚减利润2.79亿元，占当期披露利润总额的38.57%。

自2014年扇贝“跑路”事件开始，市场对獐子岛的信心每况愈下，引起监管机构的高度重视，一边深交所屡发问询函，另一边审计人员迅速展开调查，但审计过程却困难重重。

证监会借助卫星定位技术，认定獐子岛财务造假，历经了17个月的明察暗访，獐子岛的闹剧终于落下帷幕。在獐子岛事件中，利用先进技术突破现实审计困境，在公众为之惊叹的同时，也给审计行业带来了更多启示。

资料来源：王红. 重锤来了！獐子岛案移送公安，追究刑事责任 [N]. 上海证券报，2020-09-11.

学习目标

通过本章的学习，希望您能够：

- 了解财产清查的含义、种类及准备工作
- 理解各项往来财产、物资和账项的清查方法

- 熟悉实地盘存制和永续盘存制的内涵以及区别
- 掌握财产清查结果的账务处理

第一节　财产清查概述

一、财产清查的含义及作用

(一) 财产清查的含义

财产清查是对各项财产、物资进行核对，查明财产物资、货币资金和结算款项的实有数额，确定其账面结存数额和实际结存数额是否一致，以保证账实相符的一种会计方法。财产清查包括对货币资金、存货、固定资产、债权债务等的清查。

点阅读 8-1

保证会计信息的真实、正确和实物资产的安全、完整，做到账实相符，是对会计核算和财产保管的基本要求。从理论上讲，企业各项实物资产和往来账项的实存数和其账存数应该是一致的，但由于种种原因，有时会出现某些实物资产实存数和账存数不符的现象。

(二) 财产清查的作用

作为一种会计核算的专门方法，企业在会计期末编制财务报表之前进行财产清查，对提高会计信息质量、提高企业管理效率和效果具有重大作用，具体表现为以下几点：

1. 保证会计资料的真实可靠，确保账实相符。通过财产清查，可以确定各项实物资产的实有数与账面数的差异，以及发生盘盈、盘亏的原因和责任，使会计核算的账面资料与实际资料相符合，保证会计核算资料的真实、可靠。

2. 加强企业的内部控制制度，保护实物资产的安全与完整。通过财产清查，可以查明各项实物资产的保管情况，有无因管理不善或内部控制制度缺陷等原因造成的短缺、霉烂变质、损失浪费以及贪污、盗窃等情况，以便堵塞漏洞，改进内部控制制度，建立和健全各项责任制度，确保财产的安全与完整。

3. 挖掘实物资产的潜力，提高使用效率。通过财产清查，可以查明实物资产的储备和利用情况，对储备不足的应及时加以补充，保证生产的需要；对库存积压、超储、不配套的应及时进行处理，避免损失；充分挖掘实物资产的潜力，加速资金流转，提高经济效益。

4. 保证财经法规和结算制度的贯彻执行。通过财产清查，对往来账项和银行存款等进行核对，可以查明各单位是否遵守财经法规和结算制度，有无不合理的债权、债务关系，是否偷税、漏税，是否按期偿还银行借款，如发现问题，则应及时上报研究处理，促使企业自觉遵守财经法规和有关规章制度。

二、财产清查的分类

财产清查是内部控制制度的一个部分，其目的在于定期确定内部控制制度执行是否有效。企业的日常工作中，在考虑成本效益的前提下，可选择范围适宜、时机恰当的财产清查程序。财产清查可以按照不同标准进行分类。

（一）按清查对象的范围分类

按照财产清查对象的范围，可以分为全面清查和重点清查。

1.全面清查

全面清查，是指对属于本单位的所有实物资产、货币资金和各项债权债务进行全面盘点和核对。其清查对象主要包括：库存现金、银行存款、各种应收款项、缴拨款项、在途货币资金、固定资产、材料、在产品、半成品、库存商品、其他物资及未完工程、在途物资、发出商品、委托其他单位以及受其他单位委托加工和保管的材料、物资等。

2.重点清查

重点清查（也称为局部清查），是对企业一部分实物资产或债权债务进行的清查。局部清查是相对于全面清查而言的，它需要投入的人力少，花费的时间短，但清查的范围小。一般情况下，对于流动性较大的材料物资，如材料、库存商品等，除年度清查外，年内还要轮流盘点或重点清查；对于各种贵重物资，每月应清查盘点一次；对于现金，应由出纳人员当日清点核对；对于银行存款，每月至少要与银行核对一次；对于各种债务债权，每年至少应核对一次。此外，当实物保管人员因调动工作办理移交时，或财产、物资遭受意外损失时，也应进行局部清查。

（二）按财产清查的时间分类

按照清查时间分类，财产清查可分为定期清查和不定期清查。

1.定期清查

定期清查，是指按照事先规定的时间对实物资产、债权债务进行的清查。

定期清查一般是在年度、季度或月末结账时进行。定期清查，可以是全面清查，也可以是局部清查。在一般情况下，年末进行全面清查，季末、月末进行局部清查。定期清查的目的是核实企业实物资产的账实是否相符，并及时调整有关账簿记录，使账实相符，以保证会计信息的真实、可靠。

2.不定期清查

不定期清查，是指事先并无计划安排，而是根据实际需要所进行的临时性清查。其清查的对象和范围可根据实际需要确定，可以是全面清查，也可以是局部清查。

（三）按财产清查的对象分类

财产清查按清查对象的不同，可分为实物资产清查、货币资金清查和往来账项清查。这种分类可以与以上两种分类方法分别结合使用。

1.实物资产清查

实物资产清查，是指对各项实物资产所进行的清查。实物资产如固定资产、原材料、库存商品等。对它们所进行的清查不仅要盘点其实有数与账存数是否相符，而且要对其质量进行清查，检查其是否出现被损坏或变质等情况。

2.货币资金清查

货币资金清查，是指对现金、银行存款和其他货币资金所进行的清查。对货币资金的清查一般是实地盘点现金余额是否与库存现金日记账余额相同，银行存款日记账和其他货币资金的余额是否与银行对账单上的余额相符。

3.往来账项清查

往来账项清查，是指对应收款项与应付款项所进行的清查。对往来账项的清查一般是通过信函、电询或面询等方式，查询各种应收、应付款项是否与账上所列金额一致。

第二节 财产清查的内容及方法

一、财产清查的程序

不同的财产清查有不同的方法，应按照不同的程序进行，财产清查可以分为准备阶段、实施阶段和分析处理阶段。

点阅读8-2

（一）清查前的准备阶段

1. 组织上的准备。在主管高层领导或总会计师的指导下，由财务部门或资产管理部门牵头，成立由设备、技术、生产、行政及其他部门共同组成的财产清查领导小组。这个小组的主要任务是：拟定清查的详细步骤，确定清查对象和范围，以及参加清查小组的工作人员，组织清查人员学习有关清查工作的政策规定，掌握有关法律制度和清查工作的方式方法，及时掌握工作进度，检查和监督清查工作，及时解决清查中出现的问题。清查结束后，写出总结报告，对清查结果提出处理意见。

2. 物资业务上的准备。首先，财务部门应将截至清查日的所有经济业务全部登记入账，将有关账簿登记整理齐全并进行结账和对账，从而保证账账相符、账实相符、账证相符，为财产清查提供准确可靠的账存数。其次，财产物资保管部门的工作人员应将所保管的各种财产物资进行整理、排列、堆放整齐，挂上标签，表明品种、规格及结存数量。最后，清查小组的工作人员须准备财产清查所需要的各种计量器具，严格按照国家计量标准校正各种计量工具，减少误差，印制好各种登记财产清查结果的表册。

（二）清查计划的实施阶段

清查工作小组根据各类财产的特点，需要分别采取不同的清查方法进行盘点清查，并做好相关记录。盘点结束以后，清查人员根据自己填制的表册，列明所查财产物资的实存数量和款项以及债务债权的实际数额，并由盘点人、保管人以及相关人员盖章签名，以明确经济责任。然后根据盘存清单和有关账簿资料填制"实存账存对比表"检查账实是否相符，并将对比结果填入表内。

（三）汇总分析处理阶段

对清查工作小组人员的工作进行汇总分析处理，分析账存数与实存数差异的原因并上报。要查明各种差异的性质和原因，确定处理方式方法，明确经济责任，据此提出处理意见，报有关领导部门批准。最后，对盘亏盘盈的财产，按照有关规定报批后，分别作相应的账务处理，同时调整相应的账簿记录。

二、财产清查的主要内容及方法

（一）货币资金的清查

货币资金的清查具体包括对库存现金和银行存款的清查

1.库存现金的清查

库存现金是指企业存放于财会部门，可以随时用于日常交易或事项支付的货币资金。

对于库存现金的清查一般采取实地盘点法。每日终了，财务人员应当在库存现金日记账上计算当日的现金收入、支出合计数和结余数，再对库存现金进行盘点确定实际金额，并将库存现金日记账上的结余数与库存现金实际金额进行核对，做到账实相符。

对库存现金进行盘点核对后，如果发现违反财经法规的情况，应及时进行处理并上报上级管理部门。现金盘点结束后，根据盘点结果填制库存现金盘点报告表，并由盘点人员、出纳人员及有关负责人签字盖章，并调整账簿记录，为编制财务报表做好准备。库存现金清查表见表8-1。

表8-1 **库存现金清查表**

单位名称： ××年×月×日

实存金额	账存金额	对比结果		备注
		盘盈	盘亏	
盘点后实际得到的结存金额	企业库存现金日记账金额	实存金额多于账存金额	实存金额少于账存金额	

2.银行存款的清查

银行存款的清查与实物、现金的清查方法不同，它是通过与开户银行核对账目的方法进行的。通过双方记录的核对，判断双方记录有无错误，有无未达账项，并确定银行存款的实有数额。

清查银行存款时，应将银行存款日记账同银行寄过来的对账单逐日、逐笔核对，在核对时，经常会发现双方记录的银行存款余额并不一致。造成双方余额不一致的原因主要有两个：一是企业或银行记录错误；二是存在未达账项的影响。未达账项，是指对于同一项经济交易或事项，由于结算凭证在企业和银行间传递时间上有先后，一方已经入账，另一方尚未接到有关凭证而未登记入账的款项。未达账项主要包括以下四种情况：

（1）企业送存银行的款项，企业已入账，但银行尚未入账；

（2）企业开出现金支票或转账支票，企业已入账，但银行尚未入账；

（3）银行代企业收款，银行已入账，但企业尚未入账；

（4）银行代企业支付款项，银行已入账，但企业尚未入账。

上述任何一种情况的发生，都会使企业与银行的账面余额不一致。在消除未达账项影响时，企业一般会编制银行存款余额调节表。企业编制银行存款余额调节表主要用来核对企业与银行的记账有无错误，但是它不能作为记账的依据。余额调整公式为：

企业银行存款日记账余额 + 银行已收企业未收 − 银行已付企业未付 = 银行对账单余额 + 企业已收银行未收 − 企业已付银行未付

银行存款余额调节表见表8-2。

表8-2 **银行存款余额调节表**

××年1月31日

项目	余额	项目	余额
银行存款日记账余额		银行对账单余额	
加：银行已收企业未收款 减：银行已付企业未付款		加：企业已收银行未收款 减：企业已付银行未付款	
调节后余额		调节后余额	

若经过上述调整后企业银行存款日记账与银行对账单余额不相符，则应查找其他原因。银行存款余额调节表左右两边调节后的余额是企业银行存款的真实数额，应该相等，但不能据以调整账面价值。对银行已入账而企业未入账的各项未达账项，不能根据银行存款余额调节表编制会计分录，改动账面记录，而必须在收到银行的收款通知后才能入账。

点阅读 8-3

【例 8-1】阳光公司银行存款日记账余额为 124 950 元，银行对账单余额为 129 395 元，经逐笔核对，发现以下未达账项：

（1）企业 1 月 30 日购买材料，开出转账支票 9 100 元，已记银行存款减少，银行尚未支出记账；

（2）企业 1 月 31 日收到销售货款 11 200 元，已记银行存款增加，银行尚未收入记账；

（3）银行 1 月 30 日已记减少，企业尚未入账的银行借款利息 245 元；

（4）银行 1 月 31 日已记增加，企业尚未入账的银行代收销售货款 6 790 元。

上述未达账项编制的银行存款余额调节表见表 8-3。

表 8-3　银行存款余额调节表

××年 1 月 31 日　单位：元

项目	余额	项目	余额
银行存款日记账余额	124 950	银行对账单余额	129 395
加：银行已收企业未收款	6 790	加：企业已收银行未收款	11 200
减：银行已付企业未付款	245	减：企业已付银行未付款	9 100
调节后余额	131 495	调节后余额	131 495

（二）实物资产的清查

实物资产是指具有实物形态的各种财产，包括存货和固定资产等。

1 实物资产清查的方法

不同品种的实物资产，其实物形态、体积重量、堆放方式等不同，因此它们所采取的清查方法也有所不同。常用的实物资产的清查方法包括：实地盘点法、技术推算法和抽样盘点法。

（1）实地盘点法。实地盘点法是指在财产物资存放现场逐一清点或用计量仪器确定其实存数的一种方法。这种方法一般适用于容易清点或计量的财产物资以及现金等价物等货币资金的清查。例如，对原材料、周转材料、库存商品的清查等。其优点是数字准确、可靠，缺点是工作量较大、耗时耗力。

（2）技术推算法。技术推算法是指利用技术方法推算财产物资实存数的方法。这种方法适用于大量、成堆、难以逐一清点的财产物资。例如，煤炭、矿石、饲料等。

（3）抽样盘点法。抽样盘点法是指对数量多、重量均匀的实物资产，可以采用抽样盘点的方法，确定财产的实有数额。

2.实物资产清查的凭证。为了明确经济责任，在进行财产清查时，有关实物资产的保管人员必须在场，并参加盘点工作。对于各项财产的盘点结果，应如实、准确地登记在“盘存单”上，并由相关盘点人员同时签章。“盘存单”是财产盘点结果的书面证明，也是反映实物资产实有数额的原始凭证，其一般格式如图 8-1 所示。

点阅读 8-4

盘存单

单位名称： 盘点地点： 编号：
财产类别： 存放地点： 金额单位：元

序号	名称	规格型号	计量单位	实存数额	单价	金额	备注

图8-1 盘存单

3.存货的清查

存货的清查，一般分两种盘存制，永续盘存制和实地盘存制。

（1）永续盘存制

永续盘存制也称账面盘存制，是平时对企业单位各项财产、物资分别设立明细账，根据会计凭证连续记载其增减变化并随时结出余额的一种管理制度。采用永续盘存制，能从账簿资料中及时了解企业各项实物资产的收发和结存状况，因此有利于对实物资产的流量和存量进行动态管理，有助于对实物资产的保管。但是，采用永续盘存制时会计核算的工作量较大，有时会出现账实不符的情况，所以还需要对实物资产进行定期或不定期的实地盘点。永续盘存制的适用范围较广，除了不便于实行永续盘存制的实物资产外，企业的其他资产可以采用永续盘存制。

（2）实地盘存制

实地盘存制是根据会计凭证，对实物资产明细账的收入数进行登记，月末根据实地盘点数倒挤出本月发出数，并据以入账的盘存制度。

实地盘存制的特点是平时不处理发出数，发出数是由实地盘存数决定的，其基本计算公式为：

期初结存数+本期收入数-期末实地盘点数=本期发出数

实地盘存制下，财务人员平时对实物资产的发出数和结存数不进行记录，日常核算工作比较简单，但是该方法不能反映实物资产的动态变化和结存情况。另外，以存计耗倒挤成本，会把不合理的损耗、短缺、盗窃、丢失、差错等计入成本，容易掩盖管理中存在的问题，所以实地盘存制不利于对实物资产的保管和控制，因此实地盘存制不能随便采用，只有对特殊的商品进行核算时才可采用实地盘存制。

4.固定资产的清查

对于固定资产的清查主要包括以下几点内容：

（1）对于各类固定资产进行价值清查，清查固定资产原值、净值以及折旧净额。

（2）进行实物清查，清查固定资产存放地点，落实到人，清查每项固定资产是否都建有固定资产卡片，其增值、减值部分是否登记在册、账卡是否相符，有无账外资产。对于流动性较强的固定资产尤其要重点清查。

（3）重点清查单位要处理、报废闲置或损毁固定资产的数量、金额及其完好程度。

（4）禁止随意处置、报废固定资产的行为。固定资产至少要每年盘点一次。

（三）往来款项的清查

往来账项是指企业与其他单位或个人之间的商品交易、劳务提供或让渡资产使用权而发生的往来结算款项，包括应收款项、应付款项、预收款项、预付款项、其他应收款、其他应付款等。往来账项的清查与银行存款类似，也是采取同对方单位核对账目的方法，主要核对本单位与外单位的各种债权、债务等往来业务。

第三节　清查结果及账务处理

财产清查一般会有两种结果：一是账实相符，二是账实不符。账实不符是指账存数与实存数存在差异，需要进行账务处理调整账存数，使账存数与实存数一致。账实不符要么是实存数大于账存数（盘盈），要么是实存数小于账存数（盘亏），无论是盘亏还是盘盈，企业都需要分析账实不符的原因，针对财产清查中出现的问题，提出改进措施，积极处理积压物资，针对财产清查中查明的各种差异，调整账簿记录，做到账实相符。

一、财产清查的处理程序

1.账实核对，寻找原因

核准盈亏金额，提出处理意见。财产清查结束以后，清查人员要核准盈亏金额，查明盈亏的性质和原因，提出意见，并报告给单位负责人或有关部门。

2.调整记录使账实相符

会计人员要根据财产清查的有关原始凭证调整账簿记录，做到账实相符。同时，将发生的盘盈、盘亏在专门的账户中记录，以待处理。

3.上报批准后的账务处理

报经批准以后，会计人员根据单位负责人和有关部门的批准意见，将待处理的盘亏、盘盈等予以转销。

二、清查结果的账务处理

（一）货币资金清查结果的账务处理

发现现金盘盈、盘亏的，应查明原因，及时办理现金调账手续，并按照规定程序报经上级部门批准后，进行处理。现金盘盈时，属于支付给有关单位或个人的，应记入“其他应付款”账户；无法查明原因的，确认为营业外收入；现金盘亏时，应分情况处理，由于工作人员失误应予赔偿的，赔偿部分记入“其他应收款”账户，除赔偿之外的部分记入“管理费用”账户。

【例8-2】20×1年1月3日，现金清查发现多出现金500元，经核实，其中400元是在与宏泰公司结算货款时，在发票金额以外多收的现金，另外100元原因不明。

（1）在清点后（报批之前），应根据“实存账存对比表”确认多出数额，做如下调整分录：

借：库存现金　　500

贷：待处理财产损溢——待处理流动资产损溢　500

（2）期末或经批准以后，做如下会计分录：

借：待处理财产损溢——待处理流动资产损溢　500

贷：营业外收入　100

其他应付款——宏泰公司　400

【例8-3】20×1年2月1日，现金清查发现现金短缺1 500元，出纳员王铭无法说明缘由，经领导研究决定由出纳员赔偿。

（1）在清点后（报批之前），应根据“实存账存对比表”确认短款数额，做如下调整分录：

借：待处理财产损溢——待处理流动资产损溢　1 500

贷：库存现金　1 500

（2）经批准后，做如下会计分录：

借：其他应收款——王铭　1 500

贷：待处理财产损溢——待处理流动资产损溢　1 500

（二）存货清查结果的账务处理

为了正确地进行存货清查核算，企业应设置“待处理财产损溢——待处理流动资产损溢”科目。该科目的贷方登记企业盘盈各种存货的数额以及报经批准后转销盘亏、损毁的存货数额；借方登记盘亏、损毁的各种存货数额以及报经批准后转销的盘盈存货数额。期末如为借方余额，则表示尚未处理的各种存货的净损失；若为贷方余额，则表示尚未处理的各种存货的净收益。

发生盘盈的存货，其盘盈如果是因收发、计量或核算上的误差等造成的，则应及时办理存货的入账手续，调整存货的账存数，使账实相符，经有关部门批准后，冲减管理费用。盘亏的存货则要区分情况后采用不同的处理方法，属于定额内的自然损耗，经批准后可以记入“管理费用”账户；由于自然灾害或意外事故造成的，扣除残料价值和保险赔偿后，将净损失记入“营业外支出”账户；应由责任人赔偿的部分，或应向保险公司索赔的部分记入“其他应收款”账户；由于计量差错或管理不善等原因造成的存货短缺或损失，扣除残料价值和保险赔偿后剩余部分的净损失，记入“管理费用”账户。

【例8-4】20×1年1月3日，盘亏原材料一批，价值20 000元，原来购入材料时负担的增值税进项税额3 400元。经查明，其中属于定额内损耗的部分为5 000元，管理人员应赔偿2 400元，自然灾害造成损失12 000元。其余部分经批准记入“管理费用”账户。

（1）报经批准前，根据“实存账存对比表”的记录，编制如下分录：

借：待处理财产损溢——待处理流动资产损溢　23 400

贷：原材料　20 000

应交税费——应交增值税（进项税额转出）　3 400

（2）根据审批文件，编制如下分录：

借：其他应收款　2 400

营业外支出　12 000

管理费用　9 000

贷：待处理财产损溢——待处理流动资产损溢　23 400

（三）固定资产清查结果的账务处理

在资产清查中，固定资产的盘盈、盘亏和损毁，应分别使用不同的账户进行处理。盘亏的固定资产净值记入“待处理财产损溢——待处理固定资产损溢”账户，企业管理层批准后分不同情况采取相应的会计处理，应由过失人赔偿或保险公司赔偿的，记入“其他应收款”账户；扣除保险公司赔偿或残值后的差额，记入“营业外支出”账户。盘盈的固定资产，视为以前差错，将其净值记入“以前年度损益调整”账户，并按照以下规定确认其入账价值：如果同类或类似固定资产存在活跃的市场，则按同类或类似固定资产的市场价格，减去该项固定资产按新旧程度估计的价值损耗后的余额作为入账价值；若同类或类似固定资产不存在活跃市场，则按照该项固定资产的预计未来现金流量的现值作为入账价值。按此确定的入账价值，借记“固定资产”账户，贷记“以前年度损益调整”账户。

【例8-5】年末财产清查，发现一台账外设备，市场上同类设备价值55 000元，该设备八成新，公司决定留用，据此编制如下分录：

借：固定资产　　44 000

　贷：以前年度损益调整　　44 000

【例8-6】盘亏一台机床，该设备原价96 000元，已提折旧32 000元。经领导批准，按营业外支出处理。

（1）报经批准前，根据“实存账存对比表”的记录，编制如下分录：

借：待处理财产损溢——待处理固定资产损溢　　64 000

　　累计折旧　　32 000

　贷：固定资产　　96 000

（2）根据审批文件，编制如下分录：

借：营业外支出　　64 000

　贷：待处理财产损溢——待处理固定资产损溢　　64 000

（四）往来款项清查结果的账务处理

在财产清查过程中发现长期未结清的往来账项的，应当及时清理，对于经查明确实无法支付的应付款项或无法收回的应收款项，可以按照规定程序报经批准后，计入当期损益。

若企业在财产清查过程中发现债务人已经破产清算，确实没有还款能力，则原来债务人所欠款项可能部分或全部无法收回，由此会给企业造成损失，这种损失在会计上称为坏账损失。应收账款清查结果的处理主要是对坏账准备进行账务处理。企业对于坏账损失的账务处理主要采用备抵法，在备抵法下，应按估计可能发生的坏账损失，采用一定的方法计提坏账准备，计入当期信用减值损失。当确认发生坏账损失时，可根据确认的实际坏账金额冲销上一年度已经提取的坏账准备。企业估计坏账损失的方法主要有应收账款余额百分比法和账龄分析法等。

采用备抵法时，应设置“坏账准备”账户。该账户属于资产类账户，用以核算企业坏账准备的提取和冲销情况，贷方登记每期提取的坏账准备数额，借方登记实际发生的坏账损失数额。该账户期末若为借方余额，则反映企业多转销的坏账准备，表明上一年度提取的坏账准备不足，未能抵补实际发生的坏账损失的金额；该账户期末若为贷方余额，则表示已提取但尚未使用的坏账准备。年末，经过冲销或补提处理以后，该账户应为贷方余额，即为下一年度提取的坏账准备。

【例 8-7】冰阳公司从20×1年起采用应收账款百分比法提取坏账准备，提取比例为6%，当年年末，“应收账款”账户余额为600 000元，当年应提取的坏账准备计算如下：

当年应提取的坏账准备=600 000×6%=36 000（元）

相关会计分录为：

借：信用减值损失 36 000

　　贷：坏账准备 36 000

【例 8-8】冰阳公司清查往来账项，发现有一笔应收账款（金额为50 000元）因长城公司倒闭确实无法收回。公司采用备抵法核算，经公司领导批准，直接冲销坏账准备。

借：坏账准备 50 000

　　贷：应收账款——长城公司 50 000

【例 8-9】在往来账项清查中，冰阳公司查明应付旭日橡胶厂一笔材料款26 000元，对方企业由于非法营业被撤销，该款项无法支付，经批准计入当期损益。

借：应付款项——旭日橡胶厂 26 000

　　贷：营业外收入 26 000

通过对往来账项的清查，企业应及时收回该收回的款项，偿还该偿还的款项，对于坏账和有争议的应收应付款项问题应及时研究处理。

◆思政园地

全国粮库大清查交出“放心账”

2020年5月14日，国家粮食和物资储备局召开新闻发布会，通报了全国政策性粮食库存数量和质量大清查工作开展情况。清查结果表明，全国政策性粮食库存账实基本相符、质量总体良好、储存较为安全、库存布局逐步改善，稻谷、小麦等粮食品种占比约七成，有利于保障粮食绝对安全。

国家粮食和物资储备局执法督查局局长钟海涛14日在新闻发布会上说，通过现场清查数量、核对账目，确认粮食现有政策性库存数量真实、可靠，与国家有关部门日常掌握的计划数量一致。工作人员对全部政策性库存粮食进行逐仓、逐货位扦样检验，结果表明，政策性库存粮食的常规质量、储存品质和主要食品安全三类指标合格率均处在较高水平。从本次大清查的情况看，粮食收储企业各项制度执行总体到位，仓储管理较为规范，粮食储存总体安全，没有发现重大储粮安全事故和安全生产事故。目前，我国政策性粮食库存主要有政府储备和其他政策性粮食储备等，政府储备的“压舱石”“稳定器”作用充分体现。根据大清查的结果，稻谷、小麦等粮食品种占比约七成，有利于保障粮食绝对安全；大米、面粉等成品粮库存占比不断提高，应急保供能力得到有效保障；粮食主销区库存占比有所提高，储备布局逐步改善。在应对新冠肺炎疫情的大战大考中，这个清查结果是一颗重要的“定心丸”。充实的粮食储备为我们打赢疫情防控的人民战争、总体战、阻击战提供了坚实的物质基础。

据介绍，本次全国政策性粮食库存数量和质量大清查是继2009年全国粮食清查之后开展的又一次全国性大清查，也是在即将全面建成小康社会背景下开展的一次全面彻查。此次大清查对于增强粮食安全保障能力、防范化解粮食库存安全风险、改革完善粮食储备管理体制机制，具有重大深远意义。

资料来源：孙杰. 粮库大清查结果出炉！全国政策性粮食库存账实相符［EB/OL］.［2020－05－14］. https://www.iqiyi.com/v_1f4yr4xyfj8.html?pltfm=11&pos=title&flashvars=videoIsFromQidan%3Ditemviewclk_a#curid=5074200341341000_d4058b2bfda3f9b4f55f712b9d7e44fa.

◆章小结

财产清查，是对各项财产、物资进行核对，以期实现账实相符、账证相符、账账相符；财产清查，根据财产、物资的不同，具有不同的分类；对于银行存款的清查，需要填写银行存款余额调节表；对于实物资产的清查，具有两类盘存制：永续盘存制和实地盘存制；对于财产清查结果的会计处理，分为批准前和批准后，批准前借记或贷记“待处理财产损溢”账户，批准后转销“待处理财产损溢”账户。

◆关键术语听与读

听力练习 8

◎Property Inventory（财产清查）：The property inventory is an actual count of the goods owned by the business.

◎Monetary Fund（货币资金）：The monetary fund，abbreviated as cash，is the first item in the balance sheet，which summarizes the cash on hand，cash in deposit and other cash.

◎Bank Statement（银行对账单）：A bank statement refers to a statement from the bank showing the activity in a company's checking account，including the deposits received by the bank，checks paid by the bank，bank service charge，and other amounts transferred into and out of the checking account.

◎Physical Inventory Method（实地盘点法）：The physical inventory method is an actual count of the goods owned by the company，which then compared to the quantities reported on the detailed inventory records. If a difference exists，the quantity shown on the inventory record should be changed to the physical count.

◎Technical Calculation Method（技术推算法）：The technical calculation method refers to the method by which the inventory is taken by technical schemes.

◎Sampling Inventory Method（抽样盘点法）：The sampling inventory method refers to the method by which the inventory is taken by sampling.

◎Perpetual Inventory System（永续盘存制）：The perpetual inventory system is an inventory system where purchases are debited to the inventory account and the inventory account is credited at the time of each sale for the cost of the goods sold，and the balance in the inventory account is constantly or perpetually changing.

◎Periodic Inventory System（实地盘存制）：The periodic inventory system is an inventory where the general ledger account Inventory is not updated during the year. At the time a balance sheet is presented，the inventory account is adjusted to reflect the cost of the inventory on hand.

◆回顾与思考

1.企业为什么要进行财产清查？财产清查的意义是什么？

2.什么是财产清查？财产清产可以按哪些方法分类？

3.什么是未达账项？哪些情况会造成未达账项的发生？

4.什么是永续盘存制？该做法的主要特点及优缺点是什么？

5.什么是实地盘存制？该做法的主要特点及优缺点是什么？

6.“待处理财产损溢”账户是用来做什么的？

7.假如企业对坏账损失采用备抵法处理，那么该企业进行账务处理的基本做法是什么？

◆章习题

1.单项选择题

（1）对库存现金进行盘点时，企业对于盘点结果应编制的原始凭证是（　　）。

A.盘存单　　B.账存实存表　　C.库存现金盘点报告表　　D.银行对账单

（2）永续盘存制与实地盘存制的主要区别是（　　）。

A.盘点的工具不同　　B.盘点的方法不同

C.盘点的处理结果不同　　D.盘点的目标不同

（3）在存货清查中，由于计量收发或定额内的自然损耗引起的存货盘亏，经批准后，应记入（　　）科目。

A.资本公积　　B.营业外支出　　C.其他应收款　　D.管理费用

（4）往来账项的清查方法是（　　）。

A.实地盘点法　　B.查询法　　C.技术推算法　　D.抽查法

（5）对于发生自然灾害受损的财产物资进行财产清查时，通常采用（　　）方法。

A.定期清查　　B不定期清查　　C.统一清查　　D分散清查

（6）实存账存对比表是调整账目的（　　）。

A.原始凭证　　B.记账凭证　　C.转账凭证　　D.累计凭证

（7）对于盘亏的固定资产，在按规定程序批准之后，应按盘亏固定资产的净值借记（　　）账户。

A.“待处理财产损溢”　　B.“营业外收入”

C.“固定资产清理”　　D.“营业外支出”

(8)“待处理财产损溢”账户期末余额一般在(　　)。

A.借方　　B.贷方

C.无余额　　D.可能在借方，也可能在贷方

(9)一般情况下，企业要进行合并时，应该进行(　　)。

A.不定期清查　　B.定期清查　　C.全面清查　　D.局部清查

(10)对原材料、产成品盘点后应编制(　　)，作为分析差异的原因及明确经济责任的依据。

A.实存账存对比表　　B.盘存单　　C.营业外支出　　D.生产成本

2.多项选择题

(1)现金清查的内容主要包括(　　)。

A.检查是否有未达账项　　B.检查是否有白条抵库

C.检查是否有超限额留存现金　　D.检查往来款项是否相符

(2)“待处理财产损溢”账户，借方登记的内容有(　　)。

A.待处理财产物资盘亏数额　　B.待处理财产物资盘盈数额

C.结转批准处理的财产、物资盘盈数　　D.结转批准处理的财产、物资盘亏数

(3)下列情况中适用全面清查的是(　　)。

A.年终决算前　　B.单位撤销、合并或改变隶属关系前

C.全面清产核资、资产评估前　　D.单位负责人调离工作前

(4)结账工作分为(　　)。

A.月结　　B.季结　　C.半年结　　D.年结

(5)下列财产中应定期清查的有(　　)。

A.现金　　B.银行存款　　C.应收账款　　D.贵重物品

3.业务题

资料：冰阳公司20×0年12月发生以下经济业务：

(1)仓库发出甲材料60 000元，其中生产A产品耗用50 000元，车间一般消耗4 000元，厂部行政管理部门消耗6 000元。

(2)某采购员预借差旅费2 000元，以现金支付。

(3)某采购员出差回来后报销差旅费800元，退回多余现金。

(4)以银行存款支付本月水电费4 000元，其中车间水电费3 000元，厂部行政管理部门水电费1 000元。

(5)以银行存款支付广告费3 000元；支付本月短期借款利息9 000元。

(6)收到购货单位交来的包装物押金500元，存入银行。

(7)企业取得罚款收入40 000元，存入银行；同时以库存现金2 000元支付延期提货的罚款。

(8)月末，结算本月应付的职工工资，其中生产工人工资28 000元，车间一般人员工资4 000元，厂部行政管理部门人员工资8 000元。

(9)月末，计提本月固定资产折旧，其中生产车间计提折旧6 000元，厂部行政管理部门计提折旧2 000元。

（10）月末，计算出本月应交城市维护建设税（流转环节税金）6 000元。

要求：编制上述经济业务的会计分录。

4.思考题

资料：甲公司为从事商品生产、销售的工业企业，甲公司与其长期客户乙公司经常发生商品交易，并定期结算销售款。甲公司负责该项交易的会计人员A为了准确核算与乙公司的往来，分别设置了“应收账款——乙公司”和“预收账款——乙公司”两个账户。年末，这两个账户的余额分别为“应收账款——乙公司”借方余额100万元，“预收账款——乙公司”贷方余额80万元。年末，会计人员A对应收账款余额进行清查，并督促业务人员B及时与乙公司进行沟通，结算应收款100万元。业务人员B认为会计人员A提供的数据不准确，因而与其发生争执。

要求：您认为该会计人员A和业务人员B谁对谁错，为什么？甲公司应收乙公司账款究竟是多少？您是怎么计算出来的？

◆国际视野

工业4.0时代将颠覆会计思维

工业4.0时代是一个热门话题，在工业4.0时代企业面临转型，财务不仅要提供分析报告，更要把数字背后的问题和原因总结出来，财务人员应该跨越账本，成为企业战略的制订者和执行者。

“工业4.0”的概念包含了由集中式控制向分散式增强型控制的基本模式的转变，目标是建立一个高度灵活的个性化和数字化的产品与服务生产模式。在这种模式中，传统的行业界限将消失，将产生各种新的活动领域和合作形式。创造新价值的过程正在发生改变，产业链分工将被重组。“工业4.0”主要分为三大主题：一是“智能工厂”，二是“智能生产”，三是“智能物流”。“工业4.0”有一个关键点，就是“原材料（物质）”=“信息”。

国务院总理李克强在政府工作报告中指出，要实施“中国制造2025”，坚持创新驱动、智能转型、强化基础、绿色发展，加快从制造大国转向制造强国。促进工业化和信息化深度融合，开发利用网络化、数字化、智能化等技术，着力在一些关键领域抢占先机、取得突破。上述内容与“工业4.0”的内涵深度契合，预示着“工业4.0”将是中国未来工业发展的模式，而在这种模式下，财务人员应如何调整思维才能跟上“工业4.0”的脚步呢？

工业3.0时代通过优化流程、提高制造业的自动化水平、改进设计、降低劳动成本、完善供应链管理模式等方式提高生产力，而在工业4.0时代，生产工艺与信息技术融合、产品个性化（C2M模式）、生产人性化（物联网及远程控制）、企业供应的重点从产品转向服务。工业4.0时代对传统会计原则没有什么影响、财务核算体系不变，变的是管理会计的内容。就管理会计而言，工具的应用、数据的提取速度与量级、分析的深度与广度、与业务的紧密结合等方面更深入，不需要重构，但会加深。ERP是工业4.0时代财务基本支撑体系，只不过比传统的ERP更宽泛，与其他系统的联动更深入。产品生命周期成本模拟、成本模型模拟、业务与运行模拟、分析维度扩大、深入业务前端等成为工业4.0时代财务分析的趋势。这对财务人员有更高的要求——要有能力获得并使用数据。要做到这一点，就必须：发现数据，学习新系统；获得数据，充分利用新技术（移动、社交、大数据、云计算）。这就要求财务人员有挖掘数据的洞察力，以及提取内容生成数据的能力。作为财务人员，我们必须了解"工业4.0"，应重点关注在工业4.0时代，企业需要什么样的财务系统、如何选择适合企业4.0时代的财务系统等问题。

资料来源：编辑组．工业4.0时代将颠覆会计思维［EB/OL］．［2017-06-05］．https://www.esnai.com/2017/0605/157856.shtml.

◆推荐阅读

［1］陈蔚．会计基础工作规范与核算实务［M］．北京：企业管理出版社，2003.

［2］刘海丽．如何加强资产管理 开展财产清查［J］．企业改革与管理，2014（16）.

［3］王晓燕．基础会计交互实践的设计、评价和优化［J］．华北水利水电大学学报，2019（5）.

［4］许玲艳．关于实物资产盘盈、盘亏会计处理的思考［J］．商业会计，2011（23）.

［5］张炳慧，黄霞．财产清查结果的账务处理［J］．农村财务会计，2020（9）.

［6］张炳红．财产清查结果的会计处理比较［J］．财会研究，2012（24）.

［7］张璞．加强年终清理结算中的往来清理和财产清查工作［J］．财务与会计，2005（5）.

［8］朱岚．医院财产清查工作方法［J］．今日财富，2018（1）.

第九章

账务处理程序

章案例

账务处理程序国内外比较

澳大利亚的企业没有记账凭证这种载体，因而其账务处理没有审核、填制记账凭证这道程序，而是直接根据原始凭证逐笔登记日记账，然后将各日记账期末余额过入明细分类账。除了总分类日记账，其他六类特种日记账没有借贷栏，即在登记日记账时仅仅根据经济业务发生的先后顺序记“流水账”。然而，在将日记账期末余额过入明细分类账之前，需要进行借贷分析，根据复式记账原则记入相应的分类账。中国企业的账务处理程序中有“记账凭证”这个数据载体和填制环节，企业日常发生的经济业务，首先要按照复式记账原则登记在记账凭证中，再根据记账凭证逐笔登记库存现金、银行日记账和各明细分类账。

例如，企业销售货物（不考虑相关税费），货款以现金支付。按此例，澳大利亚企业会计人员的做法是：先根据原始凭证将此业务登记到日记账中，由于该笔业务涉及现金收入，因此需填制现金收款日记账。月末，对各类日记账进行借贷分析，即根据复式记账原则写出相应的会计分录。中国企业会计人员的做法是：首先根据原始凭证填制记账凭证，然后根据记账凭证登记库存现金日记账，同时登记营业收入的明细账。

可见，对于日常发生的业务，两国企业会计处理程序的起点均为原始凭证，终点均为各分类账，结果一样，不同的仅是过程。澳大利亚的企业会计中没有记账凭证这一数据载体和环节，但是其从日记账过入分类账过程中所进行的“借贷分析”相当于我国企业会计的填制记账凭证。不同的是澳大利亚的企业会计的借贷分析过程并未形成原始档案，而中国企业会计的记账凭证将“借贷分析”形成了书面凭证，作为会计核算的重要档案，为会计监督提供了依据，并可明确经济责任。

资料来源：刘新. 中国与澳大利亚会计制度与核算特点的比较［J］. 现代商业，2013（30）.

学习目标

通过本章的学习，希望您能够：

- 理解账务处理程序的分类
- 熟悉记账凭证账务处理程序

• 熟悉科目汇总表账务处理程序

第一节　账务处理程序概述

一、账务处理程序的概念及意义

会计凭证的填制及审核、登记账簿、编制财务会计报告都是会计核算的重要方法，它们之间并不是相互孤立的，而是通过一定的关系紧密联系在一起的。编制财务会计报告的资料主要源于账簿，而财务会计报表的内容对账簿的种类、格式和记录内容又有约束作用；账簿的登记依据是会计凭证，账簿的种类、格式又决定着会计凭证的种类和格式。三者之间以及各种凭证之间、账簿之间和报表之间的互相配合，决定着会计核算资料的全面性、综合性以及及时性。因此，每一个单位都应该根据实际情况，进行科学的设计，并合理组织会计凭证、账簿、财务报告及其传递程序，这有助于形成各种账务处理程序。

点阅读9-1

账务处理程序是指包括交易或事项的确认、计量、记录和报告等诸多环节的处理过程，也叫会计核算形式，是凭证组织、账簿组织与记账程序等的有机结合。其中凭证组织是指凭证的种类、格式和各种凭证之间的关系；账簿组织是指账簿的种类、格式和各种账簿之间的关系；记账程序是指从填制和审核会计凭证开始，到登记账簿以及编制会计报表为止的工作程序和过程。从会计记录和会计报告方法的应用角度看，主要利用会计凭证的填制和审核、账簿登记和会计报表编制等方法处理企业交易或事项。账务处理程序如图9-1所示。

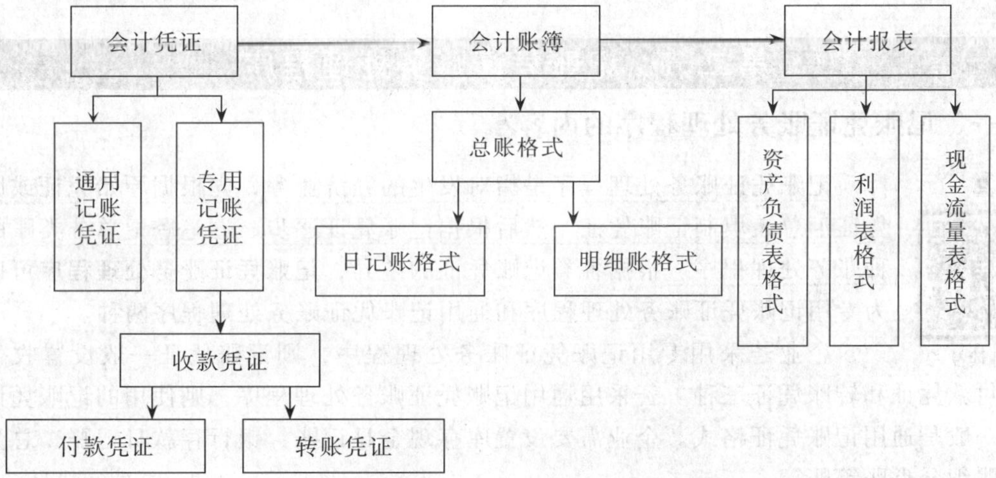

图9-1　账务处理程序

在会计实务中，企业所选择的会计凭证、会计账簿和会计报表种类较多，格式也各不相同。企业应根据自身经营活动的特点，考虑企业交易或事项的繁简，以及会计机构和会计人员设置的实际情况等，选择适用的会计凭证、会计账簿和会计报表，并合理地组织会计凭证的填制、会计账簿的登记和财务报告的编制，使之构成一个既相互独立又紧密联系的有机整体，利用这些载体对发生的交易或事项进行处理，进而形成各不相同的会计处理程序。

二、账务处理程序的分类

账务处理程序根据登记总分类账的依据和程序不同可以分为汇总账务处理程序和逐步账务处理程序，汇总账务处理程序又包括汇总记账凭证账务处理程序和科目汇总表账务处理程序，逐步账务处理程序主要包括记账凭证账务处理程序，而记账凭证账务处理程序又可以进一步分为专用记账凭证账务处理程序和通用记账凭证账务处理程序等。

各个账务处理程序虽然都包括会计确认、会计计量、会计记录和会计报告等诸多环节。但是，从会计方法的应用角度看，主要有以下三个环节：对发生的交易或事项，在会计上首先应取得原始凭证并据以填制记账凭证，根据记账凭证登记有关账簿，在会计期末，根据账簿资料编制财务报告文件。账务处理程序分类如图9-2所示。

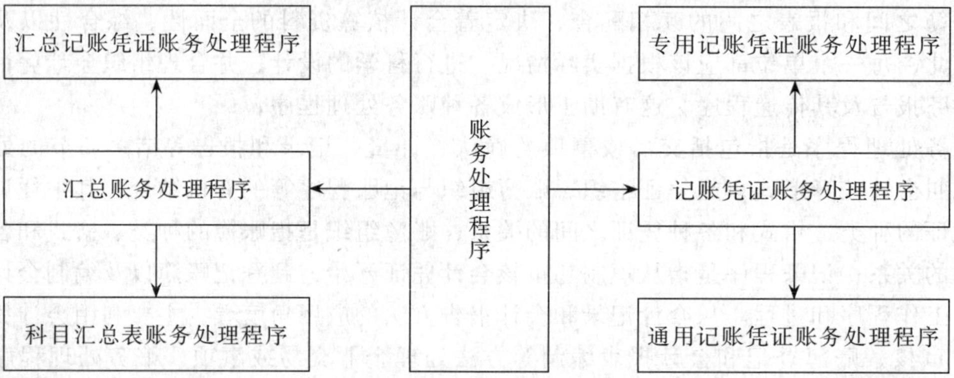

图9-2　账务处理程序分类

第二节　记账凭证账务处理程序

一、记账凭证账务处理程序的内容

点阅读9-2

记账凭证账务处理程序是指对发生的经济业务，先根据原始凭证或原始凭证汇总表填制记账凭证，然后根据记账凭证逐步、逐笔登记总分类账的一种账务处理程序。根据各类记账凭证的差异，**记账凭证账务处理程序**可以分为专用记账凭证账务处理程序和通用记账凭证账务处理程序两种。

企业若采用专用记账凭证账务处理程序，则记账凭证一般设置收款凭证、付款凭证和转账凭证三种。若采用通用记账凭证账务处理程序，则使用的记账凭证的格式一般是通用记账凭证格式。企业需要设置库存现金日记账、银行存款日记账、总分类账、明细分类账等账簿。

库存现金日记账，银行存款日记账，总分类账户均采用订本式账本与三栏式账页。明细分类账采用活页式或卡片式账本，账页可根据经济业务的特点与经营管理的需要采用三栏式、数量金额式、多栏式等格式。

二、记账凭证账务处理程序的步骤

（一）记账凭证账务处理的一般程序（如图9-3所示）

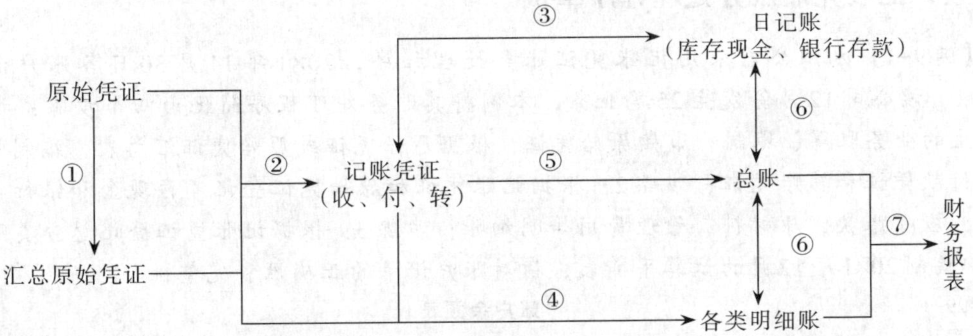

图9-3　记账凭证账务处理的一般程序

记账凭证账务处理程序的具体步骤如下：

1.取得、填制和审核原始凭证。

2.根据原始凭证或原始凭证汇总表编制收款凭证、付款凭证和转账凭证或通用记账凭证。企业若采用记账凭证账务处理程序，则使用的是收款记账凭证、付款记账凭证和转账记账凭证；若采用通用记账凭证账务处理程序则使用的是通用记账凭证。

3.根据收款凭证、付款凭证逐日、逐笔登记库存现金日记账和银行存款日记账。

4.根据记账凭证、原始凭证及原始凭证汇总表直接登记各种明细分类账。

5.根据记账凭证登记总分类账。

6.月末，将库存现金日记账、银行存款日记账和有关总分类账的余额相互核对，将明细分类账和有关总分类账的余额相互核对。

7.月末根据总分类账和明细分类账编制财务报表。

（二）记账凭证账务处理程序的优缺点及适用范围

各种账务处理程序之间的主要区别在于对总分类账的登记方法上。直接按记账凭证逐步、逐笔登记总分类账是记账凭证账务处理程序的独特做法，体现了这种账务处理程序的鲜明特点。记账凭证账务处理程序的优缺点以及各账务处理程序的适用范围如下：

1.优点。在记账凭证上能够清晰地反映账户之间的对应关系。当一笔交易或事项发生后，用一张记账凭证就可以编制完整的会计分录，在总分类账上能够详细地反映交易或事项的发生情况。另外，逐步、逐笔地登记各种日记账、明细分类账和总分类账能够详细地反映企业所发生的交易或事项的具体情况，登记方法简单，易于掌握。

2.缺点。对发生的每一笔交易或事项都要根据记账凭证逐笔在总分类账中进行登记，此过程工作量过大、账页耗用多，预留账页多少也难以把握，由于登记交易或事项的多少无法预见，则对每一个账户应预留多少账页很难把握，预留过多会造成浪费，预留过少又会影响账户登记的连续性。

3.适用范围。专用记账凭证账务处理程序一般适用于规模较大、交易或事项比较多、记账凭证使用量比较大的企业，而通用记账凭证账务处理程序恰好相反，由于通用记账凭证格式能够被大多数小型企业所接受，因而适用于企业规模较小、交易或事项数量较少、记账凭证使用数量不多的企业。但是，二者均具有一定的缺陷，因此在实务中企业需要根据自身的实际情况做出一定的调整。

三、记账凭证账务处理程序举例

【例9-1】冰阳公司采用记账凭证账务处理程序，20×1年11月30日各账户余额见表9-1。该公司12月份发生25笔业务，本例将其账务处理程序简化为四个步骤：步骤1：按发生的业务取得、填制、审核原始凭证，根据原始凭证或原始凭证汇总表，编制收款凭证、付款凭证和转账凭证；步骤2：根据记账凭证和原始凭证登记库存现金和银行存款日记账，应收账款、原材料、管理费用等明细账；步骤3：根据记账凭证登记总分类账；步骤4：编制20×1年12月的试算平衡表，核对账户记录的正确性和完整性。

表9-1 账户余额表

20×1年11月30日

单位：元

账户名称	借方	贷方
库存现金	2 000	
银行存款	800 000	
应收账款——东平公司	200 000	
原材料	18 000	
库存商品	40 000	
固定资产	400 000	
累计折旧		60 000
长期借款		400 000
实收资本		1 000 000
合　计	1 460 000	1 460 000

步骤1：按发生的业务取得或填制原始凭证，根据原始凭证或原始凭证汇总表，编制收款凭证、付款凭证和转账凭证。

（1）12月2日，向津西公司购进甲材料6 000千克，单价10元/千克，增值税专用发票上注明价款为60 000元，增值税为10 200元，款项以银行存款支付，甲材料还在运输途中，尚未到达公司，付款凭证如图9-4所示。

付款凭证

贷方科目：银行存款　　20×1年12月2日　　付字第01号

摘要	借方总账科目	明细科目	记账符号	金额 千	百	十	万	千	百	十	元	角	分
购进甲材料	在途物资	甲材料				¥	6	0	0	0	0	0	0
	应交税费	应交增值税（进项税额）				¥	1	0	2	0	0	0	0
合　计						¥	7	0	2	0	0	0	0

附单据　张

会计主管　　记账　　出纳　　审核　　制单

图9-4 冰阳公司付款凭证1

（2）12月4日，甲材料验收入库，转账凭证如图9-5所示。

转账凭证

20×1年12月4日　　　　转字第01号

摘要	总账科目	明细科目	记账符号	借方金额										记账符号	贷方金额										附单据 张
				千	百	十	万	千	百	十	元	角	分		千	百	十	万	千	百	十	元	角	分	
甲材料入库	原材料	甲材料				¥	6	0	0	0	0	0	0												
	在途物资	甲材料															¥	6	0	0	0	0	0	0	
合　计						¥	6	0	0	0	0	0	0				¥	6	0	0	0	0	0	0	

会计主管　　　　记账　　　　出纳　　　　审核　　　　制单

图9-5　冰阳公司转账凭证1

（3）12月5日，生产车间领用甲材料3 400千克，单价10元/千克，用于生产A产品；厂部维修领用甲材料200千克。转账凭证如图9-6所示。

转账凭证

20×1年12月5日　　　　转字第02号

摘要	总账科目	明细科目	记账符号	借方金额										记账符号	贷方金额										附单据 张
				千	百	十	万	千	百	十	元	角	分		千	百	十	万	千	百	十	元	角	分	
车间领用	生产成本	A产品				¥	3	4	0	0	0	0	0												
厂部维修领用	管理费用						¥	2	0	0	0	0	0												
	原材料	甲材料															¥	3	6	0	0	0	0	0	
合　计						¥	3	6	0	0	0	0	0				¥	3	6	0	0	0	0	0	

会计主管　　　　记账　　　　出纳　　　　审核　　　　制单

图9-6　冰阳公司转账凭证2

（4）12月6日，办公室刘敏借差旅费1 400元。付款凭证如图9-7所示。

付款凭证

贷方科目：库存现金　　　　20×1年12月6日　　　　付字第02号

摘要	借方总账科目	明细科目	记账符号	金额										附单据 张
				千	百	十	万	千	百	十	元	角	分	
差旅费	其他应收款	刘敏					¥	1	4	0	0	0	0	
合　计							¥	1	4	0	0	0	0	

会计主管　　　　记账　　　　出纳　　　　审核　　　　制单

图9-7　冰阳公司付款凭证2

（5）12月8日，冰阳公司销售A产品800件给东平公司，单价200元。增值税专用发票上注明价款为160 000元，税款为20 800元，款项尚未收到。转账凭证如图9-8所示。

转账凭证

20×1年12月8日　　　　转字第03号

摘要	总账科目	明细科目	记账符号	借方金额										记账符号	贷方金额									
				千	百	十	万	千	百	十	元	角	分		千	百	十	万	千	百	十	元	角	分
销售A产品	应收账款	东平公司			¥	1	8	0	8	0	0	0	0											
	主营业务收入															¥	1	6	0	0	0	0	0	0
	应交税费	应交增值税（销项税额）															¥	2	0	8	0	0	0	0
合　计					¥	1	8	0	8	0	0	0	0			¥	1	8	0	8	0	0	0	0

附单据　张

会计主管　　记账　　出纳　　审核　　制单

图9-8　冰阳公司转账凭证3

（6）12月10日，收回东平公司货款187 200元。收款凭证如图9-9所示。

收款凭证

借方科目：银行存款　　20×1年12月10日　　收字第01号

摘要	贷方总账科目	明细科目	记账符号	金额									
				千	百	十	万	千	百	十	元	角	分
收回东平公司欠款	应收账款	东平公司			¥	1	8	0	8	0	0	0	0
合　计					¥	1	8	0	8	0	0	0	0

附单据　张

会计主管　　记账　　出纳　　审核　　制单

图9-9　冰阳公司收款凭证1

（7）12月11日，刘敏出差回来，报销差旅费1 200元，退回现金200元。转账凭证如图9-10所示，收款凭证如图9-11所示。

转账凭证

20×1年12月11日　　　　转字第04号

摘要	总账科目	明细科目	记账符号	借方金额										记账符号	贷方金额									
				千	百	十	万	千	百	十	元	角	分		千	百	十	万	千	百	十	元	角	分
报销差旅费	管理费用						¥	1	2	0	0	0	0											
	其他应收款																	¥	1	2	0	0	0	0
合　计							¥	1	2	0	0	0	0					¥	1	2	0	0	0	0

附单据　张

会计主管　　记账　　出纳　　审核　　制单

图9-10　冰阳公司转账凭证4

收款凭证

借方科目：库存现金　　　　20×1年12月11日　　　　收字第02号

摘要	贷方总账科目	明细科目	记账符号	金额									
				千	百	十	万	千	百	十	元	角	分
退回差旅费	其他应收款	刘敏						¥	2	0	0	0	0
合　计								¥	2	0	0	0	0

附单据　张

会计主管　　记账　　出纳　　审核　　制单

图9-11　冰阳公司收款凭证2

（8）12月12日，冰阳公司以库存现金支付公司管理部门日常零星开支600元。付款凭证如图9-12所示。

付款凭证

贷方科目：库存现金　　　　20×1年12月12日　　　　付字第03号

摘要	借方总账科目	明细科目	记账符号	金额									
				千	百	十	万	千	百	十	元	角	分
管理部门零星开支	管理费用	甲材料						¥	6	0	0	0	0
合　计								¥	6	0	0	0	0

附单据　张

会计主管　　记账　　出纳　　审核　　制单

图9-12　冰阳公司付款凭证3

（9）12月13日，冰阳公司开出转账支票支付水电费1 800元，其中，生产车间1 500元，管理部门300元。付款凭证如图9-13所示。

付款凭证

贷方科目：银行存款　　　　20×1年12月13日　　　　付字第04号

摘要	借方总账科目	明细科目	记账符号	金额									
				千	百	十	万	千	百	十	元	角	分
支付水电费	制造费用						¥	1	5	0	0	0	0
	管理费用							¥	3	0	0	0	0
合　计							¥	1	8	0	0	0	0

附单据　张

会计主管　　记账　　出纳　　审核　　制单

图9-13　冰阳公司付款凭证4

（10）12月17日，冰阳公司销售A产品900件，单价200元，增值税专用发票上注明价款为180 000元，增值税税额23 400元，款项已存银行。收款凭证如图9-14所示。

收款凭证

借方科目：银行存款　　　　　　　　20×1年12月17日　　　　　　　　收字第03号

摘要	贷方总账科目	明细科目	记账符号	金额									
				千	百	十	万	千	百	十	元	角	分
销售A产品	主营业务收入				¥	1	8	0	0	0	0	0	0
	应交税费	应交增值税（销项税额）				¥	2	3	4	0	0	0	0
合　计					¥	2	0	3	4	0	0	0	0

附单据　张

会计主管　　　　　记账　　　　　出纳　　　　　审核　　　　　制单

图9-14　冰阳公司收款凭证3

（11）12月18日，公司收回11月C公司所欠货款16 800元存入银行。收款凭证如图9-15所示。

收款凭证

借方科目：银行存款　　　　　　　　20×1年12月18日　　　　　　　　收字第04号

摘要	贷方总账科目	明细科目	记账符号	金额									
				千	百	十	万	千	百	十	元	角	分
收到货款	应收账款	C公司				¥	1	6	8	0	0	0	0
合　计						¥	1	6	8	0	0	0	0

附单据　张

会计主管　　　　　记账　　　　　出纳　　　　　审核　　　　　制单

图9-15　冰阳公司收款凭证4

（12）12月19日，公司购入不需要安装即可使用的生产用机械设备一台，增值税专用发票上注明价款200 000元，税款26 000元，开出转账支票。付款凭证如图9-16所示。

付款凭证

贷方科目：银行存款　　　　　　　　20×1年12月19日　　　　　　　　付字第05号

摘要	借方总账科目	明细科目	记账符号	金额									
				千	百	十	万	千	百	十	元	角	分
采购设备	固定资产				¥	2	0	0	0	0	0	0	0
	应交税费	应交增值税（进项税额）				¥	2	6	0	0	0	0	0
合计					¥	2	2	6	0	0	0	0	0

附单据　张

会计主管　　　　　记账　　　　　出纳　　　　　审核　　　　　制单

图9-16　冰阳公司付款凭证5

（13）12月21日，公司转账支付本月应承担的利息费用1 800元。付款凭证如图9-17所示。

付款凭证

贷方科目：银行存款　　　　20×1年12月21日　　　　付字第06号

摘要	借方总账科目	明细科目	记账符号	千	百	十	万	千	百	十	元	角	分
12月贷款利息	财务费用						¥	1	8	0	0	0	0
合　计							¥	1	8	0	0	0	0

附单据　张

会计主管　　记账　　出纳　　审核　　制单

图9-17　冰阳公司付款凭证6

（14）12月22日，公司用银行存款支付产品展销费4 800元，付款凭证如图9-18所示。

付款凭证

贷方科目：银行存款　　　　20×1年12月22日　　　　付字第07号

摘要	借方总账科目	明细科目	记账符号	千	百	十	万	千	百	十	元	角	分
产品展销费	销售费用						¥	4	8	0	0	0	0
合　计							¥	4	8	0	0	0	0

附单据　张

会计主管　　记账　　出纳　　审核　　制单

图9-18　冰阳公司付款凭证7

（15）12月23日，公司计提固定资产折旧18 800元，其中，车间设备计提折旧12 800元，管理部门计提折旧6 000元，转账凭证如图9-19所示。

转账凭证

20×1年12月23日　　　　转字第05号

摘要	总账科目	明细科目	记账符号	借方金额										记账符号	贷方金额									
				千	百	十	万	千	百	十	元	角	分		千	百	十	万	千	百	十	元	角	分
计提折旧	制造费用					¥	1	2	8	0	0	0	0											
	管理费用							6	0	0	0	0	0											
	累计折旧																	1	8	8	0	0	0	0
合　计						¥	1	8	8	0	0	0	0				¥	1	8	8	0	0	0	0

附单据　张

会计主管　　记账　　出纳　　审核　　制单

图9-19　冰阳公司转账凭证5

（16）12月24日，公司计提12月应付职工薪酬40 000元，其中，车间工人工资30 000元，车间管理人员工资5 000元，厂部管理人员工资5 000元。转账凭证如图9-20所示。

转账凭证

20×1年12月24日　　　　转字第06号

摘要	总账科目	明细科目	记账符号	借方金额										记账符号	贷方金额									
				千	百	十	万	千	百	十	元	角	分		千	百	十	万	千	百	十	元	角	分
工资	制造费用						¥	5	0	0	0	0	0											
	管理费用						¥	5	0	0	0	0	0											
	生产成本	A产品				¥	3	0	0	0	0	0	0											
	应付职工薪酬																¥	4	0	0	0	0	0	0
合　计						¥	4	0	0	0	0	0	0				¥	4	0	0	0	0	0	0

附单据　张

会计主管　　　记账　　　出纳　　　审核　　　制单

图9-20　冰阳公司转账凭证6

（17）12月25日，公司以银行存款支付车间办公费1 300元。付款凭证如图9-21所示。

付款凭证

贷方科目：银行存款　　　　20×1年12月25日　　　　付字第08号

摘要	借方总账科目	明细科目	记账符号	金额									
				千	百	十	万	千	百	十	元	角	分
车间办公费	制造费用						¥	1	3	0	0	0	0
合　计							¥	1	3	0	0	0	0

附单据　张

会计主管　　　记账　　　出纳　　　审核　　　制单

图9-21　冰阳公司付款凭证8

（18）12月28日，公司通过银行存款支付工资40 000元。付款凭证如图9-22所示。

付款凭证

贷方科目：银行存款　　　　20×1年12月28日　　　　付字第09号

摘要	借方总账科目	明细科目	记账符号	金额									
				千	百	十	万	千	百	十	元	角	分
发工资	应付职工薪酬					¥	4	0	0	0	0	0	0
合　计						¥	4	0	0	0	0	0	0

附单据　张

会计主管　　　记账　　　出纳　　　审核　　　制单

图9-22　冰阳公司付款凭证9

（19）12月30日，公司结转本月制造费用。转账凭证如图9-23所示。

转账凭证

20×1年12月30日　　　　转字第07号

摘要	总账科目	明细科目	记账符号	借方金额										记账符号	贷方金额									
				千	百	十	万	千	百	十	元	角	分		千	百	十	万	千	百	十	元	角	分	附单据
结转制造费用	生产成本	A产品				¥	2	0	6	0	0	0	0												
	制造费用																¥	2	0	6	0	0	0	0	张
合　计						¥	2	0	6	0	0	0	0				¥	2	0	6	0	0	0	0	

会计主管　　记账　　出纳　　审核　　制单

图9-23 冰阳公司转账凭证7

（20）12月30日，公司本月投入生产A产品2 000件，全部完工，计算并结转生产成本（每件产品42.3元）如图9-24所示。

转账凭证

20×1年12月30日　　　　转字第08号

摘要	总账科目	明细科目	记账符号	借方金额										记账符号	贷方金额										
				千	百	十	万	千	百	十	元	角	分		千	百	十	万	千	百	十	元	角	分	附单据
结转完工产品	库存商品	A产品				¥	8	4	6	0	0	0	0												
	生产成本	A产品															¥	8	4	6	0	0	0	0	张
合　计						¥	8	4	6	0	0	0	0				¥	8	4	6	0	0	0	0	

会计主管　　记账　　出纳　　审核　　制单

图9-24 冰阳公司转账凭证8

（21）12月30日，公司结转1 700件已销A产品成本。转账凭证如图9-25所示。

转账凭证

20×1年12月30日　　　　转字第09号

摘要	总账科目	明细科目	记账符号	借方金额										记账符号	贷方金额										
				千	百	十	万	千	百	十	元	角	分		千	百	十	万	千	百	十	元	角	分	附单据
结转产品成本	主营业务成本	A产品				¥	7	1	9	1	0	0	0												
	库存商品	A产品															¥	7	1	9	1	0	0	0	张
合　计						¥	7	1	9	1	0	0	0				¥	7	1	9	1	0	0	0	

会计主管　　记账　　出纳　　审核　　制单

图9-25 冰阳公司转账凭证9

（22）12月30日，公司销售A产品应交消费税，按照销售收入的5%计算应交税额。转账凭证如图9-26所示。

转账凭证

20×1年12月30日　　　　转字第10号

摘要	总账科目	明细科目	记账符号	借方金额										记账符号	贷方金额									
				千	百	十	万	千	百	十	元	角	分		千	百	十	万	千	百	十	元	角	分
计算消费税	税金及附加	A产品				¥	1	7	0	0	0	0	0											
	应交税费	应交消费税															¥	1	7	0	0	0	0	0
合　计						¥	1	7	0	0	0	0	0				¥	1	7	0	0	0	0	0

附单据　张

会计主管　　　记账　　　出纳　　　审核　　　制单

图9-26　冰阳公司转账凭证10

（23）12月30日，公司缴纳增值税和消费税。付款凭证如图9-27和图9-28所示。

付款凭证

贷方科目：银行存款　　　　20×1年12月30日　　　　付字第10号

摘要	借方总账科目	明细科目	记账符号	金额									
				千	百	十	万	千	百	十	元	角	分
缴纳消费税	应交税费	应交消费税				¥	1	7	0	0	0	0	0
合　计						¥	1	7	0	0	0	0	0

附单据　张

会计主管　　　记账　　　出纳　　　审核　　　制单

图9-27　冰阳公司付款凭证10

付款凭证

贷方科目：银行存款　　　　20×1年12月30日　　　　字第11号

摘要	借方总账科目	明细科目	记账符号	金额									
				千	百	十	万	千	百	十	元	角	分
缴纳增值税	应交税费	应交增值税（已交税金）				¥	1	0	4	0	0	0	0
合　计						¥	1	0	4	0	0	0	0

附单据　张

会计主管　　　记账　　　出纳　　　审核　　　制单

图9-28　冰阳公司付款凭证11

（24）12月31日，将收入、费用转入本年利润。转账凭证如图9-29和图9-30所示。

转账凭证

20×1 年 12 月 31 日　　　　转字第 11 号

摘要	总账科目	明细科目	记账符号	借方金额										记账符号	贷方金额									
				千	百	十	万	千	百	十	元	角	分		千	百	十	万	千	百	十	元	角	分
费用结转	本年利润				¥	1	1	0	6	1	0	0	0											
	主营业务成本																¥	7	1	9	1	0	0	0
	税金及附加																¥	1	7	0	0	0	0	0
	销售费用																	¥	4	8	0	0	0	0
	财务费用																	¥	1	8	0	0	0	0
	管理费用																¥	1	5	1	0	0	0	0
合计					¥	1	1	0	6	1	0	0	0			¥	1	1	0	6	1	0	0	0

附单据　张

会计主管　　记账　　出纳　　审核　　制单

图 9-29　冰阳公司转账凭证 11

转账凭证

20×1 年 12 月 31 日　　　　转字第 12 号

摘要	总账科目	明细科目	记账符号	借方金额										记账符号	贷方金额									
				千	百	十	万	千	百	十	元	角	分		千	百	十	万	千	百	十	元	角	分
收入结转	主营业务收入				¥	3	4	0	0	0	0	0	0											
	本年利润															¥	3	4	0	0	0	0	0	0
合计					¥	3	4	0	0	0	0	0	0			¥	3	4	0	0	0	0	0	0

附单据　张

会计主管　　记账　　出纳　　审核　　制单

图 9-30　冰阳公司转账凭证 12

（25）12 月 31 日，12 月企业所得税费用为 57 347.5 元，转账凭证如图 9-31 所示。

转账凭证

20×1 年 12 月 31 日　　　　转字第 13 号

摘要	总账科目	明细科目	记账符号	借方金额										记账符号	贷方金额									
				千	百	十	万	千	百	十	元	角	分		千	百	十	万	千	百	十	元	角	分
计算企业所得税	所得税费用					¥	5	7	3	4	7	5	0											
	应交税费	应交所得税															¥	5	7	3	4	7	5	0
合计						¥	5	7	3	4	7	5	0				¥	5	7	3	4	7	5	0

附单据　张

会计主管　　记账　　出纳　　审核　　制单

图 9-31　冰阳公司转账凭证 13

步骤2：根据记账凭证和原始凭证登记库存现金日记账（见表9-2）和行存款日记账（见表9-3）。

表9-2 库存现金日记账 单位：元

20×1年		凭证号数		对方科目	摘要	借方	贷方	余额
月	日	字	号					
12	1				期初余额			2 000
12	6	付	02	其他应收款	刘敏差旅费		1 400	600
12	11	收	02	其他应收款	刘敏退差旅费	200		800
12	12	付	03	管理费用	支付办公费		600	200
1	31				本月合计	200	2 000	200

表9-3 银行存款日记账 单位：元

20×1年		凭证号数		对方科目	摘要	借方	贷方	余额
月	日	字	号					
12	1				期初余额			800 000
12	2	付	01	在途物资 应交税费	购进原材料		67 800	732 200
12	10	收	01	应收账款	收到欠款	180 800		913 000
12	13	付	04	管理费用 制造费用	支付水电费		1800	911 200
12	17	收	03	主营业收入 应交税费	销售产品	203 400		1 114 600
12	18	收	04	应收账款	11月货款	16 800		1 131 400
12	19	付	05	固定资产 应交税费	购买生产设备		226 000	905 400
12	21	付	06	财务费用	贷款利息		1 800	903 600
12	22	付	07	销售费用	产品展销费		4 800	898 800
12	25	付	08	制造费用	车间办公费		1 300	897 500
12	28	付	09	应付职工薪酬	发放工资		40 000	857 500
12	30	付	10	应交税费	缴纳消费税		17 000	840 500
12	30	付	11	应交税费	缴纳增值税		10 400	830 100
12	31				本月合计	401 000	370 900	830 100

根据记账凭证和原始凭证登记应收账款明细账（见表9-4）、原材料明细账（见表9-5）、管理费用明细账（见表9-6）等。

表 9-4

应收账款明细账

户名：东平公司　　　　　　　　　　　　　　　　　　　　单位：元

20×1年		凭证号数		摘要	借方	贷方	借或贷	余额
月	日	字	号					
12	1			期初余额				200 000
12	8	转	03	销售A产品	180 800		借	380 800
12	10	收	01	收到货款		180 800	借	200 000
12	18	收	04	收到货款		16 800	借	183 200
12	31			本月合计	180 800	197 600	借	183 200

表 9-5

原材料明细账

分第　页

一级科目：原材料　　　　　　　　　　　　　　　　　　材料规格：

金额单位：元　　　　　　　　　　　　　　　　　　　　计量单位：千克

20×1年		凭证号数		摘要	借方			贷方			余额		
月	日	字	号		数量	单价	金额	数量	单价	金额	数量	单价	金额
12	1			期初余额							1 800	10	18 000
12	4	转	01	购入原材料	6 000	10	60 000				7 800	10	78 000
12	5	转	02	生产领料				3 400	10	34 000	4 400	10	44 000
12	5	转	02	厂部维修				200	10	2 000	4 200	10	42 000
12	31			本月合计	6 000	10	60 000	3 600	10	36 000	4 200	10	42 000

表 9-6

管理费用明细账

单位：元

20×1年		凭证		摘要	借方	贷方	余额	(借方)			
月	日	字	号		金额	金额		办公费	招待费	咨询费	其他
12	5	转	02	管理部门领用材料	2 000						2 000
12	11	转	04	差旅费	1 200						1 200
12	12	付	03	日常开销	600			600			
12	13	转	04	支付水电费	300						300
12	23	转	05	计提折旧	6 000						6 000
12	24	转	06	管理部门工资	5 000						5 000
12	31			合计	15 100						
12	31	转	11	结转管理费用	15 100			600			14 500

步骤3：根据记账凭证登记总分类账，见表9-7至表9-22。

表 9-7

总分类账

科目名称：库存现金

单位：元

20×1年		凭证号数		摘要	借方	贷方	借或贷	余额
月	日	字	号					
12	1			期初余额			借	2 000
12	6	付	02	刘敏差旅费		1 400	借	600
12	11	收	02	刘敏差旅费	200		借	800
12	12	付	03	支付办公费		600	借	200
12	31			本月合计	200	2 000	借	200
12	31			本年累计	200	2 000	借	200
				结转下年			借	200

表 9-8

总分类账

科目名称：银行存款

单位：元

20×1年		凭证号数		摘要	借方	贷方	借贷	余额
月	日	字	号					
12	1			期初余额			借	800 000
12	2	付	01	购进原材料		67 800	借	732 200
12	10	收	01	收到欠款	180 800		借	913 000
12	13	付	04	支付水电费		1 800	借	911 200
12	17	收	03	销售产品	203 400		借	1 114 600
12	18	收	04	11月货款	16 800		借	1 131 400
12	19	付	05	购买生产设备		226 000	借	905 400
12	21	付	06	贷款利息		1 800	借	903 600
12	22	付	07	产品展销费		4 800	借	898 800
12	25	付	08	车间办公费		1 300	借	897 500
12	28	付	09	发放工资		40 000	借	857 500
12	30	付	10	缴纳消费税		17 000	借	840 500
12	30	付	11	缴纳增值税		10 400	借	830 100
12	31			本月合计	401 000	370 900	借	830 100
12	31			本年累计	401 000	370 900	借	830 100
				结转下年			借	830 100

表 9-9

总分类账

科目名称：固定资产

单位：元

20×1年		凭证号数		摘要	借方	贷方	借或贷	余额
月	日	字	号					
12	1			期初余额			借	400 000
12	19	付	05	购买生产设备	200 000		借	600 000
12	31			本年累计	200 000	0	借	600 000
				结转下年			借	600 000

表 9-10

总分类账

科目名称：应收账款

单位：元

20×1年		凭证号数		摘要	借方	贷方	借或贷	余额
月	日	字	号					
12	1			期初余额			借	200 000
12	8	转	03	销售A产品	180 800		借	380 800
12	10	收	01	收货款		180 800	借	200 000
12	18	收	04	收货款		16 800	借	183 200
12	31			本月合计	180 800	197 600	借	183 200
12	31			本年累计	180 800	197 600	借	183 200
				结转下年			借	183 200

表 9-11

总分类账

科目名称：原材料

单位：元

20×1年		凭证号数		摘要	借方	贷方	借或贷	余额
月	日	字	号					
12	1			期初余额			借	18 000
12	4	转	01	购入原材料	60 000		借	78 000
12	5	转	02	生产领料		34 000	借	44 000
12	5	转	02	厂部维修领料		2 000	借	42 000
12	31			本月合计	60 000	36 000	借	42 000
12	31			本年累计	60 000	36 000	借	42 000
				结转下年			借	42 000

表 9-12

总分类账

科目名称：应交税费

单位：元

20×1年		凭证号数		摘要	借方	贷方	借或贷	余额
月	日	字	号					
12	2	付	01	购入原材料	7 800		借	7 800
12	8	转	03	销售A产品		20 800	贷	13 000
12	17	收	03	销售A产品		23 400	贷	36 400
12	19	付	05	购买生产设备	26 000		贷	10 400
12	30	转	10	A产品5%消费税		17 000	贷	27 400
12	30	付	10	缴纳消费税	17 000		贷	10 400
12	30	付	11	缴纳增值税	10 400		平	0
12	31	转	13	缴纳所得税		57 347.5		57 347.5
12	31			本月合计	61 200	118 547.5	贷	57 347.5
12	31			本年累计	61 200	118 547.5	贷	57 347.5
				结转下年			贷	57 347.5

表 9-13

总分类账

科目名称：制造费用

单位：元

20×1年		凭证号数		摘要	借方	贷方	借或贷	余额
月	日	字	号					
12	13	付	04	支付水电费	1 500		借	1 500
12	23	转	05	固定资产折旧	12 800		借	14 300
12	24	转	06	车间管理人员工资	5 000		借	19 300
12	25	付	08	支付办公费	1 300		借	20 600
12	30	转	07	转入生产成本		20 600	平	0
12	30			本月合计	20 600	20 600	平	0

表 9-14

总分类账

科目名称：生产成本

单位：元

20×1年		凭证号数		摘要	借方	贷方	借或贷	余额
月	日	字	号					
12	5	转	02	车间领用材料	34 000		借	34 000
12	24	转	06	工人工资	30 000		借	64 000
12	30	转	07	制造费用转入	20 600		借	84 600
12	30	转	08	完工产品转出		84 600	平	0
12	31			本月合计	84 600	84 600	平	0
12	31			本年累计	84 600	84 600		

表 9-15

总分类账

科目名称：库存商品 单位：元

20×1年		凭证号数		摘要	借方	贷方	借或贷	余额
月	日	字	号					
12	1			期初余额			借	40 000
12	30	转	08	完工产成品转入库存商品	84 600		借	124 600
12	30	转	09	售出产品成本		71 910	借	52 690
12	31			本月合计	84 600	71 910	借	52 690
12	31			本年累计	84 600	71 910	借	52 690
				结转下年			借	52 690

表 9-16

总分类账

科目名称：主营业务收入 单位：元

20×1年		凭证号数		摘要	借方	贷方	借或贷	余额
月	日	字	号					
12	8	转	03	销售A产品		160 000	贷	160 000
12	17	收	03	销售A产品		180 000	贷	340 000
12	31	转	12	转入本年利润	340 000		平	0
12	31			本月合计	340 000	340 000	平	0
12	31			本年累计	340 000	340 000	平	0

表 9-17

总分类账

科目名称：主营业务成本 单位：元

20×1年		凭证号数		摘要	借方	贷方	借或贷	余额
月	日	字	号					
12	30	转	09	产成品销售成本	71 910		借	71 910
12	31	转	11	转入本年利润		71 910	平	0
12	31			本月合计	71 910	71 910	平	71 910
12	31			本年累计	71 910	71 910	平	0

表 9-18

总分类账

科目名称：税金及附加 单位：元

20×1年		凭证号数		摘要	借方	贷方	借或贷	余额
月	日	字	号					
12	30	转	10	A产品5%消费税	17 000		借	17 000
12	31	转	11	结转本年利润		17 000	平	0
12	31			本年累计	17 000	17 000	平	0

表 9-19

总分类账

科目名称：财务费用

单位：元

20×1年		凭证号数		摘要	借方	贷方	借或贷	余额
月	日	字	号					
12	21	付	06	支付本月利息	1 800		借	1 800
12	31	转	11	转入本年利润		1 800	平	0
12	31			本月合计	1 800	1 800	平	0
12	31			本年累计	1 800	1 800	平	0

表 9-20

总分类账

科目名称：销售费用

单位：元

20×1年		凭证号数		摘要	借方	贷方	借或贷	余额
月	日	字	号					
12	22	付	07	支付展销费	4 800		借	4 800
12	31	转	11	结转展销费		4 800	平	0
12	31			本月合计	4 800	4 800	平	0
12	31			本年累计	4 800	4 800	平	0

表 9-21

总分类账

科目名称：管理费用

单位：元

20×1年		凭证号数		摘要	借方	贷方	借或贷	余额
月	日	字	号					
12	5	转	02	厂部维修领料	2 000		借	2 000
12	11	转	04	报销差旅费	1 200		借	3 200
12	12	付	03	管理部门开支	600		借	3 800
12	13	付	04	水电费	300		借	4 100
12	23	转	05	固定资产折旧	6 000		借	10 100
12	24	转	06	管理人员工资	5 000		借	15 100
12	31	转	11	结转本年利润		15 100	平	0
12	31			本月合计	15 100	15 100	平	0
12	31			本年累计	15 100	15 100	平	0

表 9-22 **总分类账**

科目名称：本年利润 单位：元

20×1年		凭证号数		摘要	借方	贷方	借或贷	余额
月	日	字	号					
12	31	转	11	结转费用类账户	110 610		借	110 610
12	31	转	12	结转收入类账户		340 000	贷	229 390
12	31	转	13	结转所得税费用	57 347.5		贷	17 2042.5
12	31			本月合计	167 957.5	340 000	贷	172 042.5
12	31			本年累计	167 957.5	340 000	贷	172 042.5

步骤4：编制20×1年12月的总分类账试算平衡表（见表9-23），核对账户记录的正确性和完整性。

表 9-23 **总分类账试算平衡表** 单位：元

账户名称	期初余额		本期发生额		期末余额	
	借方	贷方	借方	贷方	借方	贷方
库存现金	2 000		200	2 000	200	
银行存款	800 000		414 600	384 500	830 100	
应收账款	200 000		187 200	204 000	183 200	
原材料	18 000		60 000	36 000	42 000	
库存商品	40 000		84 600	71 910	52 690	
固定资产	400 000		200 000		600 000	
累计折旧		60 000		18 800		78 800
制造费用			20 600	20 600		
管理费用			15 100		15 100	
财务费用			1 800		1 800	
销售费用			4800		4 800	
所得税费用			57 347.5		57 347.5	
应交税费——应交所得税				57 347.5		57 347.5
主营业务收入				340 000		340 000
主营业务成本			71 910		71 910	
税金及附加			17 000		17 000	
长期借款		400 000				400 000
实收资本		1 000 000				1 000 000
合计	1 460 000	1 460 000	1 135 157.5	1 135 157.5	1 876 147.5	1 876 147.5

第三节 科目汇总表账务处理程序

一、科目汇总表账务处理程序的内容

(一)科目汇总表账务处理程序的概念

科目汇总表账务处理程序是根据各种记账凭证先定期(或月末)一次性汇总编制科目汇总表,之后根据科目汇总表登记总分类账,并定期编制会计报表的一种账务处理程序。科目汇总表账务处理程序是对专用记账凭证账务处理程序和通用记账凭证账务处理程序的发展。

在讨论以上两种账务处理程序的过程中我们看到,它们共同的缺陷是日记账、明细分类账及总分类账的重复记录,这不仅造成了账户登记上的重复劳动,而且意义不大。为此,会计人员通过实践,创造了一些能够克服以上弊端的其他账务处理程序。科目汇总表账务处理程序就是其中之一,也是目前会计实务中常用的一种账务处理程序。

(二)科目汇总表的编制方法

在科目汇总表账务处理程序下,账务处理的关键是编制科目汇总表。科目汇总表的编制方法是将一定期间内的所有记账凭证按照相同会计科目进行归类,定期根据企业业务量大小,每5天、10天、15天或每月一次性汇总出每一个账户的借方本期发生额和贷方本期发生额,并将其填列在科目汇总表的相应栏目中。登记总分类账时,只需要将该表中汇总的各项目本期借、贷方发生额的合计数分次或月末一次性记入总分类账户的借方或贷方。

科目汇总表的格式见表9-24和表9-25。

表9-24 **科目汇总表**

年 月 日—— 年 月 日

会计科目	账页	本期发生额		记账凭证起止号数
		借方	贷方	
合 计				

表9-25 **科目汇总表**

年 月 日 —— 年 月 日

会计科目	账页	1—10日		11—20日		21—30日		本月合计		记账凭证起止号数
		借方	贷方	借方	贷方	借方	贷方	借方	贷方	
合 计										

二、科目汇总表账务处理程序

（一）科目汇总表账务处理程序的步骤（如图9-32所示）

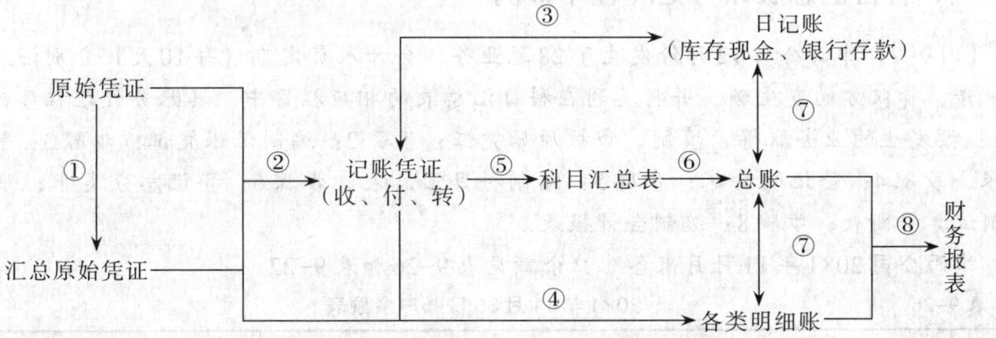

图9-32　科目汇总表账务处理程序的步骤

1.取得、填制和审核原始凭证。

2.交易或事项发生以后，根据有关原始凭证或原始凭证汇总表填制各种专用记账凭证或通用记账凭证。

3.根据收款记账凭证、付款记账凭证或通用记账凭证逐笔登记库存现金日记账和银行存款日记账。

4.根据各种专用记账凭证或通用记账凭证并参考原始凭证或原始凭证汇总表，逐笔登记各种明细分类账。

5.根据各种记账凭证或通用记账凭证汇总编制科目汇总表。

6.根据科目汇总表上的汇总数字登记总分类账。

7.月末，将日记账、明细分类账的余额分别与总分类账中相应账户的余额核对相符。

8.月末，根据总分类账和明细分类账的记录编制会计报表。

（二）科目汇总表账务处理程序的优缺点和适用范围

1.优点：科目汇总表上的汇总结果体现了企业一定会计期间内所有总分类账户借方发生额合计数与贷方发生额合计数之间的相等关系，利用这种相等关系，可以对一定会计期间编制的全部记账凭证上的所有账户的发生额进行试算平衡，借以检验根据日常交易或事项填制的记账凭证的准确性，以便及时发现和纠正记账凭证在填制或汇总过程中出现的错误。在科目汇总表账务处理程序下，登记总分类账之前能够通过科目汇总表的汇总结果对所填制的记账凭证准确与否进行验证，在确认所有账户借方、贷方发生额合计数相等的基础上再登记总分类账，这样做能够在一定程度上保证总分类账记录的正确性，并且可以根据科目汇总表上有关账户的汇总发生额，在月末一次或月中分次登记总分类账，可以使登记总分类账的工作量明显减小。

2.缺点：在科目汇总表账务处理程序下，会计人员首先要对发生的交易或事项填制各种专用记账凭证或通用记账凭证，在此基础上，需要定期对这些记账凭证进行汇总，编制作为登记总账依据的科目汇总表，增加了会计人员汇总记账凭证的工作量，而且不能清晰地反映账户之间的对应关系。

3.使用范围：科目汇总表账务处理程序具有能够进行账户发生额的试算平衡、减少总账登记工作量等优点，不论其规模大小、交易或事项频繁与否，各类会计主体都可以采用此程序。

三、科目汇总表账务处理程序举例

【例9-2】津西公司12月份发生了28笔业务，会计人员定期（每10天）分别汇总每个账户借、贷双方的发生额，并将其列在科目汇总表的相应栏目中。其账务处理程序为：步骤1：按发生的业务取得、填制、审核原始凭证；步骤2：编制记账凭证；步骤3：登记日记账；步骤4：登记明细账；步骤5：编制科目汇总表；步骤6：登记总分类账；步骤7：编制试算平衡表；步骤8：编制会计报表。

津西公司20×1年11月月末各账户余额见表9-26和表9-27。

表9-26 20×1年11月30日账户余额表 单位：元

账户名称	借方	贷方
库存现金	1 000	
银行存款	156 000	
应收账款	2 000	
原材料	44 000	
生产成本	6 000	
库存商品	10 000	
固定资产	156 000	
利润分配	64 000	
累计折旧		30 000
应交税费		86 000
实收资本		243 000
本年利润		80 000
合 计	439 000	439 000

表9-27 20×1年11月30日明细分类账信息表 单位：元

总分类账名称	明细分类账名称	借方金额	贷方金额
应收账款	A公司	3 000	
	B公司		1 000
原材料	A材料	20 000	
	B材料	24 000	
生产成本	甲产品	2 000	
	乙产品	4 000	
库存商品	甲产品	4 000	
	乙产品	6 000	
利润分配	未分配利润	64 000	

步骤1：津西公司20×1年12月份发生如下经济业务，会计人员按发生的业务取得、填制和审核原始凭证。

（1）4日，从东平公司购入A材料1 000千克，每千克20元，货款共计20 000元，增值税为2 600元。材料已验收入库，货款和税款已通过银行支付。

借：原材料——A材料　　20 000

　　应交税费——应交增值税（进项税额）　　2 600

　贷：银行存款　　22 600

（2）6日，从冰阳公司购入B材料8 000千克，每千克10元，货款共计80 000元，增值税为10 400元。材料已验收入库，货款和税款已通过银行支付。

借：原材料——B材料　　80 000

　　应交税费——应交增值税（进项税额）　　10 400

　贷：银行存款　　90 400

（3）10日，各部门领用材料情况见表9-28。

表9-28　**各部门材料领用表**　金额单位：元

耗用材料名称 / 领用部门及用途	A材料		B材料		金额合计
	数量	金额	数量	金额	
生产甲产品直接耗用	500	10 000	3 000	30 000	40 000
生产乙产品直接耗用	700	14 000	5 000	50 000	64 000
车间一般耗用	100	2 000	1 500	15 000	17 000
行政管理部门耗用	200	4 000	500	5 000	9 000
合　计	1 500	30 000	10 000	100 000	130 000

借：生产成本——甲产品　　40 000

　　　　　　——乙产品　　64 000

　　制造费用　　17 000

　　管理费用　　9 000

　贷：原材料——A材料　　30 000

　　　　　　——B材料　　100 000

（4）10日，售出甲产品20台，每台售价4 000元，售出乙产品30台，每台售价5 000元，货款共计230 000元，增值税为29 900元，款项已经收到并存入银行。

借：银行存款　　259 900

　贷：主营业务收入　　230 000

　　　应交税费——应交增值税（销项税额）　　29 900

（5）13日，计算分配本月份各部门人员工资68 400元，其中：生产甲产品工人的工资为22 800元，生产乙产品工人的工资为34 200元，车间技术人员和管理人员的工资为4 560元，行政管理人员的工资为6 840元。

借：生产成本——甲产品　　22 800

借：生产成本——乙产品　34 200
　　制造费用　4 560
　　管理费用　6 840
　贷：应付职工薪酬　68 400

（6）14日，从银行提取现金68 400元，备发工资。

借：库存现金　68 400
　贷：银行存款　68 400

（7）15日，以库存现金68 400元支付本月工资。

借：应付职工薪酬　68 400
　贷：库存现金　68 400

（8）16日，售出甲产品5台给B公司，每台售价4 000元，货款共计20 000元，增值税为2 600元，货款和税款尚未收到。

借：应收账款——B公司　22 600
　贷：主营业务收入　20 000
　　　应交税费——应交增值税（销项税额）　2 600

（9）17日，以现金200元支付售出甲产品的相关运杂费。

借：销售费用　200
　贷：库存现金　200

（10）18日，以银行存款支付本月水电费10 000元。其中：生产甲产品耗用3 000元；生产乙产品耗用5 000元；生产车间照明耗用500元；行政管理部门耗用1 500元。

借：生产成本——甲产品　3 000
　　　　　　——乙产品　5 000
　　制造费用　500
　　管理费用　1 500
　贷：银行存款　10 000

（11）19日，售出乙产品10台给A公司，单价5 000元，货款共计50 000元，增值税为6 500元，货款和税款尚未收到。

借：应收账款——A公司　56 500
　贷：主营业务收入　50 000
　　　应交税费——应交增值税（销项税额）　6 500

（12）20日，以银行存款1 060元支付行政管理部门办公费。

借：管理费用　1 060
　贷：银行存款　1 060

（13）21日，收到A公司通过银行转来的前欠货款61 500元。

借：银行存款　61 500
　贷：应收账款——A公司　61 500

（14）22日，以银行存款支付广告费13 000元。

借：销售费用　13 000
　贷：银行存款　13 000

（15）23日，以库存现金440元支付生产车间的修理费。

借：制造费用　440

　贷：库存现金　440

（16）25日，从银行取得短期借款50 000元，存入银行。

借：银行存款　50 000

　贷：短期借款　50 000

（17）31日，计提本月固定资产折旧费8 000元，其中生产车间计提6 000元，行政管理部门计提2 000元。

借：制造费用　6 000

　管理费用　2 000

　贷：累计折旧　8 000

（18）31日，计算分配本月发生的制造费用28 500元，其中：甲产品负担13 500元，乙产品负担15 000元。

借：生产成本——甲产品　13 500

　　　　　——乙产品　15 000

　贷：制造费用　28 500

（19）31日，甲产品完工35台，已验收入库，其单位成本为2 300元，总成本为80 500元；乙产品完工40台，已验收入库，其单位成本为3 000元，总成本为120 000元。

借：库存商品——甲产品　80 500

　　　　　——乙产品　120 000

　贷：生产成本——甲产品　80 500

　　　　　　——乙产品　120 000

（20）31日，结转本月售出的25台甲产品的销售成本57 500元；结转本月售出的40台乙产品的销售成本120 000元。

借：主营业务成本　177 500

　贷：库存商品——甲产品　57 500

　　　　　　——乙产品　120 000

（21）31日，计提结转本月应交城市维护建设税15 000元。

借：税金及附加　15 000

　贷：应交税费——应交城市维护建设税　15 000

（22）31日，结转本月甲、乙产品的销售收入300 000元。

借：主营业务收入　300 000

　贷：本年利润　300 000

（23）31日，结转本月甲、乙产品的销售成本177 500元。

借：本年利润　177 500

　贷：主营业务成本　177 500

（24）31日，结转本月所发生的销售费用13 200元。

借：本年利润　13 200

贷：销售费用 13 200

（25）31日，结转本月的税金及附加15 000元。

借：本年利润 15 000

贷：税金及附加 15 000

（26）31日，结转本月发生的管理费用20 400元。

借：本年利润 20 400

贷：管理费用 20 400

（27）31日，计算出本月应纳所得税费用38 475元。

借：所得税费用 38 475

贷：应交税费——应交所得税 38 475

（28）31日，结转本月计提的所得税费用38 475元。

借：本年利润 38 475

贷：所得税费用 38 475

注：甲产品月末在产品的成本项目构成为：直接材料800元，燃料及动力费100元，直接人工费400元，制造费用200元，合计1 500元。乙产品月末在产品的成本项目构成为：直接材料4 000元，燃料及动力费200元，直接人工费500元，制造费用300元，合计5 000元。

根据上述资料，采用科目汇总表账务处理程序对本月的经济业务进行核算。

步骤2：编制记账凭证。

步骤3：登记日记账。

步骤4：登记明细账。

编制记账凭证、登记日记账、登记明细账等可参考【例9-1】中的相应格式。

步骤5：编制科目汇总表（见表9-29至表9-31）。

表9-29 **科目汇总表**

20×1年12月1—10日 单位：元

会计科目	总账页数	本期发生额		记账凭证起讫号数
		借方	贷方	
银行存款		259 900	113 000	
原材料		100 000	130 000	
生产成本		104 000		
制造费用		17 000		
应交税费		13 000	29 900	
主营业务收入			230 000	
管理费用		9 000		
合计		502 900	502 900	

表 9-30

科目汇总表

20×1年12月11—20日

单位：元

会计科目	总账页数	本期发生额		记账凭证起讫号数
		借方	贷方	
库存现金		68 400	68 600	
银行存款			79 460	
应收账款		79 100		
生产成本		65 000		
制造费用		5 060		
应付职工薪酬		68 400	68 400	
应交税费			9 100	
主营业务收入			70 000	
销售费用		200		
管理费用		9 400		
合　计		295 560	295 560	

表 9-31

科目汇总表

20×1年12月21—31日

单位：元

会计科目	总账页数	本期发生额		记账凭证起讫号数
		借方	贷方	
库存现金			440	
银行存款		111 500	13 000	
应收账款			61 500	
生产成本		28 500	200 500	
制造费用		6 440	28 500	
库存商品		200 500	177 500	
累计折旧			8 000	
短期借款			50 000	
应交税费			53 475	
本年利润		264 575	300 000	
主营业务收入		300 000		
主营业务成本		177 500	177 500	
税金及附加		15 000	15 000	
销售费用		13 000	13 200	
管理费用		2 000	20 400	
所得税费用		38 475	38 475	
合　计		1 157 490	1 157 490	

步骤6：登记总分类账。

根据每旬旬末汇总编制的科目汇总表登记有关总分类账。月末，将库存现金日记账、银行存款日记账的余额和各种明细分类账的余额合计数与总分类账中有关账户的余额核对相符，一般是通过编制总分类账户与明细分类账户和库存现金、银行存款日记账发生额及余额对照表来完成的。

步骤7：编制余额试算平衡表（见表9-32）。

表9-32 **余额试算平衡表** 单位：元

序号	总分类科目	期初余额		本期发生额		期末余额	
		借方	贷方	借方	贷方	借方	贷方
1	库存现金	1 000		68 400	69 040	360	
2	银行存款	156 000		371 400	205 460	321 940	
3	应收账款	2 000		79 100	61 500	19 600	
4	原材料	44 000		100 000	130 000	14 000	
5	生产成本	6 000		197 500	200 500	3 000	
6	制造费用			28 500	28 500		
7	库存商品	10 000		200 500	177 500	33 000	
8	固定资产	156 000				156 000	
9	累计折旧		30 000		8 000		38 000
10	短期借款				50 000		50 000
11	应付职工薪酬			68 400	68 400		
12	应交税费		86 000	13 000	92 475		165 475
13	实收资本		243 000				243 000
14	本年利润		80 000	264 575	300 000		115 425
15	利润分配	64 000				64 000	
16	主营业收入			300 000	300 000		
17	主营业成本			177 500	177 500		
18	税金及附加			15 000	15 000		
19	销售费用			13 200	13 200		
20	管理费用			20 400	20 400		
21	所得税费用			38 475	38 475		
	合　计	439 000	439 000	1 955 950	1 955 950	611 900	611 900

月末，根据核对无误的总分类账和明细分类账的记录，计算总分类科目本期发生额及

期末余额。

步骤8：编制会计报表。

年末，根据编制好的总分类科目本期发生额及余额试算平衡表编制资产负债表和利润表等。

第四节　汇总记账凭证账务处理程序

一、汇总记账凭证账务处理程序的内容

汇总记账凭证账务处理程序又称分类汇总记账凭证账务处理程序，它是根据记账凭证，包括收款凭证、付款凭证、转账凭证等编制的汇总记账凭证，再根据汇总记账凭证登记总分类账的一种会计核算组织程序。其主要特点是：先根据记账凭证定期汇总编制汇总记账凭证，期末再根据汇总记账凭证登记总账。

在汇总记账凭证账务处理程序下，除了要设置收款凭证、付款凭证、转账凭证外，还要设置汇总收款凭证、汇总付款凭证、汇总转账凭证等。

汇总收款凭证是按照"库存现金"和"银行存款"账户的借方科目分别设置的一种汇总记账凭证，可以分为库存现金汇总收款凭证和银行存款汇总收款凭证。汇总收款凭证按照收款凭证样式设置，借方科目为"库存现金"或"银行存款"，按其对应的贷方科目进行归类，计算出每一个贷方科目发生额合计数，填入汇总收款凭证中，企业一般5天或10天汇总一次，每月编制一张汇总收款凭证。月末，计算出每个贷方发生额合计数，据以登记总分类账。汇总收款凭证的格式如图9-33所示。

汇总收款凭证

借方科目：　　　　　　　　年　月　　　　　　　　汇收第　号

借方科目	金额				记账	
	（1）	（2）	（3）	合　计	借方	贷方
合　计						

会计主管：　　　　记账：　　　　审核：　　　　填制：

附注：（1）自　日到　日，收款凭证共　张。

（2）自　日到　日，收款凭证共　张。

（3）自　日到　日，收款凭证共　张。

图9-33　汇总收款凭证

汇总付款凭证。汇总付款凭证是按照"库存现金"和"银行存款"账户的贷方科目分别设置的一种汇总记账凭证，它的作用是将一定时期内发生的库存现金和银行存款付款业务进行汇总。汇总付款凭证可以分为库存现金汇总付款凭证和银行存款汇总付款凭证。汇总付款凭证的编制方法是：将一定时期内需要汇总的付款凭证按与其对应的借方科目进行归类，计算出每个借方科目发生额合计数，月末计算出借方发生额合计数，据以登记总分类账。汇总付款凭证的格式如图9-34所示。

汇总付款凭证

贷方科目：　　　　　　　　　年　月　　　　　　　　　汇收第　号

借方科目	金额				记账	
	（1）	（2）	（3）	合　计	借方	贷方
合　计						

会计主管：　　　记账：　　　审核：　　　填制：

附注：（1）自　日到　日，付款凭证共　张。

（2）自　日到　日，付款凭证共　张。

（3）自　日到　日，付款凭证共　张。

图9-34　汇总付款凭证

汇总转账凭证。转账凭证是反映与库存现金和银行存款收付无关的转账业务的记账凭证，它是根据有关转账业务的原始凭证填制的，汇总转账凭证是将一定时期内发生的转账业务进行汇总。在编制汇总转账凭证时，不能直接将某几张业务情况相同的转账凭证归集到一张凭证上，作为汇总记账凭证。汇总转账凭证编制的方法是将一定时期内需要汇总的转账凭证按与其对应的贷方科目进行归类，计算出每一个借方科目发生额合计数，填入汇总转账凭证中。企业一般应5天或10天汇总一次，每月编制一张汇总转账凭证，月末计算出每个借方发生额合计数，据以登记总分类账。汇总转款凭证的格式如图9-35所示。

汇总转款凭证

贷方科目：　　　　　　　　　年　月　　　　　　　　　汇收第　号

借方科目	金额				记账	
	（1）	（2）	（3）	合　计	借方	贷方
合　计						

会计主管：　　　记账：　　　审核：　　　填制：

附注：（1）自　日到　日，转款凭证共　张。

（2）自　日到　日，转款凭证共　张。

（3）自　日到　日，转款凭证共　张。

图9-35　汇总转款凭证

二、汇总记账凭证账务处理程序

（一）汇总记账凭证账务处理程序的步骤（如图9-36所示）

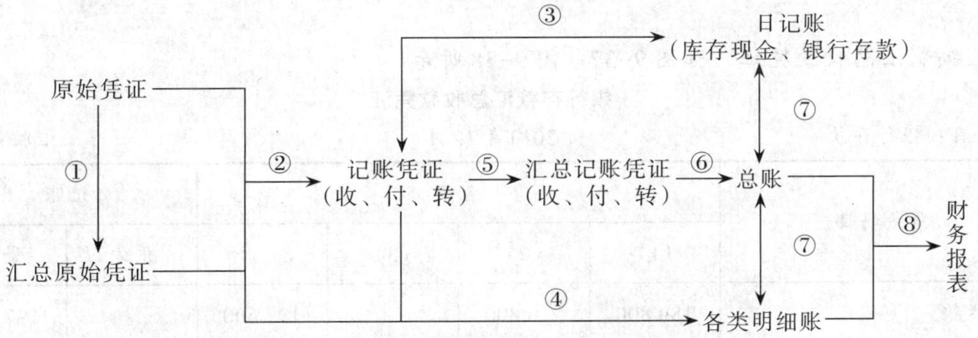

图9-36　汇总记账凭证账务处理程序的步骤

1.取得、填制和审核原始凭证。

2.根据原始凭证或原始凭证汇总表，编制收款凭证、付款凭证和转账凭证或通用记账凭证。企业若采用的是专用记账凭证处理程序，则使用的是收款记账凭证、付款记账凭证和转账记账凭证（或通用记账凭证）；若采用的是通用记账凭证账务处理程序则使用的是通用记账凭证。

3.根据收款凭证，付款凭证逐日、逐笔登记库存现金日记账和银行存款日记账。

4.根据记账凭证、原始凭证及原始凭证汇总表直接登记各种明细分类账。

5.整理记账凭证，将其归类、登记并汇总记账凭证。

6.根据记账凭证登记总分类账。

7.月末，将库存现金日记账、银行存款日记账和有关总分类账的余额相互核对，将明细分类账和有关总分类账的余额相互核对。

8.月末，根据总分类账和明细分类账编制财务报表。

（二）汇总记账凭证账务处理程序的优缺点及适用范围

1.优点。在汇总记账凭证和总分类账中，能清晰地反映会计科目之间的对应关系，便于账目核对和审查；在汇总记账凭证账务处理程序下，根据汇总记账凭证上有关账户的汇总发生额，在月中定期或月末一次性登记总分类账，使登记总分类账的工作量大大减少。

2.缺点。企业的日常会计核算是按照经济业务的内容分类进行的，而汇总转账凭证是按照每个贷方科目分别编制的，这种会计核算组织程序不利于日常核算工作的合理分工；定期编制汇总记账凭证的工作量较大，同一贷方科目转账凭证数量较少的情况下，先汇总记账凭证再登记总分类账，反而增加了工作量；编制汇总记账凭证是一项比较复杂的工作，容易产生汇总错误，由于汇总记账凭证本身不能体现出有关数字之间的平衡关系，即使发生了汇总错误会计人员也较难发现。

3.适用范围。汇总记账凭证账务处理程序适用于规模较大、经济业务较多、记账凭证数量较多的大型企业。

三、汇总记账凭证账务处理程序举例

【例 9-3】沿用【例 9-1】中的资料，编制银行存款、库存现金、原材料汇总记账凭证。

1.编制汇总收款凭证，如图 9-37、图 9-38 所示。

银行存款汇总收款凭证

借方科目：银行存款　　20×1 年 12 月　　汇收第 1 号

贷方科目	金额				记账	
	(1)	(2)	(3)	合　计	借方	贷方
应收账款	180 800	16 800		197 600		197 600
主营业务收入		180 000		180 000		180 000
应交税费——应交增值税(销项税额)		23 400		23 400		23 400
合　计		220 200		401 000		401 000

会计主管：　　记账：　　审核：　　填制：

附注：(1) 自 1 日到 10 日，收款凭证共 1 张。

(2) 自 11 日到 20 日，收款凭证共 2 张。

(3) 自 21 日到 31 日，收款凭证共 0 张。

图 9-37　银行存款汇总收款凭证

库存现金汇总收款凭证

借方科目：库存现金　　20×1 年 12 月　　汇收第 2 号

贷方科目	金额				记账	
	(1)	(2)	(3)	合　计	借方	贷方
其他应收款	200			200		200
合　计				200		200

会计主管：　　记账：　　审核：　　填制：

附注：(1) 自 1 日到 10 日，收款凭证共 1 张。

(2) 自 11 日到 20 日，收款凭证共 0 张。

(3) 自 21 日到 31 日，收款凭证共 0 张。

图 9-38　库存现金汇总收款凭证

2.编制汇总付款凭证，如图 9-39 至图 9-41 所示。

银行存款汇总付款凭证

贷方科目：银行存款　　20×1年12月　　汇付第1号

借方科目	金额				记账	
	（1）	（2）	（3）	合　计	借方	贷方
在途物资	60 000			60 000	60 000	
应交税费——应交增值税	7 800	26 000	10 400	44 200	44 200	
制造费用		1 500	1 300	2 800	2 800	
管理费用		300		300	300	
固定资产		200 000		200 000	200 000	
财务费用			1 800	1 800	1 800	
销售费用			4 800	4 800	4 800	
应付职工薪酬			40 000	40 000	40 000	
应交税费——应交消费税			17 000	17 000	17 000	
合　计	67 800	227 800	75 300	370 900	370 900	

会计主管：　　记账：　　审核：　　填制：

附注：（1）自1日到10日，付款凭证共1张。

（2）自11日到20日，付款凭证共2张。

（3）自21日到31日，付款凭证共6张。

图9-39　银行存款汇总付款凭证

库存现金汇总付款凭证

贷方科目：库存现金　　20×1年12月　　汇付第2号

借方科目	金额				记账	
	（1）	（2）	（3）	合　计	借方	贷方
其他应收款	1 400			1 400	1 400	
管理费用		600		600	600	
合　计	1 400	600		2 000	2 000	

会计主管：　　记账：　　审核：　　填制：

附注：（1）自1日到10日，付款凭证共1张。

（2）自11日到20日，付款凭证共1张。

（3）自21日到31日，付款凭证共0张。

图9-40　库存现金汇总付款凭证

3.编制汇总转账凭证（以原材料为例），如图9-41所示。

原材料汇总转账凭证

贷方科目：原材料　　　　20×1年12月　　　　汇收第1号

借方科目	金额				记账	
	（1）	（2）	（3）	合　计	借方	贷方
生产成本	34 000				34 000	
管理费用	2 000				2 000	
合　计	36 000			36 000	36 000	

会计主管：　　记账：　　审核：　　填制：

附注：（1）自1日到10日，转款凭证共1张。

（2）自11日到20日，转款凭证共0张。

（3）自21日到31日，转款凭证共0张。

图9-41　原材料汇总转账凭证

4.编制银行存款和库存现金总分类账，见表9-33和表9-34。

表9-33

总分类账

科目名称：库存现金　　　　单位：元

20×1年		凭证号数		摘要	借方	贷方	借或贷	余额
月	日	字	号					
12	1			期初余额			借	2 000
12	6	汇付	02	本期发生额		2 000	借	0
12	11	汇收	02	本期发生额	200		借	200
12	31			本月合计	200	2 000	借	200
12	31			本年累计	200	2 000	借	200
				结转下年			借	200

表9-34

总分类账

科目名称：银行存款　　　　单位：元

20×1年		凭证		摘要	借方	贷方	借贷	余额
月	日	字	号					
12	1			期初余额			借	800 000
12	2	汇付		本期发生额		384 500	借	415 500
12	10	汇收		本期发生额	414 600		借	830 100
12	31			本月合计	414 600	384 500	借	830 100
12	31			本年累计	414 600	384 500	借	830 100
				结转下年			借	830 100

◆思政园地

当好“看门人”还需自身硬

2021年2月，某会计师事务所曝出一份内部举报资料，其中涉及数起审计业务和数家上市公司。举报资料中涉及的执业质量、职业道德等问题尚待调查，但注册会计师行业存在的一些违法违规问题再次引起了社会公众的广泛关注。作为资本市场“看门人”的会计师事务所，必须自身硬，才能实现自身价值，赢得市场的尊重和社会认可。

点阅读9-3

会计师事务所和注册会计师通过履行职责，开展对企业财务报的审计，出具审计意见，提示企业的经营风险和财务风险，保护投资者和社会公众的利益，服务于国家的经济建设。统计数据显示，目前全国执业注册会计师超过11万人，会计师事务所超过8 000家，为全国4 000多家上市公司、8 000多家新三板企业和420多万家企事业单位提供审计鉴证和其他专业服务。

注册会计师审计是提高经济信息质量、执行财经法规、维护市场经济秩序、保护投资者利益的重要制度安排。同时，加强注册会计师行业监管一直是各国面临的重要问题。近年来，我国有关部门持续加强对注册会计师行业的管理，强化资本市场的审计监管，严厉打击财务造假等违法违规行为，审计质量得到了较大提升，但审计问题仍时有发生。就在2月5日，证监会通报2020年案件办理情况时指出，全年新增中介机构违法案件15起，其中涉及审计机构9家，有的会计师事务所在年报审计中未取得充分审计证据，审计程序执行不到位，个别会计师事务所在多个审计项目中屡次涉案，内控管理缺失。这虽然是个别会计师事务所暴露出的问题，但对保护投资者、经济运行的负面影响不容小觑。注册会计师行业的职能是发现与纠正企业财务造假行为，营造诚信的市场环境，促进经济健康发展。如果“看门人”失职，审计质量不高，甚至在执业过程中缺乏独立性、公正性，逾越职业道德底线甚至触犯法律，那么这些“看门人”不但不能发挥应有的作用，还会损害投资者利益、影响国家经济的健康运行。

推动经济高质量发展，需要注册会计师行业提供高质量的信息服务。注册会计师行业必须切实规范执业行为、大力提高审计质量，增强自律性、公正性和专业化水平。

一方面，会计师事务所要加强自我约束、自我完善，强化内部治理，提高审计质量、维护公众利益；另一方面，要加大监管力度，强化制度建设，加强会计师事务所执业管理，对违法违规行为严惩不贷。同时，要注意解决银行与被审计单位串通，向审计人员提供虚假函证信息的问题。

资料来源：金观平．当好“看门人”还需自身硬［N］．经济日报，2021-02-08.

◆章小结

账务处理程序，也叫会计核算组织程序或会计核算形式，是指包括交易或事项的确认、计量、记录及报告等诸多环节的处理过程，是凭证组织、账簿组织及记账程序等的有机结合的方法和步骤。账务处理程序可以分为汇总账务处理程序和逐步账务处理程序，汇总账务处理程序又分为汇总记账凭证账务处理程序、科目汇总表账务处理程序，逐步账务处理程序主要是指记账凭证账务处理程序，记账凭证账务处理程序进一步又分为专用记账凭证账务处理程序、通用记账凭证账务处理程序。

财务报表附注，主要反映对财务报表信息进行的文字描述（或明细资料）和解释说明等信息。

◆关键术语听与读

关键术语听读 9

◎Financial Statements（财务报表）: Financial statements refer to the financial report of a business or organization, at lease including the balance sheet, income statement, statement of cash flows, statement of retained earnings, and statement of stockholders' equity.

◎Accounting Procedure（账务处理程序）: The accounting procedure is the process, starting from the collection and filing of the source documents, starting form filling in and check the registers, journals and ledgers, and ending at the preparing the financial statements.

◎Summary General Journal Voucher（汇总记账凭证）: The summary general journal voucher refers to the voucher summarizing the voucher registers of the similar purpose or all of the voucher registers.

◎Account Summary（科目汇总表）: The account summary, or known as account table, is a summary of all the accounts which have occurred during the period.

◎General Journal Voucher for Special Purposes（专用记账凭证）: The general journal voucher for special purposes refers to the categorized voucher register to record the same kind of transactions and events, such as cash receipt voucher register, cash payment voucher register and noncash voucher register.

◎General Journal Voucher for General Purposes（通用记账凭证）: The general journal voucher for general purposes refers to the general voucher register to record all different kinds of transactions and events.

◆回顾与思考

1.什么是账务处理程序？

2.账务处理程序的分类有哪些？它们的区别有哪些？

3.专用记账凭证账务处理程序下的凭证、账簿和报表的体系是怎样的？
4.在专用记账凭证账务处理程序下，应该按照什么样的步骤进行交易或事项的处理？
5.怎样评价专用记账凭证账务处理程序？
6.在汇总记账凭证账务处理程序下应按怎样的步骤进行交易或事项的处理？
7.怎样评价汇总记账凭证账务处理程序？
8.在科目汇总表账务处理程序下，交易或事项的处理步骤是怎样的？

◆章习题

1.单项选择题

(1) 将会计单、证、账、表按一定程序与方法有机结合的方式，可称为（　　）。
A.账簿组织　B.记账流程　C.账务处理程序　D.会计循环

(2) 在下列账务处理程序中，最基本的账务处理程序是（　　）。
A.科目汇总表账务处理程序　B.多栏式日记账账务处理程序
C.汇总记账凭证账务处理程序　D.记账凭证账务处理程序

(3) 汇总付款凭证是登记（　　）的依据。
A.库存现金日记账　B.银行存款日记账　C.明细账　D.总账

(4) 各种账务处理程序之间的区别主要在于（　　）。
A.总账格式不同　B.明细账用途不同
C.会计凭证的种类不同　D.登记总账的依据不同

(5) 科目汇总表账务处理程序下，登记总账的依据是（　　）。
A.收、付、转记账凭证　B.汇总收、付、转记账凭证
C.记账凭证汇总表　D.科目汇总表

(6) 汇总记账凭证账务处理程序一般适用于（　　）的单位。
A.规模较大、业务量较多　B.规模小
C.规模小、业务量少　D.业务量少

(7)（　　）账务处理程序适用于规模较小、业务比较简单、记账凭证不多的单位。
A.科目汇总表　B.记账凭证　C.汇总记账凭证　D.日记总账

(8) 汇总付款凭证是根据（　　）汇总编制而成的。
A.原始凭证　B汇总原始凭证　C.付款凭证　D.收款凭证

2.多项选择题

(1) 关于记账凭证账务处理程序，下列说法正确的是（　　）。
A.是最基本的账务处理程序
B.账务处理程序简单明了
C.登记总账的工作量大
D.适用于规模较小、经济业务简单、记账凭证较少的单位

(2) 账务处理程序规定了（　　）。
A.账簿组织及登记方法　B.会计报表的编制步骤和方法
C.记账的程序和方法　D.凭证组织及填制方法

(3) 采用记账凭证账务处理程序，其登记总账的根据有（　　）。

A.收款凭证　　　　B.付款凭证

C.用于代替记账凭证的汇总原始凭证　　　　D.多栏式日记账

(4) 各种账务处理程序的相同之处表现为（　　）。

A.根据原始凭证编制汇总原始凭证

B.根据原始凭证或原始凭证汇总表编制记账凭证

C.根据记账凭证逐笔登记总账

D.根据总账及明细账编制会计报表

(5) 记账凭证账务处理程序一般适用于（　　）的单位。

A.规模较小　　　　B.经济业务量较少

C.记账凭证不多　　　　D.核算基础很差

(6) 汇总记账凭证是指（　　）。

A.汇总收款凭证　　　　B.汇总付款凭证

C.汇总转账凭证　　　　D.汇总通用记账凭证

(7) 汇总记账凭证账务处理的优点主要有（　　）。

A.能反映各科目的借方、贷方发生额合计

B.能清楚地反映科目之间的对应关系

C.能减少登记明细账的工作量

D.能减少登记总账的工作量

(8) 可以简化登记总账工作量的账务处理程序有（　　）。

A.记账凭证核算形式　　　　B.科目汇总表核算形式

C.汇总记账凭证核算形式　　　　D.多栏式日记账核算形式

3.业务题

冰阳公司20×1年11月1日至30日发生如下经济业务：

(1) 从东平公司购买A原材料300千克，每千克价格为150元，增值税税率为13%，公司以银行存款支付货款。

(2) 用现金支付运杂费1 000元。

(3) 销售部张明出差归来，报销差旅费600元，公司用现金支付。

(4) 仓库发出B材料600千克，每千克价格为200元，其中300千克用来生产甲产品，另外300千克用来生产乙产品。

(5) 生产部门购入新机器一台，价格为600 000元，增值税税率为13%，公司用银行存款支付货款。

(6) 销售甲产品给津西公司200件，每件300元，增值税税率为13%，货款尚未收到。

(7) 仓库发出A材料200千克，每千克价格为120元，用于生产甲产品。

(8) 支付销售产品的宣传费用1 000元，用现金支付。

(9) 开出现金支票20 000元，提取现金。

(10) 出售乙产品100件，价款为48 000元，增值税税率为13%，货款已存入银行。

(11) 以银行存款支付本月电费4 800元，其中，车间用电费用4 000元，管理部门用电费用800元。

（12）计提本月职工工资109 000元，其中，生产工人工资68 200元（甲产品工人工资为43 600元，乙产品工人工资24 600元），车间技术人员、管理人员工资为16 200元，行政部门人员工资为24 600元。

（13）计提本月固定资产折旧3 400元，其中，生产车间固定资产折旧2 400元，行政管理部门固定资产折旧1 000元。

要求：（1）按照上述经济业务编制会计分录。

（2）根据分录编制科目汇总表。

（3）依据科目汇总表登记相关总账。

◆国际视野

大数据时代的会计

面对大数据所带来的新思维、新技术和方法的变革，会计人员、审计人员需要应时而变，适应思维模式及数据处理模式的变化。大数据对会计、审计发展的影响主要表现在以下几个方面：

1.从事后财务报告向实时财务报告发展

传统会计中，会计人员只是在企业生产经营业务发生后才编制财务报告，年度财务报告一般用3至4个月的时间才能编制完成，严重影响了会计信息的及时性和利用效率。随着信息技术迅速发展，大数据技术使实时财务报告成为可能。

实时财务报告是信息技术与大数据技术融合的产物，尤其对业务数据和风险控制“实时性”要求较高的行业，如银行、证券、保险等，具有很高的使用价值。

2.从反映过去向预测未来发展

大数据能够让会计人员进行彻底革新，并有机会在企业中发挥更具战略性和前瞻性的作用。

会计人员通过各种技术手段不断收集、储存和传递的海量数据会改变会计工作的工作重心，通过数据分析和挖掘，向企业领导提出有预测性的重要趋势，并为股东和利益相关方创造新的财富。

3.从财务管理理念向综合管理理念发展

大数据的出现将颠覆现行财务管理的理念和模式，财务管理将不再局限于传统的财务领域，而是向销售、研发、人力资源等多个领域延伸和渗透，对于跟企业业务有关的一切数据的收集、处理和分析将成为财务管理的主要定位和主导任务。

大数据时代的财务管理拓展了传统财务管理的领域和范围，一些原本不属于传统财务管理范畴的业务，在大数据时代会进入财务管理者的视野，我们可以将其称为“综合财务管理”。从某种意义上说，大数据时代，综合财务管理将成为企业的核心资源与核心竞争力。

资料来源：秦荣生．大数据时代的会计、审计发展趋势［J］．会计之友，2014（32）．

◆推荐阅读

[1] 方东明. 谈凭证汇总型会计核算形式的改进 [J]. 商业会计，2011（19）.

[2] 耿文莉. 会计信息化中账务处理程序的转变 [J]. 哈尔滨商业大学学报，2008（2）.

[3] 黄国俊. 浅探分类汇总表账务处理程序 [J]. 交通财会，2016（12）.

[4] 李淑娟，李尊卿. 账务处理软件运行的共性规程 [J]. 商业研究，2000（6）.

[5] 李卫斌，陈辅钦. 企业全面信息化对会计凭证处理的影响及对策 [J]. 财务与会计，2011（12）.

[6] 梁冀男. 电算化会计与手工会计账务处理程序方式比较 [J]. 经贸实践，2015（12）.

[7] 杨从容. 由凭证、账簿生成月现金流量表的现金流码法 [J]. 商业会计，2007（7）.

[8] 章凌琦. 比较法、归纳法在账务处理程序这章中的运用 [J]. 考试周刊，2016（98）.

第十章

财务报告

点阅读10-1

章案例

年报背后的资本世界

2019年，因为15亿元债券违约，康得新被冠以“ST”。实际上单从财报上反映的数据来看，该公司的业绩还是非常好的，公司的净利润处于稳定高速增长的态势。2017年，公司的净利润为24.76亿元，2016年的债务为108.23亿元，2016年的总资产为264.25亿元，假定行业的标准净利率为6%，根据业绩衡量公式得出该公司的净利率为11.8%，总体来看是相当不错的。根据2018年第三季度财务报表数据，该企业的货币资金为150亿元，为何还偿还不了15亿元的债务呢？投资者还值得去投资康得新吗？面对市面上各种各样的“股市投资秘籍”，投资者要想从数万只股票中挑选出优质的股票，会面临很大的困难。那么，如何让投资者得偿所愿呢？要想知道股票值多少钱，首先要知道公司值多少钱。投资者如何知道公司值多少钱呢？一般而言，最直接的办法就是对该公司“做体检”，从而放弃那些盈利很不稳定、业绩很难预测的公司，去寻找未来现金流量稳定、业绩容易被预测的公司。

上市公司每年都要向股东公布上一年度的财务报表（简称年报），这就是公司每一年的“体检报告”。在年报中，公司向股东汇报过去一年的经营情况，其中最重要的就是财务报表，所有的财务数据都在财务报表中反映。因此，学习和掌握财务报表的内容，懂得如何编制财务报表，明白其反映的财务信息的含义，这些对财务人员来说都是至关重要的。

资料来源：马靖妤，王洪．康得新造假利用“资金归集”掩人耳目［N］．上海证券报，2021-03-15.

学习目标

通过本章的学习，希望您能够：

- 了解财务报表的意义
- 理解报表及其附注的重要性和附注批注的主要内容
- 掌握资产负债表、利润表、现金流量表和所有者权益变动表的编制方法

第一节 财务报告概述

一、财务报告的内容

（一）财务报告的含义

财务报告，又称财务会计报告，是企业对外提供的反映企业某一特定日期的财务状况和某一会计期间的经营成果、现金流量等会计信息的文件。财务报告是一个完整的体系，包括资产负债表、利润表、现金流量表、所有者权益变动表（新的会计准则要求在年报中披露）、会计报表附注和财务情况说明书等。

根据现行会计准则的规定，财务会计报告应当包括以下几点内容。

1.会计报表

会计报表是综合反映企业资产、负债和所有者权益的情况及一定时期内的经营成果和财务状况变动的书面文件。会计报表是会计人员根据日常会计核算资料归集、加工、汇总而形成的结果，是会计核算的最终产品。

2.会计报表附注

会计报表附注是对会计报表的编制基础、编制原理和方法及主要项目等的解释和进一步说明，以便报表的使用者全面、正确地理解会计报表。

3.其他相关信息和资料

其他相关信息和资料会对企业会计期间内的生产经营、资金变动和利润分配等情况进行综合说明，可以为财务报表使用者提供企业生产经营和财务活动状况，并分析总结该企业经营业绩的优劣，是财务报表使用者了解和考核该企业情况的重要资料，也是财务报告的重要组成部分。

（二）财务报告提供的信息

在企业对外披露的财务信息中，一些是通过财务报告提供的，另一些则是通过其他财务报告提供的，企业对外提供的重要财务信息都应被纳入财务报告。因此，财务报告应当提供以下信息：

1.该企业各种交易和事项的信息。

2.该企业报告期内所从事经营活动中引起的资产、负债和所有者权益的变动及其结果。

3.该企业现金流入、流出情况的信息。

4.该企业管理层向利益相关者报告的重要信息。

5.根据社会经济的发展，逐渐扩大财务报告信息的内容，包括非财务信息和未来信息，如企业的经营预测和社会责任的履行情况。

二、财务报告的作用

财务会计作为对外报告会计，其目的是通过向外部会计信息使用者提供有用的信息，以反映企业财务信息，帮助使用者作出相关决策。承担这一功能的便是企业编制的财务报告，它是财务会计确认和计量的最终成果，是沟通企业管理层与外部信息使用者之间的桥梁和纽带。

1.全面、系统地揭示企业一定时期的财务状况、经营成果和现金流量，有利于经营管理人员了解本单位各项任务指标的完成情况，评价管理人员的经营业绩，以便及时发现问题，调整经营方向，制定措施改善经营管理水平，提高经济效益，为经济预测和决策提供依据。

2.有利于国家经济管理部门了解国民经济的运行状况。通过对各单位提供的财务报表资料进行汇总和分析，了解和掌握各行业、各地区的经济发展情况，以便宏观调控经济运行，优化资源配置，保证经济稳定持续发展。

3.有利于投资者、债权人和其他有关各方掌握企业的财务状况、经营成果和现金流量情况，进而分析企业的盈利能力、偿债能力、经营状况、发展前景等，为投资、贷款和贸易提供决策依据。

4.有利于满足财政、税务、审计、市场监督管理等部门监督企业经营管理。通过财务报表可以检查、监督各企业是否遵守国家的各项法律、法规和制度，有无偷税漏税行为。

三、财务报告的分类

为了全面地认识财务报告的内容体系，加深对财务报告内容体系的理解，了解其变化规律，人们需要从不同的角度，对财务报告进行分类研究。

1.按照经济内容划分

按照反映的经济内容不同，财务报告可分为反映财务状况的报表、反映经营成果的报表以及反映成本费用的报表。反映财务状况的报表是总括反映企业财务状况及其变动情况的报表，主要有资产负债表、所有者权益变动表和现金流量表。经营成果的报表是反映企业在某一期间内收入实现、成本消耗和利润形成及分配情况的报表，比如利润表。成本费用报表是反映企业在生产经营过程中各项成本费用形成情况的报表，主要有制造费用表、期间费用表和产品单位成本表等。

2.按照资金运动形态划分

按所反映的资金运动形态不同，财务报告可分为静态报表和动态报表。静态报表反映的是企业某一特定时日的资产、负债和所有者权益等基本财务状况，资产负债表就属于这类报表。动态报表是反映企业在一定期间内经营成果的形成及其在经营中对现金增减变化影响的报表，利润表、现金流量表和所有者权益（或股东权益）变动表属于这类报表。动态报表是处于经营期间内的报表，在时间表示上一般是月份、季度、半年度或年度。现金流量表和所有者权益（或股东权益）变动表一般为年度编制。

3.按照时间属性划分

我国会计期间是以公历年度来划分的，在此基础上又进一步划分为自然季度和月份，所以也就有月度、季度、半年度和年度财务报告之分。其中，月度、季度和半年度财务报告统称为中期财务报告。由于月度、季度时间短的关系，一般只简明扼要地报告基本财务情况和经营成果，因此，月度、季度等中期财务报告一般只包括资产负债表和利润表。半年度和年度财务报告一般至少应当包括资产负债表、利润表、现金流量表及其附注。年度财务报告是一种决算总结，会计信息使用者将据此了解年度的企业财务状况、经营情况和现金流量。因此，年度财务报告应当包括会计准则规定的全部会计报表和附注。

4.按使用者与企业的关系划分

财务报告使用者有企业外部利益关系者，也有企业内部经营管理者，各自从不同的角度对财务报告提出了不同的要求，因此形成了对外财务报告和对内财务报告。对外财务报告，是需要向企业外部的所有利害关系人公开的财务报告。其内容包括资产负债表、利润表、现金流量表以及所有者权益（或股东权益）变动表等。对内财务报告，是为企业内部经营管理者提供经营管理所需信息的财务报表。其内容基本是涉及企业经营“秘密”的报表，如有关成本报表、销售利润表等，这些专项财务报表都不宜公开。当然，对外公布的财务报告对企业内部经营管理者也是必需的。

5.按空间范围划分

按照提供信息的空间范围不同，财务报告可分为单位财务报表和合并财务报表。单位财务报表是直接以各企业的会计账簿记录为根据编制的财务报表。任何企业都必须编制本单位的财务报表。合并财务报表是由母公司将企业集团中各成员企业的个别财务报表采用一定的方法合并在一起而编制的财务报表。

四、财务报告的编制要求

财务会计报告的编制包括编制依据、编制要求、提供对象、提供期限等，是会计核算工作的重要环节。具体来说，企业在编制财务报告时应符合以下基本要求：

（一）数字真实、内容完整、附注清楚

编制的财务报告必须如实反映企业的财务状况和经营情况，不能用估计数代替实际数，必须做到数字真实、计算准确，以保证财务报告的真实性。任何人不得篡改或授意、指示、强令他人篡改财务报告的有关数字。必须做到按期结账，认真进行对账和财产清查，在结账、对账和财产清查的基础上，通过编制总分类账本期发生额试算平衡表来验算账目有无错漏，为正确编制财务报告提供可靠的数据。在编报以后，还必须认真复核，做到账表相符，报表与报表之间有关数字衔接一致。

每个单位都必须按照财政部规定的报表种类、格式和内容编制财务报告，以保证财务报告的完整性。对不同的会计期间（月、季、年）应当编报的各种财务报告，不得漏编、漏报。

财务报告需要加以附注，附注是财务报告的一个重要组成部分。附注应对财务报表中主要指标的构成和计算方法以及本报告期发生的特殊情况，如经营范围的变化，经营结构的变更以及本报告期内对企业经济效益影响较大的各种因素加以说明。

（二）以持续经营为基础

企业应当以持续经营为基础，根据实际发生的交易和事项，按照《企业会计准则——基本准则》和其他具体会计准则的规定进行确认和计量，在此基础上编制财务报告，企业不应以附注披露代替确认和计量。在编制财务报告的过程中，企业管理层应当在考虑市场经营风险、企业盈利能力、偿债能力、财务弹性，以及企业管理层改变经营政策的意向等因素的基础上，对企业的持续经营能力进行评价。一般认为，如果企业发生以下情况之一，则通常表明其处于非持续经营状态：

1.企业已在当期进行清算或停止营业；

2. 企业已经正式决定在下一个会计期间进行清算或停止营业；

3. 企业已确定在当期或下一个会计期间没有其他可供选择的方案而将被迫停止营业。

如果对企业的持续经营能力产生重大怀疑，那么应当在附注中披露导致对持续经营能力产生重大怀疑的影响因素。企业正式决定或被迫在当期或将在下一个会计期间进行清算或停止营业的，表明其处于非持续经营状态，会计人员应当采用其他基础编制财务报告，并在附注中声明财务报告未以持续经营为基础列报，并披露未以持续经营为基础的原因和财务报告的编制基础。

（三）重要性

重要性，是指会计报告中某项目的省略或错报会影响使用者据此作出经济决策的，该项目就具有重要性。重要性应当根据企业所处的环境，从项目的性质和金额大小两方面予以判断。判断项目的重要性，应当考虑该项目的性质是否属于企业日常活动、是否对企业的财务状况和经营成果具有较大的影响等因素；判断项目金额大小的重要性，应当通过单项金额占资产总额、负债总额、所有者权益总额、营业收入总额、营业成本总额、净利润等直接相关项目金额的比重加以确定。对于性质或功能不同的项目，如长期股权投资、固定资产等，应当在财务报表中单独列报，但不具有重要性的项目除外；对于性质或功能类似的项目，如库存商品、原材料等，应当予以合并，作为存货项目列报，但具有重要性的项目除外。

（四）可比性

企业编制的财务报告应当具有可比性。同一企业不同时期发生的相同或者相似的交易或事项，应当采用一致的会计政策，不得随意变更。确需变更的，应当在附注中说明。不同企业发生的相同或相似的交易或事项，应当采用相关制度规定的会计政策，确保会计信息口径一致、相互可比。需要注意的是，可比性并不意味着企业不能改变会计政策，当法律法规要求改变或企业改变会计政策能够使其提供的会计信息更可靠、更相关时，企业可以改变其会计政策，这并不影响会计信息的可比性。当财务报表项目的列报发生变更的，应当对上期比较数据按照当期的列报要求进行调整，并在附注中披露调整的原因和性质，以及调整的各项目金额。对上期比较数据进行调整不切实可行的，应当在附注中披露不能调整的原因。

（五）报送及时

财务报告必须遵照国家或上级机关规定的期限和程序，及时编制和报送，以保证报送的及时性。要保证财务报告编报及时，就必须加强日常的核算工作，认真做好记账、算账、对账、财产清查、调整账面等工作。同时，加强会计人员的配合与协作，及时编报财务报告。按照规定，月度中期财务报告一般应于月份终了后6天内（节假日顺延，下同）对外提供；季度中期财务报告一般应于季度终了后15天内对外提供；半年度中期财务报告一般应于年度中期结束后60天内（相当于两个连续月份）对外提供；年度财务报告应于年度终了后4个月内对外提供。

五、编制年度财务会计报告前的准备工作

为了使企业编制的财务报告符合统一对外报送的要求，能够如实反映企业的财务状况

和经营成果及现金流量，做到数字真实、内容完整、报送及时。在编制年度财务报告前应做好一系列的准备工作。

1.企业在编制年度财务报告前，应当按照下列规定，全面清查资产、核实债务。

（1）结算款项，包括应收款项、应付款项、应交税费等是否存在，与债权、债务单位的相应债权、债务金额是否一致。

（2）原材料、在产品、自制半成品、库存商品等各项存货的实存数量与账面数量是否一致，是否有报废损失、是否积压物资等。

（3）各项投资是否存在，投资收益是否按照国家统一的会计制度规定进行确认和计量。

（4）房屋建筑、机器设备、运输工具等各项固定资产的实存数量与账面数量是否一致。

（5）在建工程的实际发生额与账面记录是否一致。

（6）需要清查、核实的其他内容。企业通过前款规定的清查、核实，查明财产物资的实存数量与账面数量是否一致、各项结算款项的拖欠情况及其原因、材料物资的实际储备情况、各项投资是否达到预期目的、固定资产的使用情况及其完好程度等。企业清查、核实后，应当将清查、核实的结果及其处理办法向企业的董事会或者相应机构报告，并根据国家统一的会计制度进行相应的会计处理。

2.企业在编制财务报告前，除应当全面清查资产、核实债务外，还需完成下列工作：

（1）检查账簿记录与会计凭证的内容、金额、方向等是否有不一致的情况。

（2）依照《企业财务会计报告条例》规定的结账日进行结账，结出有关会计账簿的发生额和余额，并与明细账户核对。

（3）检查是否存在违反会计核算一般原则的事项以及相关账务处理不合理的事项。

第二节　资产负债表

一、资产负债表的含义

资产负债表是指反映企业在某一特定日期（月末、季末或年末）财务状况的财务报表。资产负债表是一种静态报表，反映的是企业处于某一特定时点上的资产、负债和所有者权益的总额以及构成，资产负债表的作用主要表现在以下方面：

1.反映企业拥有或控制的经济资源以及企业的资本结构。资产负债表向人们揭示了企业拥有或控制的能用货币表现的经济资源，即资产的总规模及具体的分布形态。

2.反映企业的资金来源及其构成情况。信息使用者通过对企业债务规模、债务结构与所有者权益的对比，可以对企业的长期偿债能力及举债能力（潜力）作出评价。一般而言，企业的所有者权益占负债与所有者权益的比重越大，企业清偿长期债务的能力就越强，企业进一步举借债务的潜力也就越大。

3.通过对企业不同时点资产负债表的比较，可以对企业财务状况的发展趋势作出判断。企业某一特定日期（时点）的资产负债表对信息使用者的作用极其有限。只有把不同时点的资产负债表结合起来分析，才能把握企业财务状况的发展趋势。同样，将不同企业同一时点的资产负债表进行对比，还可对不同企业的相对财务状况作出评价。

4.反映企业报告期间内的经营业绩。一般情况下，企业的经营绩效主要反映在它的盈利能力上，盈利能力直接影响企业能否有稳定和逐步提高的盈利水平，能否向债权人还本付息，能否维持甚至逐步提高股东的投资报酬率。衡量企业盈利能力的主要指标有资产报酬率、股东权益报酬率等。

二、资产负债表的格式

将上述资产负债表各项目内容加以汇总，就可形成资产负债表的基本格式。其格式根据编制和使用者的偏好，可采用账户式和报告式两种。

1.账户式资产负债表

账户式资产负债表就是根据“资产=负债+所有者权益”这一会计等式，以等号为界，将资产项目列在表的左方，负债和所有者权益列在表的右方，并且资产项目的余额一般在借方，负债和所有者权益的余额一般在贷方，从而就形成了借贷记账法下T型账户的基本格式，并且通过左右两方“资产总计”和“负债及所有者权益总计”应该相等来检验资产负债表编制的逻辑准确性。账户式资产负债表将资产类项目单独列在左方，突出其地位，强调企业的资产情况，从而表明企业的经营能力和发展前景。采用账户式资产负债表，可以充分展现“资产”与“负债和所有者权益”的等量关系，这是各国一般采用的格式。一般企业资产负债表格式和项目表内容见表10-1。

2.报告式资产负债表

报告式资产负债表是按照“资产、负债和所有者权益”的顺序将其垂直排列在一张表格中的一种格式，又称垂直式资产负债表。报告式资产负债表使用的是“资产-负债=所有者权益”的形式，突出表现的是企业所有者权益的情况。采用报告式，虽然便于按顺序阅读，也便于根据需要将各部分的内容进行组合排列。但是，在内容较多的情况下，报表将会显得过长，不便于存放。

三、资产负债表的编制

企业的每一项资产、负债和所有者权益余额都是根据相关科目的余额进行列示的，资产负债表作为一个整体上反映企业资产、负债和所有者权益的项目，原则上是可以直接根据总账科目的期末余额来填列的。但是，为了真实、客观地反映财务状况，更好地满足财务报表使用者的需要，资产负债表的某些项目需要根据总账和明细账的记录进行相应分析，并在计算后进行填列，具体可以归类为以下几种情况：

1.根据总账科目余额直接填列。例如，“短期借款”、“应付票据”、“应付职工薪酬”、和“其他应付款”等项目。

2.根据若干总账科目余额进行填列。例如，“货币资金”项目可以根据“库存现金”“银行存款”和“其他货币资金”科目余额之和进行填列。“未分配利润”项目应根据“本年利润”和“利润分配”科目余额进行填列。

3.根据若干明细科目余额计算填列。例如，“应收账款”项目应根据“应收账款”和“预收账款”总账科目所属明细科目的借方余额之和减去相应的“坏账准备”所属明细科目的贷方余额计算填列等。

表10-1 资产负债表

编制单位： 年 月 日 单位：

项 目	期末余额	上年年末余额	项 目	期末余额	上年年末余额
流动资产：			流动负债：		
货币资金			短期借款		
交易性金融资产			交易性金融负债		
衍生金融资产			衍生金融负债		
应收票据			应付票据		
应收账款			应付账款		
应收款项融资			预收款项		
预付款项			合同负债		
其他应收款			应付职工薪酬		
存货			应交税费		
合同资产			其他应付款		
持有待售资产			持有待售负债		
一年内到期的非流动资产			一年内到期的非流动负债		
其他流动资产			其他流动负债		
流动资产合计			流动负债合计		
非流动资产：			非流动负债：		
债权投资			长期借款		
其他债权投资			应付债券		
长期应收款			其中：优先股		
长期股权投资			永续债		
其他权益工具投资			租赁负债		
其他非流动金融资产			长期应付款		
投资性房地产			预计负债		
固定资产			递延收益		
在建工程			递延所得税负债		
生产性生物资产			其他非流动负债		
油气资产			非流动负债合计		
使用权资产			负债合计		
无形资产			所有者权益（或股东权益）		
开发支出			实收资本（或股本）		
商誉			其他权益工具		
长期待摊费用			其中：优先股		
递延所得税资产			永续债		
其他非流动资产			资本公积		
非流动资产合计			减：库存股		
			其他综合收益		
			专项储备		
			盈余公积		
			未分配利润		
			所有者权益（或股东权益）合计		
资产总计			负债和所有者权益（或股东权益）总计		

4.根据总账科目或明细科目余额分析填列。例如，“一年内到期的非流动资产”应根据“债权投资”“长期应收款”科目所属明细科目余额中将于一年内到期的数额之和计算填列等。

第三节　利润表

一、利润表的含义

利润表是企业用货币量度全面、总括反映其在一定时期内经营过程与经营成果的一种会计报表。企业一定会计期间的经营成果一般表现为利润，但也有可能表现为亏损，因此，利润表又称损益表，反映的内容是企业经营资金循环的动态表现及收入、费用和利润。利润表是动态报表，其所提供的会计信息对会计报表的使用者来说，具有以下几个方面的重要作用。

1.可以为企业经营成果的分配提供重要依据。

2.可以评价和考核企业的经营业绩。

3.可以分析和评价企业的经营成果和盈利能力。

4.可以预测企业未来的利润和现金流量。

5.可以帮助企业管理层进行经济决策。

二、利润表的结构

收入、费用是利润表的基本要素，利润表的格式分为两种：单步式利润表和多步式利润表。

1.单步式利润表

单步式利润表是当期全部收入抵减当期全部支出，一次性计算出当期损益的一种利润表，其优点是收入、费用的归类比较清楚，经营成果的确认比较直观，报表编制方法简单，但利润表对收入和费用的性质不加区分，不能揭示利润中各要素之间的内在联系，不便于对企业经营成果进行分析和评价。

2.多步式利润表

多步式利润表是按照利润的性质分层次计算利润的一种利润表，其优点是按利润的性质分步计算利润，反映了净利润各要素之间的内在联系，并与报表使用者进行盈利分析，预测企业的盈利能力。

根据我国关于财务报告的相关准则，企业应当采用多步式列报利润表，每个项目通常又分为“本月数”和“本年累计数”两栏目分别列示。“本月数”栏反映各项目的本月实际发生额，“本年累计数”栏反映各项目自年初起至报告期末为止的累计实际发生额，多步式利润表主要分三步计算企业的利润（或亏损）。

第一步，以营业收入为基础，减去营业成本、税金及附加、销售费用、管理费用、财务费用、资产减值损失，加上公允价值变动收益（减去公允价值变动损失）和投资收益（减去投资损失），计算出营业利润；

第二步，以营业利润为基础，加上营业外收入，减去营业外支出，计算出利润总额；

第三步，以利润总额为基础，减去所得税费用，计算出净利润（或净亏损）。

普通股或潜在普通股已公开交易的企业，以及正处于公开发行普通股或潜在普通股过程中的企业，还应当在利润表中列示每股收益信息。

根据财务报表列报准则的规定，企业需要提供比较利润表，以使报表使用者通过比较不同期间利润的实现情况，判断企业经营成果的未来发展趋势。所以，利润表中各项目被再分为“本期金额”和“上期金额”两栏分别填列。一般企业利润表的基本格式见表10-2。

表10-2 利润表 会企02表

编制单位： 年 月 单位：元

项目	本期金额	上期金额
一、营业收入		
减：营业成本		
税金及附加		
销售费用		
管理费用		
研发费用		
财务费用		
其中：利息费用		
利息收入		
加：其他收益		
投资收益（损失以“–”号填列）		
其中：对联营企业和合营企业的投资收益		
以摊余成本计量的金融资产终止确认收益（损失以“–”号填列）		
净敞口套期收益（损失以“–”号填列）		
公允价值变动收益（损失以“–”号填列）		
信用减值损失（损失以“–”号填列）		
资产减值损失（损失以“–”号填列）		
资产处置收益（损失以“–”号填列）		
二、营业利润（亏损以“–”号填列）		
加：营业外收入		
减：营业外支出		
三、利润总额（亏损总额以“–”号填列）		
减：所得税费用		
四、净利润（净亏损以“–”号填列）		
（一）持续经营净利润（净亏损以“–”号填列）		
（二）终止经营净利润（净亏损以“–”号填列）		
五、其他综合收益的税后净额		
（一）不能重分类进损益的其他综合收益		
1.重新计量设定受益计划变动额		
2.权益法下不能转损益的其他综合收益		
3.其他权益工具投资公允价值变动		
4.企业自身信用风险公允价值变动		
⋮		
（二）将重分类进损益的其他综合收益		
1.权益法下可转损益的其他综合收益		
2.其他债权投资公允价值变动		
3.金融资产重分类计入其他综合收益的金额		
4.其他债权投资信用减值准备		
5.现金流量套期储备		
6.外币财务报表折算差额		
⋮		
六、综合收益总额		
七、每股收益		
（一）基本每股收益		
（二）稀释每股收益		

三、利润表的编制

利润表编制的原理是“收入-费用=利润”的会计平衡公式和收入与费用的配比原则，其主要项目的列报说明如下：

1.“营业收入”项目，反映企业经营主要业务和其他业务所确认的收入总额。本项目应根据“主营业务收入”和“其他业务收入”科目的发生额分析填列。

【例10-1】东平公司20×2年度“主营业务收入”账户的贷方发生额为5 000 000元，借方发生额为2 710 000元（系11月份发生的购买方退货），“其他业务收入”账户的贷方发生额为200 000元。

该公司20×2年度利润表中“营业收入”项目的金额为：

5 000 000-2 710 000+200 000=2 490 000（元）

企业应当按照“主营业务收入”和“其他业务收入”两个总账科目的贷方发生额之和填列利润表中的“营业收入”项目。（当年发生销售退回的，按照冲减销售退回主营业务收入后的金额填列“营业收入”项目。）

2.“营业成本”项目，反映企业经营主要业务和其他业务所发生的成本额。本项目应根据“主营业务成本”和“其他业务成本”科目的发生额分析填列。

【例10-2】东平公司20×2度“主营业务成本”账户的借方发生额为900 000元，20×2年11月8日和20×2年12月销售给某单位的产品由于质量问题被退回，其成本为18 000元；该公司财务报表批准报出日为20×2年12月31日；“其他业务成本”账户借方发生额为2 000元。

该公司20×2年度利润表中的“营业成本”项目的金额为：

900 000-18 000+2 000=884 000（元）

企业应当按照“主营业务成本”和“其他业务成本”两个总账科目的借方发生额之和填列利润表中的“营业成本”项目。（当年发生销售退回的，应按照减去销售退回商品成本后的金额填列“营业成本”项目）

3.“税金及附加”项目，反映企业经营业务应负担的消费税、城市建设维护税、资源税和教育费附加等，本项目应根据“税金及附加”科目的发生额分析填列。

4.“销售费用”项目，反映企业在销售商品过程中发生的包装费、广告费等费用和为销售本企业商品而专设的销售机构的职工薪酬、业务费等经营费用。本项目应根据“销售费用”科目的发生额分析填列。

5.“管理费用”项目，反映企业为组织和管理生产经营活动而发生的管理费用，本项目应根据“管理费用”科目的发生额分析填列。

6.“研发费用”项目，反映企业研究与开发过程中发生的费用化支出，以及计入管理费用的自行开发无形资产支出的摊销。本项目应根据“管理费用”科目下的“研究费用”明细科目的发生额，以及“管理费用”科目下的“无形资产摊销”明细科目的发生额分析填列。

7.“财务费用”项目，反映企业筹集生产经营所需资金等而发生的筹资费用。本项目应根据“财务费用”科目的发生额分析填列。

8.“其他收益”项目，反映计入其他收益的政府补助，以及其他与日常活动相关且计入其他收益的项目。本项目应根据“其他收益”科目的发生额分析填列。

9.“投资收益”项目，反映企业以各种方式对外投资所取得的收益。本项目应根据“投资收益”科目的发生额分析填列。

10.“净敞口套期收益”项目，反映净敞口套期下被套期项目累计公允价值变动转入当期损益的金额或现金流量套期储备转入当期损益的金额。本项目应根据“净敞口套期损益”科目的发生额分析填列；如为套期损失，则以“-”号填列。

11.“公允价值变动收益”项目，反映企业应当计入当期损益的资产或负债的公允价值变动收益。本项目应根据“公允价值变动损益”科目的发生额分析填列。如为净损失，则以“-”号填列。

【例 10-3】东平公司20×2年“公允价值变动损益”账户借方发生额为900 000元，贷方发生额为450 000元。

该公司20×2年度利润表中“公允价值变动损益”的项目金额为：

900 000-450 000=450 000（元）

12.“信用减值损失”项目，反映企业按照会计准则的要求计提的各项金融工具信用减值准备所确认的信用损失。本项目应根据“信用减值损失”科目的发生额分析填列。

13.“资产减值损失”项目，反映企业各项资产发生的减值损失。本项目应根据“资产减值损失”科目的发生额分析填列。

14.“资产处置收益”项目，反映企业出售划分为持有待售的非流动资产或处置组时确认的处置利得或损失，以及处置未划分为持有待售的固定资产、在建工程、生产性生物资产及无形资产而产生的处置利得或损失。本项目应根据“资产处置损益”科目的发生额分析填列；如为处置损失，则以“-”号填列。

15.“营业利润”反映企业实现的营业利润。如为亏损，则本项目以“-”号填列。

16.“营业外收入”项目，反映企业发生的除营业利润以外的收益，主要包括与企业日常活动无关的政府补助、盘盈利得、捐赠利得等。本项目应根据“营业外收入”科目的发生额分析填列。

17.“营业外支出”项目，反映企业发生的与经营业务无直接关系的各项支出，本项目应根据“营业外支出”科目的发生额分析填列。

18.“利润总额”项目，反映企业实现的利润，如为亏损，则以“-”号填列。

19.“所得税费用”项目，反映企业应从当期利润总额中扣除的所得税费用。本项目应根据“所得税费用”科目的发生额分析填列。

20.“净利润”项目，反映企业实现的净利润，如为亏损，则本项目以“-”号填列。

21.“其他综合收益的税后净额”项目，反映企业根据其他会计准则规定未在当期损益中确认的各项利得和损失扣除所得税影响后的净额的合计数。

22.“综合收益总额”项目，反映企业在某一期间除与所有者以其身份进行的交易之外的其他交易或事项所引起的所有者权益变动。

23.“基本每股收益”项目，只考虑当期实际发行在外的普通股股数，按照归属于普通股股东的当期净利润除以当期实际发行在外普通股的加权平均数计算确定。

24.“稀释每股收益”项目，是以基本每股收益为基础，假设企业所有发行在外的稀释性潜在普通股均已转换为普通股，从而分别调整归属于普通股股东的当期净利润以及发行在外的普通股的加权平均数计算而得到的每股收益。

【例10-4】截至20×2年12月31日，东平公司“主营业务收入”账户发生额为1 990 000元，“主营业务成本”账户发生额为630 000元，“其他业务收入”账户发生额为500 000元，“其他业务成本”账户发生额为150 000元，“税金及附加”账户发生额为780 000元，“销售费用”账户发生额为60 000元，“管理费用”账户发生额为50 000元，“财务费用”账户发生额为170 000元，“资产减值损失”账户借方发生额为50 000元（无贷方发生额），“公允价值变动损益”账户借方发生额为450 000元（无贷方发生额），“投资收益”账户贷方发生额为850 000元（无借方发生额），“营业外收入”账户发生额为100 000元，“营业外支出”账户发生额为40 000元，“所得税费用”账户发生额为171 600元。

该公司20×2年度利润表中营业利润、利润总额和净利润的计算过程如下：

营业利润=1 990 000＋500 000－630 000－150 000－780 000－60 000－50 000－
170 000－50 000－450 000＋850 000
=1 000 000（元）

其中：营业收入=1 990 000＋500 000=2 490 000（元）

营业成本=630 000＋150 000=780 000（元）

利润总额=1 000 000＋100 000－40 000=1 060 000（元）

净利润=1 060 000－171 600=888 400（元）

东平公司利润表见表10-3。利润表“上期金额”栏内各项数字应根据上年该期利润表“本期金额”栏内所列数字填列。如果上年该期利润表规定的各个项目的名称和内容同本期不一致，则应对上年该期利润表各项目的名称和数字按本期的规定进行调整，填入利润表“上期金额”栏内。

表10-3　　**利润表**　　会企02表

编制单位：　　年　月　　单位：元

项目	本期金额	上期金额
一、营业收入	2 490 000	
减：营业成本	780 000	
税金及附加	780 000	
销售费用	60 000	
管理费用	50 000	
研发费用	—	
财务费用	170 000	
其中：利息费用		
利息收入		
加：其他收益		
投资收益（损失以“－”号填列）	850 000	
其中：对联营企业和合营企业的投资收益	0	
以摊余成本计量的金融资产终止确认收益（损失以“－”号填列）		

续表

项目	本期金额	上期金额
净敞口套期收益（损失以“-”号填列）		
公允价值变动收益（损失以“-”号填列）	-450 000	
信用减值损失（损失以“-”号填列）		
资产减值损失（损失以“-”号填列）	-50 000	
资产处置收益（损失以“-”号填列）		
二、营业利润（亏损以“-”号填列）	1 000 000	
加：营业外收入	100 000	
减：营业外支出	40 000	
三、利润总额（亏损总额以“-”号填列）	1 060 000	
减：所得税费用	171 600	
四、净利润（净亏损以“-”号填列）	888 400	
（一）持续经营净利润（净亏损以“-”号填列）	—	
（二）终止经营净利润（净亏损以“-”号填列）	—	
五、其他综合收益的税后净额	—	
（一）不能重分类进损益的其他综合收益	—	
1.重新计量设定受益计划变动额	—	
2.权益法下不能转损益的其他综合收益	—	
3.其他权益工具投资公允价值变动	—	
4.企业自身信用风险公允价值变动	—	
……	—	
（二）将重分类进损益的其他综合收益	—	
1.权益法下可转损益的其他综合收益	—	
2.其他债权投资公允价值变动	—	
3.金融资产重分类计入其他综合收益的金额	—	
4.其他债权投资信用减值准备	—	
5.现金流量套期储备	—	
6.外币财务报表折算差额	—	
……	—	
六、综合收益总额	—	
七、每股收益	—	
（一）基本每股收益	—	
（二）稀释每股收益	—	

第四节 现金流量表

一、现金流量表的含义

现金流量表是财务报表的三个基本报告之一，是以收付实现制为编制基础，反映企业在一定时期内现金收入和现金支出情况的报表。编制现金流量表的主要目的，是为财务报表使用者提供企业一定会计期间内现金和现金等价物流入和流出的信息，以便报表使用者了解和评价企业获取现金的能力，并据以预测企业未来的现金流量。

现金流量表的作用，可概括为以下五个方面：

1.有助于评价企业支付能力、偿还能力和周转能力；

2.有助于预测企业未来的现金流量；

3.有助于分析企业收益质量及影响现金净流量的因素，掌握企业经营活动、投资活动和筹资活动的现金流量。

4.对以权责发生制为基础的会计报表进行了必要的补充，增强了会计信息的可比性。

5.编制现金流量表，便于与国际惯例相协调。

二、现金流量表的编制基础

现金流量表的编制基础是现金及现金等价物，现金流量表可以被划分为经营活动、投资活动和筹资活动，按照收付实现制的原则编制，将权责发生制下的盈利信息调整为收付实现制下的现金流量信息。

三、现金流量表的编制

（一）编制方法

编制现金流量表时列报经营活动现金流量的方法有两种：直接法和间接法。

直接法是指按现金收入和现金支出的主要类别直接反映企业经营活动中产生的现金流量。在直接法下，一般是以利润表中的营业收入为起算点，调节与经营活动有关的项目增减变动，然后计算出经营活动中产生的现金流量。

间接法是指以净利润为起算点，调整不涉及现金的收入、费用、营业外收支等有关项目，剔除投资活动、筹资活动对现金流量的影响，据此计算出经营活动中产生的现金流量。

采用直接法编制现金流量表，便于信息使用者分析企业经营活动中产生的现金流量的来源和用途，预测企业现金流量的前景；采用间接法编制现金流量表，便于信息使用者将净利润与经营活动中所产生的现金流量净额进行比较，了解净利润与经营活动中产生的现金流量差异的原因，从现金流量的角度分析净利润的质量。我国现金流量表准则规定企业应当采用直接法编制现金流量表。一般企业现金流量表的格式见表10-4。

（二）列报说明

现金流量表主要项目的列报说明如下：

1.“经营活动产生的现金流量”各主要项目的内容和填列方法

(1)“销售商品、提供劳务收到的现金”项目。本项目反映企业销售商品、提供劳务实际收到的现金。销售商品、提供劳务收到的现金=主营业务收入+其他业务收入+本期销

表 10-4 **现金流量表** 会企 03 表

编制单位： 年 月 单位：元

项目	本期金额	上期金额
一、经营活动产生的现金流量		
销售商品、提供劳务收到的现金		
收到的税费返还		
收到其他与经营活动有关的现金		
经营活动现金流入小计		
购买商品、接受劳务支付的现金		
支付给职工以及为职工支付的现金		
支付的各项税费		
支付其他与经营活动有关的现金		
经营活动现金流出小计		
经营活动产生的现金流量净额		
二、投资活动产生的现金流量		
收回投资收到的现金		
取得投资收益收到的现金		
处置固定资产、无形资产和其他长期资产收回的现金净额		
处置子公司及其他营业单位收到的现金净额		
收到其他与投资活动有关的现金		
投资活动现金流入小计		
购建固定资产、无形资产和其他长期资产支付的现金		
投资支付的现金		
取得子公司及其他营业单位支付的现金净额		
支付其他与投资活动有关的现金		
投资活动现金流出小计		
投资活动产生的现金流量净额		
三、筹资活动产生的现金流量		
吸收投资收到的现金		
取得借款收到的现金		
收到其他与筹资活动有关的现金		
筹资活动现金流入小计		
偿还债务支付的现金		
分配股利、利润或偿付利息支付的现金		
支付其他与筹资活动有关的现金		
筹资活动现金流出小计		
筹资活动产生的现金流量净额		
四、汇率变动对现金及现金等价物的影响		
五、现金及现金等价物净增加额		
加：期初现金及现金等价物余额		
六、期末现金及现金等价物余额		

售业务的增值税销项税额+（应收账款期初余额-应收账款期末余额）+（应收票据期初余

额-应收票据期末余额）+（预收账款期末余额-预收账款期初余额）+当期收回前期核销的坏账-以非现金资产抵偿债务而减少的应收账款和应收票据-当期核销的坏账-应收账款的现金折扣。

（2）“收到的税费返还”项目。本项目反映企业实际收到的国家行政管理部门返还的各种税费，包括增值税、消费税、所得税、关税、城市维护建设税、教育费附加等。

（3）“收到其他与经营活动有关的现金”项目。本项目反映企业除“销售商品、提供劳务收到的现金”项目和“收到的税费返还”项目以外所收到的其他与经营活动有关的现金。

（4）“购买商品、接受劳务支付的现金”项目。本项目反映企业购买商品、接受劳务实际支付的现金，应根据“库存现金”“银行存款”“应付账款”“应付票据”“预付账款”“主营业务成本”“其他业务成本”“存货”等账户的记录分析填列。

（5）“支付给职工以及为职工支付的现金”项目。本项目反映企业实际支付给职工及为职工支付的现金，包括在本期支付的职工工资、奖金、津贴和补贴等。

（6）“支付的各项税费”项目。本项目反映企业按法律、法规规定本期实际缴纳的各种税费，包括增值税、消费税、所得税、城市维护建设税、土地增值税、教育费附加等，应根据“库存现金”“银行存款”“应交税费”等账户的记录分析填列。

（7）“支付其他与经营活动有关的现金”项目，本项目反映企业除“购买商品、接受劳务支付的现金”项目、“支付给职工以及为职工支付的现金”项目和“支付的各项税费”项目以外的其他与经营活动有关的现金支出，包括企业用货币资金支付的经营租赁的租金、罚款、差旅费、业务招待费、保险费等款项，应根据“库存现金”“银行存款”“管理费用”“营业外支出”“其他应付款”等账户的记录分析填列。

2.“投资活动产生的现金流量”各主要项目的内容和填列方法

（1）“收回投资收到的现金”项目。本项目反映企业出售、转让或到期收回除现金等价物以外的股权投资而收到的现金，以及收回长期债权投资本金而收到的现金，应根据“库存现金”“银行存款”“债权投资”“长期股权投资”“其他债权投资”“其他权益投资工具”等账户的记录分析填列。

（2）“取得投资收益收到的现金”项目。本项目反映企业取得的除现金等价物以外的对其他企业的权益工具、债务工具和合营中的权益投资分回的现金股利和利息等（不包括股票股利），应根据“库存现金”“银行存款”“应收股利”“应收利息”“投资收益”等账户的记录分析填列。

（3）“处置固定资产、无形资产和其他长期资产收回的现金净额”项目，本项目反映出售、报废、毁损固定资产、无形资产和其他长期资产所取得的现金扣除为出售这些资产而支付的有关费用后的净额，应根据“库存现金”“银行存款”“固定资产清理”“无形资产”等账户的记录分析填列。

（4）“处置子公司及其他营业单位收到的现金净额”项目。本项目反映企业处置子公司及其他营业单位所取得的现金，减去相关处置费用以及子公司及其他营业单位持有的现金和现金等价物后的净额，应根据“长期股权投资”“银行存款”“库存现金”等账户的记录分析填列。

（5）“收到其他与投资活动有关的现金”项目。本项目反映除上述各投资活动现金流入项目外，企业收到的其他与投资活动有关的现金流入，应根据“库存现金”“银行存款”“应收股利”“应收利息”等账户的记录分析填列。

（6）“购建固定资产、无形资产和其他长期资产支付的现金”项目。本项目反映企业为购建固定资产而支付的款项，包括购买工程物资、机器设备所支付的买价及增值税款、建造工程支付的现金和支付在建工程人员的工资等现金支出，应根据“库存现金”“银行存款”“工程物资”“在建工程”“固定资产”“无形资产”等账户的记录分析填列。

（7）“投资支付的现金”项目。本项目反映企业进行股权性投资和债权性投资所支付的现金，不包括购买股票和债券时支付的已宣告但尚未领取的现金股利或已到付息期但尚未领取的债券利息。本项目应根据“库存现金”“银行存款”“交易性金融资产”“长期股权投资”“债权投资”等账户的记录分析填列。

（8）“取得子公司及其他营业单位支付的现金净额”项目。本项目反映企业购买子公司及其他营业单位购买出价中以现金支付的部分，减去子公司及其他营业单位持有的现金和现金等价物后的净额，应根据“长期股权投资”“库存现金”“银行存款”等账户的记录分析填列。

（9）“支付其他与投资活动有关的现金”项目，本项目反映除上述各投资活动现金流出项目外，企业支付的其他与投资活动有关的现金流入，应根据“库存现金”“银行存款”“应收股利”“应收利息”等账户的记录分析填列。

3.“筹资活动产生的现金流量”各主要项目的内容和填列方法

（1）“吸收投资收到的现金”项目。本项目反映企业通过发行股票和债券等方式筹集资金所收到的现金，应根据“库存现金”“银行存款”“股本（或实收资本）”“应付债券”等账户的记录分析填列。

（2）“取得借款收到的现金”项目。本项目反映企业所借各种短期借款、长期借款所收到的现金，应根据“库存现金”“银行存款”“短期借款”“长期借款”等账户的记录分析填列。

（3）“收到其他与筹资活动有关的现金”项目。本项目反映企业除上述筹资活动收到的现金之外收到的其他与筹资活动相关的现金，如企业接受的现金捐赠等，应根据“库存现金”“银行存款”“营业外收入”等账户的记录分析填列。

（4）“偿还债务支付的现金”项目。本项目反映企业偿还债务本金所支付的现金，不包括支付的债务利息，应根据“库存现金”“银行存款”“短期借款”“长期借款”“应付债券”等账户的记录分析填列。

（5）“分配股利、利润或偿付利息支付的现金”项目。本项目反映企业本期实际支付的现金股利、利润和偿付利息所支付的现金，应根据“库存现金”“银行存款”“应付股利”“应付利息”“长期借款”等账户的记录分析填列。

（6）“支付其他与筹资活动有关的现金”项目。本项目反映除上述各项筹资活动现金流出项目外企业发生的一些与筹资活动项目有关的现金支出，包括现金捐赠支出、支付的融资租入固定资产的租赁费、企业自行支付的发行股票或债券的发行费用款项，应根据“库存现金”“银行存款”“长期应付款”“营业外支出”等账户的记录分析填列。

4.“汇率变动对现金及现金等价物的影响”项目的内容和填列方法

该项目反映企业外币现金流量以及境外子公司的现金流量折算为人民币时，所采用的现金流量发生日的即期汇率或近似汇率折算的人民币金额与外币现金净增加额按期末汇率折算的人民币金额之间的差额。

（三）现金流量表附注

企业会计准则规定，企业应在现金流量表附注中披露不涉及当期现金收支但影响企业财务状况或在未来可能影响企业现金流量的重大投资和筹资活动。因为这些投资和筹资活动虽然不涉及当期现金收支，但有可能在以后各期发生现金收支，主要包括以下三部分内容：

1.反映不涉及当期现金收支但影响企业财务状况或在未来可能影响企业现金流量的重大投资和筹资活动；

2.反映用间接法将净利润调整为经营活动的现金净流量；

3.静态地反映现金及现金等价物的净增加情况。

第五节 所有者权益变动表

一、所有者权益变动表的含义

所有者权益变动表是指反映构成所有者权益各组成部分当期增减变动情况的报表。所有者权益变动表应当全面反映一定时期所有者权益变动的情况，不仅包括所有者权益总量的增减变动，而且包括所有者权益增减变动的重要结构性信息。在所有者权益变动表中，企业至少应当单独列示反映下列信息的项目：

1.净利润；

2.直接计入所有者权益的利得和损失项目及其总额；

3.会计政策变更和差错更正的累计影响金额；

4.所有者投入资本和向所有者分配的利润等；

5.提取的盈余公积；

6.实收资本或股本、资本公积、盈余公积、未分配利润的期初和期末余额及其调节情况。

一般企业所有者权益变动表的格式见表10-5。

二、企业所有者权益变动表的列报方法

（一）所有者权益变动表各主要项目的列报说明

1.“上年年末余额”项目，反映企业上年资产负债表中实收资本（或股本）、资本公积、盈余公积、未分配利润的年末余额。

2.“会计政策变更”和“前期差错更正”项目，分别反映企业采用追溯调整法处理的会计政策变更的累计影响金额和采用追溯重述法处理的会计差错更正的累计影响金额。

3.“本年增减变动金额”项目分别反映如下内容：

（1）“综合收益总额”项目，反映净利润和其他综合收益扣除所得税影响后的净额相加后的合计金额。

（2）“所有者投入和减少资本”项目，反映企业当年所有者投入的资本和减少的资本。

（3）“利润分配”下各项目，反映当年对所有者（或股东）分配的利润（或股利）金额和按照规定提取的盈余公积的金额，并对应列在“盈余公积”和“未分配利润”栏。

（4）“所有者权益内部结转”下各项目，反映不影响当年所有者权益总额的所有者权益各组成部分之间当年的增减变动，包括资本公积转增资本（或股本）、盈余公积转增资本（或股本）、盈余公积弥补亏损等项目的金额。

（二）上年金额栏的列报方法

所有者权益变动表中“上年金额”栏内各项数字，应根据上一年度所有者权益变动表

表 10-5　　　　　　　　　　**所有者权益变动表**　　　　　　　　　　会企 04 表

编制单位：　　　　　　　　　　　　＿＿年度　　　　　　　　　　　　单位：元

项目	本年金额											上年金额										
	实收资本（或股本）	其他权益工具			资本公积	减：库存股	其他综合收益	专项储备	盈余公积	未分配利润	所有者权益合计	实收资本（或股本）	其他权益工具			资本公积	减：库存股	其他综合收益	专项储备	盈余公积	未分配利润	所有者权益合计
		优先股	永续债	其他									优先股	永续债	其他							
一、上年年末余额																						
加：会计政策变更																						
前期差错更正																						
其他																						
二、本年年初余额																						
三、本年增减变动金额（减少以“-”号填列）																						
（一）综合收益总额																						
（二）所有者投入和减少资本																						
1.所有者投入的普通股																						
2.其他权益工具持有者投入资本																						
3.股份支付计入所有者权益的金额																						
4.其他																						
（三）利润分配																						
1.提取盈余公积																						
2.对所有者（或股东）的分配																						
3.其他																						
（四）所有者权益内部结转																						
1.资本公积转增资本																						
2.盈余公积转增资本																						
3.盈余公积弥补亏损																						
4.其他综合收益结转留存收益																						
5.其他																						
四、本年年末余额																						

“本年金额”栏内所列数字填列。如果上一年度所有者权益变动表规定的各个项目的名称和内容同本年度不一致，则应对上年度所有者权益变动表各项目的名称和数字按本年度的规定进行调整，填入所有者权益变动表“上年金额”栏内。

（三）本年金额栏的列报方法

所有者权益变动表“本年金额”栏内各项数字一般应根据“实收资本（或股本）”“资本公积”“盈余公积”“利润分配”“库存股”“以前年度损益调整”等科目的发生额进行填列。

企业的净利润及其分配情况作为所有者权益变动的组成部分，不需要单独设置利润分配表列示。

第六节 附注

一、财务报告附注概述

(一) 附注的含义

财务报告附注（简称附注），是财务报告不可或缺的部分，是对资产负债表、利润表、现金流量表和所有者权益变动表等报表中列示项目的文字描述或明细资料，以及对未能在这些报表中列示的项目的说明等，附注是财务报告的重要组成部分。

(二) 附注披露的基本要求

1. 附注披露的信息是定性信息与定量信息的结合，能从量和质两个角度完整地对企业经济事项进行反映，从而满足信息使用者的决策需求。

2. 附注按照一定的结构进行系统、合理的分类，从而有序披露信息，以便信息使用者理解和掌握，也可以更好地实现财务报告的可比性。

3. 附注信息应当与资产负债表、利润表、现金流量表和所有者权益变动表等报表中列示的项目相互参照，以有助于使用者联系相关联的信息，并由此从整体上更好地理解财务报表。

二、财务报告附注的主要内容

企业会计制度规定，财务报告附注至少应当包括下列内容：

1.财务报表的编制基础。

2.遵循企业会计准则的声明。

3.对重要会计政策的说明。包括财务会计报表项目的计量基础和会计政策的确定依据等。企业应当声明编制的财务报表符合企业会计准则的要求，真实、完整地反映了企业的财务状况、经营成果和现金流量等相关信息，以此说明企业编制财务报表所依据的制度基础。

4.对重要会计估计的说明。包括下一会计期间内很可能导致资产、负债账面价值重大调整的会计估计的确定依据等。企业应当披露采用的重要会计政策和会计估计，不重要的会计政策和会计估计可以不披露。

5.对会计政策和会计估计变更以及差错更正的说明。

6.对已在资产负债表、利润表、现金流量表、所有者权益变动表中列示的重要项目的进一步说明，包括终止经营税后利润的金额及其构成情况等。

7.或有和承诺事项、资产负债表日后非调整事项、关联方关系及其交易等需要说明的事项。

8.在资产负债表日后，财务报表批准报出日前提议或宣布发放的股利总额和每股股利金额（或向投资者分配的利润总额）。

9.未在财务报表其他信息中披露的其他信息。

第七节 其他信息

一、中期财务报告

点阅读10-2

中期，指短于一个完整的会计年度的报告期间。中期财务报告，是指以中期为基础编制的财务报告，主要包括月度财务报告、季度财务报告、半年度财务报告等。中期财务报告至少应当包括以下部分：资产负债表、利润表、现金流量表和附注。在编制中期财务报告时，应当注意以下三点：

1.资产负债表、利润表、现金流量表和附注是中期财务报告至少应当编制的法定内容，对于是否编制其他财务报表（如所有者权益变动表等）或是否披露相关信息，企业可以根据需要自行决定。

2.中期资产负债表、利润表和现金流量表的格式与内容应当与上一年度财务报表相一致，但是如果当年新实施的会计准则对财务报表格式和内容做了修改的，中期财务报表应当按照修改后的报表格式和内容编制，同时对上一年度财务报表的格式和内容做相应调整。

3.中期财务报告中的附注相对于年度财务报告中的附注而言是经过适当简化的，中期财务报告附注的编制应当遵循重要性原则。

二、合并财务报表概述

（一）合并财务报表的含义

合并财务报表，是以企业集团为会计主体编制的财务报表。编制合并财务报表，首先就涉及如何界定企业集团范围的问题，确定哪些被投资企业需要被纳入其投资企业的合并报表编制范围，确定编制合并财务报表时所采用的合并方法，企业集团的界定、合并范围的确定以及合并方法的选择，直接关系到合并财务报表提供什么样的信息、为谁提供信息等一系列问题，对合并财务报表的编制具有重要的作用，这些问题的解决在很大程度上取决于编制合并财务报表所采用的合并理论，理解不同的合并理论，其确定的合并范围和选择的合并方法也各不相同，编制合并财务报表的合并理论到目前为止主要有母公司理论、主体理论以及所有权理论等。

（二）合并财务报表的编制

编制合并财务报表，首先必须确定其合并范围。合并财务报表的合并范围是指纳入合并财务报表的子公司范围，要明确哪些子公司应当包括在合并财务报表编报范围之内，哪些子公司应当被排除在合并财务报表编报范围之外。根据我国《企业会计准则第33号——合并财务报表》的规定，我国合并财务报表的范围具体如下：

1.合并财务报表的合并范围应当以控制为基础予以确定。

2.母公司直接或通过子公司间接拥有被投资单位半数以上的表决权资本，表明母公司能够控制被投资单位，应当将该被投资单位认定为子公司，纳入合并财务报表的合并范围。

3.母公司拥有被投资单位半数或半数以下的表决权，满足下列条件之一的，视为母公司能够控制被投资单位，应当将该被投资单位认定为子公司，纳入合并财务报表的合并范围。

（1）通过与被投资单位其他投资者之间的协议，拥有被投资单位半数以上的表决权。

（2）根据公司章程或协议，有权决定被投资单位的财务和经营政策。

（3）有权任免被投资单位的董事会或类似机构的多数成员。

（4）在被投资单位的董事会或类似机构占多数表决权。

4.在确定能否控制被投资单位时，应当考虑企业和其他企业持有的被投资单位当期的可转换公司债券、当期可执行的认股权证等潜在表决权因素。

三、企业社会责任报告

（一）企业社会责任报告的含义

企业社会责任报告（简称CSR报告），指的是企业将其履行社会责任的理念、战略、方式、方法，将其经营活动对经济、环境、社会等领域造成的直接和间接影响、取得的成绩及不足等信息，进行系统的梳理和总结，并向利益相关方进行披露的一种方式。企业社会责任报告是企业非财务信息披露的重要载体，是企业与利益相关方沟通的重要桥梁。

（二）企业社会责任报告的编制

编制企业社会责任报告要经过四个阶段：准备阶段、资料采集阶段、报告撰写阶段以及发布阶段。

由于企业社会责任报告的资料采集涉及众多部门，因此在准备阶段，最重要的事情就是要建立起一个明确的组织管理体系；在资料采集阶段，企业主要通过对自身内部管理过程和业务流程的梳理，以及对利益相关方的访谈来获得报告所需资料和关键指标。报告撰写阶段的重点在于报告对内容的选择，既要注意信息披露的完整性和全面性，又要充分结合行业特点和企业自身的特点，抓住重点，突出亮点；最后一个环节就是报告的发布。仍有不少企业将CSR报告与年报一起发布，但独立的CSR报告是发展的趋势。

◆思政园地

财政部：将持续加大监管力度 严厉打击会计造假

财政部监督评价局局长郜进兴2020年1月7日表示，各级财政部门要加大2020年会计监管工作的力度，对年报审计中出现的违规问题严惩重罚，促进行业健康、有序发展。2019年以来，康得新和康美药业等一些会计造假案件相继被曝光，会计师事务所审计时未能发现问题或未能出具恰当的审计意见，引起了社会的关注。郜进兴表示，这表明当前会计师事务所还存在内部治理不完善、独立性不强、质量控制把关不严等深层次问题，要引起高度重视并着力解决。他表示，财政部将切实强化会计监督工作，在继续推进对会计师事务所全面轮查的基础上，重点加大对业务规模大、执业风险高、连续受到行政处罚的会计师事务所的检查力度和频率，及时查处媒体曝光的重大审计失败线索。实行“一案双罚”，对存在重大审计责任的会计师事务所和注册会计师同时进行行政处罚。

此外，财政部还将进一步改进手段、提升效率，加强会计监督能力建设；加强与审计署、证监会、银保监会、人民银行、国资委等部门的沟通、协调，形成分工协作、有效沟通、成果共享的合作框架。“注册会计师行业是经济监督体系和服务国家建设的重要力量，是市场经济诚信链条的重要一环。”郜进兴表示，对于会计师事务所来说，要秉持独立性和专业精神，严格执行会计审计法规、准则，加强质量控制和风险控制，积极发挥在提升会计信息质量、防范经济风险方面的职能和作用。

资料来源：申铖．持续加强监管 严打会计造假［EB/OL］．［2020-01-07］．https://baijiahao.baidu.com/s?id=1655077446454716671&wfr=spider&for=pc.2020.01.08.

◆章小结

财务报告是会计人员的“产品”，其“消费者”就是信息使用者，他们可以通过财务报告了解企业的财务状况、经营成果和现金流量等信息。财务报告由财务报表、附注和其他信息和资料等组成。其中，财务报表是最重要的内容，主要包括：资产负债表、利润表、现金流量表和所有者权益变动表。按照不同的分类标准，财务报表具有不同的分类方式，按照相应的编制要求进行编制，反映相应的信息。资产负债表，有报告式和账户式两种格式，主要反映企业的资产、负债、权益等财务状况信息；利润表，有单步式和多步式两种格式，主要反映企业的收入、费用、利润等经营成果信息；现金流量表，有直接法和间接法两种编制方法，主要反映与企业的经营活动、投资活动、筹资活动有关的现金流入、流出和净现金流量等信息；所有者权益变动表，又称股东权益变动表，主要反映所有者权益及其各组成部分的增减变动及期末存量信息。此外，根据反映的时期和内容，财务报告又可以分为中期财务报告、合并财务报告、社会责任报告等。

◆关键术语听与读

关键术语听读 10

◎Financial Reporting（财务报告）：Financial reporting includes all of a company’s communication of financial information to people outside of the company.

◎Financial Position（财务状况）：The financial position refers to the information of the amounts of assets，liabilities，and net assets as of a specified date.

◎Operating Results（经营成果）：The operating results mainly refer to the information of the amounts revenues，expenses and their differences during the accounting period.

◎Cash Flows（现金流量）：The cash flows refer to the information of the cash received and paid and the net change during the accounting period.

◎Balance sheet（资产负债表）：The balance sheet，also referred to as the statement of financial position，is one of the main financial statements，which reports the assets，liabilities， and owner's or stockholders' equity at a specific point in time, such as December 31.

◎ Account Form (账户式): In the account form the balance sheet presentation mirrors the accounting equation, that is, assets are on the left; liabilities and stockholders' equity are on the right.

◎ Report Form (报告式): The report form presents the assets at the top of the balance sheet, and beneath the assets are the liabilities followed by stockholders' equity.

◎ Income Statement (利润表): Income statement, also known as the profit and loss statement, statement of income, or the statement of operations, is one of the main financial statements, reports the revenues, gains, expenses, losses, net income and other totals for the period of time shown in the heading of the statement.

◎ Operating Income (营业收入): The operating income refers to a company's profit before nonoperating or other items.

◎ Non-operating income (非营业收入): The non-operating income refers to net difference of the other or nonoperating items, including gains and losses on sale of assets used in the business, loss on lawsuit, etc.

◎ Single-step (单步式): A single-step income statement is presented in the format where the operating and nonoperating revenues are grouped and totaled and the operating and nonoperating expenses are grouped and totaled, and then there is one subtraction of the combined expenses from the combined revenues.

◎ Multi-step (多步式): A multiple-step income statement is presented in the format that has more than one subtraction in arriving at net income. An income statement showing gross profit is an indication: it is a multiple-step income statement.

◎ Cash Flow Statement (现金流量表): A cash flow statement, also known as the statement of cash flows, is one of the main financial statements, which reports the sources and uses of cash by operating activities, investing activities, financing activities, and certain supplemental information for the period specified in the heading of the statement.

◎ Direct Method (直接法): The direct method could refer to the method of preparing the statement of cash flows, which could also refer to the method of allocating a manufacturing facility's service departments to its production departments.

◎ Indirect Method (间接法): The indirect method is the most common method of preparing the statement of cash flows, under which the starting point is the net income reported on the income statement.

◎ Operating Activities (经营活动): The operating activities are those involved in earning revenues. In the statement of cash flows the operating activities section identifies the cash flows involved with these activities by focusing on net income and the changes in the current assets and current liabilities.

◎ Financing Activities (筹资活动): The financing activities are one of the three sections of the statement of cash flows, which involve in the cash receipts and cash payments concerned with financing.

◎ Notes to financial statements (财务报表附注): The notes to financial statements, also referred to as footnotes, provide additional information pertaining to a company's operations and financial position and are considered to be an integral part of the financial statements, required by the full disclosure principle.

◎ Interim financial reports（中期财务报告）: The interim financial statement issued between the official annual financial statements, such as monthly or quarterly financial statements.

◎ Consolidated financial statements（合并财务报表）: The consolidated financial statements reflect the total economic entity, e.g. a consolidated balance sheet would report the combined assets except for claims against companies within its group, and liabilities would be combined except for amounts owed to companies within its group.

◎ Corporate Social Responsibility Report（企业社会责任报告）: A corporate social responsibility report helps a company be socially accountable to itself, its stakeholders, and the public, and be conscious of the kind of impact they are having on all aspects of society, including economic, social, and environmental.

◆回顾与思考

1.什么是财务报告？其编制目的和主要构成内容是什么？
2.财务报告主要提供哪些信息？使用者主要有哪些？
3.企业编制与提供财务报告需要满足哪些基本要求？
4.什么是资产负债表？它有哪些作用？
5.什么是利润表？利润是如何被确定的？利润表数据能否评价企业和管理层的业绩？
6.什么是现金流量表？它有什么作用？
7.现金流量表中现金的含义是什么？
8.所有者权益变动表有何作用？
9.现金流量表与资产负债表、利润表有怎样的关系？
10.在现金流量表的编制中，直接法和间接法有什么区别？
11.财务报告附注的主要内容是什么？有什么作用？
12.财务报告列报的基本要求是什么？
13.收益计量观有哪两种？分别是什么含义？二者的关系如何？
14.净利润与经营活动产生的现金流量有何区别？

◆章习题

1.单项选择题

（1）在下列各项中，不属于在企业四张主要报表上提供的信息是（　　）。

A.财务状况　　B.经营成果　　C.现金流量　　D.物资流量

（2）根据财务报告的定义，下列各项中不属于财务报告内容的是（　　）。

A.资产负债表　　B.利润表　　C.现金盘点报告表　　D.股东权益变动表

(3) 在下列各项中，不属于企业财务报告主要作用的是（　　）。

A.有助于投资者和债权人等作出投资贷款等经济决策

B.有助于企业管理层加强企业内部经营管理方面的决策

C.有助于政府经济管理部门进行宏观经济调控等经济决策

D.有助于社会公众作出相应的经济决策

(4) 在下列各项中，属于企业以短于一个完整会计年度的报告期间为基础编制的财务报表是（　　）。

A.中期财务报表　B.个别财务报表　C.合并财务报表　D.年度财务报表

(5) 在下列各项中，根据母子公司的财务报表，由母公司编制的财务报表是（　　）。

A.中期财务报表　B.个别财务报表　C.合并财务报表　D.部门财务报表

(6) 填列资产负债表中的“长期借款”和“应付债券”项目应采用的方法是（　　）。

A.根据有关总账账户期末贷方余额直接填列

B.根据若干有关总账账户期末余额加计汇总填列

C.根据有关明细账户的期末余额计算填列

D.根据有关总账账户及其所属明细账户期末余额分析计算填列

(7) 填列资产负债表中的“固定资产”和“无形资产”项目应采用的方法是（　　）。

A.根据有关总账账户期末借方或贷方余额直接填列

B.根据若干有关总账账户期末余额加计汇总填列

C.根据有关账户余额减去其备抵账户余额后的净额填列

D.根据有关总账账户及其所属明细账户期末余额分析计算填列

(8) 在下列各项中，不属于财务报表附注披露内容的是（　　）。

A.企业的基本情况　B.财务报表的编制过程

C.遵循企业会计准则的声明　D.重要会计政策和会计估计

(9) 在下列各项中，不属于资产负债表作用的是（　　）。

A.提供企业某一特定日期的资产总额及其结构信息

B.提供企业某一特定日期的所有者权益总额及其结构信息

C.提供企业某一特定日期的负债总额及其结构信息

D.提供分析企业盈利能力的有关数据资料

(10) 在下列各项中，计算利润总额时用不到的项目是（　　）。

A.营业利润　B.营业外收入　C.营业外支出　D.管理费用

(11) 在下列各项中，计算营业利润所用的项目是（　　）。

A.营业外支出　B.营业外收入　C.营业成本　D.所得税费用

(12) 资产负债表和现金流量表同属于（　　）。

A.对内报告　B.财务成果报表　C.成本费用报表　D.对外报表

(13) 现金流量表的编制基础是（　　）。

A.现金　B.现金及其等价物　C.营运资金　D.流动资产

2.多项选择题

(1) 下列各项中，属于企业财务报告基本构成内容的有（　　）。

A.财务报表　B.财务报表附注　C.期末余额

D.上期金额　　　　　　E.应予披露的相关信息和资料

(2) 在下列各项中，属于财务报表附注披露的主要内容有（　　）。

A.企业的基本情况　　　　　　B.财务报表的编制基础

C.遵循企业会计准则的声明　　　　　　D.重要会计政策和会计估计

E.对报表重要项目的说明

(3) 下列报表中，属于动态报表的是（　　）。

A.资产负债表　　　　B.利润表　　　　C.现金流量表

D.所有者权益变动表　　　　E.合并财务报表

(4) 编制资产负债表时，下列项目可根据有关总账科目的期末余额直接填列的有（　　）。

A.应付股利　　　　B.应付职工薪酬　　　　C.货币资金

D.应收账款　　　　E.实收资本　　　　F.资本公积

3.判断题

(1) 会计报表既要向有关部门报送，又要提供给企业内部有关人员分析使用。（　　）

(2) 财务报告包括财务报表及其附注、应当在财务报告中披露的相关信息和资料。（　　）

(3) 根据会计信息质量要求中的及时性要求，企业编制财务会计报告以后可直接报送给财务报告使用者。（　　）

(4) 财务报表附注是账簿中所列示项目的文字描述或明细资料。（　　）

(5) 会计报表附注是企业财务报告的有机组成部分。（　　）

◆国际视野

美国安然事件——史上最大财务造假案

2001年12月2日，安然公司向纽约破产法院申请破产保护，破产清单中所列资产高达498亿美元。此前，安然公司曾经是世界上最大的能源、商品和服务公司之一，曾名列《财富》杂志“2000年美国500强”第七名，且被《财富》连续6年评为“最具创新精神的公司”。美国证监会前主席哈维·皮特认为“安然事件”连同“9.11事件”、世界通信公司会计造假案和安达信解体是美国金融证券市场遭遇的“四大危机”。

安然公司因舞弊破产后引发了一系列震动美国经济和资本市场的连锁事件：

(1) 安然申请破产之后，投资人信心受到重创，美股连创新低；

(2) 全球性的能源公司因安然公司而在天然气和电力市场的衍生品和现货交易上损失超过6亿美元；

(3) 一些国际航运公司因安然公司无法履行合同而破产；

(4) 据2002年1月17日《华尔街日报》报道，安然公司的破产使美国银行业因坏账和其他交易业务总的损失达200亿美元左右，其中花旗银行和摩根大通银行的损失最为严重；

（5）IBM、思科、施乐、摩根大通等大企业会计舞弊案也被揭发出来，并引发了企业破产潮；

（6）五家全球最大的会计师事务所之一的安达信会计师事务所（简称安达信）因安然和世界通信公司会计丑闻涉诉后轰然解体，而在2001年安达信的全球营业收入还有93.4亿美元，代理着美国2 300家上市公司的审计业务；

（7）"安然事件"触发了《萨班斯–奥克斯利法案》的立法。

"安然事件"引起的震荡如此之巨，主要的原因是：安然公司（加上次年即2002年6月爆出的世界通信会计丑闻）的会计信息作假破坏了市场经济的底层基础设施，进而彻底打击了美国投资者对资本市场的信心。安然公司破产的根本原因在于会计舞弊，利用复杂的财务结构虚构利润，向股票市场讲述了一个不真实的商业创新和高速增长的故事。而为了给高增长的假象圆谎，企业不得不借入巨额债务来支撑虚假的关联交易。最后当问题暴露时，债务偿付问题压顶，除了破产已无其他选择（当然，在中国，故事或许会有不一样的演绎，资产重组方或许会进场施救）。

安然会计舞弊的具体做法如下：

（1）不断制造概念，使投资者相信公司已经进入高增长、高利润的领域（如宽带通信等），推高股票市值，然后通过使用股票为关联企业提供担保来进行融资；

（2）通过创设"特殊目的实体"（SPE）等方式编织关联交易网，然后通过关联交易虚构交易和收入；

（3）使用不公允的会计方法虚增收入和利润，如以10年长期能源供应合同的名义将收入记为当期收入以虚增利润；

（4）大量债务都承载于不并入报表而实际控制的关联企业（SPE或合伙企业），比如通过设立安然公司占股低于49%，但按当时会计规则来讲仍由安然公司实际控制的合伙企业来举债，从而隐匿真实的债务水平，而这些债务是由安然公司提供担保或负有偿付义务的。

这种精心策划的会计舞弊和财务欺诈，貌似环环相扣、无懈可击，且在法律上少有瑕疵，但实际上造假链条却很脆弱，最终无一例外，崩塌暴露。因为其有不可克服的内在矛盾：一是因为造假要不断消耗财务资源，比如关联公司的运营要付出成本，虚构的利润要缴税，这会造成现金的持续流失。此外，庞杂的关联公司群，"跑冒滴漏"成为常态，还有内部人员非法侵占相关的财物。如安然公司首席财务官安德鲁·法斯托在后来认罪时就承认从关联公司中获得了不正当的好处。因此，造假需要不断注入现金来补充，又由于公司正常业务创造的现金流很难跟得上造假的损耗，导致公司越来越依赖从外部举债融资来维持经营。债务的利息支出又会增加企业对现金的损耗，加速旁氏融资的破产。二是因为真相从不缺席，假象都经不住推敲和质疑，当公众和政府投入足够的关注时，造假就会无所遁形。

美国对冲基金Kynikos的吉姆·切欧斯在2001年初公开质疑安然公司的商业模式。他指出，虽然安然公司的业务成就看起来很辉煌，但没有人能够说清安然公司具体是怎么赚钱的。实际上安然公司可能赚不到什么钱，因为公司报告的利润和经营现金流是不对称的。此外，切欧斯还注意到安然公司背后的合伙公司与安然公司有着说不清的幕后交易。

切欧斯的观点引发了公众的共鸣，人们开始追究安然公司的真实盈利和现金流向。安然公司被迫向公众逐步披露财务造假和欺诈的事实，至2001年11月30日，安然公司股价跌至0.26美元/股，市值由峰值时的800亿美元跌至2亿美元，最终走向破产。

2001年12月2日，安然公司向法院提请破产申请，而同年12月12日美国国会众议院“金融服务委员会”就“安然事件”举行了第一次听证会，讨论安然倒闭对投资者及资本市场的影响问题。

随后，美国对相关制度进行了大规模的修补，这次进化性变革的主要成就是通过了《萨班斯-奥克斯利法案》，该法案强制要求上市公司高标准地遵守证券法律，提高公司信息披露的准确性和可靠性，从而达到保护投资者利益及其他的目的。

资料来源：Hayekist．美国安然事件——史上最大的财务造假案［N］．审计云，2019-04-14.

◆推荐阅读

［1］程平，陶思颖．基于区块链技术的智能财务报告研究［J］．会计之友，2020（5）．

［2］贺宏．规范我国网络财务报告的建议［J］．商业会计，2005（8）．

［3］黄晓韡，黄世忠．财务报告概念框架修订热点问题综述［J］．会计研究，2016（1）．

［4］李宗彦，郝书辰．权责发生制政府财务报告审计制度探讨——英、澳两国实践经验及启示［J］．审计研究，2018（1）．

［5］林志军，葛家澍．现代西方会计理论．厦门：厦门大学出版社，2006.

［6］陆建桥，王文慧．国际财务报告准则研究最新动态与重点关注问题［J］．会计研究，2018（1）．

［7］陆建桥．国际财务报告准则2019年发展成效与未来展望［J］．财务与会计，2020（3）．

［8］马建威，何玉润，肖平．企业环境会计信息披露探讨［J］．北京工商大学学报，2008（9）．

［9］马建威，姜荷．公允价值对财务报告的影响分析［J］．北京工商大学学报，2010（3）．

［10］Mary E.Barth，李英，叶康涛．财务报告的全球可比性——是什么、为什么、如何做以及何时实现［J］．会计研究，2013（5）．

［11］孙光国，杨金凤，郑文婧．财务报告质量评价：理论框架、关键概念、运行机制［J］．会计研究，2013（3）．

［12］姚立杰，程小可．国际财务报告准则研究的回顾和展望［J］．会计研究，2011（6）．

［13］郑安平．关于会计目标定位的思考［J］．会计研究，2020（3）．

［14］朱开悉．企业财务核心能力及其报告［J］．会计研究，2002（2）．

第十一章

财务报表分析

章案例

小视角、大世界：透过财报窥探国企转型之路

2020年，中石化分公司举办发布会，正式推出了自有品牌“易姐姐螺蛳粉”。事实上，自成立易捷便利店，正式进军零售领域以来，中石化先后打造了一系列自有品牌。从生鲜包到咖啡，再到汽车团购、螺蛳粉，似乎中石化的每一次跨界经营都能让人意想不到。

2018年6月，中石化资本正式成立，主要通过财务投资发现战略投资机会，重点布局新能源、新材料、节能环保、高端智能制造、大数据和人工智能等战略性新兴产业，为中国石化实现转型升级和可持续发展培育新动能、打造新引擎。2020年，中石化资本投资的中控技术（688777）和瑞丰新材（300910）IPO成功，先后登陆科创板和创业板。据媒体计算，这两个项目中石化资本的投资收益合计超过30亿元。涉足螺蛳粉行业是中石化通过零售业务进一步探索非油品业务市场的举措之一，然而该产品能否满足消费者的需求也有待市场的检验。其实，对中石化而言，无论是不断试水非油品业务，还是加码光伏产业、新能源等，表现出来的其实都是中石化背后强烈的转型需求。

事实上，从中石化历年的财报中也可以看出，其净利润近年来下滑得相当厉害，2020上半年甚至出现了高达228.82亿元的巨额亏损，利润同比下降了173.02%。在这种情况下，推进非油品业务发展对中石化来说是唯一的也是最好的出路，中石化的非油品业务也表现出越来越大的发展潜力。

资料来源：叶子.中石化的投资：从咖啡到螺蛳粉，油老大的资本冲动 [N]. 融中财经，2021-02-09.

学习目标

通过本章的学习，希望您能够：

- 理解财务报表分析的主体以及各个财务分析主体的分析目的
- 熟悉财务报表分析的内容和作用
- 掌握财务报表的基本方法

第一节 财务报表分析概述

一、财务报表分析的含义

(一) 财务报表分析的概念

财务报表分析(简称报表分析)是通过收集、整理企业财务报表的有关数据,并结合其他非财务信息,对企业的财务状况、经营成果和现金流量等情况进行综合比较和评价,为企业的会计信息使用者提供决策和控制依据的一项管理工作。财务报表分析也是以企业基本活动为对象、以财务报表信息为主要来源、以分析和综合评价为主要方法的系统认识企业的过程,其目的是了解过去、评价现在和预测未来。

(二) 财务报表分析的作用

财务报表是企业会计信息的主要载体,而财务报表分析又是以企业对外报送的财务报表为主要依据的,因此财务报表分析的作用必然与会计的作用以及财务报表的作用密不可分。由此看来,财务报表分析至少应具有以下三个方面的作用:

1.财务报表分析可以为投资者和债权人进行投资和信贷决策提供有用的信息。企业目前和潜在的投资者、债权人是企业外部重要的财务信息使用者,他们为了选择投资和信贷对象衡量投资和信贷风险,作出投资和信贷决策而从财务报表中获取信息。财务信息使用者不仅需要了解毛利率、资产报酬率、权益报酬率等指标包含的有关企业盈利能力和发展趋势方面的信息,还要了解流动比率、速动比率、资产负债率等指标包含的有关企业偿债能力方面的信息,更要了解企业所处行业、竞争地位以及经营战略等方面的非财务信息。

2.财务报表分析可以为企业管理者进行经营决策提供有用的信息。财务报表分析作为企业财务管理的重要组成部分,有助于管理者了解企业的盈利能力和资金周转情况,不断挖掘企业改善财务状况、扩大财务成果的潜力,充分认识未被利用的人力资源和物质资源,促进企业生产经营活动按照企业价值最大化的目标良性运行。

3.财务报表分析可以为投资者评价企业管理层受托责任的履行情况提供重要的信息。财务报表分析通过了解企业的偿债能力、营运能力和盈利能力,采用趋势分析和同行业对比分析等方法,便可以大致判断出企业的财务健康情况、业绩改善程度、未来发展趋势以及行业竞争性,从而为投资人和债权人评价企业管理层受托责任的履行情况提供重要的信息支撑,也为企业进行薪酬管理与激励决策提供重要依据。

二、企业的基本活动

企业的基本活动分为筹资活动、投资活动和经营活动三类:

1.筹资活动是指筹集企业投资和经营所需要的资金,包括发行股票和债券、取得贷款,以及利用内部积累资金等。

2.投资活动是指将所筹集到的资金分配于资产项目,包括购置各种长期资产和流动资产。投资活动是企业基本活动中最重要的部分。

3.经营活动是指在必要的筹资和投资前提下,运用资产赚取收益的活动,它至少应包括研究与开发、采购、生产、销售、人力资源管理等五项活动。经营活动是企业收益的主要来源。

企业的三项基本活动是相互联系的，在业绩评价时不应把它们割裂开来。

第二节 财务报表分析方法

财务报表分析方法是指进行财务报表分析时应该遵循的程序，在开展企业财务报表分析工作时，应主要从环境和财务两方面着手进行分析。

一、战略环境分析

宏观环境的分析是战略分析的一个重要组成部分，企业财务的各个环节都与宏观环境有十分重要的联系，而且都在不同程度上受到宏观环境的影响。在进行财务报表分析时，将宏观环境与企业的经营活动结合起来有助于准确分析企业的财务状况和经营水平。

（一）宏观环境分析：PEST分析

PEST分析是指宏观环境的分析，P是政治（politics），E是经济（economy），S是社会（society），T是技术（technology）。在分析一家企业集团所处的背景时，通常是通过以下四个因素来分析企业集团所面临的状况。

1.政治环境

政治环境包括一个国家的社会制度，执政党的性质，政府的方针、政策、法令等。不同的国家有着不同的社会性质，不同的社会制度对组织活动有着不同的限制和要求。即使在社会制度不变的同一个国家，在不同时期，由于执政党的不同，其政府的方针特点、政策倾向对组织活动的态度和影响也是不断变化的。

2.经济环境

经济环境主要包括宏观和微观两个方面的内容。宏观经济环境主要指一个国家的人口数量及其增长趋势，国民收入、国民生产总值及其变化情况以及通过这些指标能够反映的国民经济发展水平和发展速度。微观经济环境主要指企业所在地区或所服务地区的消费者的收入水平、消费偏好、储蓄情况、就业程度等因素。这些因素直接决定着企业目前及未来的市场大小。

3.社会文化环境

社会文化环境包括一个国家或地区的居民受教育程度和文化水平、宗教信仰、风俗习惯、审美观点、价值观念等。文化水平会影响居民的需求层次，宗教信仰和风俗习惯会禁止或抵制某些活动的进行，价值观念会影响居民对组织目标、组织活动以及组织存在本身的认可与否，审美观点则会影响人们对组织活动内容、活动方式以及活动成果的态度。

4.技术环境

对技术环境进行分析时，分析人员除了要考察与企业所处领域的活动直接相关的技术手段的发展变化，还应及时了解：（1）国家对科技开发的投资和支持重点；（2）该领域技术发展动态和研究开发费用总额；（3）技术转移和技术商品化速度；（4）专利及其保护情况等。

（二）行业环境分析：波特的五力竞争模型

除了上述宏观环境，对于企业来说还存在行业环境。行业环境是大部分企业战略分析中最关键的部分，其行业分析的目的在于分析行业的盈利能力和潜力，不同行业的盈利能力和潜力是不同的，影响行业盈利能力的因素有很多。哈佛商学院的迈克尔·波特教授于20世纪80年代创造性地提出了决定行业竞争程度和规模的**五力竞争模型**，对公司战略的制定产生了深远的影响。“五力”分别是供应商的议价能力、购买者的议价能力、潜在竞争者进入的能力、替代品的替代能力和行业内现有竞争者的竞争能力，五种力量的组合变化最终影响行业利润潜力的变化。

1.供应商的议价能力

供应商主要通过提高投入要素价格与降低单位价值质量来影响行业中现有企业的盈利能力与产品竞争力。

2.购买者的议价能力

购买者主要通过压价与要求提供较高的产品或服务质量来影响行业中现有企业的盈利能力。

3.潜在竞争者进入的能力

潜在竞争者在给行业带来新生产能力、新资源的同时，更希望在现有市场中赢得一席之地，这就有可能与现有企业发生原材料与市场份额方面的竞争，最终导致行业中现有企业盈利水平降低，还有可能危及现有企业的生存。

4.替代品的替代能力

两个处于不同行业的企业可能因为产品互为替代品而产生竞争行为，这种源自替代品的竞争会以各种形式影响行业中现有企业的竞争战略。

5.行业内现有竞争者的竞争能力

在大部分行业中，企业之间的利益都是紧密联系在一起的，作为企业整体战略一部分的竞争战略，其目标在于使本企业在竞争中获得优势，所以在实施竞争战略的过程中，同行业企业之间必然会产生冲突与对抗，这些冲突与对抗就构成了现有企业之间的竞争。

根据上面对五种竞争力量的描述，企业应尽可能地将自身的经营与竞争力量隔绝开来，努力从自身利益需要出发影响行业竞争规则的制定，先占领有利的市场地位再发起进攻性竞争行动，有效应对这五种竞争力量，以增强自己的市场地位与竞争力。

（三）企业战略分析：SWOT分析

SWOT分析，即基于内外部竞争环境和竞争条件下的态势分析，它是将与研究对象密切相关的各种主要内部优劣势以及外部的机会和威胁等通过调查列举出来，并依照矩阵的形式排列，然后用系统分析的思想，把各种因素相互匹配起来加以分析，从中得出一系列相应的结论，而结论通常带有一定的决策性。SWOT分析法如图11-1所示。

竞争优势(S) 内部活动分析	竞争劣势(W) 内部活动分析
机会(O) 外部环境分析	威胁(T) 外部环境分析

图11-1 SWOT分析法图示

运用这种方法，可以对研究对象所处的情境进行全面、系统、准确的研究，从而根据研究结果制定相应的发展战略、计划以及对策等。

S（strengths）、W（weaknesses）是内部因素，O（opportunities）、T（threats）是外部

因素。按照企业竞争战略的完整概念，战略应是一家企业“能够做的”（即组织的强项与弱项）和“可能做的”（即环境的机会与威胁）之间的有机组合。

SWOT分析有其形成的基础：著名竞争战略专家迈克尔·波特提出竞争理论，从产业结构入手对一家企业“可能做的”方面进行了透彻的分析和说明，而能力学派管理学家则运用价值链去解构企业的价值创造过程，注重对公司的资源和能力的分析。SWOT分析就是在前两者的基础上，以资源学派学者为代表，将对公司的内部分析与产业竞争环境的外部分析结合起来，形成了自己结构化的分析体系。

二、财务分析

进行财务分析时，最主要的方法是比较分析法和因素分析法。

（一）比较分析法

比较分析法的理论基础是客观事物的发展变化是统一性与多样性的辩证结合。共同性是它们可比较的基础，差异性使它们具有不同的特征。在实际分析时，这两方面的比较往往会被结合起来使用。

1.按比较参照标准分类

（1）趋势分析法

趋势分析就是分析期与前期或连续数期项目金额的对比。这种对财务报表项目纵向比较进行分析的方法是一种动态的分析。

通过将分析期与前期财务报表中有关项目金额的对比，可以从差异中及时发现问题，查找原因，改进工作。通过对连续数期财务报表项目的比较，能够反映出企业的发展动态，揭示当期财务状况和营业情况的变化，判断引起变动的主要项目是什么，这种变化的性质是有利还是不利，发现问题并评价企业财务管理水平，也可以预测企业未来的发展趋势。

（2）同业分析

将企业的主要财务指标与同行业的平均指标或同行业中先进企业的指标进行对比，可以全面评价企业的经营成绩：通过与行业平均指标对比，可以分析判断该企业在同行业中所处的位置；通过与先进企业的指标对比，有利于吸收先进经验，克服本企业的缺点。

（3）预算差异分析

如果将分析期的预算数额作为比较的标准，实际数与预算数的差距就能反映完成预算的程度，可以给进一步分析和寻找企业潜力提供方向。

比较分析法的主要作用在于揭示客观存在的差距以及形成这种差距的原因，帮助人们发现问题、挖掘潜力、改进工作。比较分析法是各种分析方法的基础，不仅报表中的绝对数要通过比较才能说明问题，计算出来的财务比率和结构百分数也都要与有关资料（比较标准）进行对比，才能得出有意义的结论。

2.按比较的指标分类

（1）总量指标

总量是指财务报表中某个项目的金额总量，例如净利润、应收账款、存货等。由于不同企业的会计报表项目的金额不具有可比性，因此总量比较主要用于历史和预算的比较。有时候总量指标也用于不同企业的比较，例如，证券分析机构按资产规模或利润多少建立的企业排行榜。

（2）财务比率

财务比率是用倍数或比例表示的分数式，它反映各会计要素的相互关系和内在联系，代表了企业某一方面的特征、属性或能力。财务比率的比较是最重要的比较，它们是相对数，排除了规模的影响，使不同比较对象建立起可比性，因此被广泛应用于历史比较、同业比较和预算比较。

（3）结构百分比

结构百分比是用百分率表示某一报表项目的内部结构，它反映该项目内各组成部分的比例关系，代表了企业某一方面的特征、属性或能力。结构百分比实际上是一种特殊形式的财务比率。它们同样排除了规模的影响，使不同比较对象具有可比性，可以用于本企业历史比较、本企业与其他企业比较和本企业预算比较。

（二）因素分析法

因素分析法也是财务报表分析常用的一种技术方法，它是指把整体分解为若干局部的分析方法，包括比率因素分解法和差异因素分解法。

1.比率因素分解法

比率因素分解法，是指把一个财务比率分解为若干影响因素的方法。例如，资产收益率可以分解为资产周转率和销售利润率两个比率的乘积。财务比率是财务报表分析的特有概念，财务比率分解是财务报表分析所特有的方法。

2.差异因素分解法

为了解释比较分析中形成差异的原因，需要使用差异分解法。例如，产品材料成本差异可以分解为价格差异和数量差异。

差异因素分解法又分为定基替代法和连环替代法两种。

（1）定基替代法

定基替代法是测定比较差异成因的一种定量方法。按照这种方法，需要分别用标准值（历史的、同业企业的或预算的标准）替代实际值，以测定各因素对财务指标的影响。

（2）连环替代法

连环替代法是另一种测定比较差异成因的定量分析方法。按照这种方法，需要依次用标准值替代实际值，以测定各因素对财务指标的影响。

在财务报表分析中，除了普遍、大量地使用比较法和因素分析法之外，有时还使用回归分析、模拟模型等技术方法。

第三节　财务报表分析的内容

一、偿债能力分析

企业的偿债能力是指企业偿还各种到期债务的能力，对债权人来说，企业要具有充分的偿还能力才能保证其债权的安全，按期取得利息，到期取回本金；对投资者来说，如果企业的短期偿债能力发生问题，就会导致企业的经营管理人员耗费大量精力去筹集资金，以偿还债务，还会增加企业筹资的难度，或加大临时紧急筹资的成本，影响企业的盈利能力。其主要包括短期偿债能力分析和长期偿债能力分析。

（一）短期偿债能力分析

短期偿债能力是指企业以流动资产偿还流动负债的能力，它反映企业偿还短期债务的能力。短期债务一般需要以现金偿还，所以分析人员应关注企业一定时期内流动资产的变现能力，企业按照权责发生制原则计算得到的会计利润并不能真实反映企业现金流量，因此相比于盈利能力分析，短期债权人更注重企业短期偿债能力分析。

企业短期偿债能力分析主要采用比率分析法，该分析方法的主要指标有三个：流动比率、速动比率和现金比率。

1.流动比率

流动比率是指企业流动资产与流动负债的比率，反映了企业用流动资产偿还流动负债的能力。其计算公式如下：

流动比率=（流动资产÷流动负债）×100%

流动比率是一个静态指标，只说明了该企业期末的短期偿债能力，并且在某些特殊情况下很容易受到操纵。例如，一部分企业会在年终故意去把借款还清，在下一年年初重新借入，这样会使根据该企业年报算出来的流动比率较高，而实际上企业的短期偿债能力并没有提高。因此，如果要客观评价企业一定时期内的短期偿债能力，分析人员可用平均数据进行评估。

2.速动比率

速动比率又称酸性测试比率，是企业速动资产与流动负债的比率。在流动资产中，存货需经过销售才能转变为现金，若存货滞销则其变现就成问题。一般来说，流动资产扣除存货后称为速动资产。速动比率的计算公式为：

速动比率=（速动资产÷流动负债）×100%

其中：速动资产=流动资产-存货，或：速动资产=流动资产-存货-预付账款

扣除预付账款是因为它根本不具有变现能力，也就不可能被用来还债，在实务中，预付账款在流动资产中所占比重较小，所以为了简化处理，在计算速动资产时也可以不扣除这项资产。

3.现金比率

现金比率又称超速动比率，是企业现金类资产与流动负债的比率。现金类资产包括企业拥有的货币资金和企业持有的有价证券。它是速动资产扣除应收账款后的余额，由于应收账款存在发生坏账损失的可能，某些到期的账款也不一定能按时收回，因此速动资产扣除应收账款后计算出来的金额，最能反映企业直接偿付流动负债的能力。现金比率的计算公式为：

现金比率=（现金类资产÷流动负债）×100%

其中：现金类资产=速动资产-应收账款

对于债权人来说，现金比率越高越好，如果大于1最好，不过对于企业来说，现金是盈利能力最低的资产，因此不应该保持过高的现金比率，现金比率并没有一个较为接近公认为合理的标准，各企业按照各自的实际债务情况确定，除了要与同行业和企业历史水平比较之外，必须对企业的流动负债做结构性分析，看看有多少近期要偿还的流动负债，如果近期要偿还的流动负债较多，则要求企业的现金比率也较高。

短期偿债能力受多种因素的影响，包括行业特点、经营环境、生产周期、资产结构、流动资产运用效率等。仅凭某一期的单项指标，很难对企业短期偿债能力作出客观的评价。因此，在分析短期偿债能力时，一方面，应结合指标的变动趋势，动态地加以评价；另一方面，应结合同行业平均水平，进行横向比较和分析。另外，应进行预算比较分析，以便找出实际情况与预算目标之间的差距，探求原因，解决问题。

（二）长期偿债能力分析

长期偿债能力是指企业对债务的承担能力和对偿还债务的保障能力。通常，企业的偿债能力越强，投资者的安全性越高。一般情况下，企业负债经营的规模应控制在一个合理的水平，负债比重应在一定的标准内。如果负债比率过高，那么企业的经营风险将越来越大，对债权人和所有者都会产生不利的影响。长期偿债能力通常是通过资产负债率、产权比率、权益乘数、利息保障倍数等来衡量的。其中，资产负债率、产权比率、权益乘数是债务存量比率，表示现有债务规模的大小。利息保障倍数是债务流量比率，用来衡量企业在一定时期内借债的能力。

1.资产负债率

资产负债率是衡量企业负债水平及风险程度的重要判断标准。资产负债率的高低对企业的债权人和投资者具有不同的意义。对债权人而言，他们最关心的是提供给企业的贷款本金和利息能否按期收回。如果企业的负债比率高，则说明企业总资产中仅有小部分是由股东提供的，而大部分是由债权人提供的，债权人就会承担很大的风险。所以，债权人希望企业的负债比率越低越好，这样其债权的保障程度就较高。

对投资者而言，他们最关心的是投入资本的收益率。由于企业债权人投入的资金与企业所有者投入的资金发挥着同样的作用，所以只要企业的总资产收益率高于借款的利息率，那么举债越多（即负债比率越大），所有者的投资收益就越大，资产负债率的计算公式如下：

资产负债率=总负债÷总资产×100%

2.产权比率

产权比率亦称负债与所有者权益比率，是指负债总额与所有者权益总额的比例关系，反映了所有者权益对债权人权益的保障程度，是企业财务结构稳健与否的重要标志，产权比率越低，财务风险低，偿债能力强；反之，偿债能力越弱。产权比率的计算公式为：

产权比率=负债总额÷所有者权益总额×100%

3.权益乘数

权益乘数又称股本乘数，是指资产总额相当于股东权益的倍数，权益乘数越大表明所有者投入企业的资本占全部资产的比重越小；反之，该比率越小则表明所有者投入企业的资本占全部资产的比重越大，企业的负债程度越低，则偿债能力越强。权益乘数的计算公式如下：

权益乘数=总资产÷股东权益

根据上面的介绍可以发现，资产负债率、权益乘数、产权比率之间的关系如下：

资产负债率=产权比率÷权益乘数

=产权比率÷（1+产权比率）

4.利息保障倍数

利息保障倍数又称已获利息倍数，是企业生产经营所获得的息税前利润与利息费用之比，是衡量企业长期偿债能力的重要指标，也是衡量企业财务政策风险系数的指标。利息保障倍数越大，企业财务政策越宽松，企业支付利息的能力就越强；反之，利息保障倍数越小，财务政策越激进，企业债务偿还风险就越大。利息保障倍数的计算公式如下：

利息保障倍数=息税前利润÷利息费用

=（净利润+利息费用+所得税费用）÷利息费用

二、营运能力分析

营运能力分析是指通过计算企业资金周转的有关指标，分析其资产利用的效率，是对企业管理层管理水平和资产运用能力的分析，营运能力的大小是影响企业偿债能力和盈利能力大小的主要因素之一。营运能力强，资金周转速度较快，企业就会有足够的现金来偿还流动负债，企业的短期偿债能力就会比较强；营运能力强，企业就会取得更多的收入和利润，用足够的资金偿还本金和利息，企业的长期偿债能力就会比较强。

营运能力分析包括流动资产营运能力分析、固定资产营运能力分析和总资产营运能力分析。

（一）流动资产营运能力分析

反映流动资产营运能力的指标主要有应收账款周转率、存货周转率和流动资产周转率。

1.应收账款周转率

应收账款在流动资产中有着举足轻重的地位，及时收回应收账款，不仅增强了企业的短期偿债能力，而且反映出企业管理应收账款的效率。反映应收账款周转情况的比率有应收账款周转率（次数）和应收账款周转天数，其计算公式如下：

应收账款周转率=营业收入÷应收账款平均余额

应收账款平均余额=（期初应收账款+期末应收账款）÷2

应收账款周转天数=计算期天数÷应收账款周转次数

【例 11-1】津西公司 20×2 年度营业收入为 15 000 万元，20×2 年初应收账款为 1 000 万元，20×2 年年末应收账款为 2 000 万元，期初、期末企业的坏账准备均为零，假设一年按 360 天计算，则 20×2 年津西公司应收账款周转率指标计算如下：

应收账款周转次数=15 000÷［（1 000+2 000）÷2］=10（次）

应收账款周转天数=360÷10=36（天）

2.存货周转率

存货周转率是企业一定时期主营业务成本与平均存货余额的比率，用于反映存货的周转速度，即存货的流动性及存货资金占用量是否合理。它可以促使企业在保障生产经营连续性的同时，提高资金的使用效率，增强企业的短期偿债能力。存货周转率是企业营运能力分析的重要指标之一，在企业管理决策中被广泛使用，存货周转率不仅可以用来衡量企业生产经营各环节中存货经营的效率，而且被用来评价企业的经营业绩，反映企业的绩效。其计算公式如下：

存货周转次数=营业成本/存货平均余额

其中：存货平均余额=（期初存货+期末存货）÷2

存货周转天数=计算期天数÷存货周转次数

【例 11-2】津西公司的主营业务成本为 3 200 547 万元，年初存货为 1 308 737 万元，年末存货为 95 871 万元，按照上述公式计算如下：

平均存货=（1 308 737+95 871）÷2=702 304（万元）

存货周转率=3 200 547÷702 304=4.557（次）

存货周转天数=360÷4.577≈79（天）

一般情况下，周转次数越高表示企业资产由于销售顺畅而具有较高的流动性，存货转化为现金或应收账款的速度越快，存货占用水平就越低。

存货周转率是对流动资产周转率的补充说明，通过对存货周转率的计算与分析，分析人员可以测定企业一定时期内存货资产的周转速度。存货周转率是反映企业购、产、销平衡效率的一种尺度，存货周转率越高表明企业存货资产变现能力越强，存货及被占用在存货上的资金周转速度越快。

3. 流动资产周转率

流动资产周转率是指企业一定时期内主营业务收入净额同平均流动资产总额的比率，流动资产周转率是评价企业资产利用率的一个重要指标。其计算公式如下：

流动资产周转次数=营业收入÷流动资产平均余额

其中：流动资产平均余额=（期初流动资产+期末流动资产）÷2

流动资产周转天数=计算期天数÷流动资产周转次数

一般情况下，该指标越高，表明企业流动资产周转速度越快。在较快的周转速度下，流动资产会相对节约，相当于企业加大了对流动资产的投入，在一定程度上增强了企业的盈利能力。周转速度慢，则说明企业需要更多的流动资金以维持周转，会形成资金浪费，降低企业的盈利能力。

（二）固定资产营运能力分析

反映固定资产营运能力的指标为固定资产周转率，它是反映企业固定资产周转情况，从而衡量固定资产利用效率的一项指标。其计算公式如下：

固定资产周转率=营业收入÷平均固定资产

其中：平均固定资产=（期初固定资产+期末固定资产）÷2

固定资产周转率高不仅表明企业充分利用了固定资产，而且表明企业固定资产投资得当、固定资产结构合理，能够充分发挥固定资产的效率；固定资产周转率低则表明该企业固定资产使用效率不高，企业的营运能力较弱。

（三）总资产营运能力分析

反映总资产营运能力的指标是总资产周转率，它是企业营业收入与企业资产平均总额的比率。其计算公式如下：

总资产周转率=营业收入÷平均资产总额

其中：平均资产总额=（期初总资产+期末总资产）÷2

总资产周转率综合反映了企业整体资产的营运能力，一般来说，资产的周转次数越多或周转天数越少，表明其周转速度越快，营运能力就越强。

三、盈利能力分析

盈利能力就是公司赚取利润的能力。一般来说，公司的盈利能力反映了企业正常的营业状况，它是很多报表分析主体特别关心的指标。对于投资者而言，利润直接影响股东收益；对于债权人而言，利润是企业偿还债务的基本保障，而对于企业管理层而言，利润往往是企业所有者考核经营者业绩时主要的衡量指标。

反映企业盈利能力常用指标主要分为三个方面，见表11-1。

表11-1　　盈利能力常用分析指标分类表

资产盈利能力指标	总资产报酬率
	净资产收益率
销售盈利能力指标	销售净利率
	销售毛利率
股本盈利能力指标	每股收益(EPS)
	每股净资产
	市盈率(PER)

1.总资产报酬率

总资产报酬率又称资产所得率，是指企业一定时期内获得的报酬总额与资产平均总额的比率。它表示企业包括净资产和负债在内的全部资产的总体获利能力，用以评价企业运用全部资产的总体获利能力，是评价企业资产运营效益的重要指标。其计算公式如下：

总资产报酬率=息税前利润÷资产平均总额×100%

该指标表示企业全部资产获取收益的水平，全面反映了企业的获利能力和投入产出状况。通过对该指标的深入分析，可以增强人们对企业资产经营的关注，促进企业提高单位资产的收益水平。一般情况下，企业可将此指标与市场资本利率进行比较，如果该指标大于市场利率，则表明企业可以充分利用财务杠杆，进行负债经营，获取尽可能多的收益。总资产收益率越高表明企业的资产利用效率越高，企业的盈利能力也就越强。但是，只从该指标一般看不出企业盈利水平的高低，必须选取一定的参照物来判断企业的盈利水平，如社会平均总资产报酬率以及不同企业的总资产报酬率，企业的总资产报酬率如果大于社会平均总资产报酬率和行业平均总资产报酬率，则可以认为其获利能力较强。

【例11-3】据相关资料分析，津西公司20×1实现的净利润为1 000万元，企业所得税为500万元，该年度发生利息支出480万元，公司年末资产总额为8 400万元；20×2年公司的净利润为550万元，所得税为280万元，利息支出为460万元，年末资产总额为8 000万元。假设20×1年初公司的资产总额为6 500万元，则津西公司总资产报酬率计算如下：

20×1年总资产报酬率=（1 000+500+480）÷［（6 500+8 400）÷2］×100%≈26.58%

20×2年总资产报酬率=（550+280+460）÷［（8 400+8 000）÷2］×100%≈15.73%

由计算结果可知，津西公司20×2年总资产报酬率要远远低于20×1年，需要结合成本效益指标对公司资产的使用情况进行分析，以改进管理，提高资产利用效率和企业经营管理水平，增强企业的盈利能力。

2.净资产收益率

净资产收益率（ROE），又称股东权益报酬率或净值报酬率，是净利润与平均股东权益的百分比，是公司税后利润除以净资产得到的百分比率，该指标反映股东权益的收益水平，用以衡量公司运用自有资本的效率，也是衡量上市公司盈利能力的重要指标。净资产收益率越高，说明投资带来的收益越高。净资产收益率体现了自有资本获得净收益的能力，一般来说，负债增加会导致净资产收益率的上升。净资产收益率的计算公式如下：

净资产收益率=净利润÷净资产

其中，净利润=税后利润+利润分配，净资产=所有者权益+少数股东权益。

3.销售净利率

销售净利率是指企业实现的净利润与销售收入的对比关系，用以衡量企业在一定时期内对销售收入的获取能力。销售净利率的计算公式如下：

销售净利率=（净利润÷营业收入）×100%

这个比率是用来衡量企业营业收入给企业带来利润的能力，该比率较低表明企业经营管理者未能有效降低成本或者未能给企业带来足够多的营业收入，因此销售净利率可以从整体上衡量企业的经营管理水平。但是，销售净利率具备实际意义的前提是企业产生的净利润是由自身经营活动所带来的，如果企业的净利润中，投资收益和公允价值变动损益等与本期的营业收入无关的项目占了较大的份额，那么销售净利率将失去其实际意义。

4.毛利率

毛利率是毛利与销售收入（或营业收入）的百分比，其中毛利是收入和与收入相对应的营业成本之间的差额。毛利率的计算公式如下：

毛利率=（营业收入-营业成本）÷营业收入×100%

这个比率是用来计量管理层根据产品成本对产品进行定价的能力，由于各个企业所处行业和会计处理方式的不同，计算产品成本的方式也不同，所以在用毛利率比较不同企业的时候应该注意分析具体情况。

5.每股收益

每股收益即每股盈利（EPS），又称每股税后利润、每股盈余，指税后利润与股本总数的比率，是普通股股东每持有一股所能享有的企业净利润或需承担的企业净亏损。每股收益通常被用来反映企业的经营成果，衡量普通股的获利水平及投资风险，是投资者等信息使用者据以评价企业盈利能力、预测企业成长潜力，进而做出相关经济决策的重要的财务指标之一。每股收益的计算公式如下：

每股收益=（本期净利润-优先股股利）÷发行在外的普通股加权平均数

该比率反映了每股创造的税后利润，比率越高，表明企业所创造的利润越多。若公司只有普通股，则净收益是指税后净利，股份数是指发行在外的普通股股数。如果公司还有优先股，则应从税后净利润中扣除分派给优先股股东的股利。

6.每股净资产

每股净资产是指股东权益与总股数的比率。其计算公式为：

每股净资产=股东权益总额÷股本总股数

该项指标显示了发行在外的每一普通股股份所能分配的公司账面净资产的价值。在公司性质相同、股票市价相近的条件下，某一公司股票的每股净资产越高，则公司发展潜力与其股票的投资价值越大，投资者所承担的投资风险越小。

7.市盈率

市盈率（PER）是普通股每股市价与每股收益的比值。其计算公式如下：

市盈率=普通股每股市价÷普通股每股收益

该指标反映了企业股票的市价是每股收益的多少倍，影响投资者对公司的评价和对公司长远发展的信心，财务报表分析的主体都特别重视市盈率这个财务指标。一般来说，该指标越大，说明公司的发展前景越好。当然，也要注意其中是否有泡沫存在，因为股票市价的变动除了公司本身的经营状况外，还受到宏观形势和经济环境等多种因素的影响。当公司的资产利润率很低或者发生亏损时该比率将失去意义，因为当分母为零或接近于零时，该指标将趋于无限大，如果忽略具体的盈利情况而只用市盈率指标来评估企业，那么可能会错误地估计公司的发展前景，以致作出错误的判断。在每股收益确定的情况下，股票市价越高，投资风险越大。

点阅读11-1

第四节 财务报表分析案例

一、公司概况简介

A公司于1998年成立，主要经营国内公路的零担货物运输，秉承以客户为中心的发展理念，业务覆盖了快递、快运等，是一家综合性物流企业。经过近几年的改革与发展，A公司逐渐形成了集中管理的商业模式，在快递业务方面，A公司第一年快递营业收入总额就突破了7亿元大关，具体业务包括标准快递、大件快递等。在快运方面，A公司在20×1年以零担货物运输营业总收入30亿元确立了国内公路零担货物物流领域的龙头地位。

二、近五年的经营现状

企业的主要经营业绩可以使企业股东、管理层以及财务报表使用者清晰地了解该企业的经营状况。因此，分析A公司近五年的主要财务指标数据的变动趋势至关重要，具体数据见表11-2。

表11-2 A公司近五年主要财务指标数据汇总表 单位：万元

会计数据	20×9年	20×8年	20×7年	20×6年	20×5年
营业收入	2 592 210	2 302 532	2 035 011	1 700 049	1 292 149
主营业务收入	430 332	646 944	543 215	232 206	196 954
营业利润	41 441	89 343	70 618	30 419	27 869
净利润	32 363	70 041	54 662	37 994	33 720
⋮	⋮	⋮	⋮	⋮	⋮
经营活动产生的现金流量净额	65 958	158 794	200 107	9 531	108 259
总资产	907 798	822 080	652 117	571 368	366 732
总负债	502 231	419 355	344 986	318 776	152 138

由表11-2可知，在物流行业整体市场竞争力较强、发展较快的大环境下，A公司的营业利润和净利润在20×8年年末呈现下滑趋势，而且近五年来营业收入和营业利润的增长率逐渐下降，而A公司在20×7年年末至20×9年年末企业从事生产经营活动所产生的现金流量净额呈下降趋势，给A公司的经营带来很大的影响。

三、行业情况分析

国内物流产业现处于物流服务全面升级的特殊阶段。随着近几年我国企业结构的信息化发展和第三方电子商务平台的盛行，物流产业逐渐趋于专业化，而且其规模得以大范围扩展。但是，我国物流行业相比于发达国家物流行业仍然比较落后，虽然近些年取得了较大的成就，但也存在诸多不足，具体分析如下：基础设施比较落后、信息化水平低，我国物流行业基础设施大多数不能满足物流发展的需求，而且现代化物流体系尚不健全，仍有很多企业并未对自身的信息化系统进行全面规划。企业结构不健全，业务系统单一，很难承担大型项目。很多小品牌的物流企业开始出现服务意识变差、经营模式不规范等问题，导致市场上的不正当竞争愈演愈烈。

四、竞争战略分析

许多物流企业的资金周转状况差，经营状况也不理想。但是近年来，国家发展规划明确规定保护物流行业，随着社会的不断发展，越来越多的人喜欢在网上购物，这对物流企业来说是很好的机遇，A公司也在不断优化自身发展所需的技术和设备，以提高企业效益。

A公司的SWOT战略分析如图11-2所示。

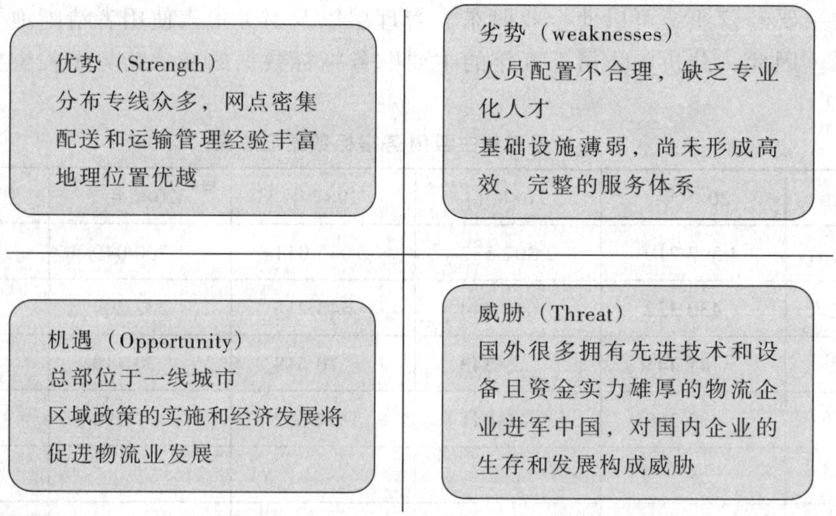

图11-2 A公司SWOT战略分析图

五、财务分析

1.偿债能力分析

企业的偿债能力主要是指衡量企业偿还到期债务的能力，其主要指标包括流动比率、速动比率、现金比率以及资产负债率等。

表11-3为A公司近五年的偿债能力相关数据，其资产总额在五年间不断增加，负债总额也随之增加，但其增速相对较缓，企业所有者权益的总额呈现出相对稳定的趋势。在偿债能力分析中，流动比率通常可以反映出企业拥有的流动性资产偿还流动负债的能力，而速动比率通常可以反映出企业拥有的流动资产本身的变现能力。A公司五年来流动比率均大于1，保持在1.09～1.45，说明A公司的偿债能力比较稳定。其速动比率始终保持在1.08~1.45，说明该公司流动负债低于速动资产，对短期债务有足够的偿还能力，但也有很多没法获利的应收账款。现金比率可以反映出一家企业直接偿还流动负债的能力。A公司的现金比率始终维持在20%以上，尤其在20×8年公司的现金比率高达68.92%，这说明企业在保证合理地偿还短期偿债能力的基础上也能合理运用企业的流动资产。A公司的资产负债率在20×6年和20×9年相对较高，说明其偿债能力相对减弱，应及时关注偿债方面的风险。

表11-3　　A公司20×5—20×9年偿债能力分析　　单位：万元

年份	20×9	20×8	20×7	20×6	20×5
资产总额	907 798	822 080	652 117	571 368	366 732
负债总额	502 231	419 355	344 986	318 776	152 138
所有者权益总额	405 567	402 725	307 131	252 592	214 594
流动比率	1.09	1.32	1.18	1.16	1.45
速动比率	1.08	1.32	1.18	1.16	1.45
现金比率(%)	28.24	68.93	56.68	25.23	61.42
资产负债率(%)	55.32	51.01	52.90	55.79	41.48

2.营运能力分析

企业的营运能力主要是指企业资产的经营效率和效益，对其应收账款周转率、存货周转率等主要指标进行计算和评估，从而反映出企业的营运能力，有助于A公司提高自身经营效率。营运能力分析主要指标有应收账款周转率、存货周转率和总资产周转率等，A公司20×5—20×9年营运能力分析见表11-4。

表11-4　　A公司20×5—20×9年营运能力分析

年份	20×9	20×8	20×7	20×6	20×5
应收账款周转率(次)	15.06	18.73	13.26	13.38	30.90
存货周转率(次)	1 149.90	1 437.57	2 490.28	2 568.02	2 199.33
总资产周转率(次)	3.00	3.12	3.33	3.62	3.84
应收账款周转天数(天)	23.91	19.22	27.15	26.91	11.65
存货周转天数(天)	0.32	0.26	0.15	0.15	0.17
总资产周转天数(天)	120	115.39	108.11	99.45	93.75

表11-4列示了A公司20×5—20×9年营运能力分析的相关数据，A公司的应收账款周转率变化幅度较大，尤其是20×6年以后呈逐渐下降的趋势，收取账款速度变慢，应收账款的变现能力变弱，其应收账款管理水平大幅度降低。同时，该企业的存货周转率经过20×6年的短暂上涨后又呈现出逐年下跌的趋势，这说明A公司占用在存货方面的资金较多、存货周转速度较慢、管理水平较低，进而影响影响企业的整体营运水平。

总资产周转率是考察企业资产运营效率的一项重要指标，由企业的各项资产组成，在销售收入既定的情况下，总资产周转率的驱动因素是各项资产。总资产周转率反映出企业在经营时，其资产投入到产出的流转速度，体现了资产的管理和利用水平。通过对这些指标的具体对比分析，反映出企业各年度资产的利用效率和变化，发现资产利用时出现的问题。A公司近五年总资产周转率出现缓慢下跌的趋势，说明该企业资金周转速度逐渐变缓，资产利用率相对较低。因此，企业营运能力下降是企业应当重视的问题，应及时调整自身战略定位，以避免经营方面的重大风险。

3.盈利能力分析

从A公司的角度来看，企业从事经营活动，最直接的目的是最大限度地赚取利润并使企业持续、稳定地经营和发展。盈利能力较强的企业比盈利能力较弱的企业具有更大的活力和更好的发展前景。因此，盈利能力分析是企业经营人员最重要的业绩衡量标准，它可以帮助相关人员发现问题、改进企业管理。盈利能力分析的主要指标有销售净利率、总资产净利率、主营业务利润率和成本费用利润率等。

从表11-5中的各项指标可以看出，该企业总资产净利率在20×5—20×8年的变化比较小，稳定保持在6.65%～9.19%，而在20×9年度大幅度下滑，表明该年度企业的资产利用效率不高，而且资产创造出的利润率也不容乐观，公司资产盈利能力出现下滑趋势。公司的主营业务利润率也持续下跌，尤其是20×9年，公司的主营业务利润率跌至9.63%，主营业务盈利能力变弱。

表11-5　　A公司20×5—20×9年盈利能力指标分析

项目	20×9	20×8	20×7	20×6	20×5
总资产净利率(%)	3.57	8.52	8.38	6.65	9.19
主营业务利润率(%)	9.63	13.81	13.00	13.10	14.15
成本费用利润率(%)	1.61	4.03	3.53	2.84	3.37
营业利润率(%)	1.60	3.88	3.47	1.79	2.16
销售净利率(%)	1.25	3.04	2.69	2.23	2.61
销售毛利率(%)	—	14.10	13.32	13.41	14.53
净资产收益率(%)	7.98	17.39	17.80	15.04	15.71

20×9年A公司的成本费用利润率创下企业历史新低，直接反映出A公司对成本费用的管理不太合理。销售净利率、销售毛利率和净资产收益率以同样的变化趋势发展，净资产收益率受企业获利能力和负债因素的影响，A公司的净资产收益率在20×7—20×9年持续下滑，说明公司因为负债的增加使企业的获利能力有所降低。20×9年不同物流企业盈利能力对比分析表见表11-6。

表11-6　　20×9年不同物流企业盈利能力对比分析表

项目	A公司	B公司	C公司	D公司
销售净利率(%)	1.25	5.01	6.15	5.40
总资产净利率(%)	3.57	6.08	10.24	7.58
净资产收益率(%)	7.98	13.66	15.41	12.93

表11-6对A公司和同行业竞争对手B公司、C公司以及D公司进行了盈利能力主要指标的对比分析，从销售净利率、总资产净利率和净资产收益率这3个指标来看，A公司的比值是四家企业里最低的，各指标与其他企业差额比较大。尤其是净资产收益率，C公司在20×9年度高达15.41%，而A公司仅为7.98%，我们可以看出A公司在资产获取收益水平远低于C公司，虽然A公司在此期间采取过降薪、提高非生产性管理等措施来降低业务成本，但在行业内获取利润的渠道越来越窄，没有明显的竞争优势，出现了很多亟待解决的问题，企业应及时调整经营战略和发展定位。

六、前景分析

近年来，第三方电子商务的兴起和网上购物热潮使得A公司获得了新的发展机遇，市场规模不断扩大，公司潜在的客户量也随之增多。A公司的大件运输服务成为自身发展的一大优势，A公司打造的国内直营服务网络几乎覆盖了整个中东部地区，物流信息能够迅速抵达全国100多个城市，从而实现了高效率、高速度的货物流通。在我国，人们普遍认为大件运输成本过高，服务渠道较为复杂，物流安全性不高，因此通常会选择线下消费或是其他运输方式。针对这一问题，A公司根据自身的发展规划，逐步培养自己的核心竞争力，推出保价运输等增值服务，经过几年的发展，逐渐超过了其他物流企业成为中国大件运输的领跑者。

但是，A公司较为传统的运作体系逐渐变得不能适应大众客户的需求，无论是运输、配送还是储存，都没有形成较强的一体化体系，运输方式略显单一，信息化程度低，而且服务效率容易受到天气等自然因素的影响。另外，随着物流市场的发展，B公司等竞争对手也在逐渐扩大自身业务范围，开始向大件运输领域拓展，很多国外大型物流企业也在不断入侵，凭借自身过硬的技术和雄厚的实力迅速抢占中国物流市场。因此从前景来看，A公司的发展正面临非常大的挑战，产业结构需与时俱进，盈利能力和偿债能力也需进一步提高。为了避免恶性循环，企业需根据行业信息化需求，及时调整企业战略规划。

七、结论

本案例以A公司实际财务数据为基础，计算出各个具体的财务分析指标，并将其进行纵向对比，对A公司的财务报表数据从偿债、获利和营运能力等角度进行了综合分析。A公司当前的发展仍然存在较大的问题：企业财务风险高，成本管控效率低，偿债能力较弱，企业运营能力下降，企业研发水平较低，资产经营规模扩张过快，产业结构单一，专业化人才缺乏，信息化水平急需提高等问题，导致企业发展受阻、业务量下降、营运水平降低、盈利能力大幅度下滑。

最后，根据上述问题，分析人员指出A公司应当及时做出公司发展战略规划，合理管控物流成本费用，加大研发支出，并构建适应自身发展的专业化、信息化物流平台，提高企业资金利用率，合理控制财务风险，创新管理机制，发挥网络系统的整合力量，全面推行A公司营运模式的技术化和智能化，并借助物流行业与电子商务平台的合作，实现企业转型升级。

◆思政园地

中国共产党领导的国家审计：百年历程与发展启示

中国共产党成立以来，审计监督在立党为公、执政为民等方面被赋予重要使命。中国共产党领导下的早期审计监督，以强化党内财务纪律为起点，并逐步拓展范围和完善制度，有力保障了新政权的诞生，也为社会主义审计的建立贡献了宝贵的制度财富。中华人民共和国成立后，审计机构在短期存续后被撤并。以“审计机关”在1982年被写入《宪法》、1994年《审计法》实施为标志，中国特色社会主义审计制度逐步确立并完善。

中共十八大以来，以成立中央审计委员会为标志的审计管理体制发生了深刻变化，审计职能拓展到“全覆盖”的新空间，与新时代相适应的党统一领导下的中国特色社会主义审计模式已经确立。回顾党领导下的国家审计百年的发展历程可以得到如下启示：党和国家的事业离不开审计监督，服务于党和国家的事业，服务于大局是国家审计的根本职责；党的统一领导为审计制度的建立和完善指明了前进的方向，增强了审计的权威性和独立性；中国特色社会主义审计制度必须守正创新，结合国情创新管理体制、拓展职能空间。

资料来源：汪德华，侯思捷，张彬斌.百年历程与发展启示［J］. 财贸经济，2021（7）.

◆章小结

关键术语听读11

信息的提供固然重要，但信息的用途或者说提供信息的目标是帮助信息使用者做出正确的决策。财务报表分析，也就是不同的信息使用者用不同的方法、从不同的视角、以不同的目的，分析和利用财务报表。分析的主体主要有投资者、债权人、经营管理者以及政府部门等。财务报表分析着重于关注企业的未来和其长期发展，而非企业的过去或者眼前的经营状况，因此透过表面现象看本质、通过财务报表数据看公司经营绩效和发展战略，并预计企业未来期间的财务状况和经营业绩，是投资者了解被投资单位的基础性依据。在具体分析过程中，分析人员首先应分析企业所处的环境，继而采用不同的分析方法进行分析，比如比较分析法、趋势分析法、比率分析法、结构分析法等，主要分析企业的偿债能力、营运能力、盈利能力等。财务报表也存在一定的局限性，在客观性、时效性、前瞻性、可比性等方面存在不足。

◆关键术语听与读

◎Financial Statement Analysis（财务报表分析）：Financial statement analysis is the process of analyzing a company's financial statements for decision-making purposes. External stakeholders use it to understand the overall health of an organization as well as to evaluate financial performance and business value, while internal constituents use it as a monitoring tool for managing the finances.

◎Financial Information (财务信息): The financial information is that presented through the major financial statements to help decision makers or information users understand the overall financial position, operating results and cash flows.

◎Non-financial Information (非财务信息): The non-financial information is that disclosed through the media other than the financial statements such as the notes, statements of the board of directors, etc.

◎Environmental Analysis (环境分析): The environmental analysis is a prior and conditional analysis before other tools or methods are used in order to get a clear picture of the macro, industrial and micro environments, by using the PEST (political, economic, strategic and technological environments) and SWOT methods (strengths, weaknesses, opportunities and threats).

◎Comparative Analysis (比较分析法): The comparative analysis is a method used at the financial statement analysis by making comparison vertically and horizontally.

◎Trend Analysis (趋势分析法): The trend analysis is a method used at the financial statement analysis by describing the tendency and currency of overall situation and certain aspect.

◎Financial Ratio (财务比率): The financial ratio is the computation of certain financial data to show the solvency, profitability and operational capability, etc.

◎Factor Analysis (因素分析): The factor analysis method is the use of one of several methods for reducing a set of variables to a lesser number of new variables, each of which is a function of one or more of the original variables

◎Solvency (偿债能力) The solvency analysis is to analyze the solvent condition of the company, that is to say, the ability to pay back the debts due and their interests or borrowing costs altogether.

◎Current Ratio (流动比率): The current ratio is to show the liquidity or current solvency of the company, which is the ratio between current assets and current liabilities, that is the ratio of the current assets being divided by current liabilities.

◎Asset Liability Ratio (资产负债率): The asset liability ratio is to show the solvency of the company, which is the ratio between noncurrent liabilities and noncurrent assets, that is the ratio of the noncurrent liabilities being divided by noncurrent assets.

◎Operational capability (营运能力): The operational capability analysis is to analyze the capacity of operational ability of the company to fulfill its financial goals through the production and selling, etc.

◎Inventory Turnover (存货周转率): The inventory turnover is a measure of the efficiency of a company, that is calculated by dividing the cost of goods sold by average inventory.

◎Profitability (盈利能力): The profitability of a company is its ability to make a profit through its ordinary and extraordinary operations.

◎Return on Assets (资产报酬率): The return on assets is a measure of profitability that is calculated by dividing net income after interest and taxes by average total assets.

◎Return of Equity（权益报酬率）：The return on equity，also called the return on net asset，is a measure of profitability that is calculated by dividing net income after interests and taxes by average net assets.

◎Gross Profit Rate（毛利率）：The gross profit rate，also known as the rate of margin，is a measure of the profitability of a company calculated by dividing gross profit by net sales.

◎Earnings per Share（每股收益）：The earnings per share，abbreviated as EPS，is the net income of a corporation divided by the total number of shares of its common stock outstanding at a given time.

◎Price Earnings Ratio（市盈率）：The price earnings ratio，abbreviated as PER or P/E，is the ratio of the price of a share on a stock exchange to the earnings per share，used as a measure of a company' s future profitability.

◆回顾与思考

1.不同财务分析主体的分析目的有哪些共同和不同之处？
2.常见的财务报表分析主体有哪些？
3.不同分析主体的分析目的分别是什么？
4.财务报表分析的内容主要有哪些？
5.财务报表分析常用的方法有哪些？有什么特点？
6.简述投资人进行财务报表分析可以获得哪些信息。

◆章习题

1.单项选择题

(1) 财务分析的首要内容是（　　）。

A.会计报表解读　B.盈利及偿债能力分析
C.营运及发展能力分析　D.财务综合分析

(2) 在企业的利润来源中，未来可持续性最强的是（　　）。

A.主营业务利润　B.投资收益
C.营业外收支　D.资产价值变动损益

(3) 财务报表分析的对象是企业的基本活动，不是指（　　）。

A.筹资活动　B.投资活动　C.经营活动　D.全部活动

(4) 企业收益的主要来源是（　　）。

A.筹资活动　B.投资活动　C.经营活动　D.投资收益

(5) 在财务报表分析中，投资人是指（　　）。

A.社会公众　B.普通股股东　C.优先股股东　D.金融机构

(6) 流动资产和流动负债的比值被称为（　　）。

A.营运比率　B.速动比率　C.流动比率　D.资产负债比率

(7) 下面不属于财务报表分析基本原则的是（ ）。

A.严谨性原则　B.目的性原则　C.全面性原则　D.多元立体性原则

(8) 下面不属于财务报表分析基本程序的是（ ）。

A.设计分析要点　B.收集、整理分析资料

C.选择分析方法　D.移交管理者审查

(9) 通过对相关经济指标的对比和分析以确定指标之间差异或指标发展趋势的方法是（ ）。

A.比率分析法　B.比较分析法　C.因素分析法　D.平衡分析法

(10) 股东进行财务报表分析时将更为关注企业的（ ）。

A.偿债能力　B.营运能力　C.获利能力　D.投资能力

2.多项选择题

(1) 下列项目属于资本公积核算范围的是（ ）。

A.接受捐赠　B.法定资产重估增值　C.提取公积金

D.对外投资　E.股本溢价

(2) 财务报表分析具有广泛的用途，一般包括（ ）。

A.寻找投资对象和兼并对象　B.预测企业未来的财务状况

C.预测企业未来的经营成果　D.评价公司的管理业绩和企业决策

E.判断投资、筹资和经营活动的成效

(3) 财务报表分析的主体是（ ）。

A.债权人　B.投资人　C.经理人员

D.审计师　E.职工和工会

(4) 对财务报表进行分析，主要是对企业的（ ）进行分析，为进一步分析奠定基础。

A.投资情况　B.筹资情况　C.财务状况

D.经营成果　E.现金流量

(5) 属于财务报表分析程序的有（ ）。

A.明确分析目的　B.收集、整理并核实相关分析资料

C.设计分析要点　D.选择恰当、适用的分析方法进行全方位分析

E.得出分析结论，提交分析报告

3.判断题

(1) 最能体现企业经营目标的财务指标是净资产收益率。（ ）

(2) 债权人通常不仅关心企业的偿债能力比率，而且关心企业的盈利能力比率。（ ）

(3) 一般来说，市盈率指标越低，表明该股票的投资价值越大。（ ）

(4) 企业的实收资本一定等于注册资本。（ ）

(5) 在流动负债的变动结构分析中，如果短期借款的比重上升，则流动负债的结构风险增大。（ ）

4.业务题

请选择某上市公司最新一期的财务报表。从战略环境分析开始，对其进行财务报表分析。(1) 判断投资者当前是否适合向该公司投资？如果适合，则应该选择长期投资还是短

期投资？(2) 金融债权人应该如何决定其对该公司的信贷政策？(3) 交易型债权人应当采取怎样的政策？(4) 从该公司所属行业及公司特征出发，另外选择三类利益相关方视角，分析其应该采取何种战略和措施应对现实情况。

点阅读11-2

◆国际视野

主要财务报表分析的国际动态

国际财务会计准则理事会（以下简称IASB），于2019年12月发布了征求意见稿《一般列报与披露（征求意见稿）》(以下简称征求意见稿)，征求意见截止日为2020年6月30日，我国财政部会计司就该征求意见稿在国内公开征求意见。该征求意见稿通过后将成为一项新的国际财务报告准则，取代现有的《国际会计准则第1号——财务报告列报》(以下简称IAS1)。征求意见稿着重修订了现有财务报告中的利润表，并附带修改了现金流量表与资产负债表，旨在满足投资者对财务报表信息可比性与透明度的需求。

一、修订财务报表列报的主要背景

投资者认为，现有财务报表信息还存在以下缺陷：

(一) 利润表结构单一，缺乏规范的小计项

1.未要求列报“经营利润”，自愿列报的口径不一致。IASB仅对小计项做了原则性的规定，未明确规定“收入”与“综合收益”之间的具体小计项，导致处于不同行业、甚至同一行业的不同企业之间的利润表结构与内容存在较大的差异，而多样化的利润表使投资者难以比较企业间的财务业绩。例如，有些企业在利润表中列报了“经营利润”小计项，因准则并未明确界定“经营利润”，实务中对于如何计算经营利润就存在不同的方法。IASB通过抽取100家样本企业分析发现，其中有63家企业报告了经营利润，但这些企业对经营利润至少存在9种不同的定义。如对于设定受益计划产生的利息费用是否包含在“经营利润”项目下，调查发现有52家未包含，25家包含，而另外23家则不明确。投资者认为“经营利润”小计项信息对于其评估企业的业绩趋势以及作为预测未来现金流量的起点具有价值含量，利润表中应列报“经营利润”小计项，并且建议准则制定者规范“经营利润”的内涵与口径。

2.权益法核算的联营或合营企业的净利润份额列报位置不统一。实务中，企业在利润表的不同位置列报来自联营或合营企业的净利润份额，而且利益相关者对这部分信息的最佳列报位置持有不同的观点。投资者认为，将来自联营与合营企业的净利润包含在“经营利润”小计项下会扭曲“经营利润”信息；而部分财务报表编报者认为，有些联营与合营企业的业务与企业的主营业务活动是密切相关的，企业在对外沟通其经营业绩时应包括来自联营或合营企业的净利润。

(二) 信息细化分解不足，不利于投资者进行分析决策

1.利润表可以选择按性质或功能列报费用，但未能提供最有用的信息。IAS1规定，如企业选择按性质列报费用，则需列示各项费用的具体性质，例如人工、折旧、原材料、运

输费等；而如果选择按功能列报，则需列示费用的具体功能，例如营业成本、管理费用、销售费用等项目。这两种方法各有优势，均能为报表使用者提供有用的信息。但投资者认为，实务中许多企业并未按其所处的环境选择为投资者提供最有用信息的方式列报费用，而且有些企业兼用“性质”与“功能”两种方式列报，从而使得利润表中关于费用的信息正在丧失其有用性。此外，也有投资者认为，按性质列报的费用信息比按功能列报的费用信息更有利于预测，建议IASB要求所有的企业按照性质列示费用。

2.缺乏非经常性损益信息，不利于投资者预测未来现金流量。非经常性损益是在近期内不会重复发生的收入与费用，非经常性损益信息对于投资者预测企业未来的现金流量是有用的，但国际财务报告准则（以下简称IFRS）目前并未明确要求披露这些信息。实务中，已有较多的企业披露了非经常性费用，然而企业提供这些信息的方式千差万别，而且未披露为何将这些项目界定为非经常性损益。因此，投资者建议IASB制定关于非经常性损益的披露要求。

3.费用中，“其他”项金额偏大，未能满足投资者的分析需求。投资者认为，有些企业提供的财务报表项目明细信息不能满足其分析需求。例如，有的企业披露大额的其他费用，投资者无法了解这里的“其他”具体包含哪些项目。但也有投资者提出，有些企业披露过于详细的信息，反而掩盖了重要信息。总而言之，投资者认为，IASB应该对费用中“其他”项的披露进行规范。

（三）管理业绩指标信息有用，但不够透明与规范

许多企业披露了管理业绩指标信息。投资者认为，这些信息对于了解管理者如何评价和管理财务业绩是有用的，但这部分信息的披露质量不高，未能清楚阐述下列问题：

1.这些业绩指标是如何计算的？

2.这些指标为何能反映对企业业绩的评价？

3.这些指标如何与IFRS规定的小计项相衔接？

IAS1对100家样本企业进行分析后发现，有许多企业运用在年报中披露的管理层业绩指标，实务中披露的业绩指标信息各异，有33%的企业用调整后的净利润、29%的企业用调整后的经营利润、20%的企业用调整后的息税折旧及摊销前利润（EBITDA）、11%的企业用调整后的息税前利润（EBIT）。

二、利润表的主要变化

为了回应投资者改进业绩报表的强烈需求，提高财务报表信息与信息使用者的沟通质量，IASB决定优先考虑主要财务报表项目，聚焦于改进利润表的业绩信息，并附带修订现金流量表与资产负债表。

（一）要求新增列报三个小计项

IASB建议将收入与费用分为四大类，包括经营活动、对一体化联营与合营企业的投资、投资活动以及筹资活动，并在利润表中新增三个小计项，包括经营利润、来自一体化联营与合营企业的收益和费用、息税前利润，要求每个小计项从不同视角反映企业的财务业绩，从而为投资者提供相关的信息。此外，IASB要求各企业提供的利润表结构保持一致，以方便投资者进行比较分析。

1.经营活动。经营利润小计项应当包括企业主营业务活动的收入与费用。这类信息通常作为缺省设置，即除非被分为其他类别，否则企业的收入与费用就被自动归入经营

活动。

2.对一体化联营与合营企业的投资。实务中，权益法核算的对联营企业与合营企业的回报应与企业的经营利润分开列报。基于与企业自身的主营业务活动是否密切相关，IASB建议将联营与合营企业分为一体化与非一体化的联营与合营企业两种类型。其中，一体化的联营与合营企业不能独自或很大程度上独立于企业的其他资产产生回报，企业来自一体化联营与合营企业损益的份额与其他仅通过独立投资产生的回报具有不同的性质，可以理解为与企业的经营活动密切相关。

为了回应利益相关者对联营与合营企业损益份额列报位置的不同观点，IASB决定采取一种平衡的方法，即来自权益法核算的联营与合营企业的收入与费用不包括在经营利润之内；因为一体化联营与合营企业的损益份额与经营利润的关系更为紧密，所以应在紧临经营利润的位置列报，并增设经营利润以及来自一体化联营与合营企业的收益和费用小计项。

3.投资活动。企业进行投资活动产生的回报应独立于企业的其他资产，例如，企业持有的投资性房产或其他企业的股权与企业主营业务的资产产生的回报应相互独立。投资者通常会将这类独立投资产生的回报与企业的经营业绩相区分。投资活动类信息旨在反映企业基于独立投资产生的损益以便投资者做决策。对于非一体化联营与合营企业的损益份额，因为其独立于企业的其他资产产生回报，符合投资活动类特征，所以应被归到投资活动中。

4.筹资活动。筹资活动以及息税前利润小计项将帮助投资者比较企业在筹资决策影响前的业绩。筹资活动类信息具体包括来自现金及现金等价物的利息收入、筹资费用以及养老金负债和准备金的实际利率摊销额。

上述分类仅针对一般企业，如果企业的主营业务就是投资或筹资活动，例如银行或投资企业，则应将上述投资活动或筹资活动的收入与费用列报为经营利润。此外，值得注意的是，尽管利润表结构分为经营活动、投资活动与筹资活动，与现金流量表的经营活动、投资活动、筹资活动相一致，但IASB并未试图将两者一一对应。

（二）以更有用的方式分解信息

1.对费用列报问题的回应。针对费用列报在实务中存在的问题，IASB并未要求企业按一种方式列报费用，而是要求企业评估按哪种方式列报能提供最有用的信息。企业不能再随意选择按性质还是按功能列报费用，IASB将出台一系列判断指标，以帮助企业评估哪种方式能提供最有用的信息，并强调企业不能混合运用性质与功能列报费用。

2.非经常性损益。IASB规定，如果企业合理预期某项收益或费用在未来几个年报期间不再发生，即具备有限的预测价值，那么应当将这些收益或费用界定为非经常性损益，并要求企业在附注中单独披露非经常性损益的具体信息：

（1）当期确认的金额。

（2）描述其是如何产生的，以及为何被界定为非经常性损益。

（3）利润表中的哪些项目包括非经常性损益。

（4）如果企业选择按功能列报经营费用，则需按性质披露分析各项费用的构成。

3.其他项目。针对不同性质但不重要的项目，征求意见稿允许企业将其归为一组。例如，企业可以在利润表中将众多不重要的费用归为一类，但IASB建议用有信息含量的名称对该类别进行标记，而不是仅标明“其他费用”。

（三）披露管理层业绩指标信息

管理层业绩指标是指在财务报表范围之外用于对外沟通管理层对企业业绩评价的具体标尺、对IFRS界定的小计项进行补充的合计或小计项。IASB要求管理层在财务报表附注中披露其所采用的业绩指标，并包括相关业绩指标与IFRS界定的小计项之间的调节过程。

1.IFRS指定的小计或合计项。具体包括：征求意见稿建议新增的小计项，折旧摊销前经营利润，毛利以及其他如净利息收益、税前利润与持续经营利润小计项等，管理层业绩指标范围不应包括这些小计项。

2.针对管理层业绩指标，理事会暂定了下列几点：

（1）管理层业绩指标很少能满足利润表小计项的条件；

（2）企业可以确定一个以上的管理层业绩指标，如果认为利润表中的小计项已能满足其对外沟通的需求，那么也可以不披露管理层业绩指标；

（3）鉴于管理层业绩指标是定制的，IASB不打算规范如何计算管理层业绩指标；

（4）业绩指标仅指收益与费用的小计项，而不是所有非准则规范的指标，如自由现金流等现金流量指标、权益回报率、持续货币收入增长率等比率指标。

3.具体披露要求。理事会建议在附注中单独披露管理层业绩指标信息。具体包括：

（1）每个指标与IFRS界定的最具可比的小计或合计项之间的调节过程；

（2）每一调节项目对税收以及少数股东权益的影响；

（3）披露管理层对业绩指标的观点以及该指标是如何计算的；

（4）解释企业计算管理业绩指标的任何改变。

三、对我国财务报表的影响

1.利润表。尽管我国的利润表比IAS1规定的报表结构多一些小计项，但如果征求意见稿通过后，利润表结构的改变也会对我国的利润表带来影响。特别是我国利润表按功能列示经营费用，如果在某些情形下要求按性质来列示经营费用，则无论是对报表编制者还是报表使用者而言，都是一个重新认知和理解的过程，而且转换成本可能较大。

2.现金流量表。现金流量表补充资料部分，如果编制起点改成经营利润，那么按间接法调整编制经营活动现金流量的过程也将发生改变。

3.附注。附注要求增加披露管理层业绩指标与非经常性损益信息，尽管我国监管部门已要求上市公司披露非经常性损益，但有可能具体的内涵与范围会发生改变。若将管理层业绩指标作为附注内容的一部分，则对会计师与审计师而言都将是一项新的挑战。

资料来源：沈颖玲.主要财务报表分析的国际动态［EB/OL］［2020-02-07］. https://www.sohu.com/a/371311665_208681.

◆推荐阅读

［1］耿文莉.会计信息化中账务处理程序的转变［J］. 哈尔滨商业大学学报，2008（2）.

［2］侯晓红，李琦，罗炜.大股东占款与上市公司盈利能力关系研究［J］. 会计研究，2008（6）.

点阅读11-3

[3] 纪建悦，李姣.营运能力与公司绩效的相关性研究 [J]. 新会计，2011（4）.

[4] 雷恒斌.财务报表分析的局限性和改进措施 [J]. 企业研究，2011（24）.

[5] 马建威，林灵.三家上市公司的一体化发展战略分析 [J]. 财务与会计，2010（7）.

[6] 马建威，卢秋实.浅论企业筹资风险及其控制 [J]. 北京工商大学学报，2007（4）.

[7] 潘建亭.战略环境审视新视野：建立假设的必要条件项 [J]. 郑州航空工业管理学院学报，2002（1）.

[8] 杨康，崔健波.制造业企业（原）材料采购业务账务处理程序设计 [J]. 市场周刊，2006（8）.

[9] 油晓峰.我国上市公司债权人监控弱化及其治理途径 [J]. 投资研究，2008（8）.

[10] 张丹，廖士光.中国证券市场投资者情绪研究 [J]. 证券市场导报，2009（10）.

[11] 张丽蓉.构建股票投资者财务报表分析的理论框架 [J]. 生产力研究，2012（5）.

[12] 张新民，粟立钟.财务报表分析：理论内涵与学科定位 [J]. 财务研究，2015（1）.

[13] 郑称德，陈金勇，王燕.ERP应用对我国工业企业营运能力的影响 [J]. 统计与决策，2008（24）.

第十二章

会计工作组织与会计档案

章案例

严守会计档案　谨防经济犯罪

昆明市档案局发布“以案释法”事件，某县石门区滩盘乡文书邓某，在搭乘528次列车途中，将押运的一箱档案（内含长期永久档案28卷）和部分待销毁的档案丢失。后经查询，一箱档案已经找回，但有三卷档案丢失。此外，待销毁的两捆档案被转到广顺场派出所，该所所长擅自决定将待销毁的档案卖到供销社，被供销社拒收后又决定将档案烧毁。对于此案，石门区委、区公所决定给邓某以行政警告处分，广顺场派出所擅自销毁档案一事也得到了严肃处理。

《中华人民共和国档案法》（以下简称《档案法》）规定，禁止擅自销毁档案。在此案例中行为人违反了《档案法》的规定，造成了档案的损失和其他社会危害。对于擅自销毁档案的违法行为，依照《档案法》的规定，由县级以上人民政府档案行政管理部门、有关主管部门对直接负责的主管人员或者其他直接责任人依法给予行政处罚，可并处罚款，造成损失的，责令其赔偿，构成犯罪的，依法追究其刑事责任。

资料来源：档案局管理员.昆明市档案局积极开展“以案释法”法制宣讲［EB/OL］.［2018-04-24］. http://daj.km.gov.cn/c/2018-04-24/2553854.shtml.

学习目标

通过本章的学习，希望您能够：

- 了解我国会计工作组织的意义
- 熟悉会计档案的相关内容
- 熟悉会计人员的任职要求
- 掌握会计机构的设置和会计人员的职责与主要权限

第一节 会计工作组织

一、会计工作组织的含义

会计工作组织是根据会计工作的特点来制定会计法规制度，设置会计机构，配备会计工作人员，从而保证合理有效进行会计工作。

会计工作组织应遵循以下要求：

1.既要符合国家对会计工作的统一要求，又要适应各单位生产经营的特点。

2.既要保证核算工作的质量，又要节约人力、物力，提高工作效率。

3.既要保证贯彻整个单位的经济责任制，又要建立会计工作的责任制度。

二、会计机构

一）会计机构的含义

计机构，是直接从事和组织、领导会计工作的职能部门，建立和健全各单位的会计
保证会计工作正常进行、充分发挥会计管理作用的重要条件。我国《会计法》第三
明确规定，各单位应当根据会计业务的需要，设置会计机构，或者在有关机构中
人员并指定会计主管人员。不具备设置条件的，应当委托专门从事会计代理记账
机构代理记账。”

计机构的任务

进行会计核算。

的会计监督。

3.制定 位的会计制度、会计政策。

4.参与本单位各种计划的制订，并考核计划的执行情况。

（三）会计机构的设置

社会中发生的经济活动需要核算和记录。会计机构就是经济主体进行核算和记录的职能部门，各个机构应按国家有关规定进行会计机构设置。

会计机构设置应遵循以下基本原则：

1.遵循法律法规原则。会计机构的设置应当符合国家有关法律、法规和会计基础工作规范，以及单位的实际情况。

2.全面性与系统性相结合原则。会计机构的设置应当涵盖各单位涉及会计工作的各项经济业务及岗位。并应针对业务处理过程中的关键控制点，落实到决策、执行、监督、反馈等各个重要环节。

3.整体性原则。会计机构的设置应当包含涉及会计工作的所有人员。

4.互相制衡、权责明确原则。会计机构的设置应当保证单位中涉及会计工作的机构、岗位的合理设置及其职责、权限的合理划分，坚持不相容职务相互分离，确保不同机构和岗位之间权责分明、相互制约、相互监督。

点阅读 12-1

5.成本效益原则。设置会计机构时应当以合理的成本达到最佳的控制效果。

6.动态性原则。会计机构的设置应当随着外部环境的变化而不断进行修改和完善。

三、会计岗位责任

会计岗位责任是指在会计机构内部按照会计工作的内容和会计人员的配备情况，合理分工，将会计机构的工作划分为若干岗位，并为每个岗位规定职责和要求。

关于会计工作岗位的分工，可以一人一岗、一人多岗或一岗多人，但出纳人员不得兼管稽核、会计档案保管、收入、费用以及债权债务账目的登记工作。按照内部控制制度，会计工作岗位设置中不相容的业务不得由同一会计人员执行。记账人员与经济业务事项和会计事项的审批人员、经办人员以及财物保管人员的职责权限应当明确，并相互分离、相互制约。这是保护企业、单位财产安全、完整，保证会计人员顺利工作的必要前提条件。

另外，在会计工作岗位设定后，会计人员的工作岗位应当有计划、分期地进行轮换。这样，一方面能使会计人员较多地熟悉本单位内部的各项核算工作，使其具有较强的综合工作能力；另一方面可以促使各岗位会计人员相互配合、协调工作，发挥团队的作用。

四、会计人员的责任

为了充分发挥会计的职能和作用，完成会计工作任务，各企业、单位的会计机构，都必须根据实际需要合理配备会计人员。为了充分调动会计人员的工作积极性，国家规定了会计人员的职责，并赋予其相应的权限，向符合规定条件的会计人员授予专业技术职称。

（一）会计人员的职责

会计人员的主要职责包括以下五个方面：

1.进行会计核算

会计人员应按照会计制度的规定，切实做好记账、算账、报账等会计核算工作。会计人员必须根据实际发生的经济业务事项认真填制和审核原始凭证，编制记账凭证，登记账簿，正确计算各项收入、支出、成本、费用、财务成果。会计人员应当按期结算、核对账目、进行财产清查、编制财务会计报告，保证账证相符、账账相符、账实相符，手续完备，数字真实。

2.实行会计监督

通过会计工作，会计人员应当对本单位的各项经济业务和会计手续的合法性、合理性进行监督。对不真实、不合法的会计事项，会计人员应拒绝办理或者按照职权予以纠正。对重大经济业务事项，如重大的对外投资、资产处置、资金调度等的决策和执行，会计人员应当明确相互监督、相互制约的程序；会计人员应当明确财产清查的范围、期限和组织程序；对账簿记录与实物、款项不符的问题，会计人员应按有关规定进行处理或及时向本单位领导报告；会计人员应当明确对会计资料定期进行内部审计的办法和程序。此外，各单位必须按照法律和国家有关规定接受财政、审计、税务机关的监督，如实提供会计凭证、会计账簿、财务会计报告和其他会计资料以及有关情况，不得拒绝、隐匿、谎报。

3.拟定本单位处理会计事务的具体办法

企业应当根据国家的法规、财政经济政策和上级的有关规定以及本单位的具体情况，拟定本单位办理会计事务的具体办法，如会计人员岗位责任制度、内部稽核制度、内部控制制度、财产清查制度和成本计算方法等。

4.编制预算和考核预算执行情况

财务会计部门应负责制订财务计划、预算。财会人员应根据会计资料结合统计核算、财务核算等有关资料，考核分析财务计划、预算的执行情况，检查成本、费用高低和盈亏形成的原因，总结经验，揭露问题，并提出改进的建议和措施，促使有关部门改善经营管理。此外，财会人员还应参与拟订本单位的其他经济和业务计划，应以系统、翔实的会计数据资料为企业加强经济核算提供重要依据，在经济管理的各个方面发挥其应有的作用。

5.办理其他会计事项

其他会计事项是指上述各项尚未包括的其他会计业务。例如，协助企业其他管理部门做好企业管理的基础工作，做好企业以及单位管理人员的财会知识培训等。

（二）会计人员专业技术职务要求

为了有效地贯彻上述任职要求，充分调动会计人员的工作积极性和创造性，国家对企业、行政事业单位的会计人员，依据学历、从事财会工作的年限、政策水平、学识水平和工作能力等，在其通过全国性的会计专业技术资格考试后，确定其可以担任的会计专业技术职务。会计专业技术职务分别为：初级会计技术职务、中级会计技术职务、高级会计技术职务。不同级别的会计专业技术职务任职条件和基本职责是有区别的。

1.初级会计技术职务。应掌握一般的财务会计理论和专业知识，熟悉并能执行有关的财经方针、政策和财务会计法规、制度，能担负一个方面或某个重要岗位的财务会计工作，具有规定的学历和专业工作经历。

2.中级会计技术职务。应较系统地掌握财务会计基础理论和专业知识，掌握并能贯彻执行有关财经方针、政策和财务会计法规、制度，能担负一个单位或管理一个地区、一个部门、一个系统某个方面的财务会计工作，具有规定的学历和专业工作经历。

3.高级会计技术职务。应较系统地掌握经济、财务会计理论和专业知识，具有较高的政策水平和丰富的财务会计工作经验，能担负一个地区、一个部门重要岗位的财务会计工作，具有规定的学历和专业工作经历。

点阅读 12-2

对于初级会计资格和中级会计资格的取得，从1992年8月起，我国开始实行会计人员专业技术职务任职资格考试，初级会计资格和中级会计资格考试实行全国统一组织、统一考试时间、统一考试大纲、统一考试命题、统一合格标准的考试制度，即“以考代评”。对于高级会计师资格的取得，国家实行考试与评审相结合的制度。凡申请参加高级会计师资格评审的人员，须经考试合格后，方可参加评审。

4.注册会计师任职要求

注册会计师是指经国家批准依法独立执行会计查账鉴证业务和会计咨询业务的人员。注册会计师并不直接从事会计工作，而是对企业、单位的会计工作提供咨询、鉴证服务。其工作机构称为会计师事务所。需要说明的是，“注册会计师”不是会计人员专业技术职称，而是一种执业资格，注册会计师是指由会计师事务所统一接受委托，依法独立执行审计业务、会计咨询业务和会计服务业务的人员。

第二节　会计档案

一、会计档案的概念和特点

（一）会计档案的含义

会计档案是指会计凭证、会计账簿、财务会计报告等会计核算专业资料，是记录和反映企事业单位经济业务发生情况的重要资料和证据，属于单位的重要经济档案。会计档案是国家档案的重要组成部分，它是对一个单位经济活动的记录和反映，也是检查企事业单位过去经济活动的重要依据，通过会计档案，人们可以了解企事业单位日常经济业务的来龙去脉，也可以检查一个单位是否遵守财经法规、在会计资料中有无弄虚作假、违法乱纪等行为，会计档案还可以为国家、企事业单位提供详尽的经济资料，为国家制定宏观经济政策及单位制定经营决策提供参考。

我国《会计法》规定，各单位对会计凭证、会计账簿、财务会计报告和其他会计资料应建立档案，妥善保管。会计档案的保管期限和销毁办法，由国务院财政部门会同有关部门制定。

点阅读 12-3

（二）会计档案的特点

会计档案的特点是相关工作量大、涉及面广、专业性强。它主要是原始凭证的汇总，记录了企业真实发生的各项经济业务，很多时候不需要借助其他材料就可以直接说明问题。与文书档案、科技档案相比，会计档案自身的特点主要有：

1. 内容的专业性强。会计账簿的内容主要是数字，是在各单位各项经济业务的会计核算中形成的，这使得会计档案与一般档案相比具有较强的专业性。

2. 来源较为广泛。凡是具备独立会计核算的单位，都要形成会计档案。凡是有经济和财务活动发生的地方，都会有会计档案，而且会计档案的实体数量比其他门类的档案数量更多，尤其是在企业、商业、金融、财政和税务等单位。

3. 档案类别稳定。社会上会计工作的种类繁多，如工业会计、商业会计、银行会计、税收会计、总预算会计、单位预算会计等，但是会计核算的方法、工作程序以及所形成的会计核算材料的种类（即会计凭证、会计账簿、财务报告等）是大致相同的。会计档案的形成会按照专门的、特有的程序进行，先有会计凭证，再根据会计凭证登记会计账簿，最后依据会计账簿编制财务报表，各环节环环相扣，相互制约。

4. 形式多种多样。会计账簿有订本式账、活页式账、卡片式账之分，财务报告由于有文字、表格和数据而采用了16开或8开的纸张规格以及计算机打印报表等。

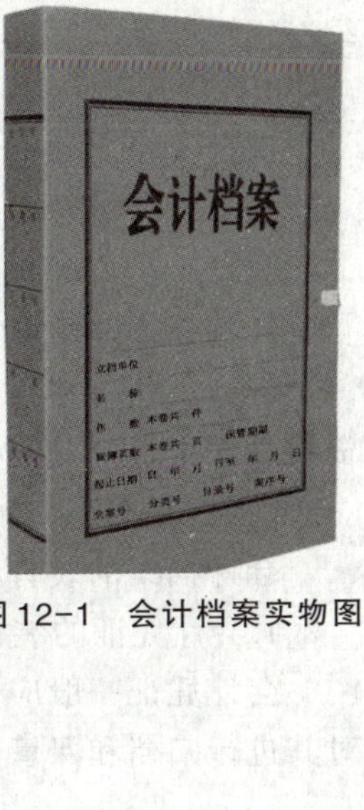

图 12-1　会计档案实物图

二、会计档案的内容

会计档案的内容一般指会计凭证、会计账簿、财务会计报告以及其他会计档案等四个部分。会计档案实物图如图 12-1 所示。

1.会计凭证。会计凭证是记录经济业务，明确经济责任的书面证明，是登记账簿的依据。它包括自制原始凭证、外来原始凭证、原始凭证汇总表、记账凭证（收款凭证、付款凭证、转账凭证三种）、记账凭证汇总表、银行存款对账单、银行存款余额调节表等内容。每个企业都必须按照规定的程序填制和审核会计凭证，根据审核无误的会计凭证进行账簿登记，如实地反映企业发生的各项经济业务。我国《会计法》对会计凭证的种类、审核和更正等内容进行了规定。

2.会计账簿。会计账簿是以会计凭证为依据，全面、系统、有序地对企业的经济业务进行记录和核算的账簿，它是由一定格式、相互联结的账页组成的。会计账簿包括按会计科目设置的总分类账、各类明细分类账、库存现金日记账、银行存款日记账以及辅助登记备查簿等。

设置和登记会计账簿是会计核算工作中重要的环节，也是连接会计凭证和会计报表的中间环节。做好登记会计账簿这项工作，对于加强经济管理具有十分重要的意义。

3.财务会计报告。财务会计报告是反映企业财务状况和经营成果的总结性书面文件，主要包含月度会计报表、季度会计报表、年度会计报表。随着经营活动的增加，会计报表信息使用者对会计信息的需求不断增加，仅仅依靠几张会计报表提供的信息远不能满足使用者的需求，因此，还需要通过会计报表以外的附注和说明性文件提供更多的信息。

4.其他会计核算资料。其他会计核算资料是由会计部门负责办理的数据资料，其具体内容与企业会计核算和会计监督密切相关，属于经济业务范畴。例如：经济业务合同、财产清查资料、会计档案移交清册、会计档案保管清册、会计档案销毁清册等。实行会计电算化的单位，对于存贮在磁性介质上的会计数据、程序文件及其他会计核算资料均应视同会计档案一并管理。

三、会计档案的整理与保管

（一）对会计档案进行整理和立卷

在一个会计年度结束时，企业会对会计资料进行整理与归档。会计人员应当分别统一会计档案的分类标准、档案形成以及管理要求等。首先，将各卷会计档案按顺序进行编号：

1.统一分类标准

会计人员应将会计资料分成一类账簿、二类凭证、三类报表、四类文字资料及其他。

2.统一档案形成

会计人员应对档案的封面、档案装订盒、存放柜和存放序列进行统一。

3.统一管理要求

会计人员应建立会计资料档案簿、会计资料档案目录，并将会计凭证装订成册，报表资料和文本资料分类归档，其他会计档案资料应当按年度排序并装订成册。

（二）对会计档案进行装订

会计档案的装订主要包括会计凭证、会计账簿、会计报表及其他文字资料的装订。

1.会计凭证的装订

会计凭证一般应每月装订一次，并应将装订好的会计凭证按照年、月进行分类，最后对其进行归档和保管。

（1）装订会计凭证前的准备工作。

①将会计凭证分类，按序列整理，检查日期和编号是否正确。

②按凭证汇总日期确定会计凭证装订成册后的册数。

③摘除凭证内的金属固定物件，将大的账页或附件折叠成同记账凭证一样的大小，避开装订线，以保持资料的完整。

④检查凭证的顺序编号，再检查附件是否整理齐全。

⑤检查记账凭证上，会计人员及相关部门的印章是否齐全。

（2）会计凭证装订时的要求。

①用“三针引线法”装订，在凭证左上角打上三个针眼，使用棉线在三眼处打个活结扣。将准备好的凭证放在封皮的里面，装订时应尽可能缩小遮蔽部位，使记账凭证及其附件保持尽可能大的显露面，以便于事后查阅会计资料。

②凭证外面要加封面，封面用牛皮纸印制，封面规格应略大于所附记账凭证。

③装订凭证厚度一般为1.5厘米，可保证装订牢固、美观大方。

（3）会计凭证装订后的注意事项。

①每本封面上应填写好凭证种类、起止页码、凭证总张数、会计主管和装订人员签章。

②在封面上编好卷号，按编号顺序入柜，标明凭证种类编号，以便后期调阅。

2.会计账簿的装订

各种会计账簿年度结账后，应按时整理立卷。

会计账簿装订的基本要求如下：

①按账簿启用表的使用页数对各个账户进行核对，检查账页数是否齐全，序号排列是否连续。

②按会计账簿封面、账簿启用表、账户目录、账簿按页数顺序排列的账页、会计账簿装订封底的顺序进行装订。

③装订活页账簿时，保留已使用的账页，将账页数填写齐全，去除空白页，用牛皮纸做封面、封底，装订成册。

④多栏式活页账、三栏式活页账、数量金额式活页账等不得混装，应按同类业务、同类账页装订在一起。

⑤在封面上填写好账目的种类，编好卷号，加盖会计主管人员和装订人的印章。

⑥会计账簿装订后，应保持牢固、平整，不得出现折角、缺角、错页、掉页或者多余空白页的现象。会计账簿的封口要严密，封口处要加盖有关印章。

⑦仔细检查封面是否齐全、平整，并注明所属年度及账簿名称、编号，编号为一年一编，编号顺序为总账、库存现金日记账、银行存款日记账、分类明细账。

⑧将账簿按保管期限分别编制卷号，如库存现金日记账全年按顺序编制卷号；总账、明细账、辅助账全年按顺序编制卷号。

3.会计报表的装订

会计报表编制完成并及时报送后，留存的报表按月装订成册，谨防丢失，小企业可按季装订成册。

（1）会计报表装订前要按编报目录核对是否齐全，整理报表页数，上边和左边对齐压平，防止折角。如有损坏，应当修补后完整无缺地装订。

（2）会计报表的装订顺序为：会计报表封面、会计报表编制说明、各种会计报表（按会计报表的编号顺序排列）、会计报表封底。

（3）按保管期限编制卷号。

4.会计档案的移交和保管要求

《会计档案管理办法》规定，当年会计档案，在会计年度终了后，可暂由本单位财务会计部门保管一年，期满之后原则上应由财务会计部门编制清册移交本单位的档案部门保管。根据上述规定，会计档案的移交和保管要求主要有：

（1）会计档案的移交手续。

财务会计部门在将会计档案移交给本单位档案管理部门时，应按下列程序进行：

①编制移交清册，填写交接清单。

②在账簿使用日期栏填写移交日期。

③交接人员按移交清册和交接清单所列项目对会计档案进行核查，核查无误后签章。

（2）会计档案的保管要求。

①会计档案室应选择在干燥、防水的地方，并远离易燃品堆放地，周围应备有适用的防火器材。

②用透明塑料膜作防尘罩、防尘布，遮盖所有档案架并堵塞鼠洞。

③会计档案室内应经常用消毒药剂喷洒，经常保持清洁卫生，以防虫蛀。

④会计档案室应保持通风、透光，并有适当的空间、通道和查阅的地方，以利查阅，并防止潮湿。

⑤设置归档登记簿、档案目录登记簿、档案借阅登记簿，严防毁坏、损失、散失和泄密。

⑥会计电算化档案保管要注意防盗、防磁等安全措施。

5.会计档案的借阅

（1）会计档案原则上不得借出，确因工作需要且根据国家有关规定必须借出的，须经上级主管单位或单位领导、会计主管人员批准。

（2）单位外部人员借阅会计档案时，应持有单位正式介绍信，经会计主管人员或单位领导人批准后，方可办理借阅手续；单位内部人员借阅会计档案时，应经会计主管人员或单位领导人批准后，办理借阅手续。借阅人应认真填写档案借阅登记簿，将借阅人姓名、单位、借阅日期、数量、内容、归还日期等情况登记清楚。

（3）借阅会计档案的人员不得在案卷中乱画、标记，拆散原卷册，也不得涂改抽换、携带外出或复制原件（如有特殊情况，须经领导批准后方能携带外出或复制原件）。

（4）借出的会计档案，会计档案管理人员要按期如数收回，并办理注销借阅手续。

四、会计档案的保管期限

修订后的《会计档案管理办法》，自2016年1月起实施，原始凭证、记账凭证的保存期限由15年变为30年，总账、明细账的保存期限由15年变为30年。企业和其他组织会计档案保管期限表见表12-1。财政总预算、行政单位、事业单位和税收会计档案保管期限表见表12-2。

表12-1 **企业和其他组织会计档案保管期限表**

项目	档案名称	保管期限	备注
凭证	原始凭证	30年	
	记账凭证	30年	
会计账簿	总账	30年	
	明细账	30年	
	日记账	30年	
	固定资产卡片		固定资产报废清理后保管5年
	其他辅助性账簿	30年	
财务会计报告	月度、季度、半年度财务会计报告	10年	
	年度财务会计报告	永久	
其他会计资料	银行存款余额调节表	10年	
	银行对账单	10年	
	纳税申报表	10年	
	会计档案移交清册	30年	
	会计档案保管清册	永久	
	会计档案销毁清册	永久	
	会计档案鉴定意见书	永久	

表12-2 **财政总预算、行政单位、事业单位和税收会计档案保管期限表**

项目	档案名称	保管期限			备注
		财政总预算	行政单位事业单位	税收会计	
会计凭证	国家金库编送的各种报表及缴库退库凭证	10年		10年	
	各收入机关编送的报表	10年			
	行政单位和事业单位的各种会计凭证		30年		包括原始凭证、记账凭证和传票汇总表
	财政总预算拨款凭证和其他会计凭证	30年			包括拨款凭证和其他会计凭证
会计账簿	日记账		30年	30年	
	总账	30年	30年	30年	
	税收日记账（总账）			30年	
	明细分类、分户账或登记簿	30年	30年	30年	
	行政单位和事业单位的固定资产卡片				固定资产报废清理后保管5年
财务会计报告	政府综合财务报告	永久			下级财政、本级部门和单位报送的保管2年
	部门财务报告		永久		所属单位报送的保管2年
	财政总决算	永久			下级财政、本级部门和单位报送的保管2年
	部门决算		永久		所属单位报送的保管2年
	税收年报（决算）			永久	
	国家金库年报（决算）	10年			
	基本建设拨、贷款年报（决算）	10年			
	行政单位和事业单位的月、季度会计报表		10年		所属单位报送的保管2年
	税收会计报表			10年	所属税务机关报送的保管2年
其他会计资料	银行存款余额调节表	10年	10年		
	银行对账单	10年	10年	10年	
	会计档案移交清册	30年	30年	30年	
	会计档案保管清册	永久	永久	永久	
	会计档案销毁清册	永久	永久	永久	
	会计档案鉴定意见书	永久	永久	永久	

注：税务机关的税务经费会计档案保管期限按行政单位会计档案保管期限的规定办理。

为了全面反映会计档案情况，相关部门应设置“会计档案备查表”，及时记载会计档案的保存数、借阅数和归档数，做到心中有数、不出差错。

五、故意销毁会计凭证案例分析

被告人隐匿、故意销毁会计凭证的情况如下：

顾某某，男，45岁，汉族，上海市人，原系上海市某区某镇某村党支部书记。2001年1月23日，因本案被依法逮捕。本案原定罪名为销毁会计资料罪，根据最高人民法院、最高人民检察院发布的《关于执行〈中华人民共和国刑法〉确定罪名的补充规定》的规定，本案中顾某某的罪名应为故意销毁会计凭证、会计账簿罪。

被告人徐某某原系上海市某化纤设备制造厂厂长、法定代表人，被告人朱某某原系该厂出纳，被告人杨某某原系该厂会计。2000年9月，群众举报被告人顾某某涉嫌侵占上海市某化纤设备制造厂资金，被告人徐某某得知后，随即指使被告人朱某某、杨某某销毁该厂真实的年终分配清单以逃避查处。被告人朱某某、杨某某受其指使分别烧毁了上述清单。同年11月，上海市某区公安分局根据群众举报，依法对被告人顾某某涉嫌的犯罪线索进行了调查。被告人顾某某与被告人徐某某合谋为逃避查处事宜，并指使被告人朱某某、杨某某销毁该厂真实的年终分配签收簿，被告人朱某某、杨某某受其指使分别烧毁了部分签收簿，并将其余签收簿隐匿在家中。上述被销毁、隐匿的会计资料涉及金额达人民币9 389 291.38元。据此，上海市某区人民检察院指控被告人顾某某、徐某某、朱某某、杨某某的行为均构成隐匿、故意销毁会计凭证、会计账簿、财务会计报告罪。

我国《会计法》规定，隐匿或者故意销毁依法应当保存的会计凭证、会计账簿、财务会计报告，构成犯罪的，应依法追究刑事责任。《中华人民共和国刑法》第一百六十二条之一规定：隐匿或者故意销毁依法应当保存的会计凭证、会计账簿、财务会计报告，情节严重的，处五年以下有期徒刑或者拘役，并处或者单处二万元以上二十万元以下罚金。单位犯前款罪的，对单位判处罚金，并对其直接负责的主管人员和其他直接责任人员，依照前款的规定处罚。

据此，隐匿、故意销毁会计凭证、会计账簿、财务会计报告罪是指隐匿或者故意销毁依法应当保存的会计凭证、会计账簿、财务会计报告，情节严重的行为。本罪的构成要件如下：

1.本罪侵犯的客体是会计资料、档案的管理制度。我国《会计法》和《会计档案管理办法》对会计资料、档案管理做了系统的规定。会计资料，包括会计凭证、会计账簿和财务会计报告等会计核算专业材料，是记录和反映单位经济业务的重要资料和证据，是机关、社会团体和公司、企业、事业单位等会计主体在会计核算等会计活动过程中形成的反映经济业务活动的资料，是对经济业务事项的客观记录和描述。

2.本罪的客观方面表现为隐匿或者故意销毁依法应当保存的会计凭证、会计账簿、财务会计报告，情节严重的行为。首先，表现为隐匿依法应当保存的会计凭证、会计账簿、财务会计报告的行为。所谓“隐匿”，是指故意以隐瞒、藏匿、转移、掩盖等手段拒不提供会计资料档案，防止其他人发现或者知道的行为。其目的往往是掩盖犯罪事实、逃避执法部门的监督检查、隐瞒事实欺骗他人等。其次，表现为故意销毁应当保存的会计凭证、会计账簿、财务会计报告的行为。所谓“故意销毁”，是指明知是依法应当保存的会计凭证、会计账簿、财务会计报告，却仍然予以非法销毁的行为。故意销毁可以有多种表现形式，如烧毁、浸水、撕毁、切割、用碎纸机销毁、化学处理、用计算机对数字资料进行处理等方式使依法应当保存的会计凭证、会计账簿、财务会计报告毁坏、损坏，达到无法辨认的程度，或者使之不复存在。

按照《会计法》《会计档案管理办法》等法律、法规的规定，会计资料、会计档案的销毁有严格的程序。凡不按照法定的会计资料档案销毁程序予以销毁的，都是非法销毁会计资料档案的行为表现。

隐匿、故意销毁会计凭证、会计账簿、财务会计报告的行为只有达到情节严重时才构成犯罪。尚不构成犯罪的，依照《会计法》给予相应的行政处罚或者行政处分。何谓“情节严重”？根据最高人民检察院、公安部发布的《关于经济犯罪案件追诉标准的规定》，隐匿、故意销毁会计凭证、会计账簿、财务会计报告，涉嫌下列情形之一的，应予追诉：（1）隐匿、故意销毁的会计资料涉及金额在50万元以上的；（2）为逃避依法查处而隐匿、故意销毁或者拒不交出会计资料的。

综上所述，本案中，被告人顾某某、徐某某指使他人销毁会计资料，而被告人朱某某、杨某某身为财务人员，在他人的指使下隐匿、故意销毁会计资料。被告人隐匿、故意销毁会计资料所涉及的金额高达人民币9 389 291.38元，远远超过追诉标准，属于“情节严重”。因此，以上被告人的行为均符合隐匿、故意销毁会计凭证罪的构成要件，构成隐匿、故意销毁会计凭证罪。

◆思政园地

古代官盐课税征收组织体系

盐税作为封建王朝最普遍的税种之一，是国家财政的重要来源。历代盐税的征榷以灶户和盐商为对象。以灶户为纳税人的称灶课，其中一部分为官拨卤地草荡的地租，一部分为盐丁承担的徭役；以盐商为纳税人的称商课或引课，即政府的专卖利益。灶课多纳实物（盐货），商课多纳粮钱。

东汉，一度废除专卖制，改征盐税。“盐税”名称自此始。章帝时期（公元75—88年在位），民家出盐一斛以为赋，郡有盐官者，随事广狭，置令长及丞。曰：“凡郡县出盐多者，置盐官主盐税”。

唐开元元年（公元713年），榷收盐令州县依式收纳，如有落账欺没，由按察使纠察奏闻。宝应年间，官府征收亭户之盐，加入榷税（专卖利益）后转卖给商人，寓盐税于场价（仓价）之中，商人缴价之后，方得领盐运销。

宋代，商人向官府纳粮（或银）买取盐钞（或钞引），然后支盐运销，钞价（或引价）即为国家盐课收入。在产区，于催煎官之下设总辖、灶头催征盐课。

元代，商人买引于运司，运司所得引价即为国家盐课收入。

明代各场额设总催，负责催征盐课。商人行盐，按户部开中则例，至边寨纳粟，或至运司纳银，换取盐引，然后凭引支盐运销。于时粟银即为国课。一年终了，由运司将当年办课结果如目奏报户部。为防亏欠国课，对总催、商人及各级盐务官吏订有处罚办法。《盐法条例》规定："各运盐司总催名下该管盐课纳完者，方许照名填给通关，若总催买嘱官吏并覆盘委官，指仓指囤，扶同作弊者，俱问发边卫充军。"《盐法律条》规定："凡民间周岁，额办盐税诸色课程年终不纳齐足者，计不足之数以十分为率，按分杖笞，追课纳官；若运司、盐场及税务等官不用心办课，年终比附上年课额亏兑者，亦以十分论，按分杖笞，所亏课程须追补还官；若有隐瞒侵欺借用者，并计赃以监守自盗论。"成化四年（公元1468年）定例，两淮各场每至年终选差有同官查盘盐课，每三年由巡盐御史亲诣各场盘查盐课。

由唐末至明万历年间，淮南灶户纳课皆缴盐货，谓之"本色"。万历四十五年（1617年）以后，改征银两，谓之"仓盐折价"。

清朝康熙年间（公元1662—1722年），实行"摊丁入亩"，将灶户应缴代役丁银（人头税）并入地租征收，固定税额，以荡地面积为征收对象。

咸丰年间（公元1851—1861年），通、泰各场商课改行就场征税。继改设卡抽税，继改设局投税。《盐法事例》规定：灶户抗税不完，欠四分以下者板责，五分以上者板责枷号。商人亏欠盐课，欠五分以下者，板责枷号，扣限完课；限尽未完者，将该商革退，所欠课项俱以引窝变抵。欠六至十分者，由官锁禁，严查家产，扣限全完。逾期不完，即将该商杖责发配，所欠课项须引窝，以家产变抵。分司、大使等官催征盐课不力，欠五分以下者停其升转，罚俸降职，责令戴罪督催，完日开复，欠六分以上者革职。盐官被参后，扣限全完亏欠，否则比照县官按"地丁银钱"例处分。分司运判、盐场大使新旧交替，定例比照州县官限两个月交代清楚，由巡盐御史取具册结呈报户部。盐官任内盐课未完者不准离任；御史准其离任者，将御史降二级调用。

资料来源：张荣生.古代淮南盐区的盐务管理（续）[J]. 盐业史研究，2002（2）.

◆章小结

会计规范体系是由一系列会计行为标准组成的完整的体系。会计工作可以分为企业（私人）会计、注册会计师（公共）会计等。要了解会计工作组织，就要了解会计机构及其设置原则、会计岗位职责、会计人员的职责和权限。会计工作是各单位经济管理工作的重要组成部分，也是确保市场经济正常有序运行的重要工作；科学、合理地组织好会计工作可以全面提高企业经济效益和经营管理水平，也能有效地保证各项财经法规和财经纪律的贯彻执行。会计档案，是包括会计凭证、会计账簿、财务会计报告等相关会计核算的专业资料，是重要的历史资料和证据，也是国家档案的重要组成部分。会计档案具有专业性强、来源广泛、类别稳定、形式多样等特点。会计档案的整理、保管及保管期限等，都遵循一定的规范和标准。

◆关键术语听与读

◎Business Unit（业务单位）：The business unit，also called business division or section，is a relative independent unit of work with its own mission within an organization.

关键术语听读12

◎Private Accountant（私人会计）：The private accountant refers to the professional accountant who works for an individual enterprise or an organization.

◎Certified Public Accountant（注册会计师）：A certified public accountant，abbreviated as CPA，is someone who has received a certificate stating that he or she is qualified to work as an accountant within a particular state.

◎Accounting Department（会计机构）：The accounting department refers to the division within an enterprise or organization that is in charge of the accounting and related affairs of the whole unit.

◎Accounting Files（会计档案）：The accounting files refer to the historical data and materials of profession，such as the source documents，vouchers，journals，ledgers and financial reports，etc.，which compose of the important economic files.

◆回顾与思考

1.会计工作组织主要包括哪些内容？
2.正确组织会计工作应当注意哪些要求？
3.会计工作人员的职责和工作权限有哪些？
4.设置会计机构时需要遵循哪些原则？
5.会计档案主要有哪些内容？各自有哪些规定？

◆章习题

1.单项选择题

（1）企业财务机构的具体名称一般视企业的（　　）而定。

A.行业特性　　B.规模大小
C.组织形式　　D.对财会工作的重视程度

（2）会计人员专业资格职称主要包括（　　）。

A.高级会计师、总会计师、会计师和助理会计师
B.总会计师、高级会计师、注册会计师和会计师
C.高级会计师、会计师、助理会计师和会计员
D.注册会计师、高级会计师、会计师和会计员

（3）采用集中核算，整个企业的会计工作主要集中在（　　）进行。

A.企业的会计部门　　B.企业内部的各职能部门
C.上级主管部门　　D.会计师事务所
(4) 下列不属于会计执业资格的是（　）。
A.会计师　B.注册会计师　C.会计员　D.总会计师
(5) 会计工作的组织形式一般分为（　）。
A.集中核算和非集中核算　　B.永续盘存制和实地盘存制
C.应计制和现金制　　D.确认、计量、记录和报告
(6) 现行制度规定，应该永久保存的会计档案是（　）。
A.季度和月度会计报表　　B.年度会计报表
C.会计凭证　　D.会计账簿
(7) 企业单位记账凭证和汇总凭证的保管年限是（　）。
A.3年　B.5年　C.15年　D.永久
2.多项选择题
(1) 会计工作组织的内容包括（　）。
A.会计机构的设置　B.会计人员的配备　C.会计规范的制定与执行
D.会计档案的保管　E.会计人员的培训
(2) 会计人员的主要职责是（　）。
A.进行会计核算　B.会计监督　C.经营决策
D.保管会计资料　E.进行商业谈判
(3) 下列关于总会计师的表述正确的是（　）。
A.它是一个专业技术资格
B.它是一个行政职务
C.它是一个会计职称
D.它必须由拥有会计师以上专业技术资格的人员担任
E.总会计师直接对单位的主要行政领导负责
(4) 下列属于会计人员违法行为的有（　）。
A.伪造、编造虚假会计资料
B.隐匿或故意销毁依法应当保存的会计资料
C.不依法进行会计管理、核算和监督
D.按规定发布企业会计信息
E.随意丢失会计档案
3.判断题
(1) 会计工作岗位责任制要求一人一岗，以符合内部控制制度的要求。（　）
(2) 会计人员专业技术职称分为总会计师、高级会计师、注册会计师、会计师、助理会计师和会计员。（　）
(3) 无论是采用集中核算还是非集中核算，其所属各车间、部门一般不能与外单位直接发生经济往来。（　）
(4) 为了便于查阅历史证据，各种会计资料应该永久保存。（　）
(5) 一个实行独立核算的单位，其工作组织形式既可以选择集中核算形式，又可以选

择非集中核算形式。（　）

（6）无论企业的规模是大是小，都必须设置总会计师。（　）

◆国际视野

英国会计准则制定实施机构的变迁过程

英国会计准则制定实施机构的变迁可分为三个阶段：一是1969年以前，即英国成立正式准则制定实施机构以前；二是1970年至1990年，会计准则筹划委员会（Accounting Standards Steering Committee，ASSC），后更名为会计准则委员会（Accounting Standards Committee，ASC）；三是1990年至今的新的会计准则委员会（Accounting Standards Board，ASB）。

1.第一阶段——1969年以前

英国关于会计准则的研究，最早可以追溯到20世纪30年代中期，一个被称为“会计研究会”的民间团体。由于存在的时间较短，该委员会不曾留下引起后人重视的成果。所以，1969年以前，英国是没有统一的专门的会计准则制定机构的，更谈不上有权威性的会计准则，当时与此相关的只有英格兰和威尔士特许会计师协会（The Institute of Chartered Accountants in England and Wales，ICAEW）。1942年，ICAEW发布了一种不具约束力的《会计原则建议书》，此后这种建议书式的会计准则的发布一直持续到1964年。尽管在这23年间，ICAEW前后总共发布了29份建议书，但由于其内容的局限性，因此在会计准则制定史上做出的贡献并不大。到20世纪60年代中期，英国连续发生公司兼并与并购事件，并发生了一系列虚假会计信息案，由此产生了一系列新的会计问题使得传统会计在实务上的弊端显露无遗，并在社会上造成了很大的震撼。这样，在社会对会计界的批评与敦促下，英国开始重新考虑会计准则的制定实施问题。

2.第二阶段——1970年至1990年

1970年，ICAEW发表了《二十世纪七十年代会计准则意向书》，其中明确指出增强会计实务处理的统一性是制定会计准则的基本目标。随即又成立了会计准则筹划委员会（ASSC），进行会计准则制定的准备工作。同年，苏格兰特许会计师协会和爱尔兰特许会计师协会加盟；1971年，英国注册会计师协会和成本与管理会计师协会先后加入；1976年，公共财政与会计特许协会也加盟其中，从而形成了具有一定代表性的会计准则制定筹划机构。至此，由以上六个主要会计团体联合成立了会计职业团体协商委员会（Consultative Committee of Accountancy Bodies，CCAB）。同年，ASSC更名为会计准则委员会（ASC）并归属于CCAB。自此，英国进入由ASC负责制定会计准则的阶段。在此期间，ASC已经意识到确立会计准则权威的重要性及加深会计实务界与社会相关人士对会计准则理解的必要性。

ASC以此为出发点制定的会计准则草案经CCAB研究商定后再作正式批准并发布实施。截至1990年8月1日，会计准则委员会结束其使命时，该组织共发布了25项标准会计实务说明（SSAPs），55个征求意见稿（Exposure Drafts，ED）及多项讨论稿（discussion paper）和技术公告（technical bulletin）。ASC的历史贡献主要在于它采用了一套比较严格的制定会计准则的程序，又确实制定了一批对会计实务具有一定指导性与规定性意义的准则，并在解决会计实务处理的一致性或统一性方面取得了初步成效，为现代英国会计准则的制定和实施奠定了基础。

3.第三阶段——1990年至今

不过，由于ASC受制于CCAB，仅仅具有会计准则的制定权而无发布权，加之批准程序烦琐，准则制定时间过长，使得其工作成效具有很大的局限性；同时，由于缺乏会计理论概念框架的指导，加上小组成员之间经常有意见分歧，影响了其所制定的会计准则的权威性；此外，社会大众普遍认为ASC的成员由六个主要会计团体选派，代表性不够，不能充分反映"公众的利益"，故1987年1月，由英国CCAB主持建立了一个称之为"德林委员会"的机构，负责对ASC在会计准则制定中存在的问题进行调查和总结，并提出改进意见。

目前英国的会计准则主要由SSAPs和《财务报告准则》（Financial Reporting Standards， FRS）组成，由英国ASC和ASB分别发布。FRS在研究、制定与发布工作进行上具有独立性与统一性，不必再通过六大会计团体的批准，并确定只要原由ASC发布的SSAPs未被宣布取消，它们在执行中便依然有效。同时，在几次修订后，ASB还于1999年12月最终通过并正式发布了会计准则概念框架建设方面的成果——《财务报告原则公告》（The Statement of Principles for Financial Reporting），从而形成了现代英国在"会计准则概念框架"研究方面具有代表性的文件。

目前，ASB一方面继续对ASC所发布的《标准会计实务公告》逐一进行评审与修订；另一方面，由于英国已成为欧盟的成员国之一，因此欧洲大量的会计实务与会计规范已逐渐渗入了英国的会计工作和财务报告的处理之中。这就促使ASB对会计准则的研究制定与发布，不仅要考虑国内的问题，而且要考虑与欧盟所发布的相关会计指令的协调问题。同时，必须充分考虑到会计的国际协调问题，这决定了ASB工作的复杂性与其在会计准则研究制定方面的多方位协调性。ASB所发布的上述准则妥当地满足了各个方面的要求，较为充分地显示了它的适应性。

资料来源：张敏.英国会计准则制定实施机构的变迁及启示［J］. 漳州师范学院学报，2007（3）.

◆推荐阅读

［1］编委会.中华人民共和国现行会计法律法规汇编（2021年版）［M］. 上海：立信会计出版社，2021.

［2］陈国辉，崔刚.改革开放以来会计责任观念的传承与演进［J］. 上海立信会计学院学报，2009（3）.

［3］李晓慧，王璐.执业团队中注册会计师的情感与表达行为的关系［J］. 审计研究，2010（4）.

［4］刘尔奎，杜波.当前我国注册会计师法律责任研究［J］. 河北大学学报（哲学社

会科学版)，2003（2）.

［5］马建威.现代企业制度下财务监督机制的完善［J］．云南社会科学，2007（4）.

［6］深圳市会计学会.财经法规与会计职业道德［M］．北京：经济科学出版社，2008.

［7］叶陈刚，孙宇，潘农.试论会计责任［J］．中国地质大学学报（社会科学版)，2001（3）.

［8］赵清和.谈财务部门会计档案的管理［J］．沈阳建筑大学学报（社会科学版)，2005（2）.

第十三章

内部控制

点阅读13-1

章案例

瑞幸咖啡：走在钢索上的内控

瑞幸咖啡创立仅18个月就成功在美国纳斯达克上市，创造了中国创业公司最快上市纪录。瑞幸咖啡宣称以线上线下结合的方式，构建了以互联网技术为依托的新零售模式，公司股价一度高达每股51.38美元。

2020年4月2日，因虚假交易（金额达22亿元），瑞幸咖啡盘前暴跌85%。4月3日，中国证监会高度关注瑞幸咖啡财务造假事件，对该公司财务造假行为表示强烈的谴责。4月5日，瑞幸咖啡发布道歉声明。4月27日，证监会调查组入驻瑞幸咖啡。5月19日，瑞幸咖啡被要求从纳斯达克退市，瑞幸咖啡申请举行听证会。6月29日，瑞幸咖啡正式停牌，并进行退市备案。7月14日凌晨，瑞幸咖啡宣布了董事会重组结果：除7月5日股东大会通过的决议以外，郭谨一接替陆正耀成为新一任董事长。9月，国家市场监督管理总局对瑞幸咖啡（中国）有限公司、瑞幸咖啡（北京）有限公司等五家公司做出行政处罚。10月12日，瑞幸咖啡（中国）有限公司等五家公司被处以罚款200万元。

2020年2月，浑水公司发布了针对瑞幸咖啡的调查报告，披露瑞幸咖啡存在财务造假。2020年4月瑞幸咖啡公开承认其存在财务造假行为，涉及财务造假金额达22亿元人民币，当月瑞幸咖啡盘前跌幅扩大至80%，5月底最低股价更是跌至每股1.33美元。瑞幸咖啡在道歉书中承认内部控制出现了问题。内部控制是什么？它与企业的经营又有什么关系呢？

资料来源：刘元畅.瑞幸咖啡内部控制问题及建议［J］．合作经济与科技，2021（16）．

学习目标

通过本章的学习，希望您能够：

- 了解内部控制的产生与发展
- 理解内部控制的含义
- 熟悉内部控制的目标
- 掌握内部控制的要素
- 掌握风险管理的流程

第一节　内部控制概述

一、内部控制的含义及目标

（一）内部控制的含义

内部控制，是由企业董事会、监事会、经理层和全体员工实施的、旨在实现控制目标的过程。

（二）内部控制的目标

内部控制的目标是合理保证企业经营管理合法合规、资产安全、财务报告及相关信息真实完整，提高经营效率和效果，促进企业实现发展战略。

点阅读13-2

二、内部控制的发展阶段

内部控制是社会经济发展的必然产物，它是随着外部竞争的加剧和内部强化管理的需要而不断丰富和发展的。内部控制理论的发展历程大致可以分为六个阶段。

（一）内部牵制阶段

内部牵制是经济业务的处理受到两个或两个以上因素制约的内部控制方式，它属于最早的内部控制形式，以账目间的相互核对为主要内容。在古罗马时代，人们对会计账簿实施“双人记账制”，即每笔经济业务在发生后，由两名记账人员分别在各自的账簿上加以登记然后定期核对双方账簿记录，以检查有无记账差错或舞弊行为，进而达到控制财物收支的目的，这是典型的内部牵制措施。

（二）内部控制制度阶段

1936年，美国首次定义了内部控制：内部稽核与控制制度是指为保证公司现金和其他资产的安全，检查账簿记录的准确性而采取的各种措施和方法。此后，美国审计程序委员会又对此定义进行了多次修改。1973年在《美国审计程序公告（55号）》中，当时的人们对内部控制制度的定义做了如下解释：内部控制制度有两类，即内部会计控制制度和内部管理控制制度。内部会计控制制度包括组织机构的设计以及与财产保护和财务会计记录可靠性有直接关系的各种措施；内部管理控制制度包括但不限于组织结构的计划，以及关于管理部门对事项核准的决策步骤上的程序与记录。

（三）会计控制与管理控制阶段

1.内部会计控制

内部会计控制是企业为鉴别、分析、分类、记录和报告业务经营及其相关活动并对有关资产和负债负责而建立起来的会计方法和措施，是内部控制的核心内容。内部会计控制的基本要求是：会计记录要完整（完整性）、会计反映要及时（及时性）、合理描述业务及修改活动（合理分类）、适当计量业务及相关活动（恰当估价）、披露和揭示（充分披露）业务及相关活动等。

内部会计控制包括不相容职务分离控制、授权批准制度、会计系统控制、预算控制、财产保全控制、风险控制、内部报告控制和电子信息技术控制八个主要方法。这些方法与会计制度设计紧密相关，也是企业进行会计制度设计必须把握的核心内容。

2.内部管理控制

内部管理控制是指与保证经营方针、决策的贯彻执行，促进经营活动的经济性、效率性、效果性以及经营目标的实现有关的控制。例如，企业单位的内部人事管理、技术管理等都属于内部管理控制。内部管理控制一般包括统计分析、工时和操作的研究、业绩报告、雇员的培训计划和质量控制等控制手段。其目的是提高经营效率，促使有关人员遵守既定的管理方针。将内部控制划分为内部会计控制和内部管理控制，是为了划分注册会计师审计责任，即注册会计师只负责审查内部会计控制。

（四）内部控制结构阶段

1988年，美国注册会计师协会发布的以“财务报表审计对内部控制结构的考虑”为题的准则，首次采用“内部控制结构”一词，并将其界定为：为合理保证企业特定目标的实现而建立的各种政策和程序，并且明确了内部控制的内容包括控制环境、会计制度、控制程序三个部分。

在内部控制结构中，不再划分内部会计控制与内部管理控制，而统一以要素表述内部控制，并且正式将控制环境纳入内部控制范畴，它是充分有效的内部控制体系得以建立和运行的基础及保证。

（五）内部控制整合框架阶段

1992年9月，美国反虚假财务报告委员会下属的发起人委员会（COSO）提出了报告“内部控制——整体框架”。该框架指出：内部控制是受企业董事会、管理层和其他人员影响，为经营的效率效果、财务报告的可靠性、相关法规的遵循性等目标的实现而提供合理保证的过程。1996年年底，美国审计委员会认可了COSO的研究成果，并修改了相应的审计公告内容。

（六）风险管理框架阶段

2004年COSO发布《企业风险管理——整合框架》。该框架认为：企业风险管理是一个过程，它由一个主体的董事会、管理当局和其他人员实施，应用于战略制定并贯穿于企业之中，旨在识别可能会影响主体的潜在事项，管理风险以使其在该主体的风险容量之内，并为主体目标的实现提供合理保证。该框架拓展了内部控制功能，使其更有力、更广泛地被运用于企业风险管理这一更加宽泛的领域。

风险管理框架包括了八大要素：内部环境、目标设定、事项识别、风险评估、风险应对、控制活动、信息与沟通、监督。

三、我国内部控制规范体系

我国的内部控制基本规范、应用指引、评价指引和审计指引构成一个相辅相成的整体。

（一）企业内部控制基本规范

企业内部控制基本规范，规定内部控制的目标、要素、原则和总体要求，是内部控制的总体框架，在内部控制标准体系中起统领作用。它要求企业建立内部控制体系时应符合以下目标：合理保证企业经营管理合法合规、资产安全、财务报告及相关信息真实完整，提高经营效率和效果，促进企业实现发展战略。它借鉴了以COSO内部控制整合报告为代表的国际内部控制框架，并结合中国国情，要求企业所建立与实施的内部控制，应当包括下列五个要素：内部环境、风险评估、控制活动、信息与沟通、内部监督。

（二）企业内部控制应用指引

企业内部控制应用指引，是对企业按照内部控制原则和内部控制“五要素”建立健全本企业内部控制所提供的指引，在配套指引乃至整个内部控制规范体系中占据主体地位。它针对组织架构、发展战略、人力资源、社会责任、企业文化、资金活动、采购业务、资产管理、销售业务、研究与开发、工程项目、担保业务、业务外包、财务报告、全面预算、合同管理、内部信息传递、信息系统共18项企业主要业务的内控领域或内控手段，提出了建议性的应用指引，为企业以及外部审核人建立与评价内控体系提供了参照性标准。

（三）企业内部控制评价指引和企业内部控制审计指引

企业内部控制评价指引和企业内部控制审计指引，是对企业按照内部控制原则和内部控制“五要素”建立健全本企业“事后控制”的指引，是对企业贯彻“基本规范”和“应用指引”效果的评价与检验。

“评价指引”为企业对内部控制的有效性进行全面评价，形成评价结论、出具评价报告提供指引。该“评价指引”明确内部控制评价应围绕内部环境、风险评估、控制活动、信息与沟通、内部监督等要素，企业应当确定评价的具体内容及对内部控制设计与运行情况进行全面评价。同时，“评价指引”中对内部控制评价的内容、程序、缺陷的认定、评价报告、工作底稿要求、评估基准日等方面做出了规定。

“审计指引”为会计师事务所对特定基准日与财务报告相关的内部控制设计与执行有效性进行审计提供指引。它明确了注册会计师应对财务报告内部控制的有效性发表审计意见，并对内部控制审计过程中注意到的非财务报告内部控制的重大缺陷予以披露。同时，就审计计划工作、审计实施、如何评价控制缺陷、审计期后事项、审计报告内容和方法以及审计工作底稿做出了规定。

第二节　内部控制组成要素

一、内部环境

内部环境关系到企业的纪律与架构，为塑造企业文化提供基础，并影响着企业员工的控制意识，是其他内部控制组成要素的基础。控制环境的因素具体包括：诚信的原则和道德价值观、评定员工的能力、董事会和审计委员会、管理哲学和经营风格、组织结构、责任的分配与授权、人力资源政策及实务。

点阅读 13-3

二、风险评估

风险评估，是指在风险事件发生之前或之后（风险事件结束之前），对该事件给人们的生活、生命、财产等各个方面造成的影响和损失的可能性进行量化评估的工作，即风险评估就是量化测评某一事件或事物带来的影响或损失的可能程度。

从信息安全的角度来讲，风险评估是对信息资产（即某事件或事物所具有的信息集）所面临的威胁、存在的弱点、造成的影响，以及三者综合作用产生风险的可能性的评估。作为风险管理的基础，风险评估是组织确定信息安全需求的一个重要途径，属于组织信息安全管理体系策划的过程。

三、控制活动

企业管理阶层辨识风险后应针对风险发出必要的指令，控制活动是确保管理阶层的指令得以执行的政策及程序，如核准、授权、验证、调节、复核营业绩效、保障资产安全及职务分工等。控制活动在企业内的各个阶层和职能之间都会出现，这主要包括：高层经理人员对企业绩效进行分析、对信息处理的控制、实体控制、绩效指标的比较、分工。

四、信息与沟通

企业在其经营过程中，需按某种形式辨识、取得确切的信息，并进行沟通，以使员工能够履行其责任。信息系统不仅处理企业内部所产生的信息，也处理与外部的事项、活动及环境等有关的信息。企业员工必须从最高管理阶层清楚地获取承担控制责任的信息，而且必须有向上级部门沟通重要信息的方法，并与客户、供应商、政府主管机关和股东等进行有效的沟通。

五、内部监督

（一）内部监督的含义

内部监督是由适当的人员，在适当、及时的基础上，评估控制的设计和运作情况的过程。内部监督活动由持续监控、个别评估组成，可确保企业内部控制能持续有效运作，具体包括：持续的监控活动、个别评估、报告缺陷。

（二）内部监督的内容

内部监督分为日常监督和专项监督。日常监督是指企业对建立与实施内部控制的情况进行常规、持续的监督检查；专项监督是指在企业发展战略、组织结构、经营活动、业务流程、关键岗位员工等发生较大调整或变化的情况下，对内部控制的某些方面进行有针对性的监督检查。专项监督的范围和频率应当根据风险评估结果以及日常监督的有效性等予以确定。

内部控制系统需要被监督，即对该系统的有效性进行评估的全过程。内部监督人员可以通过持续性的监控行为、独立评估或两者结合来实现对内控系统的监督。持续性的内部监督行为发生在企业的日常经营过程中，包括企业的日常管理和监督行为、员工履行各自职责的行为。独立评估活动的广度和频率有赖于风险预估和日常内部监督程序的有效性。内部控制的缺陷应该自下而上进行汇报，性质严重的应上报最高管理层和董事会。

第三节　内部控制评价和审计

一、内部控制评价

（一）内部控制评价的内容

《企业内部控制基本规范》指出，内部控制评价是企业董事会或类似权力机构对内部控制的有效性进行全面评价，形成评价结论，出具评价报告的过程。围绕内部环境、风险评估、控制活动、信息与沟通、内部监督等要素，确定内部控制评价的具体内容，对内部控制设计与运行情况进行全面评价。

1.企业组织开展内部环境评价，应当以组织架构、发展战略、人力资源、企业文化、社会责任等相关应用指引为依据，结合本企业的内部控制制度，对内部环境的设计及实际运行情况进行认定和评价。

2.企业组织开展风险评估机制评价，应当以《企业内部控制基本规范》中有关风险评估的要求，以及各项应用指引中所列主要风险为依据，结合本企业的内部控制制度，对日常经营管理过程中的风险识别、风险分析、应对策略等进行认定和评价。

3.企业组织开展控制活动评价，应当以《企业内部控制基本规范》和各项应用指引中的控制措施为依据，结合本企业的内部控制制度，对相关控制措施的设计和运行情况进行认定和评价。

4.企业组织开展信息与沟通评价，应当以内部信息传递、财务报告、信息系统等相关应用指引为依据，结合本企业的内部控制制度，对信息收集、处理和传递的及时性、反舞弊机制的健全性、财务报告的真实性、信息系统的安全性，以及利用信息系统实施内部控制的有效性等进行认定和评价。

5.企业组织开展内部监督评价，应当以《企业内部控制基本规范》中有关内部监督的要求以及各项应用指引中有关日常管控的规定为依据，结合本企业的内部控制制度，对内部监督机制的有效性进行认定和评价，重点关注监事会、审计委员会、内部审计机构等是否在内部控制设计和运行中有效发挥监督作用。

（二）内部控制评价程序

内部控制评价程序一般包括制定评价工作方案、组成评价工作组、实施现场测试、认定控制缺陷、汇总评价结果、编报评价报告等环节。

（三）对内部控制缺陷的认定

内部控制缺陷包括设计缺陷和运行缺陷，企业对内部控制缺陷的认定应当以日常监督和专项监督为基础，结合年度内部控制评价，由内部控制评价部门进行综合分析后提出认定意见，按照规定的权限和程序进行审核后予以最终认定。

企业在日常监督、专项监督和年度评价工作中，应当充分发挥内部控制评价工作组的作用。内部控制评价工作组应当根据现场测试获取的证据，对内部控制缺陷进行初步认定，并按其影响程度分为重大缺陷、重要缺陷和一般缺陷。

重大缺陷，是指一个或多个控制缺陷的组合，可能导致企业严重偏离控制目标。

重要缺陷，是指一个或多个控制缺陷的组合，其严重程度和经济后果低于重大缺陷，但仍有可能导致企业偏离控制目标。

一般缺陷，是指除重大缺陷、重要缺陷之外的其他缺陷。重大缺陷、重要缺陷和一般缺陷的具体认定标准由企业根据上述要求自行确定。

企业内部控制评价工作组应当建立评价质量交叉复核制度，评价工作组负责人应当对评价工作底稿进行严格审核，并对所认定的评价结果签字确认后，提交企业内部控制评价部门。

企业内部控制评价部门应当编制内部控制缺陷认定汇总表，结合日常监督和专项监督发现的内部控制缺陷及其持续改进情况，对内部控制缺陷及其成因、表现形式和影响程度进行综合分析和全面复核，提出认定意见，并以适当的形式向董事会、监事会或者经理层报告。重大缺陷应当由董事会予以最终认定。

企业对于认定的重大缺陷，应当及时采取应对策略，切实将风险控制在可承受范围内，并追究有关部门或相关人员的责任。

二、内部控制审计

（一）内部控制审计的内容

内部控制审计是通过对被审计单位的内控制度的审查、分析测试、评价，确定其可信程度，从而对内部控制是否有效做出鉴定的一种现代审计方法。

内部控制审计就是确认、评价企业内部控制有效性的过程，包括确认和评价企业控制设计和控制运行缺陷及缺陷等级，分析缺陷形成原因，提出改进内部控制的建议。内部控制审计的目标是检查并评价内部控制的合法性、充分性、有效性及适宜性。

内部控制审计必须由外部机构（会计师事务所）审计，审计委员会和独立董事不能审计，审计委员会负责的是内部控制评价，特别是独立董事如果从事审计就违反了独立性原则，也可以委托不负责年度财务报表审计的会计师事务所开展内部控制审计。审计工作底稿主要内容有：

1.内部控制审计计划及重大修改情况；

2.相关风险评估和选择拟测试的内部控制的主要过程及结果；

3.测试内部控制设计与运行有效性的程序及结果；

4.对识别的控制缺陷的评价；

5.形成的审计结论和意见；

6.其他重要事项。

（二）内部控制审计的程序

1.了解企业的内部控制情况，并做出相应的记录。这是内部控制制度审计的第一步，其主要目的是通过一定手段，了解被审计单位已经建立的内部控制制度及执行的情况，并做出记录、描述。

2.初步评价内部控制的健全性。确认内部控制风险，确定内部控制是否可靠。在对控制环境、控制程序和会计系统进行调查了解，对被审计单位内部控制有一个初步认识的基础上，应对内部控制风险和内部控制的可靠程度做出初步评价。

3.实施符合性测试程序，证实有关内部控制的设计和执行的效果。通过对内部控制进行初步评价，可基本掌握被审计单位内部控制的薄弱环节，为进行符合性测试确定一个前提。

4.评价内部控制的强弱，评价控制风险，确定在内部控制薄弱的环节扩展审计程序，制定实质性审计方案。

第四节 风险管理

一、风险的含义及分类

（一）风险的含义

企业风险，指未来的不确定性对企业实现经营目标的影响。风险是一把双刃剑，在带来收益的同时带来了风险。

（二）风险的分类

点阅读13-4

企业面临的风险可以分为外部风险和内部风险。外部风险主要包括政治风险、法律与合规风险、社会文化风险、技术风险、市场风险等；内部风险主要包括战略风险、运营风险、财务风险等。

1.外部风险

（1）政治风险

政治风险是东道国的政治环境或东道国与其他国家之间政治关系发生改变而给外国投资企业的经济利益带来的不确定性。

（2）法律与合规风险

法律风险是指企业在经营过程中因自身经营行为的不规范或者外部法律环境发生重大变化而造成不利法律后果的可能性。法律风险通常包括三个方面：一是法律环境因素，包括立法不完备、执法不公正等；二是市场主体自身法律意识淡薄，在经营活动中不考虑法律因素等；三是交易方的失信、违约或欺诈等。

合规风险是指因违反法律或监管要求而受到制裁、遭受金融损失以及因未能遵守所适用法律、法规、行为准则或相关标准而给企业信誉带来的损失的可能性。

合规风险侧重于行政责任和道德责任的承担，而法律风险则侧重于民事责任的承担。

（3）社会文化风险

社会文化风险是指文化差异给企业的经营活动带来的不确定性。例如，在跨国经营时要考虑东道国文化与企业母国文化的差异；在并购时，要考虑企业之间的文化差异，在企业组织内部要考虑不同地方的员工之间的文化差异。

（4）技术风险

广义的技术风险是指某一种新技术给某一种行业或某些企业带来增长机会的同时，可能对另一行业或另一些企业带来巨大威胁的可能性。例如，电子商务的兴起对传统实体店产生了不小的冲击。

狭义的技术风险是指技术在创新过程中，由于技术本身的复杂性和其他相关因素的不确定性而导致技术创新遭遇失败的可能性。例如，技术创新难度过高，企业可能在投入大量人力、物力后也很难有成果。

（5）市场风险

市场风险是指企业所面对的外部市场的复杂性和变动性所带来的与经营相关的风险。市场风险至少要考虑以下因素：①产品或服务的价格及供需变化带来的风险；②能源、原材料、配件等物资供应的充足性、稳定性和价格的变化带来的风险；③主要客户、主要供应商的信用风险；④税收政策和利率、汇率、股票价格指数的变化带来的风险；⑤潜在进入者、竞争者、与替代品的竞争带来的风险。

2.内部风险

（1）战略风险

战略风险是指企业在战略管理过程中，由于内外部环境的复杂性和变动性以及主体对环境的认知能力和适应能力的局限性，导致企业整体性损失和战略目标无法实现的可能性。我国《企业内部控制应用指引第2号——发展战略》从企业制定与实施发展战略的角度阐明企业战略风险，具体体现在以下三个方面：①缺乏明确的发展战略或发展战略实施不到位，可能导致企业盲目发展，难以形成竞争优势，丧失发展机遇和动力；②发展战略过于激进，脱离企业实际能力或偏离主业，可能导致企业过度扩张，甚至经营失败；③发展战略因主观原因频繁变动，可能导致资源浪费，甚至危及企业的生存和持续发展。

（2）运营风险

运营风险是指企业在运营过程中，由于内外部环境的复杂性和变动性以及主体对环境的认知能力和适应能力的局限性，导致运营失败或运营活动达不到预期的目标的可能性及损失。依据《中央企业全面风险管理指引》，运营风险至少要考虑以下因素：①企业产品结构、新产品研发方面可能引发的风险；②企业新市场开发，市场营销策略（包括产品或服务定价与销售渠道、市场营销环境状况等）方面可能引发的风险；③企业组织效能、管理现状、企业文化、中高层管理人员和重要业务流程中专业人员的知识结构及专业经验等方面可能引发的风险；④期货等衍生产品业务发生失误带来的风险；⑤质量、安全、环保、信息安全等管理发生失误导致的风险；⑥因企业内、外部人员的道德风险或业务控制系统失灵导致的风险；⑦给企业造成损失的自然灾害等风险；⑧企业现有业务流程和信息系统操作运行情况的监管、运行评价及持续改进能力方面引发的风险。

（3）财务风险

财务风险，是指企业在生产经营过程中由于内、外部环境的各种难以预料或无法控制的不确定性因素的作用，使企业在一定时期内所获取的财务收益与预期收益发生偏差的可能性。财务风险是客观存在的，企业管理者只有采取有效措施来降低财务风险，而不可能完全消除财务风险。

点阅读13-5

二、风险管理

（一）风险管理的含义

风险管理，是指企业围绕总体经营目标，通过在企业管理的各个环节和经营过程中执行风险管理的基本流程培育良好的风险管理文化，建立健全全面风险管理体系，包括风险管理策略、风险管理措施、风险管理的组织职能体系、风险管理信息系统和内部控制系统，从而为实现风险管理的总体目标提供合理保证的过程和方法。

（二）风险管理的目标

风险管理的总体目标包括以下方面：

1.确保将风险控制在与公司总体目标相适应并可承受的范围内。

2.确保内外部，尤其是企业与股东之间实现真实、可靠的信息沟通，包括编制和提供真实、可靠的财务报告。

3.确保遵守有关法律法规。

4.确保企业相关规章制度和为实现经营目标而采取的重大措施得到贯彻执行，保障经营管理的有效性，提高经营活动的效率和效果，降低实现经营目标的不确定性。

5.确保企业建立针对各项重大风险发生后的危机处理计划，保护企业不因灾害性风险或人为失误而遭受重大损失。

（三）风险管理的基本流程

1.收集风险管理初始信息

企业对收集的初始信息应进行必要的筛选、提炼、对比、分类、组合，以便进行风险评估：

（1）在战略风险方面，企业应广泛收集国内外企业战略风险失控导致企业蒙受损失的案例。

(2) 在财务风险方面，企业应广泛收集国内外企业财务风险失控导致危机的案例。

(3) 在市场风险方面，企业应广泛收集国内外企业忽视市场风险、缺乏应对措施导致企业蒙受损失的案例。

(4) 在运营风险方面，企业应至少收集与本企业、本行业相关的信息。

(5) 在法律风险方面，企业应广泛收集国内外企业忽视法律法规风险、缺乏应对措施导致企业蒙受损失的案例。

2.进行风险评估

企业应对收集的风险管理初始信息和企业各项业务管理及其重要业务流程进行风险评估。风险评估包括风险辨识、风险分析、风险评价三个步骤。

(1) 风险辨识是指查找企业各业务单元、各项重要经营活动及其重要业务流程中有无风险，有哪些风险。

(2) 风险分析是对风险及其特征进行辨识，分析和评价风险发生可能性的高低、风险发生的条件。

(3) 风险评价是评估风险对企业实现目标的影响程度、风险的价值等。

进行风险辨识、分析、评价时，应将定性与定量方法相结合。定性方法可采用问卷调查、集体讨论、专家咨询、情景分析、政策分析、行业标杆比较、管理层访谈、由专人主持的工作访谈和调查研究等方式进行。定量方法可采用统计推论（如集中趋势法）、计算机模拟（如蒙特卡罗分析法）、失效模式与影响分析、事件树分析等方式进行。

进行风险定量评估时，应统一制定各风险的度量单位和风险度量模型，并通过测试等方法，确保评估系统的假设前提、参数、数据来源和定量评估程序的合理性和准确性。要根据环境的变化，定期对假设前提和参数进行复核和修改，并将定量评估系统的估算结果与实际效果对比，据此对有关参数进行调整和改进。

风险分析应包括风险之间的关系分析，以便发现各风险之间的自然对冲、风险事件发生的正负相关性等组合效应，从风险策略上对风险进行统一集中管理。

企业在评估多项风险时，应根据对风险发生可能性的高低和对目标的影响程度的评估，绘制风险坐标图，对各项风险进行比较，初步确定对各项风险的管理优先顺序和策略。

企业应对风险管理信息实行动态管理，定期或不定期实施风险辨识、分析、评价，以便对新的风险和原有风险的变化重新评估。

3.制定风险管理策略

风险管理策略是指企业根据自身条件和外部环境，围绕企业发展战略，确定风险偏好、风险承受度、风险管理有效性标准，选择风险承担、风险规避、风险转移、风险转换、风险对冲、风险补偿、风险控制等适合的风险管理工具的总体策略，并确定风险管理所需人力和财力资源的配置原则。

(1) 风险偏好与风险承受度

不同的行为者对风险的态度是存在差异的，一部分人可能喜欢大得大失的刺激，另一部分人则可能更愿意“求稳”。根据投资体对风险的偏好将其分为风险回避者、风险追求者和风险中立者。

①风险回避者。风险回避者选择资产的态度是：当预期收益率相同时，偏好于具有低风险的资产，而对于具有同样风险的资产，则钟情于具有高预期收益率的资产。

②风险追求者。与风险回避者恰恰相反，风险追求者通常主动追求风险，喜欢收益的动荡胜于喜欢收益的稳定。他们选择资产的原则是：当预期收益相同时，选择风险大的资产，因为这会给他们带来更大的效用。

③风险中立者。风险中立者通常既不回避风险，也不主动追求风险。他们选择资产的标准是预期收益的大小，而不管风险状况如何。

（2）风险管理策略工具

制定风险管理策略的一个关键环节是企业应根据不同业务特点确定风险偏好和风险承受度采取不同的风险管理策略工具。

①风险承担。风险承担亦称风险保留、风险自留，是指企业对所面临的风险采取接受的态度。企业面临的风险有很多，通常企业能够明确辨识的风险只占全部风险的一小部分，对未能辨识出的风险，企业只能选择风险承担。

②风险规避。风险规避是指企业回避、停止或退出蕴含某一风险的商业活动或商业环境，避免成为风险的承担者。

③风险转移。风险转移是指企业通过合同将风险转移至第三方，企业对转移后的风险不再拥有所有权。转移风险不会降低其可能的严重程度，只是将风险从一方移除后转移到另一方。

④风险转换。风险转换是指企业通过战略调整等手段将企业面临的风险转换成另一个风险。风险转换的手段包括战略调整和衍生产品等。风险转换一般不会直接降低企业的总风险，其简单形式就是在减少某一风险的同时，增加另一风险。例如，通过放松交易客户信用标准，增加应收账款，扩大销售。企业可以通过风险转换在两个或多个风险之间进行调整，以达到最佳效果。风险转换可以在低成本或者无成本的情况下达到目的。

⑤风险对冲。风险对冲是指采取各种手段，引入多个风险因素或承担多个风险，使得这些风险能够对冲，即这些风险产生的影响互相抵消。常见的例子有使用资产组合、多种外币结算、多种经营等。

⑥风险补偿。风险补偿是指企业对风险可能造成的损失采取适当的措施进行补偿。风险补偿表现在企业主动承担风险，并采取措施以补偿可能的损失。

⑦风险控制。风险控制是指通过控制风险事件发生的动因、环境、条件等来达到减少风险事件发生时的损失或降低风险事件发生的概率等目的。通常影响某一风险的因素有很多，风险控制可以通过控制这些因素中的一个或多个来达到目的。

一般情况下，对战略、财务、运营和法律风险，可采取风险承担、风险规避、风险转换、风险控制等方法。对能够通过金融手段（如保险、期货、对冲基金等）进行理财的风险，可以采用风险转移、风险对冲、风险补偿等方法。

4.提出和实施风险管理解决方案

在制定风险管理策略后，下一阶段是提出和实施风险管理的解决方案。在这一阶段，企业应根据风险管理策略，针对各类风险或每一项重大风险制定风险管理解决方案。该方案一般应包括风险解决的具体目标，所需的组织领导，所涉及的管理及业务流程，所需的条件、手段等资源，风险事件发生前、中、后所采取的具体应对措施以及风险管理工具（如关键风险指标管理、损失事件管理等）。风险管理的解决方案一般分为外部解决和内部解决两种方案

（1）外部解决方案。

外部解决方案一般是指外包。企业制定风险管理的外包解决方案，将风险管理工作外包给投资银行、律师事务所、会计事务所等专业机构，这样可以降低企业的风险，提高效率，但应注重成本与收益的平衡、外包工作的质量、自身商业秘密的保护以及自身对外包产生依赖性等问题，并制定相应的预防和控制措施。

（2）内部解决方案。

内部解决方案一般是指内控方案，内部控制是在一定环境下，单位为了提高经营效率、充分有效地获得和使用各种资源，达到既定管理目标，而在单位内部实施的各种制约和调节的组织、计划、程序和方法。

企业设置的内部控制措施至少应当包括以下内容：①建立内控岗位授权制度。对内控涉及的各岗位明确规定授权的对象、条件、范围和额度等，任何组织和个人不得超越授权做出风险性决定。②建立内控报告制度。明确规定报告人与接受报告人，报告的时间、内容、频率、传递路线、负责处理报告的部门和人员等。③建立内控批准制度。对内控所涉及的重要事项，明确规定批准的程序、条件、范围和额度、必备文件以及有权批准的部门和人员及其相应责任。④建立内控责任制度。按照权利、义务和责任相统一的原则，明确规定各有关部门和业务单位、岗位、人员应负的责任和奖惩制度。⑤建立内控审计检查制度。结合内控的有关要求、方法、标准与流程，明确规定审计检查的对象、内容、方式和负责审计检查的部门等。⑥建立内控考核评价制度。具备条件的企业应把各业务单位风险管理执行情况与绩效薪酬挂钩。⑦建立重大风险预警制度。对重大风险进行持续不断的监测，及时发布预警信息，制定应急预案，并根据情况变化调整控制措施。⑧建立健全以总法律顾问制度为核心的企业法律顾问制度。大力加强企业法律风险防范机制建设，形成由企业决策层主导、企业总法律顾问牵头、企业法律顾问提供业务保障、全体员工共同参与的法律风险责任体系。完善企业重大法律纠纷案件的备案管理制度。⑨建立重要岗位权力制衡制度，明确规定不相容职责的分离，主要包括授权批准、业务经办、会计记录、财产保管和稽核检查等职责。对内控所涉及的重要岗位：A.可设置一岗双人，双职、双责，相互制约；B.明确该岗位的上级部门或人员对其应采取的监督措施和应负的监督责任；C.将该岗位作为内部审计的重点。

5.风险管理的监督与改进

风险管理最后一个流程是风险管理的监督与改进。企业应以重大风险、重大事件和重大决策、重要管理及业务流程为重点，对风险管理初始信息、风险评估、风险管理策略、关键控制活动及风险管理解决方案的实施情况进行监督，采用压力测试、返回测试、穿行测试以及风险控制自我评估等方法对风险管理的有效性进行检验，根据变化情况和存在的缺陷及时加以改进。

企业应建立贯穿于整个风险管理基本流程，连接各上下级、各部门和业务单位的风险管理信息沟通渠道，确保信息沟通的及时、准确、完整，为风险管理监督与改进奠定基础。

企业各有关部门和业务单位应定期对风险管理工作进行自查和检验，及时发现缺陷并改进，其检查、检验报告应及时报送企业风险管理职能部门。

企业风险管理职能部门应定期对各部门和业务单位的风险管理工作实施情况和有效性进行检查和检验，对跨部门和业务单位的风险管理解决方案进行评价，提出调整或改进建议，出具评价和建议报告，及时报送企业总经理或其委托分管风险管理工作的高级管理人员。

企业内部审计部门应至少每年一次对包括风险管理职能部门在内的各有关部门和业务单位就能否按照有关规定开展风险管理工作及其工作效果进行监督评价，监督评价报告应直接报送董事会或董事会下设的风险管理委员会和审计委员会。此项工作也可结合年度审计、任期审计或专项审计工作一并开展。

企业可聘请有资质、信誉好、风险管理专业能力强的中介机构对企业全面风险管理工作进行评价，出具风险管理评估和建议专项报告。该报告一般应包括实施情况、存在缺陷和改进建议：(1) 风险管理基本流程与风险管理策略；(2) 企业重大风险、重大事件和重要管理及业务流程的风险管理、内部控制系统的建设；(3) 风险管理组织体系与信息系统；(4) 全面风险管理总体目标。

◆思政园地

中国内部控制法律体系建设

内部控制概念的提出迄今为止已经超过50年。1949年美国注册会计师协会（AICPA）的审计程序委员会在《内部控制：一种协调制度要素及其对管理当局和独立注册会计师的重要性》的报告中，首次对内部控制做了定义，随后由美国会计学会（AAA）、美国注册会计师协会（AICPA）、国际内部审计师协会（IIA）、高级财务管理人员协会（FEI）和美国管理会计师协会（IMA）等团体联合发起的组织委员会（COSO）发布报告，将内部控制分为控制环境、风险评估、控制活动、信息与沟通和监控五个相互关联的要素。

1996年12月，中国注册会计师协会发布了《独立审计具体准则第9号——内部控制与审计风险》。1999年1月，我国颁布了《中华人民共和国会计法》明确各单位应当建立健全本单位内部会计监督制度。2001年6月，财政部发布了《内部会计控制规范——基本规范（试行）》。为了加强和规范企业内部控制，提高企业经营管理水平和风险防范能力，促进企业可持续发展，维护社会主义市场经济秩序和社会公众利益，财政部、审计署、银监会、证监会和保监会五部委根据《中华人民共和国公司法》《中华人民共和国证券法》《中华人民共和国会计法》，以及其他有关法律法规，制定了《企业内部控制基本规范》，于2009年7月1日起在中国境内的大中型企业开始实施。这标志着我国关于企业内部控制的建设与实施取得了实质性进展。

资料来源：李莉.论企业内部控制的风险管理机制［J］. 企业经济，2021（31）.

◆章小结

内部控制，是单位内部建立的使各项业务活动互相联系、互相制约的措施、方法和规程，其目标是合理保证企业经营管理合法合规、资产安全、财务报告及相关信息真实完整，旨在提高经营效率和效果，促进企业实现发展战略。内部控制的产生和发展经历了六个阶段：内部牵制阶段、内部控制制度阶段、会计控制与管理控制阶段、内部控制结构阶段、内部控制整合框架阶段、全面风险管理阶段。内部控制的要素主要包括内部环境、风险评估、控制活动、信息与沟通、监督等，其中风险管理相关的要素为目标设定、事项识别、风险评估和风险应对。我国出台的专门的内部控制规范体系包括内部控制基本规范、内部控制应用指引、内部控制评价指引、内部控制审计指引等。

◆关键术语听与读

关键术语听读13

◎Internal Control（内部控制）：The internal control is a system or plan of accounting and financial organization within a business comprising all the methods and measures necessary for safeguarding its assets, checking the accuracy of its accounting data or otherwise substantiating its financial statements, and policing previously adopted rules, procedures, and policies as to compliance and effectiveness.

◎Internal Environment（内部环境）：The internal environment is the set of standards, processes, and structures that provide the basis for carrying out internal control across the organization.

◎Risk Assessment（风险评估）：The risk assessment involves a dynamic and iterative process for identifying and assessing risks to the achievement of objectives.

◎Control Activities（控制活动）：The control activities are the actions established through policies and procedures that help ensure that management's directives to mitigate risks to the achievement of objectives are carried out

◎Information and Communication（信息与沟通）：The information and communication refers to the information is necessary for the entity to carry out internal control responsibilities to support the achievement of its objectives.

◎Internal Supervision（内部监督）：The internal supervision, also called internal monitoring, refers to the ongoing evaluations, separate evaluations, or some combination of the two are used to ascertain whether each of the five components of internal control, including controls to affect the principles within each component, is present and functioning.

◎Application Guidelines（应用指引）：The application guidelines to the internal control refer to the directive guidelines and practices of the implementation of the internal control.

◎Evaluation Guidelines（评价指引）：The evaluation guidelines to the internal control refer to the directives to guide the evaluation of the effectiveness of internal control.

◎Major Defects（重大缺陷）：The major defects are the weaknesses and faultiness of the internal control，which consist of inherit and control defects.

◎Auditing Directives（审计指引）：The auditing directives refer to the principles and practices to guide the auditing firm and the certified public accountants to implement the auditing process.

◎Risk Management（风险管理）：The risk management is a system of preventing or reducing the likelihood that the possibilities of certain risks will occur，or reducing the losses.

◎Risk Preference（风险偏好）：The risk preference is the tendency to choose a risky or less risky option at the time of making a decision that involves risk.

◆回顾与思考

1.企业为什么要建立内部控制系统？
2.内部控制目标具体包括哪些内容？
3.内部控制主要包括哪些内容？
4.风险管理的目标是什么？它与内部控制的目标有何异同？

◆章习题

1.单项选择题

（1）下列有关风险的说法中，错误的是（　　）。

A.风险是客观存在的　　B.风险可以被测量
C.风险一般能够导致变革和机会　　D.企业风险与企业战略无关

（2）由于所在的市场竞争激烈，甲公司决定退出该市场。甲公司采用的风险管理策略是（　　）。

A.风险承担　　B.风险规避　　C.风险转移　　D.风险对冲

（3）丙公司通过放宽交易客户信用标准，增加应收账款，扩大销售。其采用的风险管理策略是（　　）。

A.风险转移　　B.风险转换　　C.风险对冲　　D.风险控制

（4）甲公司与银行签订了应急资本协议，规定在灾害发生时，由银行提供资本以保证公司的持续经营。此时该公司所采用的风险管理策略是（　　）。

A.风险承担　　B.风险规避　　C.风险对冲　　D.风险补偿

（5）东平公司在董事会下设立风险管理委员会，下列属于风险管理委员会职责的是（　　）。

A.督导企业风险管理文化的培育　　B.执行风险管理基本流程
C.审议风险管理策略　　D.研究并提出全面风险管理工作报告

（6）按照《企业内部控制基本规范》，（　　）要求企业应当根据风险分析的结果，结合风险承受程度，权衡风险与收益，确定风险应对策略。

A.内部环境　　B.风险评估　　C.控制活动　　D.内部监督

(7) 东平集团利用信息技术促进信息的集成与共享，充分发挥信息技术在内部控制中的作用。这体现了内部控制要素中的（　　）。

A.控制环境　　B.风险评估　　C.信息与沟通　　D.控制活动

(8)（　　）不是内部控制的五要素。

A.内部环境　　B.风险管理　　C.控制活动　　D.内部监督

(9)（　　）不是风险评估的步骤。

A.风险辨识　　B.风险分析　　C.风险评价　　D.风险应对

(10)（　　）不属于风险管理工具。

A.风险承担　　B.风险转移　　C.风险补偿　　D.风险消除

2.多项选择题

(1) 下列各项中，属于现代市场经济风险观念的有（　　）。

A.对风险的反应是接受和责备　　B.认为风险是可预测、可度量的负面因素

C.认为风险是可管理、可操纵的机会　　D.应对风险的机制是系统改善

(2) 下列关于企业进行风险评估的表述中，正确的有（　　）。

A.进行风险评估时，应将定性与定量方法相结合

B.进行风险定性评估时，应统一制定各风险的度量单位和风险度量模型

C.风险评价是对辨识出的风险及其特征进行的明确定义和描述，分析和描述风险发生可能性的高低、风险发生的条件

D.企业应对风险管理信息实行动态管理，定期或不定期地实施风险评估

(3) 下列选项中，属于风险管理策略的组成部分的有（　　）。

A.风险偏好和风险承受度　　B.全面风险管理的有效性标准

C.全面风险管理的资源配置　　D.风险管理的工具选择

(4) 下列情形中，适宜采用风险承担的有（　　）。

A.企业缺乏能力进行主动管理

B.企业未能辨识出的风险

C.企业从成本效益方面考虑，这一方案是最适合的方案

D.企业没有其他备选方案

(5) 根据《企业内部控制基本规范》，下列各项中属于企业建立内部控制体系时应达到的目标的有（　　）。

A.合理保证企业经营管理的合法合规

B.合理保证企业资产的安全

C.合理保证企业财务报告及相关信息的真实完整

D.提高企业的经营效率和效果

3.判断题

(1) 风险管理流程的第一步是收集风险管理初始信息。（　　）

(2) 企业风险管理具有战略性、全员化、专业性、二重性、系统性的特点。（　　）

(3) 全面风险管理的目标是转移或避免风险。（　　）

(4) 运营风险属于内部风险。（　　）

(5) 技术风险属于内部风险。（　　）

◆国际视野

《萨班斯-奥克斯利法案》与内部控制

“安然事件”后，美国总统发表讲话，严厉谴责了安然公司及其高管的不法行为，反思了美国政府对公司管理及财务舞弊的失察。随后，美国司法部门及时介入调查，并对涉案高管采取法律措施。2002年7月，美国国会及时出台《萨班斯-奥克斯利法案》，对财务会计造假和舞弊行为施以“重拳”，提出了一系列会计监管措施。2002年7月15日，大洋彼岸的美国，《萨班斯-奥克斯利法案》正式生效。同日，中国企业内部控制标准委员会、会计师事务所内部治理指导委员会在北京正式成立。看似巧合，实则东西方两大国度都将掀起内部控制风暴。

《萨班斯-奥克斯利法案》可供我们借鉴之处至少有以下几点：

第一，政府必须对企业进行监管，尤其对上市公司这样的公众企业而言，政府监管更是不可或缺。2001年11月，美国安然公司财务会计报告造假事件曝光，安然股票市值从每股最高90美元暴跌至不足1美元，广大股民遭受惨痛损失，资本市场震荡。

第二，抓住矛盾的主要方面，管住高管。纵观近年来的会计造假丑闻，无论是“国产”的琼民源、郑百文、银广夏、中航油、科龙电器，还是“进口”的安然、美国世通、默克制药、帕玛拉特，无一不是董事长、首席执行官、首席财务官等企业高管主使、指使或“亲自操刀”所为。管住企业，首先要管住高管。企业诚信，首先要高管诚信；否则，道德与诚信只能是投资者心中的“海市蜃楼”。《萨班斯-奥克斯利法案》302条款规定，上市公司的首席财务官（CFO）、首席执行官（CEO）必须在披露的财务会计报告上“签字画押”，向公众和投资者承诺本企业的财务会计报告真实可靠，绝对没有造假。承诺之后就是对“说谎”者的严厉处罚。

第三，不能忽视对会计师事务所的内部治理和外部监管。“安然事件”后，作为多年为安然公司提供审计服务的安达信会计师事务所被世人诟病，表面上看是审计失败，实质上是串通作弊，最终导致会计师事务所“五大”变“四大”——1913年由阿瑟·安达信教授创办的享誉全球的安达信会计师事务所破产。《萨班斯-奥克斯利法案》要求对财务会计信息出具审计报告的会计师事务所必须对审计结果签字承诺，为管理层的内控保证做出再证明，而且要客观地披露公司的内控缺陷，违者同样严惩不贷。

第四，完善内部控制。《萨班斯-奥克斯利法案》中最著名、最复杂、最难操作的是404条款，它规定在美国上市的公司，必须建立完善的内部控制体系，包括控制环境、风险评估、控制行为、信息沟通和监督5个部分。对内控的要求十分严格、详尽。

面对作假舞弊手法层出不穷、日新月异的现实，要求企业内部控制细化到每一环节，无所不尽其极，真正做到“没有人不被控制，没有环节不被控制”，涵盖了企业运营的每个领域。比如，每笔付款的时间要记录在案，办公用品的采购与审批要分岗位、派专人等。随之而来的是，实施404条款所带来的巨额成本，据测算，汇丰银行的实施成本是2 840万美元，通用电气则高达3 000万美元，而中国在美国上市的46家公司在人力、财力、时间、资源方面的投入则更高。

完善我国的市场经济体制，内部控制标准体系的建设尤为重要，它是企业防范风险、控制舞弊的“防火墙”。中共十六届五中全会和国家“十一五”规划纲要都指出，要完善公司治理、健全内控机制。《会计法》第二十七条也要求各单位必须建立、健全本单位内部控制制度。我们应认真贯彻中央精神，通过实施内部控制、完善治理结构、规范权力运行、强化监督约束、制约徇私舞弊，逐步创建既融合国际先进经验，又体现自主创新，具有中国特色和影响力的企业内部控制标准体系。

资料来源：何静.萨班斯法案与公司内部控制［J］. 中国农业会计，2008（8）.

◆推荐阅读

［1］白华.COSO内部控制结构之谜［J］. 会计研究，2015（2）.

［2］陈汉文，李荣.财务呈报内部控制审计准则的国际发展［J］. 审计与经济研究，2007（3）.

［3］陈汉文，吴益兵，李荣，等.萨班斯法案条款：后续进展［J］. 会计研究，2005（2）.

［4］樊行健，肖光红.关于企业内部控制本质与概念的理论反思［J］. 会计研究，2014（2）.

［5］方红星，陈作华.高质量内部控制能有效应对特质风险和系统风险吗？［J］. 会计研究，2015（4）.

［6］冯巧根.风险管理与内部控制［M］. 北京：人民邮电出版社，2019.

［7］胡晓明，许婷.公司治理与内部控制［M］. 2版.北京：人民邮电出版社，2018.

［8］李风鸣.内部控制学［M］. 北京：北京大学出版社，2002.

［9］马建威.建筑行业企业内部控制建设［J］. 智能建筑，2006（7）.

［10］企业内部控制编审委员会.企业内部控制基本规范及配套指引案例讲解（2021年版）［M］. 上海：立信会计出版社，2010.

［11］王晶，彭博，熊焰韧，等.内部控制有效性与会计信息质量［J］. 会计研究，2014（8）.

［12］张子英.国外企业内部控制研究的最新进展综述［J］. 东岳论丛，2012（8）.

第十四章

非企业会计

章案例

紧跟时代步伐的政府会计

中国财政部会计司巡视员李玉环2019年4月26日在北京出席“第十四届中国CFO大会”时发表讲话称，要全面深化会计改革与发展，形成中国特色的政府会计准则体系。李玉环认为，总体来讲，会计行业已成为经济社会发展不可或缺的重要的专业领域，在提升企事业单位会计信息质量和决策管理水平，服务金融资本市场和支持国家经济建设方面发挥着不可替代的作用。

李玉环还提到在会计标准化建设方面应关注五大内容：一是加强政府会计体系建设，继续制定和出台与政府会计相关的具体准则和应用指南，确保在2020年以前形成中国特色的政府会计准则体系；二是完善企业会计准则体系，密切关注准则实施过程中出现的新情况、新问题，完善相关准则解释和运用指南；三是推进内部控制规范体系建设，加强对企业内部控制规范、行政事业单位内部控制规范的贯彻实施工作，通过上市公司内部控制报告分析、行政事业单位内部控制报告分析等措施密切监测、评价有关单位实施内部控制的情况，推动各类单位加强内部控制建设；四是推动管理会计的广泛运用，在基本建成以管理会计基本指引为统领，管理应用指南为具体指导，管理会计案例示范为补充的管理会计指引体系的基础上，采取政策宣传、经验交流、成果推广、人员培训、理论探讨等形式，深入推动管理会计的广泛运用；五是加强会计信息化建设，不断完善企业会计准则通用分类标准，推动监管部门在各自监管领域制定和实施监管扩展分类标准，同时密切关注大数据、人工智能等新技术发展对会计工作的影响。

资料来源：佚名.在2020年前形成中国特色的政府会计准则体系．[EB/OL]．[2019-04-26] .https://baijiahao.baidu.com/s?id=1631875939982406482&wfr=spider&for=pc.

学习目标

通过本章的学习，希望您能够：

- 了解非企业单位的概念、特征和分类
- 理解非企业单位会计要素的含义
- 熟悉非企业单位会计类型及其含义

- 掌握非企业单位会计核算基础

第一节　非企业会计概述

一、非企业单位的含义及特征

非企业单位是相对于企业单位而言的，是具有一定公益性质的机构，主要形式为政府与非营利组织。

政府是指国家进行统治和社会管理的机关，以国家的存在为基本前提。国家是一个由一定人群居住在一起而构成的社会实体。当人们群居而组成社会实体后就需要有国家赖以生存和发展的机构，包括各种国家机构，如权力机构、行政机构、专政机构等。

非营利组织是指在政府部门和以营利为目的的企业之外的，不以营利为目的组织。比如，从事公益事业的一切志愿团体、组织或民间协会。非营利组织的目标通常是支持或处理个人关心或者公众关注的议题或事件。非营利组织所涉及的领域非常广，包括艺术、慈善、教育、政治、宗教、学术、环保等。

点阅读 14-1

二、非企业会计的分类

会计是对经济活动的确认、计量、记录和报告。会计的主体不同、经济活动方式不同，经济活动的核算方式也就不同。非企业单位区别于企业，非企业会计独立于企业会计，是一个独立的完整会计体系。

非企业会计是指非企业单位的会计。非企业单位一般指政府和非营利单位，非企业会计分为政府会计和非营利组织会计两个部分。

（一）政府会计

一般认为，**政府会计**是主要用于确认、计量、记录和报告政府和政府单位的财务收支活动及其受托责任履行情况的会计。这里的“政府”是一个广义的概念，其主体可以是一级政府，也可以是公务单位和公立非营利组织，甚至是公营企业。政府会计主要分为三类：

1.财政总预算会计，是指各级政府部门核算和监督政府预算执行和各项财政性资金收支活动情况及结果的专业会计，其主要职责是进行会计核算、反映预算执行、实施会计监督、参与预算管理、合理调度资金。

2.行政单位会计，是指各级行政机关和实行行政财务管理的其他机关（包括各级权力机关、审判机关和检察机关）核算和监督本单位财务收支活动情况及其结果的专业会计，是预算会计的一个组成部分。

3.事业单位会计，是指各类国有企业事业单位核算和监督本单位财务收支活动情况及其结果的专业会计。

（二）非营利组织会计

非营利组织会计是非营利组织以货币为主要计量单位，对非营利组织的财务收支活动进行连续、系统、综合的记录、计量和报告，以价值指标客观反映业务活动的过程，从而为业务管理和其他相关的管理工作提供信息的活动。

点阅读 14-2

三、非企业会计基础内容

（一）会计目标

非企业财务会计目标强调公共受托责任履行，主要回答为谁服务、向谁提供信息以及提供什么信息等问题。根据国际公共部门会计准则委员会（IPSASB）的规定，政府与非营利组织财务报告的目标是为通用财务报告者提供有关报告主体的信息，这些信息有助于评价报告主体的受托责任以及进行资源分配、政治和社会方面的决策。

（二）会计信息质量特征

会计信息质量特征的通俗含义是会计信息的质量标准，指财务报告提供的信息是对使用者有用的那些信息，即什么样的会计信息才算是有用或有助于决策。

1.美国政府会计准则委员会（GASB）规定的会计信息质量特征

（1）可理解性。它要求会计提供的信息要便于使用者理解和利用。它包含两个要求：①会计信息应当清晰明了。②会计要提供对决策使用者有用的信息，不应因某些使用者难以理解而排除某些复杂的内容或放弃某种提供方式。

（2）相关性。它要求企业提供的会计信息应当与财务报表使用者的经济决策需要相关。相关性要求会计信息应及时，并有预测价值和反馈价值。

（3）可靠性。它要求企业提供的会计信息能如实地反映情况，并能通过核实用户来保证企业反映的情况的质量。可靠性要求会计信息可复核、中立和真实。

（4）可比性。它要求对数据按照相同的会计方法处理，会计指标口径一致，相互可比，包括会计信息的横向可比和纵向可比。

（5）重要性。凡是对信息使用者评价企业经营责任和进行经济决策产生重大影响的信息就属于重要信息。如果该信息被省略或有差错，将会对评价和决策产生重大影响，那么该信息属于重要信息，对于重要信息可采用单独列报、详细说明等方式来向信息使用者提供。

（6）效益大于成本。它要求使用会计信息带来的效益应当超过提供会计信息所发生的成本。这一要求对于及时性、可靠性、重要性都会产生一定的约束。

2.政府及非营利组织会计的特殊质量特征

我国《财政总预算会计制度》中还提出：（1）合规性原则。即总预算会计信息应当符合《中华人民共和国预算法》的要求，适用国家宏观经济管理和上级财政部门及本级政府对财政管理的需要。（2）专款专用原则。即凡是有指定用途的资金，必须按规定的用途使用。《民间非营利组织会计制度》中还提出配比、历史成本、谨慎性、划分费用化支出和资本化支出等原则。

（三）会计核算基础

1.中国政府与非营利组织会计核算基础

中国政府会计的主体是各级财政部门和行政单位。《财政总预算会计制度》规定，总预算会计核算以收付实现制为基础。《财政部关于〈财政总预算会计制度〉暂行补充规定》进一步规定，中央财政总预算会计的个别事项可以采用权责发生制。

2.中国民间非营利组织会计核算基础

《民间非营利组织会计制度》规定，非营利组织会计核算一般以权责发生制为基础。

实务中，大部分民间非营利组织已采用权责发生制作为会计基础进行核算。

（四）会计要素的确认

1.非企业会计要素确认的特点

（1）非企业单位的资产很难进行定义。非企业单位的资产包括自然资源、继承资产、基础设施资产、国防资产、无形资产等。因缺乏可靠计量而使资产不能被确认时，为反映这类资产，单位往往以附注的形式进行披露。

（2）非企业单位的负债也很难进行定义。政府存在货币发行、环境负债、雇员养老金负债等特殊负债，同时很难把政府的合约或法律义务与政治承诺、提供一般福利的社会责任间接地进行区分。与企业的有限责任相比，民主政府倾向于扩大自身的责任，这会导致更高的财政预算和经常性的财政赤字。

（3）非企业单位的收入和费用存在非匹配性。政府提供的公共物品具有垄断性，公共物品的非排他性使得不付费者也能消费，因此需要通过税收等非交换性的交易对其进行融资。这些特征使得产品或服务的提供和收入的确认失去了关联，使公共组织的收入和费用无法进行匹配。同时，由于政府和公众间的许多交易和事项带有强制性从而加剧了收入和费用的非匹配性。另外，政府的运营报表按资源流动性进行确认和计量，不注重计量政府的服务和成就。

2.非企业会计要素的确认

FASB规定了资产、负债、净资产、收入、费用、利得和损失7个适用于政府与非营利组织的会计要素。IASB则将收入和利得合并为广义的收入，将费用和损失合并为广义的费用，形成了资产、负债、净资产、收入和支出5个会计要素。

（1）资产。**资产**是指由于过去的交易或事项形成的，由政府主体拥有或控制的，能带来未来服务潜能或经济利益的经济资源。营利组织会计中的资产强调的是经济利益，而政府和非营利组织会计中的资产强调的是未来服务潜能。

（2）负债。**负债**是指由过去的交易或事项形成的，由政府主动承担的现时义务，该义务将导致未来资源的流出。

（3）净资产。**净资产**是资产扣除负债之后的余额。政府和非营利组织的净资产没有所有权的归属，不能用于分配，这是其与营利组织净资产的主要区别。

（4）收入。**收入**是未来经济利益的流入或增加，或者支出的节约，具体表现为资产的增加或负债的减少。营利组织的收入具有交易性和有偿性的特征，如销售收入，而政府和非营利组织的大部分收入是以无偿的方式取得的，具有无偿性和非交易性的特征，如税收收入和捐赠收入。

（5）费用。**费用**是指政府及非营利组织开展业务及其他活动发生的资源流出、资金耗费和损失。这些支出包括日常运营资本支出，长期借款本金的偿还和利息的支付，拨款或补助支出等。

中国政府与非营利组织会计要素分别通过《财政总预算会计制度》、《政府会计准则》和《民间非营利组织会计制度》进行规范。

第二节　政府会计

一、政府会计标准体系

我国的政府会计标准体系由政府会计基本准则、具体准则及应用指南和政府会计报告制度等组成。

（一）政府会计核算模式

1.政府会计核算模式的演变

1988年，我国政府通过包括财政总预算会计制度、行政单位会计制度和事业单位会计制度在内的预算会计制度体系，规范了各级政府管理部门在预算执行过程中的会计核算，取代传统的指令性计划、所有权控制和行政管制，成为各级政府施政的主要工具之一。由于会计核算和预算高度一致，当时预算会计制度体系对于适应市场经济，满足国家宏观调控和加强财政资金管理起了重要的作用。

随后，由于市场经济的进一步发展，我国逐步开始进行部门预算、收支两条线、政府采购、国库单一账户体系等预算管理制度改革，预算会计的环境发生了巨大变化。由财政总预算会计制度、行政单位会计制度和事业单位会计制度所形成的三套会计科目和相应的会计报表体系所带来的会计信息越来越不便于新历史阶段的信息使用者的需要。这些会计信息不便于绩效考核，使得政府财政透明度不强。为了使政府会计体系所提供的会计信息具有全面性和相关性，为了更好地完成政府职能转换及公共财政体制的构建，开始建立政府财务会计。政府财务会计应和政府预算会计共同构成政府会计体系，并定期、全面、连续、系统地反映和监督政府债权、债务、对外投资、现金流量、公共财产受托责任履行、政府绩效考评等情况，以提供满足相关要求的会计信息。

2.政府会计和预算会计的适度分离

政府会计由预算会计和财务会计构成，预算会计和财务会计相互分离又相互统一，通过两种制度并行的方式完整记录政府经济活动。

预算会计和财务会计实行“双功能”、“双基础”以及“双报告”制度。“双功能”，是指政府会计应当实现预算会计和财务会计双重功能。预算会计应准确、完整地反映政府预算收入、预算支出和预算结余等预算执行信息，财务会计应全面、准确地反映政府的资产、负债、净资产、收入、费用等财务信息。“双基础”，是指预算会计实行收付实现制，国务院另有规定的，从其规定，财务会计实行权责发生制。“双报告”，是指政府会计主体应当编制决算报告和财务报告。政府决算报告以预算会计核算生成的数据为准；政府财务报告的编制主要以权责发生制为基础，以财务会计核算生成的数据为准。

（二）政府预算会计和政府财务会计的“相互衔接”

政府预算会计和政府财务会计适度分离，并不是要求政府会计主体分别建立预算会计和财务会计两套账，对同一笔经济业务或事项进行会计核算，而是要求政府预算会计要素和财务会计要素相互协调，决算报告和财务报告相互补充，共同反映政府会计主体的预算执行信息和财务信息。

二、政府会计核算

政府财务会计要素包括：资产、负债、净资产、收入、支出、结余。由于政府经济活动的特殊性质，政府会计核算采用预算会计和财务会计“双轨并行”的方式记录政府经济活动。

（一）预算会计

1.预算会计概述

预算会计是指以预算管理为中心的经济管理活动，是核算、反映和监督各级政府财政预算及行政、事业单位预算执行情况的一门专业会计。

（1）预算会计的特征

从预算会计概念的表述中可以得知，预算会计的概念主要表现在以下两个方面：①预算会计是以预算管理为中心的一门专业会计。政府财政总预算和行政事业单位预算，是经过法定程序批准的政府财政及行政事业单位的财务收支计划。预算一旦经过审批，就具有法律效力，要依法执行，加强管理。预算会计作为会计学在政府财政总预算及行政事业单位预算中的运用，是围绕加强政府财政总预算及行政事业单位预算的管理展开的。②预算会计的主体是各级政府及行政单位和使用财政资金的各类事业单位。

2.预算会计的作用

（1）通过会计信息，分析预算收支执行情况，有助于年度预算的顺利实现。各级预算会计提供的收支核算资料，是编报预算收支执行情况的数字基础，各级部门可以据以此向同级政府汇报预算收支的执行情况，以便机关领导了解和掌握预算执行进度，了解出现的问题，并根据实际情况，对有关财经政策作出相应的决策，从而更好地促使预算的顺利实现。

（2）通过预算收支的核算，实行会计监督，促进增收节支。收支的核算要通过预算会计办理，预算执行情况，也要通过财政总预算会计反映，因此预算会计有条件也有必要对预算的收支执行情况进行必要的会计监督。在收入方面，监督有关部门和单位应缴的各项预算收入是否及时、足额入库，预算收入的退库是否符合国家的有关规定等。在支出方面，监督预算拨款是否按核定预算拨付，有无超预算的拨款等。通过对各项收支的会计监督，发现问题，提出改进意见，促进增收节支，更好地为预算执行和管理服务。

（3）妥善调度资金，保证预算资金按计划及时供应。由于季节性关系，预算收支执行的进度往往是不一致的，有时会出现季度或月份之间收支不平衡，预算会计要根据库存情况，做出妥善和合理的安排，同时要掌握和分析情况，对可以及早缴纳的预算收入，督促有关方面及时缴纳，合理调度资金，尽力使资金能按预算、按计划供应，促进各项生产建设和事业行政任务顺利完成。

3.预算会计要素

政府预算会计要素包括预算收入、预算支出与预算结余。其满足基本等式：

预算结余=预算收入-预算支出

政府预算收入按收入的性质和来源可划分为税收收入、社会保险基金收入、非税收入、贷款转贷回收本金收入、债务收入和转移性收入等。

政府预算支出根据政府职能分为一般公共服务支出、外交支出、国防支出、公共安全支出、教育支出、科学技术支出、文化体育与传媒支出、社会保障支出、社会保险基金支出、医疗卫生支出、节能环保支出、城乡社区事务支出、交通运输支出、国债还本付息支出、其他支出和转移性支出等。

（二）政府财务会计

政府财务会计是用于确认、计量、记录政府的财政交易或事项，报告政府管理国家公共事务、运用公共财务资源及受托责任履行情况的信息系统。政府财务会计主要反映政府机构在特定期间财政交易细节的运营状况以及反映政府在特定期间财政资金收支情况。政府财务报告是向各级人民代表大会常务委员会、债权人反映政府整体财务状况、运行情况和财政中长期可持续性的报告。

政府财务会计要素包括资产、负债、净资产，且满足等式：资产-负债=净资产。

（三）单位会计核算一般原则

单位应当根据政府会计准则（包括基本准则和具体准则）规定的原则和政府会计制度的要求，对其发生的各项经济业务或事项进行会计核算。

1.单位预算会计

单位预算会计采用收付实现制，国务院另有规定的从其规定。预算会计恒等式为：预算收入-预算支出=预算结余。

2.单位财务会计

单位财务会计实行权责发生制，可以用来反映单位的财务状况和运行状况，本期盈余账户期末无余额，经分配后最终转入净资产账户。反映单位财务状况的等式为：资产-负债=净资产；反映运行状况的等式为：收入-费用=本期盈余。

三、政府会计的确认与计量

（一）国库集中支付业务

实行国库集中支付的单位，财政资金的支付方式包括财政直接支付和财政授权支付。

1.财政直接支付的程序

在这种支付方式下，单位提出支付申请，由财政部门发出支付指令，再由代理银行经办资金支付。单位应于收到财政直接支付入账通知书时，按入账通知书中标明的金额确认财政拨款收入，同时计入相关支出或增记相关资产。年度终了，单位依据本年度财政直接支付预算指标与当年财政直接支付实际支出数的差额，确认财政拨款收入并增记财政应返还额度。下一年度恢复财政直接支付额度后，单位在发生实际支出时，做冲减财政应返还额度的会计处理。恢复时，不做会计处理。

为了核算国库直接支付业务，在财务会计中，设置“财政拨款收入”“零余额账户用款额度”“财政应返还额度”等科目，在预算会计中，设置“财政拨款预算收入”“资金结存——零余额账户用款额度”“资金结存——财政应返还额度”等科目。

【例14-1】20×1年6月3日，某事业单位根据经过批准的部门预算和用款计划，向同级财政部门申请第二季度电费46 500元，6月7日，财政部门审核后，以财政直接支付的方式向电力公司支付该笔款项，6月18日，该单位收到财政直接支付入账通知书。该单位账务处理如下：

在预算会计中：

借：行政支出　46 500

　贷：财政拨款预算收入　46 500

在财务会计中：

借：单位管理费用　46 500

　贷：财政拨款收入　46 500

【例14-2】接上例，20×1年12月31日，该事业单位财政直接支付指标与实际支出数相差60 000元。该单位账务处理如下：

在预算会计中：

借：资金结存——财政应返还额度　60 000

　贷：财政拨款预算收入　60 000

在财务会计中：

借：财政应返还额度　60 000

　贷：财政拨款收入　60 000

【例14-3】接上例，20×1年年初，财政部门恢复了该单位直接支付额度。20×1年1月10日，该单位以财政直接支付的方式购买了一批办公用品，价值3 000元。该单位账务处理如下：

在预算会计中：

借：行政支出　3 000

　贷：资金结存——财政应返还额度　3 000

在财务会计中：

借：库存商品　3 000

　贷：财政应返还额度　3 000

2.财政授权支付的程序

在这种支付方式下，单位申请到的是用款限额而不是存入单位账户的实有资金，单位可以在用款限额内自行开具支付令，再由代理银行向收款人付款。单位应于收到授权支付到账通知书时，按照通知书标明的数额确认财政拨款收入，并增记零余额账户用款额度。支用额度时做冲减零余额账户用款额度的会计处理。年度终了，单位依据代理银行提供的对账单注销额度时，增记财政应返还额度，并冲减零余额账户用款额度。如果单位本年度财政授权支付预算指标大于零余额账户用款额度下达数，则应当根据两者的差额，确认财政拨款收入并增记财政应返还额度。下年年初恢复额度或下年度收到财政部门批复的上年年末未下达零余额账户用款额度时，做冲减财政应返还额度的会计处理。

【例14-4】20×1年1月10日，某单位根据上级批准的部门预算和用款计划，向同级财政部门申请财政授权支付额度500 000元，1月25日，财政部门审核后，批准了400 000元的用款额度。2月6日，该单位收到授权支付通知书。此时，该单位的账务处理如下：

在预算会计中：

借：资金结存——零余额账户用款额度　400 000

　贷：财政拨款预算收入　400 000

在财务会计中：

借：零余额账户用款额度　400 000

贷：财政拨款收入 400 000

【例14-5】接上例，4月5日，该单位为支付上季度水电费向代理银行签发32 500元的支付令，4月12日，银行支付该笔款项。4月15日，该单位收到银行的授权支付到账通知书，此时账务处理如下：

在预算会计中：

借：事业支出 32 500

贷：资金结存——零余额账户用款额度 32 500

在财务会计中：

借：单位管理费用 32 500

贷：零余额账户用款额度 32 500

【例14-6】接上例，20×1年12月31日，该单位与代理银行进行对账，确认无误后，将60 000元零余额账户用款额度予以注销。该单位的账务处理如下：

在预算会计中：

借：资金结存——财政应返还额度 60 000

贷：资金结存——零余额账户用款额度 60 000

在财务会计中：

借：财政应返还额度 60 000

贷：零余额账户用款额度 60 000

【例14-7】接上例，本年度末，该单位财政授权支付预算指标数为500 000元，零余额账户用款额度下达数为450 000元，未下达用款额度为50 000元，该单位的账务处理如下：

在预算会计中：

借：资金结存——财政应返还额度 50 000

贷：财政拨款预算收入 50 000

在财务会计中：

借：财政应返还额度——财政授权支付 50 000

贷：财政拨款收入 50 000

【例14-8】接上例，20×1年，该单位收到银行提供的额度恢复到账通知。该单位的账务处理如下：

在预算会计中：

借：资金结存——零余额账户用款额度 60 000

贷：资金结存——财政应返还额度 60 000

在财务会计中：

借：零余额账户用款额度 60 000

贷：财政应返还额度 60 000

【例14-9】接上例，单位收到财政部门批复的上年年末未下达零余额账户用款额度。该单位账务处理如下：

在预算会计中：

借：资金结存——零余额账户用款额度 50 000

贷：资金结存——财政应返还额度　50 000

在财务会计中：

借：零余额账户用款额度　50 000

贷：财政应返还额度——财政授权支付　50 000

（二）非财政拨款收支业务

政府单位的收支业务除了国库集中支付外，还包括事业活动、经营活动等形成的收支。其中，对于纳入单位预算管理的现金收支业务，单位进行预算会计核算的同时要进行财务会计核算。

1.事业（预算）收入

事业收入是指事业单位开展专业业务活动及其辅助活动实现的收入。为了核算事业收入，单位在预算会计中应当设置“事业预算收入”科目，采用收付实现制；在财务会计中应当设置“事业收入”科目，采用权责发生制。事业活动中涉及增值税的，事业收入按照实际收到的金额扣除增值税之后的金额入账。

【例14-10】20×1年6月，某科研事业单位对外开展技术咨询，增值税专用发票上注明收入为300 000元，增值税税额为9 000元，款项已存入银行。该单位账务处理如下：

（1）收到劳务收入。

在财务会计中：

借：银行存款　309 000

贷：事业收入　300 000

应交税费——应交增值税（销项税额）　9 000

在预算会计中：

借：资金结存——货币资金　309 000

贷：事业预算收入　309 000

（2）实际缴纳增值税。

在财务会计中：

借：应交税费——应交增值税（销项税额）　9 000

贷：银行存款　9 000

在预算会计中：

借：事业支出　9 000

贷：资金结存——货币资金　9 000

2.捐赠收入和支出

捐赠收入是指单位接受其他单位或者个人捐赠取得的收入，包括现金捐赠和非现金捐赠收入，捐赠预算收入是指单位接受的现金资产。捐赠支出，是指单位对外捐赠的支出，当对外捐赠非现金资产时，在财务会计中应同时将资产的账面价值转出，未发生资金支付的，不在财务会计中处理。在核算捐赠收入和支出时，当收到或捐出的捐赠为现金资产时，在预算会计中设置“资金结存”“其他预算收入”“其他支出”科目进行核算，在财务会计中设置“银行存款”“捐赠收入”科目进行核算；当收到的捐赠为固定资产、存货等非现金资产时，在预算会计中，如果发生相关税费、运输费等，则应设置“其他支出”“资金结存”科目进行核算，如果没有，则不做处理；在财务会计中设置“银行存款”

“资产处置费用”等科目进行核算。

【14-11】接上例，该单位20×1年2月13日接受塑晨公司捐赠的实验材料，塑晨公司提供的凭据表明该批实验材料的价值为160 000元，该单位以银行存款支付运输费3 000元。此时，该单位的账务处理如下：

在财务会计中：

借：库存商品　　163 000

　贷：捐赠收入　　160 000

　　　银行存款　　3 000

在预算会计中：

借：其他支出　　3 000

　贷：资金结存——货币资金　　3 000

【14-12】接上例，塑晨公司在捐赠材料的同时，为了支持相关研究，向科研单位捐赠了200 000元现金，以银行存款支付，款项该科研单位已收到。该单位的账务处理如下：

在财务会计中：

借：银行存款　　200 000

　贷：捐赠收入　　200 000

在预算会计中：

借：资金结存——货币资金　　200 000

　贷：其他预算收入——捐赠　　200 000

3.债务预算收入和债务还本支出

债务预算收入是指事业单位按照规定从银行和其他金融机构等借入的、纳入部门预算管理的、不以财政资金作为偿还来源的债务本金。**债务还本支出**是指事业单位偿还自身承担的纳入预算管理的从金融机构举借的债务本金的流出。事业单位为了核算借款及债务预算，应当在预算会计下设置“债务预算收入”和“债务还本支出”科目，在财务会计下设置“短期借款”“长期借款”“应付利息”等科目。

（三）预算结转结余及分配

事业单位应当严格区分财政拨款结转结余和非财政拨款结转结余。财政拨款结转结余不参与事业单位的结余分配，单独设置“财政拨款结转”和“财政拨款结余”科目核算。非财政拨款结转结余通过设置“非财政拨款结转”“非财政拨款结余”“专用结余”“经营结余”“非财政拨款结余分配”等科目核算。

1.财政拨款结余的核算

单位在预算会计中应当设置“财政拨款结余”科目，核算单位滚存的财政拨款项目支出资金。年末结转后，本科目除“累计结余”明细科目外，其他明细科目应无余额。

【例14-13】20×0年12月，财政部门拨付某事业单位基本支出补助3 000 000元，“事业支出”科目下，财政拨款基本支出和项目支出均为2 500 000元，月末，该事业单位将本月财政拨款收入和支出进行结转，并转入结余。该单位账务处理如下：

（1）12月月末结转。

借：财政拨款预算收入——基本支出　　3 000 000

贷：财政拨款结转 3 000 000

借：财政拨款结转 2 500 000

贷：事业支出 2 500 000

（2）将结转转入结余。

借：财政拨款结转 500 000

贷：财政拨款结余 500 000

2.非财政拨款结转的核算

非财政拨款结转资金是指事业单位除财政拨款收支、经营收支以外的各非同级财政拨款专项资金收入与其支出相抵后剩余滚存的、须按规定用途使用的结转资金。单位应当在预算会计中设置"非财政拨款结转"科目，核算单位除财政拨款收支、经营收支以外各非同级财政拨款专项资金的调整、结转和滚存情况。

【例 14-14】20×1 年 1 月，某科研单位启动一个项目，收到上级主管部门拨付的非财政专项资金 3 000 000 元，为该项目支出 2 300 000 元，20×1 年 12 月，该项目结项，经上级部门批准，该笔经费继续留归本单位使用。该单位的会计处理如下：

（1）收到款项。

借：银行存款 3 000 000

贷：上级补助收入 3 000 000

借：资金结存——货币资金 3 000 000

贷：上级补助预算收入 3 000 000

（2）发生科研支出。

借：业务活动费用 2 300 000

贷：银行存款 2 300 000

借：事业支出——非财政专项资金支出 2 300 000

贷：资金结存——货币资金 2 300 000

（3）科研专项补助收入和支出结转。

借：上级补助预算收入 3 000 000

贷：非财政拨款结转 3 000 000

借：非财政拨款结转 2 300 000

贷：事业支出——非财政专项资金支出 2 300 000

（4）经批准，结余资金留给本单位使用时。

借：非财政拨款结转——累计结转 700 000

贷：非财政拨款结余——结转转入 700 000

3.经营结余的核算

事业单位应当在预算会计中设置"经营结余"科目。期末，事业单位应当结转本期经营收支。根据经营预算收入本期发生额，借记"经营预算收入"科目，贷记"经营结余"科目；根据经营支出本期发生额，借记"经营结余"科目，贷记"经营支出"科目。年末，如"经营结余"科目为贷方余额，则将余额结转入"非财政拨款结余分配"科目，借记"经营结余"科目，贷记"非财政拨款结余分配"科目；如为借方余额，为经营亏损，不予结转。

4.其他结余的核算

单位应当在预算会计中设置“其他结余”科目，核算单位本年度除财政拨款收支、非同级财政专项资金收支和经营收支以外各项收支相抵后的余额。

5.非财政拨款结余分配的核算

事业单位应当在预算会计中设置“非财政拨款结余分配”科目，核算事业单位本年度非财政拨款结余分配的情况和结果。年末，事业单位应将“其他结余”科目余额和“经营结余”科目贷方余额转入“非财政拨款结余分配”科目。根据有关规定提取专用基金的，按照提取的金额，借记“非财政拨款结余分配”科目，贷记“专用结余”科目；同时在财务会计中按照相同金额，借记“本年盈余分配”科目，贷记“专用基金”科目。然后，将“非财政拨款结余分配”科目余额转入非财政拨款结余。

四、政府财务报告和决算报告

1.政府财务报告

政府财务报告是反映政府会计主体某一特定日期的财务状况、某一会计期间的运行情况和现金流量等信息的文件。

2.政府决算报告

政府决算报告是综合反映政府会计主体年度预算收支执行结果的文件。

第三节　民间非营利组织会计

一、民间非营利组织会计的特点

民间非营利组织会计具有如下特点：

1.以权责发生制为会计核算基础。

2.在采用历史成本计价的基础上，引入公允价值计量基础。

3.由于民间非营利组织资源提供者既不享有组织的所有权，也不取得经济回报，因此，其会计要素不应包括所有者权益和利润，而是设置了净资产这一要素。

4.由于民间非营利组织采用权责发生制作为会计核算基础，因此设置了费用要素，而没有使用行政、事业单位的支出要素。

二、民间非营利组织的会计要素

民间非营利组织会计要素划分为反映财务状况的会计要素和反映业务活动情况的会计要素。反映财务状况的会计要素包括资产、负债和净资产，其会计等式为：资产-负债=净资产；反映业务活动情况的会计要素包括收入和费用，其会计等式为：收入-费用=资产变动额。

三、民间非营利组织会计核算

民间非营利组织会计核算涉及的内容主要包括：

1.捐赠业务

捐赠属于非交换交易的一种，通常是指某个单位或个人自愿地将现金或其他资产无偿地转让给另一个单位或个人，或者无偿地清偿或取消该单位或个人的负债。为了核算捐赠业务，单位一般会设置“捐赠收入”科目进行核算，如果捐赠金额为专项资金，则在明细中可具体进行限定，对于接受的附条件捐赠，如果需要偿还全部或部分捐赠资产，则按须偿还金额借记“管理费用”科目，贷记“其他应付款”科目。

【例 14-15】20×1 年 3 月 24 日，某公益组织收到阳光公司捐赠款项 5 000 000 元，捐赠协议规定，该款项专门用于购置防疫物资，款项已到账。该公益组织的账务处理如下：

借：银行存款　　5 000 000

　贷：捐赠收入——限定性收入　　5 000 000

【例 14-16】接上例，20×1 年 4 月 11 日，该专项资金被用于购置防疫物资，支出 3 500 000 元。该公益组织的账务处理如下：

借：业务活动成本　　3 500 000

　贷：银行存款　　3 500 000

【例 14-17】接上例，该专项资金再无发生支出，20×1 年 12 月 31 日，该公益组织对该专项资金进行结转。该公益组织的账务处理如下：

借：捐赠收入——限定性资产　　5 000 000

　贷：限定性净资产　　1 500 000

　　业务活动成本　　3 500 000

【例 14-18】接上例，20×2 年 3 月，由于疫情基本结束，该项资金不再被限定用途，由该公益组织按需支配。该公益组织的账务处理如下：

借：限定性净资产　　1 500 000

　贷：非限定性净资产　　1 500 000

2.受托代理业务

受托代理业务是指民间非营利组织从委托方收到受托资产，并按照委托人的意愿将资产转赠给指定的其他组织或者个人的受托代理过程。在受托代理业务中，民间非营利组织只是起到中介的作用。民间非营利组织的受托代理业务与其通常从事的捐赠活动存在本质上的差异。该项业务核算，一般通过“受托代理资产”“受托代理负债”等科目进行核算。收到受托资产时，在确认受托资产的同时，应当确认一项受托资产负债。出现委托业务时做反向处理。

【例 14-19】接上例，20×1 年 4 月 28 日，腾跃公司委托该非营利组织向某山区捐赠电脑 60 台，总价值 240 000 元，该组织接受该项业务委托，20×1 年 7 月 1 日，该项捐赠实际发生。此时，该非营利组织的账务处理如下：

20×1 年 4 月 28 日，接受委托时：

借：受托代理资产　　240 000

　贷：受托代理负债　　240 000

20×1 年 7 月 1 日，捐赠实际发生时：

借：受托代理负债　　240 000

　贷：受托代理资产　　240 000

3.会费收入

会费收入是指民间非营利组织根据相关规定向会员收取的会费。民间非营利组织会费收入为非限定性收入，通常属于非交换交易收入。一般通过“会费收入”科目进行核算，收到款项时，在确认资产的同时确认收入。按照权责发生制原则，对应于以后期间确认的会费，在收到时作为预收款项入账。期末，将相关资金由“会费收入”科目转入“限定性净资产”或“非限定性净资产”科目，期末“会费收入”科目一般无余额。

4.业务活动成本

业务活动成本是指民间非营利组织为了实现其业务活动目标、开展某项目活动或者提供服务所发生的费用。如果民间非营利组织接受政府提供的专项资金补助，可以在“政府补助收入——限定性收入”科目下设置“专项补助收入”明细科目进行核算；同时，在“业务活动成本”科目下设置“专项补助成本”明细科目，归集当期为专项资金补助项目发生的所有费用。业务活动成本相关科目金额期末转入净资产相关科目，期末一般无余额。

5.净资产

按照是否受到限制，民间非营利组织的净资产分为限定性净资产和非限定性净资产。民间非营利组织应当设置“限定性净资产”科目来核算本单位的限定性净资产，并可根据本单位的具体情况和实际需要，在“限定性净资产”科目下设置相应的明细科目。民间非营利组织取得的收入、发生的支出最终都要归集到此科目，因此该科目反映的是该组织最终掌握的经济资源。

四、民间非营利组织财务会计报告

民间非营利组织的财务会计报告由会计报表、会计报表附注和财务情况说明书组成。会计报表至少应当包括资产负债表、业务活动表和现金流量表3张基本报表，附注侧重于披露编制会计报表所采用的会计政策、已经在会计报表中得到反映的重要项目的具体说明和未在会计报表中得到反映的重要信息的说明等内容。

民间非营利组织的财务会计报告分为年度财务会计报告和中期财务会计报告。民间非营利组织在编制中期财务会计报告时，应当采用与年度会计报表相一致的确认与计量原则。中期财务会计报告的内容相对于年度财务会计报告而言可以适当简化，但仍应保证包括与理解中期期末财务状况和中期业务活动情况及其现金流量相关的重要财务信息。

点阅读14-3

◆**思政园地**

从党政领导干部经济责任审计视角看政府会计改革

我国确立了国家治理体系和治理能力现代化的改革总目标，同时我国政府在会计改革纲领性文件——《权责发生制政府综合财务报告制度改革方案》中，确立了关于权责发生制综合财务报告的基本原则、指导思想、总体目标等一系列章程，推动了政府会计的改革，建立了完整的政府汇集体系。同时，改革方案也提出了力争在2020年建立具有中国特色的政府会计准则体系和权责发生制政府综合财务报告制度。

在这种情况下，政府会计和政府审计之间的关系得到了确立：政府审计是政府会计发展、改革的推动力，而政府会计是政府审计的对象。二者相互促进，推动国家经济的发展。中国自改革开放以来，经济、政治和文化的发展举世瞩目，但也存在一些问题。若处理不好这些问题，就会损害人民群众的利益，尤其是在政府会计改革方面。为了更好地促进政府会计改革，更好地实施政府会计改革方案，党政领导干部经济责任审计对于政府会计改革的作用就格外重要了。

资料来源：陈平泽，刘秋东.从党政干部经济责任审计视角看政府会计改革［J］.财会月刊，2016（21）.

◆章小结

简单地说，组织可以分为企业组织和非企业组织，企业组织以营利为目的，非企业组织属于非营利组织，包括行政机构、事业单位和民间非营利组织。非企业组织会计又分为政府会计和民间非营利组织会计，政府会计可以进一步分为财政总预算会计、行政单位会计、事业单位会计。政府及非营利组织在运营环境和复杂多样的组织形式方面不同于营利组织，这使得政府及非营利组织形成了不同于营利组织的多样化的会计目标、会计假设、会计信息质量标准、会计确认以及计量等，从而形成了不同于营利组织的多样化的会计准则体系。随着我国政治经济体制改革的不断深入，财政管理体制的改革也在不断推动着我国非企业会计的整体变革。

◆关键术语听与读

◎Non-enterprise Accounting（非企业会计）：Non-enterprise accounting refers to the accounting of organizations other than enterprises， that is the governmental agencies and institutions and other non-profit organizations.

关键术语听与读14

◎Net Assets（净资产）：Net assets，also called net worth，are the total assets of an organization minus its total liabilities，especially non-profit.

◎Expenditures（支出）：The expenditures refer to the spending of money on something，or the money that is spened on something.

◎Balance（结余）：The balance，also known as surplus，is the remaining of assets after deducting the expenditures especially in a non-profit.

◎National Treasury（国库）：The national treasury is the governmental department that deals with the national treasury.

◎Financial Allocation（财政拨款）：The financial allocation refers to the monetary allocation to a certain organization from the national treasury.

◎Government Grant（政府补助）：The government grant，also known as government subsidies，or public assistance，refers to the commission or bonus from government.

◎Membership Dues（会费）：The membership dues，also called membership fees，refer to the amount of money that the members of an organization submit for participating.

◎Non-profit organization（非营利组织）：A non-profit organization，also known as an NPO，is an entity that funnels any surplus funds back into the operation of the organization，rather than distributing that surplus to owners or investors.

◎Budget Accounting（预算会计）：The budget accounting is a bookkeeping account of the process of implementing a budget and an estimate of expenditures of budget institutions and organizations.

◆回顾与思考

点阅读 14-4

1.企业、政府、民间非营利组织的区别是什么？

2.企业会计、政府会计和非营利组织会计的区别是什么？

3.政府会计核算中，财务会计和预算会计如何“适度分离”又相互统一？

4.政府会计和非营利组织会计的基本等式是什么？它与企业会计的等式有什么异同？

5.什么是国库集中支付？什么是国库授权支付？二者的区别是什么？

◆章习题

1.多项选择题

（1）下列属于政府会计要素的是（　　）。

A.资产　　B.负债　　C.所有者权益　　D.净资产

（2）下列属于非企业会计质量信息特征的是（　　）。

A.效益大于成本　　B.重要性　　C.相关性　　D.可靠性

（3）行政单位主要包括（　　）。

A.国家权力机关　　B.行政机关　　C.检察机关　　D.司法机关

（4）行政事业单位主要是从事（　　）的单位。

A.教育　　B.科技　　C.文化　　D.卫生

（5）下列属于民间非营利组织基本特征的是（　　）。

A.民间非营利组织不以营利为宗旨和目的

B.资源提供者不以取得经济回报为目标

C.资源提供者享有民间非营利组织的所有权

D.民间非营利组织的净资产既不属于该组织所有，也不属于出资者所有

（6）民间非营利组织的基本形式主要有（　　）。

A.社会团体　　B.基金会

C.民办非企业单位　　D.宗教活动场所

（7）我国预算会计体系主要包括（　　）。

A.财政总预算会计　　　　　　　　　　B.行政会计
C.事业单位会计　　　　　　　　　　　D.民间非营利组织会计

2.判断题

(1) 政府会计涉及资金业务时应同时使用预算会计和财务会计两种计算基础计量。（　　）

(2) 财政专项资金期末要进行结转、结余分配。（　　）

(3) 民间非营利组织的资源提供者不以取得经济回报为目标。（　　）

(4) 民间非营利组织的形式主要包括社会团体、基金会、民办非企业单位等。（　　）

(5) 民间非营利组织财务会计报告由会计报表、会计报表附注和财务情况说明书组成。（　　）

(6) 非营利组织取得会费收入的当期应当确认会费收入。（　　）

◆国际视野

美国政府会计情况

一、美国政府的基本概况

美国是一个典型的联邦制国家，有联邦政府、州政府和地方政府。州政府和联邦政府之间有明确的权责划分，州政府与联邦政府之间保持相对独立；由于有各自的宪法，州和州之间也保持相对独立；州以下的地方政府则实行较高程度的地方自治。大部分政府职能由市县一级地方政府承担，法律的执行、防火、公共教育以及水电等公共服务都由地方政府提供。州政府负责环保、道路养护和建设、大专院校管理以及其他工作。联邦政府担负了国防、社会保障和一些其他职能。各州经过州立法机构的批准就可以借款筹资，而无须经过联邦政府立法机构。各州政府通常直接向银行和公众借款。

美国政府这种相互独立的关系，导致其要制定一套能被各级政府所承认和接受的财务报告准则比较困难，因此美国没有统一的政府会计，联邦政府、州政府和地方政府分别有由不同机构负责制定的自己的政府会计准则。美国出现的两个层次的政府会计是由美国的政治体制和政府结构所决定的。在美国，人们普遍认为，州政府和地方政府的活动与公民的切身利益更加相关，而且州政府会计和地方政府会计的相关内容被纳入了美国的注册会计师考试范围，因此美国州政府和地方政府会计更为人们关注和熟悉。

二、美国政府会计改革情况

在美国政府会计改革的过程中，联邦政府、州政府及地方政府分别经历了不同的、独立的发展过程，但又有着趋同的发展倾向。

1.州政府会计改革和地方政府会计改革

美国州政府会计改革和地方政府会计改革经历了相当长的时间。早在19世纪90年代就有人提出将商业的会计程序和方法引入地方政府的财务管理中，建议采用权责发生制会计基础和复式记账法，通过政府资产负债表对政府运行能力进行衡量，人们将改善政府财务记录视为反腐败、完善公共管理和提高政府效率的有效途径。到20世纪30年代早期，美国陷入经济大萧条，一些地方政府无力偿债，地方政府会计准则问题开始受到重视。1934年，成立了全国地方政府会计委员会（NCMA），制定并发布了一些地方政府会计原则，提倡通过统一术语和账户结构来加强会计和预算制度的联系，强调预算、会计和财务信息的协调一致，并要求使用权责发生制会计，但并不要求对一般固定资产计提折旧。

20世纪70年代，美国许多地方发生了财政危机，暴露出会计实践的薄弱环节，为此，政府会计再次进行改革，与早期改革的重点放在法律合规性和财政管理方面不同，这次改革将重点放在体现政府对权益者的受托责任上。1974年，美国全国政府会计理事会（NCGA）取代了全国地方政府会计委员会，开始负责制定和发布政府会计准则公告。为了提高州政府和地方政府的会计质量，1984年美国财务会计基金会（FAF）批准成立了美国政府会计准则委员会（GASB），由其取代美国全国政府会计理事会，负责制定和发布政府会计准则。

2.联邦政府会计改革

1949年，联邦政府曾收到采用权责发生制的建议，但没有被联邦政府采纳。20世纪30年代至20世纪90年代初期，美国在联邦政府会计准则应是由行政部门（财政部或管理和预算局）来制定还是由立法部门（会计总署）制定这一问题上一直存在争论。1990年，美国财政部、管理和预算局、会计总署达成共同组建联邦会计准则咨询委员会（FASAB）的协议，并规定FASAB制定的联邦会计准则须得到财政部、管理和预算局、会计总署同意后，方可公布实施。FASAB在对政府会计信息和财务报告的使用需求进行研究的基础上，提出了联邦财务报告的目标并制定了报告模式，同时强调要按定期的营运结果报告财务状况，主张实行权责发生制。

美国联邦政府会计改革晚于州政府和地方政府，但经过几十年，联邦政府、州政府及地方政府的会计准则在主要方面日益趋同，最明显的表现是政府会计和财务报告目标从主要的预算执行工具转向政府向权益人说明其受托责任，以及要求采用权责发生制基础编制政府整体的合并财务报表。

资料来源：中华人民共和国财政部.美国政府会计情况［EB/OL］.［2008-06-20］. http://gks.mof.gov.cn/guojijiejian/200806/t20080620_47681.htm.

◆推荐阅读

［1］蔡宁，胡杨成，张彬.企业与非营利组织合作获取竞争优势的机理［J］. 科学学研究，2006（3）.

［2］陈小悦，陈璇.政府会计目标及其相关问题的理论探讨［J］. 会计研究，2005（11）.

［3］陈文涓.财政总预算会计核算内容的扩展——从政府收支分类视角分析［J］. 审计与经济研究，2006（6）.

［4］扶松茂.美国政府与民间非营利组织之间的制度规范研究［J］. 天津行政学院学报，2010（5）.

[5] 教育部财务司.千方百计把准方向 不折不扣落到实处 [N]. 中国会计报，2019-09-06.

[6] 金光日.事业单位会计引入权责发生制的构想 [J]. 财政监督，2012（17）.

[7] 梁廷鹏.民间非营利组织会计监管失效的原因及其相关措施 [J]. 财务与会计，2005（6）.

[8] 李建发.规范民间非营利组织会计行为促进非营利事业蓬勃发展——学习《民间非营利组织会计制度》的几点体会 [J]. 会计研究，2004（11）.

[9] 李强，王智宁.对改进我国总预算会计核算基础的建议 [J]. 财务与会计，2005（11）.

[10] 马建威.民间非营利组织会计制度实施及改进措施 [J]. 商业会计，2006（10）.

[11] 王丽洁，张玉周.中国政府财务会计体系建设及其与预算会计的协调 [J]. 北京大学学报，2007（5）.

[12] 王庆成.论我国非企业会计组成体系的构建 [J]. 会计研究，2004（4）.

[13] 张琦，张娟，程晓佳.我国政府预算会计系统的构建研究 [J]. 会计研究，2011（1）.

[14] 张曾莲.公共财务与政府会计的研究历程与趋势 [J]. 南京审计学院学报，2008（1）.

[15] 种金睿.有关政府财务报告和审计制度的三个问答 [N]. 中国审计报，2021-03-03.

[16] 中南财经政法大学政府会计研究所.预计负债的核算 [N]. 中国会计报，2019-03-29.

第十五章

管理控制系统

章案例

小投机 大损失

某航空公司飞机维护部的考评标准以维修费用预算完成情况作为考评依据，年维修费用预算100万元，年维修费用少于100万元的给予奖励，超过100万元的给予处罚。这种考核方式是否合理？

某一次飞机降落在武汉后，维修部人员检查到飞机出现故障，武汉现有人员无法解决该故障，维修部能排除该故障的人员被派往了江西，经理有权命令江西的维修人员返回武汉，但如果江西的维修人员返回武汉机场排除故障，当晚就来不及返回江西，面临的问题是：如需返回，费用要增加1 000元（1 000元从维修预算内扣除），停留在武汉的飞机不能正常起飞，一天的损失是20万元～30万元（费用由航空公司支付），所以维修部未让维修人员返回。

该案例中，维修部为了节约1 000元，使航空公司蒙受了20万元～30万元的损失，出现这类问题的原因主要有：员工职业道德缺失、航空公司自身所采取的激励政策不合理、相关考核指标不健全以及信息不对称等一系列问题。很显然，该航空公司的管理控制系统出现了问题，那么该如何解决呢？

资料来源：编者根据百度文库管理学案例的材料，编写整理。

学习目标

通过本章的学习，希望您能够：

- 了解企业建立管理控制系统的基础及主要事项
- 理解管理控制系统的含义及作用
- 熟悉管理控制系统的基础

第一节 管理控制系统概述

一、管理控制系统的定义和目标

点阅读 15-1

管理是人们为实现一定目的而进行的一种活动，是管理者在特定的环境下对其所辖范围内的资源进行组织，有目的地进行计划、组织、指挥、协调、控制，通过对组织资源的优化配置，有效实现组织目标的社会活动。**控制**是指控制主体按照给定的条件和目标，对控制客体施加影响的过程和行为。**系统**是由若干部分组成的，这些部分可能是一些个体和零件，也可能其本身就是一个系统（称为子系统）。系统有一定的结构，一个系统是其构成要素的集合，这些要素相互联系、相互制约。系统内部各要素之间相对稳定的联系方式、组织秩序及关系的内在表现形式，就是系统的结构。例如，信息系统的功能是进行信息的收集、传递、储存、加工、维护和使用，辅助决策者进行决策，帮助企业实现目标。与此同时，我们还要从以下方面对系统进行理解：

1. 系统是由各部件组成的，而部件处于运动之中。
2. 各部件之间相互联系，密不可分。
3. 系统的功能大于各部件功能之和，即协同效应。
4. 系统的状态是可以转换、可以控制的。

系统在实际应用中总是以特定系统出现，如消化系统、生物系统、教育系统等，其前面的修饰词描述了研究对象的物质特点，即“物性”，而“系统”一词则代表所述对象的整体性。

（一）管理控制系统的含义

管理控制系统是指构成管理行为的计划、策略及奖惩的组合。管埋控制系统是指一种管理过程中所形成的权责结构，这种权责结构相应地表现为一定的决策结构、领导结构和信息结构。管理控制系统是管理会计的一个重要组成部分，在管理者的日常管理和战略管理中占据极其重要的地位。

假如在组织成员之间分派活动与责任所采取的必要行动，导致企业整体的目标和策略极可能受个人不同需求的影响而有些许变化，那么所有的组织成员都需要受到管控。正因为如此，赋予经理人员责任以促成公司的一致性是很重要的。

（二）管理控制系统的目标

管理控制系统的目标是激励管理人员及员工，运用有效的方法来达成企业的目标，企业可以通过不同的管理方式来使这些目标达成。

二、管理控制系统的类型

管理控制系统主要分为产出控制与行为控制两种类型。

（一）产出控制

产出控制是指对企业战略活动结果的控制，如对质量、成本和性能等指标的控制。产出控制的基础是对定量数据的测定，如销售额、财务或生产记录等。这两类控制是不能相互代替的，产出控制用来提供对工作成绩的证明，但是当工作成绩已众所周知而需要用个人观察的方法来提高效率时，就应该进行行为控制。在确定大型、复杂的组织以及这些组织内部主要的下属单位的工作成绩时，最常使用的是产出控制，它可以使一个组织能够将其工作成绩与其他组织的工作成绩进行比较，也可以比较其内部各下属单位的工作成绩。

（二）行为控制

行为控制是指直接对人们的具体活动进行控制，它是以直接的个人观察为基础的。当工作成绩的要求或标准已众所周知而需要用个人观察来提高效率时，企业通常运用行为控制。行为控制是管理者组织与建立的一套用来提高绩效的组织控制系统，也是激励员工的方法之一，其控制机制有三种：直接监督、目标管理、行政控制。

1.直接监督。行为控制的最直接、最有效的方式是直接监督。通过这种方式，管理者可以根据需要积极监控和观察下属的行为，告诉他们哪些是适当行为，哪些是不适当行为，并采取纠正行动进行干预。管理者可以通过范例对员工进行引导，以提高他们的工作效率。

2.目标管理。目标管理是对下属实现特定组织目标或业绩标准、执行运营预算的能力进行评估的系统。与产出目标中的组织目标比较而言，前者着眼于组织整体的目标，重在结果，而目标管理则更适合于在小部门使用。大多数组织只在较小的范围内使用目标管理，因为它们设定的目标没有意义，随后也无法评估它们是否实现，而只能由上级部门为之设立目标，以便进行过程控制。

3.行政控制。当直接监督的成本过高，目标管理又不合适时，管理者可以转向另一种塑造和激励员工行为的机制——行政控制。行政控制是一种由规则和标准操作程序（塑造和规范事业部、职能部门和员工个人的行为）组成的综合系统控制。

第二节　管理控制系统的基础

管理控制系统是以某种形式的财务衡量指标为基础的；一个特定的财务目标能够说明经理人所面对的议题与决策事项，如增加销售量或利润。

一、成本中心

成本中心（或称费用中心），是指归集和分配费用的单位。工业企业为了划分所属各生产部门成本计算和成本控制的职责范围，通常设立若干成本中心。成本中心只控制成本，无控制销售收入的职责。

成本中心具有只考虑成本费用，只对可控成本承担责任，只对责任成本进行考核和控制的特点。其中，可控成本具备三个条件，即可以预计、可以计量和可以控制。

在日常的经营过程中，需要通过各种管理技术和方法的应用来提高效率，达到降低成本的目的。因此，成本中心在日常控制中应遵循以下基本原则。

1.成本控制与服务质量控制相结合的原则

成本控制的目的在于加强管理、促进经营合理化。经营是否合理取决于两个方面：一是对客户的服务管理水平；二是费用水平。如果只重视经营成本的降低，则有可能影响到客户的服务质量，这是行不通的。因此，在进行成本控制的同时，必须将服务质量控制与成本控制相结合，正确处理降低成本与提高服务质量的关系，从二者的最佳结合入手，谋求效益的提高。

2.局部控制与整体控制相结合的原则

这里所说的局部控制是指对某一功能或环节所耗成本的控制，而系统控制是指全部成本的整体控制。控制成本最重要的原则是对总成本进行控制，企业（单位）是以整个系统作为基础的，这就要求企业（单位）将整个系统与各个辅助系统有机结合起来进行整体控制。

3.全面控制与重点控制相结合的原则

企业（单位）的经营系统是一个多环节、多领域、多功能的全方位的开放系统，这一特点也从根本上要求管理者在进行成本控制的同时，必须遵循全面控制的原则。强调成本的全面控制，并非要求将影响成本的所有因素都事无巨细、一律平等地控制起来，而是应按照项目管理的原则，实施重点控制。

4.经济控制与技术控制相结合的原则

该原则要求企业（单位）把成本日常管理与经济规律相结合，进行成本的综合管理和控制。实施成本控制必须遵循经济规律，广泛利用信息、奖金、定额、利润等因素以及责任结算、业绩考核等经济手段。

5.专业控制与全员控制相结合的原则

与形成成本的有关部门进行合作共同实施成本控制是必要的，这也是这些部门的基本职责之一。有了全员的成本控制，形成严密的成本控制网络，可以有效把握物流成本形成过程中的各个环节和各个方面，厉行节约、杜绝浪费，降低物流成本，保证物流合理化措施的顺利进行。

二、利润中心

利润中心，是指拥有产品或劳务的生产经营决策权，既对成本负责，又对收入和利润负责的责任中心，它有独立或相对独立的收入和生产经营决策权。从战略和组织的角度来看，利润中心被称为战略经营单位或事业部。在公司内部，利润中心视同一个独立的经营个体，在原材料采购、产品开发、产品制造、产品销售、人事管理、流动资金使用等经营上享有很高的独立性和自主权，能够编制独立的利润表，并以其盈亏金额来评估其经营绩效。

一般说来，利润中心应将其产品大部分销售给外部客户，而且对于大部分原材料、商品和服务都有权选择来源。在利润中心，由于管理者没有责任和权力决定该中心资产的投资水平，因此利润就是其最佳业绩计量标准。采用适当方法计量的利润是分析利润中心价值创造能力的一个短期指标。

利润中心的类型包括自然利润中心和人为利润中心两种。自然利润中心具有全面的产品销售权、价格制定权、材料采购权及生产决策权。人为利润中心也有部分经营权，能自主决定本利润中心的产品品种（含劳务）、产品产量、作业方法、人员调配、资金使用等。

一般来说，只要能够制定出合理的内部转移价格，就可以将企业大多数生产半成品或提供劳务的成本中心改造成利润中心，对利润中心的考核指标主要是利润，任何一个企业的业绩衡量指标都不能全面反映出该单位的全部经济后果，利润指标也是在如此。因此，需要补充一些非货币化的衡量指标，包括生产率、市场地位、产品质量、职工态度和社会责任等。

总之，企业（单位）推行利润中心制度的目的在于变革组织结构以达成公司的策略规划。

三、投资中心

投资中心是既对成本、收入和利润负责，又对投资效果负责的责任中心。比如，大型集团所属的子公司、分公司、事业部等。投资中心是利润中心的一般形式，其获利能力与其所使用的创造利润的资产相关。典型投资中心的业绩计量标准是投资报酬率和经济附加值。但试图使投资报酬率指标提高的管理者有可能会拒绝那些投资报酬率低于部门目前投资报酬率、却高于部门资本成本的投资机会。这个问题可以通过监控投资中心的经济附加值来解决，经济附加值可以通过从部门净收益中减除部门平均投资的资本成本得到。

除考核利润指标外，投资中心主要考核能集中反映出利润与投资额之间关系的指标，包括投资利润率和剩余收益。

1.投资利润率

投资利润率（又称投资收益率，简称ROI），是指投资中心所获得的利润与投资额之间的比率。它可用于评价和考核由投资中心掌握和使用的全部净资产的盈利能力。其计算公式为：

投资利润率=利润/投资额×100%

或：投资利润率=资本周转率×销售成本率×成本费用利润率

其中，投资额是指投资中心的总资产扣除对外负债后的余额，即投资中心的净资产。为了评价和考核由投资中心掌握、使用的全部资产的总体盈利能力，还可以使用总资产息税前利润率指标。其计算公式为：

总资产息税前利润率=息税前利润/总资产×100%

投资利润率指标的优点有：能反映投资中心的综合盈利能力；具有横向可比性；可以作为选择投资机会的依据；可以正确引导投资中心的经营管理行为，使其长期化。该指标的最大局限性在于会造成投资中心与整个企业利益的不一致。

2.剩余收益

剩余收益（简称RI），是指投资中心获得的利润，扣减其投资额（或净资产占用额）按规定（或预期）的最低收益率计算的投资收益后的余额。其计算公式为：

剩余收益=利润-投资额（或净资产占用额）×规定（或预期）的最低投资收益率

或：剩余收益=息税前利润-总资产占用额×规定（或预期）的总资产息税前利润率

剩余收益指标能够反映投入产出的关系，能避免本位主义，使个别投资中心的利益与整个企业的利益统一起来。投资中心是最高层次的责任中心，它拥有最大的决策权，也承担最大的责任。投资中心必然是利润中心，但利润中心并不都是投资中心。利润中心没有投资决策权，而且在考核利润时也不考虑其所占用的资产。

第三节 管理控制系统的构建框架

一、制度控制系统

制度控制系统是指企业通过规章、条文等规范和限制企业管理层与员工的行为，以确保管理活动不违背或有利于企业战略目标的实现。制度控制系统包括战略控制制度、管理控制制度、作业控制制度等内容。

（一）战略控制制度

战略控制制度是指企业组织目标和战略的制定与控制，以保证确定合理的组织目标与战略选择。战略控制制度具体包括公司章程、公司战略规划、公司组织结构、公司治理制度等内容。

1.公司章程

公司章程是指对企业管理层和员工具有控制力和约束力以及调整企业内部组织关系和行为的具体规范，也称企业的基本行为准则，它是企业日常管理或战略控制的基本制度规范。

公司章程应当包括以下主要内容：（1）总则，即制定本章程的目的和制定的依据等；（2）经营宗旨和范围；（3）公司注册资本；（4）股东的姓名、出资方式、出资额；（5）股东的权利和义务；（6）股东转让出资的条件；（7）公司的机构及其设立办法、职权、议事规则；（8）公司的法定代表人及其行使的职权；（9）财务会计、利润分配、审计及劳动用工制度；（10）合并、分立、解散和清算办法；（11）其他事项。

2.公司战略规划

公司战略规划就是对企业进行全局谋划，它能为组织设立总体目标，以寻求组织在环境中的地位，它的最终结果是组织的目标、战略和相关政策。战略规划很难被描述为一个规范的系统，它是较为抽象的，不可能做到事无巨细。因此，在制定公司战略规划时必须具有全局性或总体思想。

战略规划主要包括规划基础、规划主体以及规划实施与检讨三部分内容，它涵盖了企业所有经营活动，无论是何种组织，无论是何种规模的企业，都应以此为蓝本。为了有助于支持主要战略选择的最优资源分配，帮助企业（单位）缩小战略选择的范围，在预算过程中做出明智的资源分配决策，战略规划的制定应该包括以下步骤：（1）确定组织目标和实现目标的总体行动方案；（2）分解目标，形成合理的目标结构；（3）制定实施战略的具体规划，并进行分析、修改；（4）审核和批准，由公司首席执行官进行审核、批准。

3.公司组织结构

公司组织结构是以制度控制为核心，组织、协调内部分工协作的基本形式或框架。在一家企业中，分工协作的手段是多种多样的，组织结构只是其中一种。经营者和管理者可以随时通过发布指示和命令来决定人们之间的分工方式，并予以调整，一个团体也可能利用人与人之间的默契实施有效的分工协作。对一个较小的组织而言，这足以维持其工作关系。公司组织结构的目的就是要建立和完善一个恰当、适宜的职务结构，即通过职务结构和职权关系的设计和保持，使每个人都知道谁应该干什么，以及谁应该对后果负责。排除由于混乱和责任不明确给工作带来的困难，建立一个默契配合的工作环境。

任何企业都要选择特定的组织结构形式，结构大体可以分为两种：（1）金字塔式功能化的组织结构。这是一种具有组织内部的严密性、严格的制度和层次等级来保证信息工作有效的组织结构，它在管理者和被管理者之间构建了一种统驭与被统驭、命令与服从的关系。金字塔式功能化的组织结构以纵向为主，横向协调为辅，其形式主要包括矩阵式企业组织结构、事业部式组织结构和多维立体式组织结构等。(2) 扁平式效率化的组织结构。这是一种加大分权，减少管理层次，提高信息传递效率，提高组织的灵活性和创造性，提高组织运行效率的组织结构。这样的组织结构既能减轻高层管理者的工作负担，又可以激励员工的工作积极性。其形式主要包括业务流程再造组织、虚拟组织等。

4.公司治理制度

公司治理本质上是一种现代企业管理控制制度，它是一种科学的管理模式，是世界上各公司普遍实行的管理方式。公司治理制度作为管理控制制度的一个重要组成部分，主要是指企业的所有者对经营管理和绩效进行控制、协调、监督和奖罚的一整套制度安排。通过制定一套包括正式或非正式的、内部的或外部的制度来协调公司与所有利害相关者之间的利益关系，可以降低代理成本和代理风险，以使公司的董事会和管理人员切实承担其责任，有效地运用受托管理的资金，保证公司决策的科学化，防止经营者对所有者利益的背离，从而最终维护公司各方面的利益。公司治理制度的基本内容主要包括对股东权利、股东大会的基本规范，对董事会和相关专门委员会主要职责的规范，对监事会的职责、监事会的构成和议事规则的规范，以及对信息披露与透明度、公司的持续信息披露、公司治理信息的披露、股东权益的披露的具体规范等。

二、企业文化控制系统

企业文化是在较长期的企业实践中逐步形成的共有的价值观、信念、行为规范及团队精神等。企业文化可以让企业内部的员工认同并接受企业的价值观和战略方向，按照企业文化所营造的氛围来管控自己的行为。企业文化可将员工的注意力集中在经营的核心理念上，例如，企业如何创造价值，企业所努力追求的工作质量标准，如何保持持续的竞争优势，以及个人如何处理各种内部和外部关系等。企业文化控制系统主要包括风俗、道德、宗教等。

1.风俗

风俗是人类社会最早出现的社会规范，是人们在日常活动中世代相传、沿袭、继承的习惯性行为模式。从一种角度讲，风俗最初是人们适应自然环境、获取食物等基本生活资料的文化模式。

2.宗教

宗教是以神的崇拜和神的意旨为核心的信仰与行为准则的总和，也属于社会规范。最初的宗教起源于对那些与人们的生存密切相关的自然物与自然现象的崇拜，以及灵魂不死的观念。宗教作为一种社会规范，有助于维护社会的政治现状、稳定经济行为并对社会交往与文化交往具有一定的规范作用。

3.道德

道德是以是非善恶和荣辱观念来评价人们的社会行为，调整人们相互关系的一种社会规范。一个人的行为只有涉及或谋求行为客体的利益，这种行为才具有道德的价值。道德行为有三类：(1) 有利于他人或社会；(2) 直接为他人或社会谋利益；(3) 舍弃自身的利益。不道德的行为也有三类：(1) 影响他人或社会利益的实现；(2) 损害他人和社会利益的实现；(3) 侵占他人或社会的利益。

三、绩效评价系统

绩效评价是指运用一定的评价方法、量化指标及评价标准，对中央部门为实现其职能所确定的绩效目标的实现程度，及为实现这一目标所安排的预算的执行结果所进行的综合性评价。绩效评价的过程就是将员工的工作绩效同目标的工作绩效标准进行比对的过程，其目的是：(1) 对员工的晋升、降职、调职和离职提供依据；(2) 组织对员工绩效考评进行反馈；(3) 对员工和团队对组织的贡献进行评估；(4) 对员工的薪酬决策提供依据；(5) 对培训和员工职业生涯规划效果的评估等。企业在运行绩效评价时，应主要履行8个步骤：(1) 明确战略目标，从而确定企业的具体经营目标；(2) 将经营目标进行层层分解，明确部门的关键绩效指标（KPI）；(3) 确定员工个人绩效指标；(4) 制订绩效计划；(5) 管理层对员工的工作和行为进行及时的指导和监督，对发现的问题及时予以解决，并对绩效计划进行调整；(6) 绩效评价，主管人员对员工的绩效目标完成情况进行评价；(7) 绩效反馈；(8) 绩效评价的结果可用于员工工作绩效和工作技能的提高，据此决定对员工的奖励、薪酬的调整和相应的人事变动。

四、激励控制

激励控制是指通过特定的方法与管理体系，将员工对组织及工作的承诺最大化的过程。激励控制是在组织系统中，激励主体系统运用多种激励手段并使之规范化和相对固定化，而与激励客体相互作用、相互制约的结构、方式、关系及演变规律的总和，是企业将远大理想转化为具体事实的手段，主要包括以下5个方面的内容：

1.诱导因素集合

激励控制诱导因素就是用于调动员工积极性的各种奖酬资源。对诱导因素的提取，必须建立在对员工的个人需要进行充分调查、分析和预测的基础上，然后根据组织所拥有的奖酬资源的实际情况设计各种奖酬形式，包括各种外在性奖酬和内在性奖酬。

2.行为导向制度

行为导向制度是组织对其成员的努力方向、行为方式和应遵循的价值观的规定。在组织中，由诱导因素诱发的个体行为可能会朝向各个方向，不一定都是指向组织目标的。同时，个人的价值观也不一定与组织的价值观相一致，这就要求组织在员工中间培养具有统驭性的主导价值观。行为导向一般强调全局观念、长远观念和集体观念。

3.行为幅度制度

行为幅度制度是指对由诱导因素所激发的行为在强度方面的控制规则。根据维克托·弗鲁姆（Victor H.Vroom）的期望理论公式，对个人行为幅度的控制是通过改变一定的奖酬与一定的绩效之间的关联性以及奖酬本身的价值来实现的。根据斯金纳（Burrhus Frederic Skinner）的强化理论，按固定的比率和变化的比率来确定奖酬与绩效之间的关联性，会对员工行为带来不同的影响。前者会带来迅速的、非常高而且稳定的绩效，并呈现中等速度的行为消退趋势；后者将带来非常高的绩效，并呈现非常慢的行为消退趋势。通过行为幅度制度，可以将个人的努力水平调整在一定范围之内，以防止一定奖酬对员工的激励效率的快速下降。

4.行为时空制度

行为时空制度是指奖酬制度在时间和空间方面的规定。其包括特定的外在性奖酬和特定的与绩效相关联的时间限制，员工与一定的工作相结合的时间限制，以及有效行为的空间范围。这样的规定可以防止员工的短期行为和地理无限性，从而使管理者所期望的行为具有一定的持续性，并在一定的时期和空间范围内发生。

5.行为归化制度

行为归化制度是指对成员进行组织同化和对违反行为规范或达不到要求的成员的处罚和教育。组织同化是指把新成员带入组织的一个系统的过程。关于各种处罚制度，要在事前向员工交代清楚，即对他们进行负强化[①]。若违反行为规范和达不到要求的行为实际发生了，在给予成员适当处罚的同时，还要加强教育。所以，组织同化实质上是组织成员不断学习的过程，对组织具有十分重要的意义。

以上5个方面的制度和规定都是激励机制的构成要素。其中，诱导因素起到发动行为的作用，其他4种因素起导向、规范和制约行为的作用。一个健全的激励机制应是完整地包括以上5个方面、两种性质的制度。只有这样，企业（单位）才能进入良性的运行状态。

五、预算控制

预算控制是企业根据预算规定的收入与支出标准检查和监督各个部门的生产经营活动的控制，其作用是保证各种活动或各个部门在充分达成既定目标，实现利润的过程中对经营资源的利用，使费用支出受到严格、有效的约束。

预算按照不同的内容可以分为经营预算、投资预算和财务预算三大类。

1.经营预算

经营预算是指企业日常发生的各项活动的预算。它主要包括销售预算、生产预算、直接材料采购预算、直接人工预算、制造费用预算、单位生产成本预算、推销及管理费用预算等。其中，最基本和最关键的是销售预算，它是对销售预测正式的、详细的说明。销售预测是计划的基础，加之企业主要是靠销售产品和劳务所提供的收入维持经营和获利的，因而销售预算也就成为预算控制的基础。生产预算是根据销售预算中的预计销售量，按产品品种、数量分别编制的。生产预算编好后，还应根据分季度的预计销售量，经过对生产能力的平衡排出分季度的生产进度日程表，或称为生产计划大纲，在生产预算和生产进度日程表的基础上，可以编制直接材料采购预算、直接人工预算和制造费用预算。这三项预算构成对企业生产成本的统计内容。推销及管理费用预算包括制造业务范围以外预计发生的各种费用明细项目，例如销售费用、广告费、运输费等。实行标准成本控制的企业，还需要编制单位生产成本预算。

2.投资预算

投资预算是针对企业（单位）的固定资产的购置、扩建、改造、更新等，在可行性研究的基础上编制的预算。它具体反映了企业（单位）在何时进行投资、投资多少、资金从

① 斯金纳提出的强化理论分为两种类型：正强化和负强化。斯金纳认为：人或动物为了达到某种目的，会采取一定的行为作用于环境，当这种行为的后果对他有利时，这种行为就会在以后重复出现；不利时，这种行为就减弱或消失。人们可以用这种正强化或负强化的办法来影响行为的后果，从而修正其行为。

何处取得、何时可获得收益、每年的现金流量是多少、需要多少时间回收全部投资等。由于投资的资金来源往往是企业的限定因素之一，而对厂房和设备等固定资产的投资又往往需要很长时间才能回收，因此投资预算应当力求和企业的战略以及长期计划紧密相连。

3.财务预算

财务预算是指企业在计划期内反映预计现金收支、经营成果和财务状况的预算。它主要包括现金预算、预算收益表和预计资产负债表。必须指出的是，前述的各种经营预算、投资预算中的资料，都可以折算成金额反映在财务预算内。这样，财务预算就成为各项经营业务和投资的整体计划，故亦称“总预算”。

现金预算主要反映计划期间预计的现金收支的详细情况。在完成了全部的现金预算后，就可以知道企业（单位）在计划期间需要多少资金，财务主管就可以预先做出安排，以满足企业（单位）的资金需求。

六、风险防范控制

风险防范控制是指企业具有较强的风险意识，通过预算管理、经营分析等形式对企业的长、短期风险进行识别、评估和报告，再针对各风险控制点，建立相应的风险管理体系，对财务风险和经营风险进行全面的防范与控制。风险防范控制是企业一项基础性、经常性的工作，企业有必要设置风险评估部门或岗位，专门负责有关风险的规避和控制，且风险控制的重心应该放在财务风险上。

第四节　管理控制系统的完善

一、战略规划

所谓战略规划，就是制定组织的长期目标并将其付诸实施，它是一个正式的过程和仪式。一些大企业都有意识地对大约50年内的事情做出规划。

企业（单位）制定战略规划主要分为三个阶段，如图15-1所示。

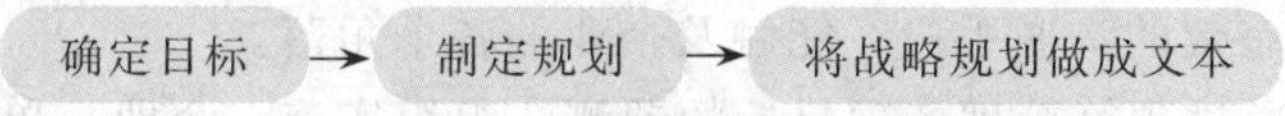

图15-1　战略规划三阶段

点阅读15-2

图15-1中，“确定目标”即企业在未来的发展过程中应对各种变化后所达到的目标；“制定规划”是指确定目标后需要用什么措施和方法来完成这个目标；“将战略规划做成文本”是指以备评估、审批，如果审批未能通过，则可进行多次迭代，再进行修正。

战略规划的有效性包括两个方面：一方面是战略的正确与否，正确的战略应当做到组织资源和环境的良好匹配；另一方面是战略是否适合于该组织的管理过程。

一般情况下，有效的战略规划具有以下特点：（1）是否具有明确的目标。企业应当树立积极向上的战略目标，激励公司员工为企业目标而努力奋斗。（2）该目标的可执行力良好。好的战略目标应当是明确的和可执行的，它应当是各级人员工作的向导，使各级人员能确切地了解它、执行它，并使自己的战略和它保持一致。（3）具有较强的灵活性。一个组织树立长期的战略目标并不代表其经济活动的形式永远不会发生改变，战略规划具有暂时性和周期性的特点，因此需要较强的灵活性来适应变革。（4）落实相关资源和专业人才。制定战略的人往往也是执行战略的人，一个好的战略计划只有好的人员执行，才能真正地实现效益化。

企业在制定战略规划时，首先应确定战略规划的方向和目标，企业的管理层在设立战略规划的方向时必须融入企业的价值观和自身的抱负，也要考虑企业外部所处环境和自身的优势，从而确定适合企业发展的战略规划方向。

另外，还需考虑某些约束和相关政策，为实现最优的战略规划，企业管理层需要将机会和资源进行良好的匹配，平衡机会、资源与自身优势之间的关系。要找到一些最好的活动集合，使它们能良好地发挥组织的长处，并快速达到组织的目标。这些政策和约束所考虑的机会是现在还未出现的机会，所考虑的资源是企业（单位）正在寻找的资源。

战略规划内容的制定处处体现了匹配与平衡原则，因此企业在做战略规划时需考虑以下四个问题：（1）我们要做什么？（2）我们可以做什么？（3）我们能做什么？（4）我们应当做什么？这些问题的回答均是管理层基于对机会的认识，基于对企业优势和劣势的主观评价，基于企业自身的价值观和抱负而做出的。因此，战略规划不仅限于现实，而且要考虑到未来。

二、预算管理

（一）预算管理的含义

预算管理是指企业在战略目标的指导下，对未来的经营活动和相应财务结果进行充分、全面的预测和筹划，并通过对执行过程的监控，将实际完成情况与预算目标不断对照和分析，从而及时指导经营活动的改善和调整，以帮助管理者更加有效地管理企业和最大限度地实现战略目标。

（二）预算管理的目标

1.制订计划。预算有助于管理者通过计划具体的行为来确定可行的目标，同时能使管理者考虑各种可能的情形。

2.促进合作与交流。总预算能协调组织的活动，使得管理者全盘考虑整个价值链之间的相互联系，预算是一个有效的沟通手段，能触及企业的各个角落。

3.有助于业绩评价。通过预算管理各项目标的预测、组织实施，企业（单位）能促进各项目标的实现，保证企业（单位）各项目标的不断提高和优化，是体现企业业绩的一种好的管理模式。

4.激励员工。预算的过程会促进管理者及全体员工面向未来，促进发展，有助于增强预见性，避免盲目行为，激励员工完成企业的目标。

（三）预算管理的分类

预算管理主要分为投资预算管理和经营预算管理两类。

1.投资预算管理

投资决策过程是编制投资预算、优选不同预算方案的过程。投资预算是就固定资产的购置、改建、改造、更新，在可行性研究的基础上对何时进行投资、投资多少、资金来源在哪、获得收益的期限多长、投资回报率多少、每年的现金净流量多少、需要多少时间回收全部投资等问题，借助计算机建立投资预算决策模型，把采集到的经济信息、投入产出转化为数量，优化组合成不同的预算方案，并进行方案的优选。

2.经营预算管理

经营预算是指企业（单位）在某一时期为实现经营目标而编制的计划，它描述了在该时期发生的各项基本活动的数量标准，主要包括销售预算、生产预算，具体可细分为直接材料采购预算、人力资源预算、间接成本预算（包括制造费用预算、行政管理费用预算、销售费用预算和财务费用预算）、经营损益预算、现金流量预算。企业（单位）一般会通过建立预算模型，把销售预算等各分部的预算输入生产经营预算模型进行模拟，优化组合，选择最佳预算方案作为执行方案。经营预算反映了企业（单位）的业务量、收入与支出，向企业（单位）及各部门主管解释如何达到工作目标，预算项目和数量是否合理，明确各个部门每个工作责任者的工作标准是什么。

（四）预算管理的作用

预算是对行为计划的量化，这种量化有助于管理者协调、贯彻计划，是一种重要的管理工具。在企业的管理控制系统中，预算管理主要有以下方面的作用。

1.激励员工

激励员工是考核工作效率、工作质量的标准。正是由于预算管理具备以上优势，它才能在大企业中得以广泛应用，并取得良好的效果。企业预算管理是在企业战略目标的指引下，通过预算编制、执行、控制、考评与激励等一系列活动，全面提高企业管理水平和经营效率，实现企业价值最大化。预算是以数量化的方式来表明管理工作的标准，其本身具有可考核性，因而可以根据预算执行情况来评定工作成效，分析差异，改进工作。

2.预测控制并协调企业经营

预算管理是对未来一段时间内收支情况的预计，预算执行者可以根据预测到的可能存在的问题、环境变化的趋势，采取措施预做准备，控制偏差，保证计划目标的实现。预算以数量化的方式来表明管理工作标准，控制是以确定的管理工作标准，对行动进行度量并纠正偏差。所以，预算管理是过程中的控制，即事前控制、事中控制、事后控制。事前控制主要是投资项目或生产经营的规划、预算的编制，详细描述为实现计划目标而需要执行的工作标准。事中控制是一种协调、限制差异的行动，保证预期目标的实现。事后控制是鉴别偏差，纠正不利影响的活动。企业（单位）的总预算是由各分预算汇编而成的，从组织预算编制到预算执行，各相关部门必须协商沟通、相互配合，管理层协商一致，制订出更好的计划，并获得更好的执行效果，这也是预算管理的基本目的。预算是在预算期之前编制并获得董事会批准的计划，通过对预算实际执行结果与预算之间差异的分析，人们可以评价相关经理人员和雇员的工作表现。

3.有利于完善企业基础管理

预算编制必须有各项相关定额，如人员定额、物料消耗定额等，要求定额合理并随定额条件的变化而修正。预算编制与预算控制对信息要求面广、量大，要求信息传递及时、准确，促进信息管理发展。通过预算编制，把各项目标具体化，进一步将各项预算指标分解、落实到各责任部门或责任人，从而有效地控制对企业工作成效有关键意义的经济活动。

三、业绩评价

企业常常面临业绩审核数据不完整、记录不仔细、整理不规范等问题，若这些问题不解决，并在此基础上生成评价体系，则其最终评价结果的正确率也是极低的。企业在进行业绩评价时，主要存在以下几方面不足：业绩评价指标体系不够全面、企业管理层缺乏统筹布局、管理层与内部人员的沟通不畅等。企业要完全解决业绩评价方面的问题，可以从以下方面入手：

1.年度业绩评价及比较

以年度预算为标准进行比较的业绩评价可以为分部管理人员的调配、提升、奖励等决策提供有力的支持；以资本预算为标准的业绩评价可以不断提高企业预测的准确性，从而起到项目再评估的作用，并且为战略经营单位进行战略分析提供依据，及时纠正偏差；以竞争对手的有关指标为企业业绩评价的标准，可以使企业认清自己的竞争优势，有利于企业战略的准确分析及资源的合理配置，有利于企业集团核心竞争力的培养。

2.企业应当重视经济增加值指标

经济增加值（EVA），其计算过程是在财务报表的基础上，综合考量企业的经营情况，因此该指标往往被称为经济附加值，是在净利润基础上再扣除企业的所有资产成本所得到的余额。在对经济附加值进行分析的过程中，分析人员需要对财务报表附注的信息进行充分了解和初步论证，再根据企业的现实情况，对利润表中的净利润进行初步考量，看看企业是否合理有据地调整净利润数值。然后，要对企业所有资本进行加权平均，得到综合资本成本率，进而测算出企业的所有资本成本，最终以此计算出EVA，用于评价企业的经营绩效情况。

3.企业应当增加非财务数据在企业业绩评价指标体系中的重要作用

新常态下，新能源、新产品和新科技层出不穷，财务数据不再作为评价企业业绩指标的唯一依据，将企业的核心技术以及关键人员等无形资产纳入业绩评价指标体系是必然趋势。除此之外，企业的经营过程和结果是否可以促进社会效益提升，是否有利于保护环境等社会资源，在一定程度上决定了企业的发展。知识作为一项特殊的无形资产，取代资本要素的核心地位只是时间问题。与财务指标相比，非财务指标考虑的因素往往更为复杂，不单单是社会效益是否提升，还有企业自身的一些创造能力的变化，甚至还会考量企业的经营活动对环境的影响情况。要衡量企业的创造能力，分析人员往往要关注员工的自身专业素养、新产品在企业所有产品中的比重问题等因素，但是仅仅考量这些因素是不够的，还应当将其与财务指标结合起来分析，这样才能对企业进行客观的整体业绩评价。

4.企业应当注重营运效率指标和财务安全性的重要作用

经营者的经营思路、策略和理念等决定了企业的融资情况、投资规模和收益等标准，同时为企业在面对市场竞争时提供一定的资源优势。企业的营运安全性和营运效率的高低、企业实现的经济效益等作为企业的内部状况，企业产品的销售情况作为企业的外部状况，这些都可以作为营运效率指标。由此看来，营运效率指标应当反映企业各个层级、资源配置各个环节的整体状况。真实、有效的营运效率指标是企业顺利实现财务目标，确保利润持续增长的重要前提。除此之外，要重视企业的财务安全，企业要达到融资的目的，首先应当确保投资者的资金安全，稳健的资本结构以及强而有力的风险监控措施都可以规避和防范财务风险以及经营风险，从而为企业的长足发展提供资金、运营等方面的有效支持。

◆思政园地

政府财务管理控制系统

政府财务管理控制系统既关乎资源投入、配置、使用，又涉及广泛的衡量控制，还和沟通、协调、激励有关。现阶段，以加强政府财务管理控制为核心的一系列改革成为各国政府增强绩效、增强责任性、增加透明度和改善持续运营能力的有效途径。

我国于2000年开始推行部门预算、国库集中支付、政府采购、政府财政管理信息系统（简称GFMIS）等一系列财政管理改革，在组织体系、工作流程、制度办法上均取得了一定突破，财政部进一步提出，要尽快建设精细财政、透明财政、绩效财政、科技财政。但是，关于政府财务管理控制系统如何构建和实现，在理论和实践方面尚未得到清晰描述与合理解释。一方面，我国“大财政”观及政府财政预算管理理论在主流学界仍占据支配地位，政府财务管理的研究并不多见；另一方面，我国政府内部的财务管理并未建立起如同企业财务管理那样的系统化、精细化、规范化的控制体系，其对组织（单位）的绩效、责任性、透明度、持续经营能力的改善远未达到预期的效果，不能成为公共财政的操作性载体和有力支撑。在我国公共财政管理框架由外部控制向内部控制和产出控制、由大财政向小财务转变的时期，提供一个关于政府财务管理控制系统的理论框架，从而构建面向战略、面向控制、面向结果的现代化管理控制体系具有较大的意义。

资料来源：陈纪瑜，张宇蕊.政府财务管理控制系统［J］.财经理论与实践，2008（6）.

◆章小结

为确保企业自身资源能够实现有效利用以达成企业目标，企业应当制定有效的管理控制系统。管理控制系统，也称管理会计系统，是在管理过程中形成的权责结构，是构成管理行为的计划、策略及奖惩的组合。企业责任具有三个不同层级：成本中心、利润中心、投资中心。管理控制系统可以分为产出控制和行为控制；管理控制系统包括制度控制系统（可细分为战略控制制度、管理控制制度、作业控制制度）、文化控制系统、绩效评价系统、激励控制系统、预算控制系统、风险防范控制系统等。完善管理控制系统，应主要从战略规划和预算管理两个方面入手。

◆关键术语听与读

◎Management（管理）：Management is the control and organizing of a business or other organization.

◎Management Control System（管理控制系统）：The management control system，abbreviated as MCS, the management system of a business or an organization, which is adopted, in the case of the maintenance department.

关键术语听与读15

◎Cost Center (成本中心): A cost center is a department in a company that does not bring the company direct profit.

◎Profit Center (利润中心): A profit center is a part of a company that is responsible for its own costs and profits.

◎Investment Center (投资中心): An investment center is a department in a company that is responsible for the investment of the whole unit.

◎Investment Profit Rate (投资利润率): The investment profit rate is the return rate of investment.

◎Residual Income (剩余收益): The residual income is the remaining income of a business or person after necessary debts, expenses and so on have been paid.

◎Performance Evaluation (业绩评价): The performance evaluation is the assessment of a manager's results, which involves, first, determining whether the money manager added value by outperforming the established benchmark (performance measurement), second, determining how the money manager achieved the calculated return (performance attribution analysis).

◎Incentive (激励): The incentive, also known as compensation, refers to the motivating stimulus of an additional payment or a scheme plan made to employees as a means of increasing productivity.

◎Strategic Planning (战略规划): The strategic planning, related to strategic management and strategic thinking, is an organization's process of defining its strategy, or direction, and making decisions on allocating its resources to pursue this strategy.

◎Budget (预算): The budget refers to a detailed plan with dollar amounts. Examples of budgets used in business include the cash budget, sales budget, production budget, department budgets, the master budget, and the capital expenditures budget. Some budgets are designed to be flexible budgets, while others are static budgets.

◎Output Control (产出控制): The output control refers to the management and control system of manufactured products that are often expressed in units, machine hours, etc.

◎Behavior Control (行为控制): The behavior control refers to the management and control system to promote the efficiency and effectiveness, whose control mechanism includes direct supervision, target management and behavior control (norms and standards operational procedures).

◎Strategic Control (战略控制制度): The strategic control refers to the management and control system, whose primary purpose is to fulfill its strategic goals.

◎Activity Control (作业控制制度): The activity control refers to the management and control system to checking and error correcting for the manufacturing sector to promote the productivity.

◎Culture Control (文化控制系统): The culture control refers to the management and control system of cultural factors of sharing values, common aspiration, common standards of conduct，to apply management of individuals and groups.

◎Performance Evaluation（绩效评价系统）：The performance evaluation refers to a comprehensive evaluation indices system，by applying statistic and operational research methods，for an enterprise or organization to have an objective，just and fair appraisal of its profitability，asset quality，debt risks and operating growth，etc.

◆回顾与思考

1.什么是管理控制系统？它包括哪些类型？
2.按照责任划分，企业管理控制分为几个中心？它们之间的关系如何？
3.管理控制系统包括哪些主要内容？
4.企业如何完善其管理控制系统？

◆章习题

1.单项选择题

(1) 管理控制系统实际上也是一个（　　）的系统。

A.自动控制　　B.完全开放　　C.信息反馈　　D.完全封闭

(2) 下列项目中，不属于利润中心负责的是（　　）。

A.成本　　B.收入　　C.利润　　D.投资效果

(3) 既对成本负责，又对收入负责的责任中心被称为（　　）。

A.成本中心　　B.收入中心　　C.利润中心　　D.管理中心

(4) 预算管理是大部分公司的核心管理体系，（　　）不是其主要功能。

A.预测未来的收入和支出　　B.促使管理人员为预算结果负责
C.通过预算减少企业开支　　D.授权管理人员在预算范围内使用费用

2.多项选择题

(1) 下列各项中，建立责任会计制度必须遵循的原则是（　　）。

A.责权相结合原则　　B.可控性原则　　C.目标一致性原则
D.激励性原则　　E.反馈性原则

(2) 下列各项中，属于可控成本必须满足的条件有（　　）。

A.可以落实责任　　B.可以计量　　C.可以施加影响
D.可以预计　　E.可以得到补偿

(3) 责任单位可以划分为（　　）。

A.成本中心　　B.费用中心　　C.利润中心
D.投资中心　　E.会计中心

(4) 平衡计分卡，是指基于企业战略，从（　　）四个维度，将战略目标逐层分解转化为具体的、相互平衡的绩效指标体系，并据此进行绩效管理的方法。

A.财务　　B.客户　　C.内部业务流程
D.学习与成长　　E.管理层

(5) 在下列各项中，能够揭示责任中心特点的项目有（ ）。

A.责权相结合

B.责任和权利都是可控的

C.具有承担经济责任的条件

D.能进行责任核算、业绩考核和评价

E.有相对独立的经营业务和财务收支活动

3.判断题

(1) 剩余收益的优点是可以使投资中心的业绩评价与企业目标协调一致。（ ）

(2) 在成本中心、利润中心、收入中心和投资中心中，成本中心是最基本的中心，它仅对成本负责。（ ）

(3) 利润中心是企业责任中心的最高层次，也是决定企业经济效益高低的关键部门。（ ）

(4) 企业应用平衡计分卡时，应有明确的愿景和战略。（ ）

◆国际视野

国际企业管理控制系统的演变

国际企业的管理控制系统，经历了从无到有、从粗糙到精致的演变历程。

1.早期西方企业凭经验管理，依靠饥饿、体罚甚至政府镇压等强制手段来维持企业的正常运营。

2.19世纪末期，以机器为基础的工厂制出现、政治选举普及、工会合法化，企业放弃了强制手段，但偷懒、磨洋工成为普遍问题；泰罗制[①]以及泰罗制下的标准成本制度或成本控制系统应运而生，其在操作层面上是将成本业绩指标与工人报酬或者成本与奖惩相结合。

3.20世纪初期，工厂制被公司制取代，为缓解企业的信息分散问题，财务控制系统在美国应运而生，并风靡世界，直到20世纪80年代，它一直是集团公司管理控制的蓝本。

4.20世纪80年代，西方发达国家市场（特别是美国市场）由生产者市场转变为消费者市场，工业时代逐步被信息时代取代，财务业绩指标评价体系面临着空前的挑战。大型企业开始转向战略管理，以平衡计分卡（BSC）和流程改进/流程再造（BPI/BPR）为代表，风行国际大型企业，特别是《财富》500强企业。

5.进入21世纪，按企业社会绩效模型设计业绩指标，考核企业社会责任。

综上所述，国际企业演变趋势主要表现在：从单纯的财务控制到财务与非财务控制并举；从一人一事一年的局部和短期控制到兼顾整体和长期的控制，从单纯的企业业绩考核到兼顾社会业绩考核。

资料来源：编者根据相关资料整理。

① 泰罗制（泰勒制）是美国工程师弗雷德里克·泰罗（Frederick Winslow Taylor，1856—1915年）创造的一套测定时间和研究动作的工作方法。

◆推荐阅读

[1] 陈守东，刘英华.基于业绩评估的高级管理层激励控制模型 [J]. 数量经济技术经济研究，2003（1）.

[2] 陈志军，董青.母子公司文化控制与子公司效能研究 [J]. 南开管理评论，2011（1）.

[3] 戴天婧，汤谷良，彭家钧.企业动态能力提升、组织结构倒置与新型管理控制系统嵌入——基于海尔集团自主经营体探索型案例研究 [J]. 中国工业经济，2012（2）.

[4] 胡国柳.上市公司中层经理业绩评价与激励——一项基于中国上市公司的案例研究 [J]. 海南大学学报，2003（4）.

[5] 刘梅.盈余管理与利润中心的合同设计 [J]. 上海立信会计学院学报，2007（3）.

[6] 马建威，梁超，贺菊霞.企业海外并购战略问题探讨 [J]. 财务与会计，2012（1）.

[7] 马建威，肖平.基于可持续发展目标的企业战略预算探讨 [J]. 北京工商大学学报，2011（6）.

[8] 任海云，曹建安.建立上市公司经营业绩评价指标体系的理论基础 [J]. 商业研究，2005（20）.

[9] 徐创风，付泳.论企业经营者的业绩评估和激励控制 [J]. 兰州大学学报，1997（1）.

[10] 徐力.激励控制：国有商业银行内部人控制问题的解决途径 [J]. 郑州航空工业管理学院学报，2004（2）.

[11] 王宁，陈志军.文化控制——管理控制手段的新发展 [J]. 山东社会科学，2007（11）.

[12] 王强，王鲁平，周小耀.管理控制系统的概念框架 [J]. 管理科学，2003（5）.

[13] 文东华，潘飞，杨玉龙，等.市场竞争强度、管理控制系统与企业业绩 [J]. 财经研究，2012（6）.

[14] 张明燕，李峰涛.市场竞争、管理会计系统及企业经营业绩关系研究 [J]. 南京理工大学学报，2000（5）.

第十六章

会计规范与职业道德

章案例

康美药业商业伦理的丧失

2018年12月，中国证监会发现康美药业股份有限公司（简称康美药业）财务报告的真实性存在问题。在这次事件中，广东正中珠江会计师事务所（特殊普通合伙）（简称“正中珠江”）没有严格遵守《中国注册会计师审计准则》《中国注册会计师鉴证业务基本准则》的要求，康美药业财务报表中存在一系列财务造假行为，作为康美药业此次年报的审计机构，在对康美药业财务报表进行审计时，没有尽到应尽的责任，出具的相关财务报表审计报告存在虚假记录，也没有成功识别康美药业财务报表中一系列财务造假行为。

资料来源：作者根据资料合理获得。

学习目标

通过本章的学习，希望您能够：

- 了解会计规范和会计职业道德的含义
- 熟悉会计职业道德的含义和内容
- 掌握企业商业伦理的基本内容

第一节　会计规范

一、会计法律制度

（一）会计法规的概念

会计法规通常指对会计工作产生约束和影响的由国家和地方立法机关、中央和地方各级政府及行政部门制定颁布的法律、条例、准则、章程、制度、规定、办法、实施细则等规范文件的总称。这些规范文件是贯彻国家有关方针、政策和加强会计工作的重要工具，是处理会计工作的规范。

点阅读16-1

（二）会计法规的调整对象

会计法规作为经济法规的重要组成部分，其调整对象是经济关系中的会计法律关系。

会计法律关系是指国家机关、社会团体、公司、企业、事业单位和其他组织在会计活动中形成和发生的受会计法规约束的各种经济关系。与其他经济关系相比，会计法律关系具有只产生和存在于会计活动之中，与货币计量和资金运动密不可分的特点。

（三）会计法律制度的构成

1.会计法律。**会计法律**是指调整我国经济生活中会计关系的法律总规范，是由全国人民代表大会及其常务委员会制定、以中华人民共和国主席令的形式颁布的会计法规。会计法律的名称一般为"中华人民共和国××法"等。《中华人民共和国会计法》（简称《会计法》）是会计法律中最高层次的法律规范，具有权威性、系统性、原则性、指导性等特征，其他法规和规章必须遵从其规定的基本内容。1985年1月21日，第六届全国人民代表大会常务委员会第九次会议审议通过了我国首部《会计法》。《会计法》不是一成不变的，我国于1993年12月29日第八届全国人民代表大会常务委员会第五次会议对其进行了修正，于1999年10月31日第九届全国人民代表大会常务委员会第十二次会议对其进行了修订，于2017年11月4日第十二届全国人民代表大会常务委员会第三十次会议对其进行了修正，通过不断调整以适应经济发展需求。

2.会计行政法规。**会计行政法规**是指调整我国经济生活中某些方面会计关系的、由国务院制定，以中华人民共和国国务院令发布实施的会计法规。会计行政法规的一般名称为"××条例"等。其法律效力仅低于《会计法》，内容全面、具体、易于操作，包括《总会计师条例》和《企业财务会计报告条例》等。

3.会计部门规章。**会计部门规章**是指由国务院所辖各部、委、局、署、行等行政部门制定并发布实施的会计法规。部门规章的名称一般为"××准则""××制度""××办法""××规范""××规定""××实施细则"等。这个层次的会计法规所占的比例最大，涉及面最广，具有及时性、灵活性和针对性强等特点，主要包括《企业会计准则——基本准则》、《政府会计准则——基本准则》和《企业财务通则》等。

4.会计规范性文件。**会计规范性文件**是国务院主管部门以部门文件形式印发，用以调节具体部门经济活动的文件。会计规范性文件有具体会计准则、具体会计准则指南、企业会计准则解释和《小企业会计准则》等。

二、支付结算法律制度

支付结算有广义和狭义之分。狭义的支付结算是指单位、个人在社会经济活动中使用现金、票据（包括支票、本票、汇票）、银行卡和汇兑、托收承付、委托收款等结算方式进行货币给付及其资金清算的行为，其主要功能是完成资金从一方当事人向另一方当事人的转移。广义的支付结算包括现金结算和银行转账结算。支付结算作为一种要式行为，具有一定的法律特征。

目前，用于支付结算的主要工具有汇票、本票、支票、银行卡等，支付结算的方式有汇兑、托收承付、委托收款。支付结算在支付过程中必须遵循"恪守信用、履约付款；谁的钱进谁的账、由谁支配、银行不垫款"的原则进行支付。

三、税收法律制度

税收法律制度简称税收制度、税制，它是国家法律法规所规定的有关税种设置、税收管理权限划分以及税收征收管理等方面制度的总称。税收法律制度是国家法律制度的一个重要组成部分，其本身具有一个独立的体系，包含着一系列特殊的法律原则和规范，用以调整国家和纳税人之间的税收关系。税收法律制度内部由各种不同的具体制度构成，其中每一种具体制度也自成体系，具有一整套更为特殊的法律原则和规范，用以调整国家和纳税人之间税收关系的一个方面。

我国税收法律制度包括税收结构和税收系统。其中，税收法律制度可以分为有关各种税收的性质及各个税种的制度，例如产品税制度、增值税制度、个人所得税制度、企业所得税制度、房产税制度等；税制法律制度可以分单一税制和综合税制。

四、财政法律制度

财政制度是国家为规范财政分配关系，在财政收支管理活动方面制定的法令、条例和施行办法的总称。它是指导和制约财政分配活动的依据和准则。如奴隶制时代财政的“贡、助、彻”制度；封建制时代财政的田赋捐税制度；资本主义制度时代财政的国债制度、现代税收制度和保护关税制度。

我国社会主义财政制度主要包括：国家预算制度，国家预算外资金管理制度，税收制度，企业财务管理制度，国防、行政、事业单位财务管理制度，农业财务管理制度，基本建设财务管理制度和国家金库制度等。

第二节 商业伦理

一、商业伦理的含义

商业伦理研究的对象是经济活动中人与人的伦理关系及其规律，目标是让经济活动既充满生机又有利于人类社会的全面、健康发展，建立合理的商业道德秩序。同时，它还对社会上因经济利益而发生的贿赂、胁迫、欺骗、偷窃、歧视等现象做了重点探索，以警示这些行为所造成的损害以及其他负面影响。

点阅读 16-2

商业伦理可以从三个层面进行理解：第一是宏观层次伦理，探讨的是国家、政府的经济制度和秩序问题的伦理评价；第二是中观伦理，就是企业中的伦理问题，主要包括企业的社会责任、内部的管理伦理和企业外部关系中的伦理问题；第三是微观伦理，主要包括个体在社会经济活动中承担的职业角色的伦理问题和个体对消费的伦理评价及消费道德规范。

二、商业伦理的主要功能

（一）指导主体行为

伦理规范多是以祈使句来表达的，它的典型形式是“应该如何”或“不应该如何”这种指示或劝告，表达了社会对企业行为的要求和期望。这种要求和期望如果被主体所认同就会转变为主体的行为，即使不被主体所认同，但由于社会舆论的强大压力往往会被个人及企业所接受和遵循。

（二）评价主体行为

对企业主体的行为，根据一定的商业伦理标准进行评价，这是商业伦理的又一个重要功能。这一功能可分解为褒扬功能和谴责功能。前者通过引起主体的自豪感和光荣感，对主体的动机和行为起鼓舞和激励的作用；后者则通过引起主体的羞愧、内疚等情感对主体的动机和行为起抑制和纠错的作用。

第三节　会计职业道德

会计职业道德是会计人员在进行会计活动、处理会计关系时所形成的职业规律、职业观念和职业原则等的总和。它既是会计行业对本行业在职业活动中行为的要求，又是会计行业对社会所应负的道德责任与义务。它不仅要约束和调整会计人员的职业行为，更为重要的是约束和调整会计人员的行为动机和内心世界。会计行为是由内心信念来支配的，信念的善与恶，将导致行为的是与非。对有思想、有情绪、有欲望的会计人员，通过职业道德的引导、激励、规劝、约束等方式，使会计人员树立正确的职业观念，使其实现自律。会计职业道德的内容分为八个方面：勤勉敬业、诚实守信、廉洁自律、客观公正、恪守规则、提高技能、参与管理、强化服务。

一、勤勉敬业

勤勉敬业要求会计人员对会计工作要积极主动，胸怀全局，立足本职工作，认真对待业务开支，把好“收付凭证的审核关”和“资金流和物流的管理关”。尽心尽力地做好每项平凡、细微的工作。要树立起“干一行爱一行”的思想，把成为本行业行家作为职业生涯的首选目标和终身追求；不怕吃苦、不避嫌怨、不计较个人得失，不断提高职业品质。这是从事会计工作应具备的作风、态度、良心、职业观念、职业责任。

二、诚实守信

诚实守信要求会计人员在工作中要养成实事求是的工作作风，保持职业审慎的态度，从原始资料的取得、凭证的整理、账簿的登记、报表的编制，到经济活动的分析，都要做到实事求是、如实反映、正确记录；严格以经济业务凭证为依据，对会计政策的选择、收入的确认严格遵循谨慎会计信息质量要求，对自己职业有正确的认识和态度，注重职业操守，珍爱会计职业，从而获得社会或他人对会计职业的尊敬。

三、廉洁自律

职业声望既关系到行业利益，又关系到一个职业中每个从业人员的切身利益，会计人员要廉洁自律，重视会计职业声望。同时，会计人员由于所处经济环境的特殊地位，极易产生不道德的行为，作为会计人员要自尊、自爱、自立，严格约束自己的行为，做到实事求是、奉公守法。

《会计法》强化了单位负责人和会计人员对本单位会计工作和会计资料真实、完整的责任，会计人员要正确运用国家有关法规，对某些偏离政策、有章不循、弄虚作假、欺骗瞒报等违法违规行为要及时发现和阻止，以维护国家利益，维护投资者和债权人的利益，维护员工的根本利益。

四、客观公正

会计人员要坚持客观、认真的态度，做到尊重事实，不为他人所左右，不因个人好恶而取舍，不欺上瞒下，不唯领导是从，不弄虚作假。会计是一个与金钱打交道的职业，会计人员要继承我国优秀的道德、文化传统，加强职业道德修养，彻底摒弃“金钱至上、金钱万能”的观念，在不义之财面前不动心，在利益诱惑之下不贪占便宜，保持洁身自好的高尚品德。在会计工作中会计人员要坚持从国家利益出发，以政策和制度规定为准绳，将客观事实与公正办事相结合，分清错误与舞弊，抛弃个人的偏见。

五、恪守规则

会计人员要认真学习会计准则，提高会计人员的政策水平，严格依照与会计职业活动相关的法律规范、规则以及会计准则办事，提高会计人员遵守规则的自觉性，始终坚持原则，严格按照国家制定和颁布的与会计工作相关的法律法规，审核凭证、清查财产、编制报表、申报纳税，维护法律法规和集体利益，光明磊落、秉公办事。

六、提高技能

会计人员需要不断提高会计执业技能，应当具有勤学苦练的精神和科学的学习方法，刻苦钻研，不断进取，提升自身能力水平。提高技能要求会计人员通过学习、培训和实践等途径，不断提高会计理论和信息化水平，提高会计实务能力、职业判断能力、自动更新知识的能力、沟通能力以及职业经验积累能力。运用所掌握的知识、技能和经验，开展会计工作，履行会计职责，以适应会计改革和会计国际化的需要。

七、参与管理

会计人员要树立参与管理的意识，积极主动地做好参谋。充分利用掌握的大量会计信息去分析单位的管理活动，将财务会计的职能渗透到单位的各项管理工作中，找出经营管理中的问题和薄弱环节，提出改进意见和措施，从而使会计的事后反映为事前的预测分析及事中控制服务，真正发挥当家理财的作用，成为决策层的参谋助手。同时，会计人员应主动根据其掌握的生产经营能力、技术设备条件、产品市场及资源状况等情况，结合财会工作的综合信息优势，积极参与预测，并根据预测情况，运用专门的财务会计方法，从生产、销售、成本、利润等方面有针对性地拟订可行性方案，参与优化决策。

八、强化服务

会计人员强化服务，首先须增强服务意识，无论是为经济主体服务，还是为社会公众服务，都要摆正自己的工作位置，做到态度温和、语言文明、谦虚谨慎、彬彬有礼。其次，会计工作是一个协作互动的工作，会计人员要注重自身修养，在工作中尊重领导、尊重同事、以诚相待、以理服人。同时，不同的会计岗位，掌握的会计信息不同，服务的对象也不尽相同，会计人员要加强自身修养，提高专业技能，客观、真实地记录和反映单位的经济业务活动，为管理者提供真实、正确的经济信息，当好参谋；为股东真实地记录财产的变动状况，确保股东资产的完整与增值。

◆思政园地

法律对会计从业人员舞弊行为的处罚

对财务舞弊的防范是一个系统工程，从国家层面来看，应加大对财务舞弊的外部监督、查处力度和处罚力度；从企业层面来看，应完善企业内部控制制度；从职工层面来看，应提升道德品质，减少舞弊动机。

自税制改革以来，全国税务系统贯彻落实党中央、国务院关于"加强征管、堵塞漏洞、清缴欠税、惩治腐败"的税收工作方针，按照"科技加管理"的工作思路，推行"金税工程"，加大了税收征收信息化力度，建成了连接国家税务总局和省、市、县的税务系统广域网，开发推广了综合征管软件、增值税管理、出口退税等应用系统。由于企业舞弊的主要目的是偷税、逃税，笔者认为应充分利用"金税工程"的成功，进一步建设涵盖国税局、地税局的税收业务管理系统、外部信息交换处理系统；实现与"金关工程""金财工程""金审工程"，以及市场监督管理、银行等部门的网络互联，使中小企业所有的业务网络化、公开化和信息化，从而减少舞弊的机会。

资料来源：肖博然.企业财务舞弊的成因与防范策略［J］. 时代经贸，2013（12）.

◆章小结

没有规矩，不成方圆，会计也要遵循一定的规矩，主要包括会计规范、商业伦理、会计职业道德。会计规范，是由会计法律制度、支付结算法律制度、税收法律制度、财政法律制度等组成的。商业伦理，指的是经济活动中人与人的伦理关系及其规律，它可以指导和评价行为主体的行为。会计职业道德，是会计人员在行为过程中形成的职业规律、职业观念和职业原则的总和，主要包括但不限于以下方面的内容：勤勉敬业、诚实守信、廉洁自律、客观公正、恪守规则、提高技能、参与管理、强化服务等。

点阅读16-3

◆关键术语听与读

◎Assurance Service（鉴证业务）：An assurance service，also known as attestation engagement，is an independent professional service，typically provided by certified public accountants，with the goal of improving information or the context of information so that decision makers can make more informed，and presumably better，decisions，which provide independent and professional opinions that reduce information risk，which results from biased information.

关键术语听与读16

◎Chief Accountant（总会计师）：The chief accountant refers to the person who leads and is responsible for all the relative accounting and financial issues.

◎Commercial Draft（商业汇票）：A commercial draft is a request or demand for payment made by a bank on behalf of a third party. While the recipient of the commercial draft is not bound to honor it，refusal to do so may hurt his/her credit at the bank issuing the demand.

◎Promissory Note（本票）：A promissory note is a written promise made by one party to make a stated payment in full by a certain date，which is a binding，legal contract.

◎Check（支票）：A check is a bill of exchange representing a draft on a bank from deposited funds that pays a certain sum of money to a certain person or party.

◎Bank Card（银行卡）：A bank card，also known as banker's card，is a card issued by a bank for deposit，credit or information purposes.

◎Business Ethics（商业伦理）：Business ethics，also known as corporate ethics，is a form of applied ethics or professional ethics，that examines ethical principles and moral or ethical problems that can arise in a business environment. It applies to all aspects of business conduct and is relevant to the conduct of individuals and entire organizations. These ethics originate from individuals，organizational statements or the legal system. These norms，values，ethical，and unethical practices are the principles that guide a business. They help those businesses maintain a better connection with their stakeholders.

◎Accounting Professional Ethics（会计职业道德）：The accounting professional ethics are series of applied ethics or moral ethics for the accounting profession，which require all the professionals follow.

◆回顾与思考

1.我国会计规范包括哪几个层次？分别有哪些主要内容？

2.什么是商业伦理？商业伦理包括哪些内容？

3.会计职业道德的主要内容有哪些？会计职业道德有什么作用？

◆章习题

1.单项选择题

(1) 会计法律是指（　　）。

A.《会计法》　　B.《总会计师条例》

C.《会计基础工作规范》　　D.《企业会计制度》

(2) 会计行政法规是指（　　）。

A.《会计法》　　B.《总会计师条例》

C.《会计基础工作规范》　　D.《企业会计制度》

(3)《会计法》规定，我国会计年度自（　　）。

A.公历1月1日起至12月31日止　　B.农历1月1日起至12月30日止

C.公历4月1日起至次年3月31日止　　D.公历10月1日起至次年9月30日止

(4) 在会计领域，“理万金分文不沾”和“常在河边走，就是不湿鞋”两句话体现的会计职业道德是（　　）。

A.参与管理　　B.廉洁自律

C.提高技能　　D.强化服务

(5) 以下哪项不属于会计职业道德的范畴（　　）。

A.会计职业道德义务　　B.会计职业道德良心

C.会计职业道德荣誉　　D.会计职业道德保护

(6) 职业道德的出发点和归宿是（　　）。

A.办事公道　　B.爱岗敬业　　C.奉献社会　　D.诚实守信

(7) 下列不属于会计职业道德教育内容的有（　　）。

A.会计职业道德观念教育　　B.会计职业道德规范教育

C.会计人员自身业务素质教育　　D.会计人员职业道德警示教育

(8) 会计职业道德与会计法律制度的性质不同，会计职业道德具有很强的（　　）。

A.他律性　　B.强制性　　C.自律性　　D.正规性

(9) 中国现代会计学之父潘序伦先生倡导：“信以立志，信以守身，信以处事，信以待人，毋忘立信，当必有成。”这句话体现的会计职业道德规范的内容是（　　）。

A.坚持准则　　B.诚实守信　　C.客观公正　　D.廉洁自律

(10) 要求会计人员端正态度、依法办事、实事求是、不偏不倚、保持应有的独立性，体现了会计职业道德中的（　　）。

A.诚实守信　　B.提高技能　　C.参与管理　　D.客观公正

2.多项选择题

(1) 道德的含义有（　　）。

A.评价性　　B.约束性　　C.差异性　　D.法律性

(2) 会计职业道德建设的内容包括（　　）。

A.财政部门组织推动　　B.会计组织行业自律

C.社会各界齐抓共管　　D.人们普遍道德约束

(3) 客观公正的基本要求是（　　）。

A.端正态度　　B.依法办事　　C.保持独立　　D.绝对性

(4) 会计职业道德教育的途径有（　　）。

A.接受教育　　B.自我修养　　C.强制执行　　D.其他

(5) 自律的含义包括（　　）。

A.会计人员自律　　B.行业自律　　C.其他自律　　D.必须执行

3.判断题

(1) 会计专业技术职务资格管理是由单位会计机构负责的。（　　）

(2) 违法会计行为是指公民、法人和其他组织违反《中华人民共和国会计法》的行为。（　　）

(3) 付款是票据的行为之一。（　　）

(4) 信用卡可透支，借记卡不具有透支功能。（　　）

（5）普通支票和转账支票一样只能转账，不能现金支付。（　　）

◆国际视野

美国对财务造假者的处罚

由于财务造假丑闻，不仅安然公司宣告破产，与其共谋造假的安达信会计师事务所也随之倒闭。美国2002年出台的《萨班斯-奥克斯利法案》规定，上市公司的首席执行官、首席财务官等主要高管必须对公司财务报告的真实性负责，一旦财务报表被证实存在违规，将按证券欺诈罪被判处最高25年的监禁。对犯有证券欺诈罪的个人和公司，罚金最高分别可达500万美元和2 500万美元。

点阅读16-4

资料来源：李颖蓓.美国2002年萨班斯法案对我国会计监管借鉴意义分析［J］.审计与理财，2006（7）.

◆推荐阅读

［1］课题组.美国的政府会计规范及其借鉴［J］.会计研究，2001（4）.

［2］编辑部.会计职业道德研究重大创新——《商业伦理与会计职业道德》研究概要与学者评价［J］.新会计，2020（12）.

［3］晁罡，程鹏，鲁常玉.西方商业伦理教育沿革及影响研究［J］.华南理工大学学报：社会科学版，2012（3）.

［4］韩传模，郝景昭.会计职业道德的失范与重塑［J］.会计研究，2002（5）.

［5］韩凤侠.商业伦理与企业生命力［J］.上海企业，2020（6）.

［6］胡桂兰.会计规范的经济学属性思考［J］.经济与社会发展，2004（7）.

［7］刘秀兰.会计人员的从属性特征与会计职业道德［J］.西南民族大学学报（人文社科版），2004（2）.

［8］马建威，谭静.会计职业道德缺失及对策［J］.会计之友，2006（11）.

［9］莫申江，王重鸣.国外商业伦理研究回顾与展望［J］.外国经济与管理，2009（7）.

［10］任永平.后WTO时代，我国会计规范制定若干战略问题的思考［J］.上海大学学报：社会科学版，2007（2）.

［11］夏昱.我国会计职业道德现状调查与改进路径［J］.江西社会科学，2013（12）.

［12］于玉林.会计规范研究方法的剖析与回归［J］.审计与经济研究，2010（3）.

主要参考文献

[1] 财政部. 关于印发《行政事业单位内部控制报告管理制度（试行）》的通知［EB/OL］.［2017-01-25］. http://kjs.mof.gov.cn/gongzuotongzhi/201702/t20170216_2536035.htm.

[2] 财政部. 关于印发《小企业内部控制规范（试行）》的通知［EB/OL］.［2017-06-29］. http://kjs.mof.gov.cn/zhengcefabu/201707/t20170707_2640522.htm.

[3] 财政部. 关于印发《行政事业单位内部控制规范（试行）》的通知［EB/OL］.［2012-11-29］. http://kjs.mof.gov.cn/zhengcefabu/201212/t20121212_713530.htm.

[4] 财政部，证监会，审计署，等. 关于印发《企业内部控制配套指引》的通知［EB/OL］.［2010-05-26］. http://fj.mof.gov.cn/lanmudaohang/zhengcefagui/201005/t20100526_319715.htm.

[5] 企业会计准则编审委员会. 企业会计准则详解与实务［M］. 北京：人民邮电出版社，2021.

[6] 财政部会计资格评价中心. 经济法基础［M］. 北京：经济科学出版社，2021.

[7] 马建威. 会计专业英语教程［M］. 4版.大连：东北财经大学出版社，2021.

[8] 郑安平. 关于会计目标定位的思考［J］. 会计研究，2020（3）.

[9] 常勋. 国际会计［M］. 9版. 厦门：厦门大学出版社，2020.

[10] 蒋乐平，刘卫红. 会计学原理［M］. 南京：南京大学出版社，2019.

[11] 马建威. 实用英汉双解金融财会词典［M］. 北京：机械工业出版社，2015.

[12] 深圳市会计学会. 财经法规与会计职业道德［M］. 北京：经济科学出版社，2011.

[13] 许家林. 会计学原理［M］. 北京：科学出版社，2010.

[14] 吴水澎. 会计理论［M］. 北京：机械工业出版社，2007.

[15] 葛家澍. 财务会计理论研究［M］. 厦门：厦门大学出版社，2006.

[16] 林志军，葛家澍. 现代西方会计理论［M］. 厦门：厦门大学出版社，2006.

[17] 陈蔚. 会计基础工作规范与核算实务［M］. 北京：企业管理出版社，2005.

[18] 郭道扬. 会计史研究［M］. 北京：中国财政经济出版社，2004.

[19] 葛家澍，刘峰. 会计理论［M］. 北京：中国财政经济出版社，2003.

[20] 陈今池. 现代会计理论［M］. 上海：立信会计出版社，2003.

[21] 李凤鸣. 内部控制学［M］. 北京：北京大学出版社，2002.

[22] 李敏. 会计账簿规范与记账技术［M］. 上海：上海财经大学出版社，2001.

[23] 陈信元，金楠. 新中国会计思想史［M］. 上海：上海财经大学出版社，1999.

[24] 汤云为，钱逢胜. 会计理论［M］. 上海：上海财经大学出版社，1997.

[25] 葛家澍. 会计的基本概念［M］. 北京：经济科学出版社，1986.

[26] 郭道扬. 中国会计史稿［M］. 北京：中国财政经济出版社，1982.

[27] 陆建桥. 国际财务报告准则2019年发展成效与未来展望［J］. 财务与会计，2020（3）.

［28］叶陈刚，吴卫星，张健军．商业伦理与会计职业道德［M］．4版.大连：东北财经大学出版社，2019.

［29］张新民，粟立钟．财务报表分析：理论内涵与学科定位［J］．财务研究，2015（1）．

［30］张子英．国外企业内部控制研究的最新进展综述［J］．东岳论丛，2012（8）．

［31］王海连．国际视角下的公允价值计量研究［D］．大连：东北财经大学，2012.

［32］刘永泽，张亮．我国政府部门内部控制框架体系的构建研究［J］．会计研究，2012（1）．

［33］雷恒斌．财务报表分析的局限性和改进措施［J］．企业研究，2011（24）．

［34］姚立杰，程小可．国际财务报告准则研究的回顾和展望［J］．会计研究，2011（6）．

［35］张琦，张娟，程晓佳．我国政府预算会计系统的构建研究［J］．会计研究，2011（1）．

［36］池国华．基于管理视角的企业内部控制评价系统模式［J］．会计研究，2010（10）．

［37］扶松茂．美国政府与民间非营利组织之间的制度规范研究［J］．天津行政学院学报，2010（5）．

［38］李晓慧，王璐．执业团队中注册会计师的情感与表达行为的关系［J］．审计研究，2010（4）．

［39］池国华．中国上市公司内部控制指数的功能定位与系统构建［J］．管理世界，2009（6）．

［40］陈国辉，崔刚．改革开放以来会计责任观念的传承与演进［J］．上海立信会计学院学报，2009（3）．

［41］耿文莉．会计信息化中账务处理程序的转变［J］．哈尔滨商业大学学报（社会科学版），2008（2）．

［42］张曾莲．公共财务与政府会计的研究历程与趋势［J］．南京审计学院学报，2008（1）．

［43］王丽洁，张玉周．中国政府财务会计体系建设及其与预算会计的协调［J］．北京大学学报：哲学社会科学版，2007（5）．

［44］陈汉文，李荣．财务呈报内部控制审计准则的国际发展［J］．审计与经济研究，2007（3）．

［45］任永平．后WTO时代，我国会计规范制定若干战略问题的思考［J］．上海大学学报（社会科学版），2007（2）．

［46］陈文涓．财政总预算会计核算内容的扩展——从政府收支分类视角分析［J］．审计与经济研究，2006（6）．

［47］任海云，曹建安．建立上市公司经营业绩评价指标体系的理论基础［J］．商业研究，2005（20）．

［48］陈小悦，陈璇．政府会计目标及其相关问题的理论探讨［J］．会计研究，2005（11）．

[49] 陈汉文. 萨班斯法案404条款：后续进展 [J]. 会计研究，2005（2）.

[50] 李建发. 规范民间非营利组织会计行为促进非营利事业蓬勃发展——学习《民间非营利组织会计制度》的几点体会 [J]. 会计研究，2004（11）.

[51] 胡桂兰. 会计规范的经济学属性思考 [J]. 经济与社会发展，2004（7）.

[52] 王庆成. 论我国非企业会计组成体系的构建 [J]. 会计研究，2004（4）.

[53] 刘秀兰. 会计人员的从属性特征与会计职业道德 [J]. 西南民族大学学报（人文社科版），2004（2）.

[54] 王强，王鲁平，周小耀. 管理控制系统的概念框架 [J]. 管理科学，2003（5）.

[55] 李心合. 会计制度的信誉基础 [J]. 会计研究，2002（4）

[56] 朱开悉. 企业财务核心能力及其报告 [J]. 会计研究，2002（2）.

[57] 李玉环. 改革开放以来我国会计制度改革的回顾与评价 [J]. 会计研究，2001（9）.

[58] 叶陈刚，孙宇，潘农. 试论会计责任 [J]. 中国地质大学学报（社会科学版），2001（3）.

[59] 葛家澍. 关于我国会计制度和会计准则的制定问题 [J]. 会计研究，2001（1）.

[60] 岳彦芳. 网络时代会计确认与计量的改变 [J]. 中央财经大学学报，2000（11）.

[61] 张明燕，李峰涛. 市场竞争、管理会计系统及企业经营业绩关系研究 [J]. 南京理工大学学报（社会科学版），2000（5）.

[62] 陈毓圭. 论财务制度会计准则会计制度和税法诸关系 [J]. 会计研究，1999（2）.

[63] 葛家澍. 论经济核算制与会计 [J]. 会计研究，1980（1）.